김기림 연구

근대를 어떻게 넘어설 것인가?

김유중

김기림 연구

– 근대를 어떻게 넘어설 것인가? –

김유중

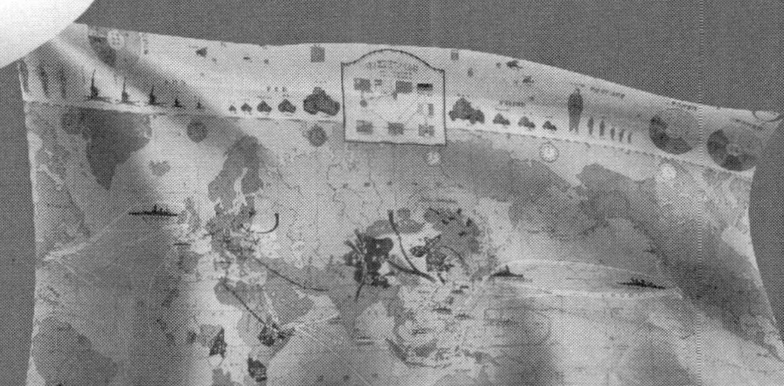

도서출판 월인

머리말

대학원 과정에 입학하여 다니면서, 그 후 석사논문을 준비하고 박사과정에 진학하게 되면서 김기림을 제대로 공부해봐야겠다는 생각을 늘 했었다. 모더니즘 시인, 이론가로서의 김기림의 중요성이야 익히 알려진 바와 같다. 필자 또한 애초 그 명성에 이끌려 그와 그의 문학을 접하였고, 연구 대상으로 삼았던 것이 사실이다. 그러나 공부를 해갈수록 뭔가 조금 이상하다는 생각이 들었다. 비평가, 학자로서의 김기림이 확고한 위상을 차지했던 데 반해, 시인 김기림에 대한 세간의 평가는 정말 안쓰러울 정도로 박했다. 그 이유가 무엇일까? 과연 그의 시 「기상도」는 대다수의 논자들이 주장했던 것처럼 문학 작품으로서는 완전한 실패작인가? 혹시 우리는 그 속에서 건져야 할 더 중요한 점들을 놓치고 있었던 것은 아닐까? 그를 접할 때마다 이런 의문들은 내내도록 머리를 떠나지 않았다. 이후 눈에 띄는 대로 그에 관한 자료들을 수집해왔고 이리저리 떠오르는 생각들을 노트 한 권에 메모해나가기 시작했다. 그리고는 정리된 내용들을 드문드문 지면을 통해 발표해왔다.

그렇게 세월을 보내다 보니 어느덧 훌쩍 내 자신 환갑을 바라보는 나이가 되고 말았다. 매번 들여다보면 볼수록 김기림의 문학적 스케일과 사상적 깊이는 남달랐다는 걸 실감한다. 제대로 그에게 다가서기에는 아직 공부가 많이 부족하다는 것을 느낀다. 그럼에도 불구하고 서투른 용기를 내본 까닭은 이렇게라도 묶어 내놓지 않으면 그에 관한 책은 영영 못 낼 것 같다는 생각이 앞서서이다. 한꺼번에 다 담아내기에는 그의 문학과 사상은 애초부터 내겐 너무 큰 그릇이었다. 부족한 점들은 부족한대로 후학들에게 맡기고, 미흡하나마 여기서 내 나름으로 일단락을 지어둘 필요가 있다고 생각했다. 부끄러운 마음 앞서기는 하나 이쯤에서 일단 접고, 미진한 부분들에 대해서는 후속 연구자들의 충고와 질정을 바란다.

널리 인정되듯이, 이제까지 김기림의 문학은 줄곧 모더니즘적인 관점에서 조명되어왔다. 그가 이 땅에 서구 모더니즘 문학의 작품과 이론들을 수입, 소개하고 그것을 우리 시단에 적용하는 데 앞장섰던 인물이고 보면 그런 해석은 그 나름의 충분한 근거와 타당성을 갖추었다고 하겠다. 그러나 기존의 모더니즘적인 시각만으로는 그와 그의 문학이 지닌 모든 면들을 일목요연하게 설명해주지 못한다고 생각한다. 그가 들여온 것이 단지 서구 취향의 양식이나 기법에만 그치는 것이 아니라고 한다면, 이러한 지적은 보다 본질적인 문제의식을 내포한다. 소위 모던하다는 것에 대한 근본적인 질문이 선행되어야하는 이유가 여기에 있다. 시와 현실을 앞장서서 이끌어 나아가기 위해서는 지금까지 무엇이 문제였고 어떤 점이 뒤떨어졌는지에 대한 정확한 진단과 함께, 그에 맞는 처방을 찾기 위한 각고의 노력이 요구된다. 하물며 김기림이 활동하던 시대는 잠시도 방심할 틈 없이 요동치던 근현대사의 격동기가 아니었던가? 그런 시대를 견디면서 시대와의 긴장관계를 유지하며, 나아가 시대 자체를 앞질러나가기 위해 노력한다는 것은 현실에 대한 위기의식을 전제로 하지 않으면 안 되는 작업이다. 그리고 이때의 긴장감과 위기의식이란 크게 보면 바람직한 미래에의 염원과 그것의 설계를 위한 역사적 전망과도 연결되어 있다고 생각된다.

이러한 거시적인 틀 속에서 김기림의 작업은 펼쳐진다. 따라서 그의 문학을 올바로 이해하기 위해서는 무엇보다도 시대 현실과 역사를 바라보는 그의 시각과 태도에 대한 철저한 고증과 분석이 선행되어야 한다. 즉, 당대 현실에 대한 깊이 있는 이해 없이는 그와 그의 문학에 대한 제대로 된 평가란 어불성설이라는 것이 필자의 생각이다. 실제로 김기림은 그의 시와 글 곳곳에서 시시각각으로 조여 오는 현실과의 관련 속에서 시대의 열악함과 어려움에 대처하고 그것을 극복하기 위해 사유하고 고민하며 모색을 꾀한 것을 볼 수 있다. 그가 모더니즘을 도입한 것도, 그것에 일정부분 변화를 주려 시도한 것도, 이후 일제 말기 침묵을 선택한 것이나, 해방기에 모더니즘과의 공식적인 결별을 선언한 것도 같은 맥락에서 이해되어야 한다고 생각한다.

이 책에 담긴 내용들은 필자 자신의 그런 추론 내지 가설을 입증해보이기 위한 지난 십 수 년간의 추적의 결과물이다. 흔히 문학사적인 중요성과는 별도로, 김기림의 시와 문학은 경박하다고들 한다. 얼핏 표면적으로 드러난 면만 놓고 보면 그런 생각이 드는 것도 사실이다. 그러나 그것은 어디까지나 그가 살던 시대적 기준과 문학적 배경을 전제로 했을 때의 평가일 뿐이다. 이 점에 관한 한 필자는 그가 시대를 너무 앞질러갔다고 생각한다. 그의 시와 글들 속에 나타난 장치나 기법 상의 특징들, 그리고 그 속에 잠재되어 있는 고뇌와 사유의 흔적들은 오늘날과 같은 창조적 변혁의 시기에 더욱 빛을 발할 것 같다는 느낌이 든다. 현실적인 판단에 있어서는 누구보다도 객관적이고 냉정함을 유지하지만, 동시에 현실을 뛰어넘고자 할 때의 그를 보면 어쩔 수 없는 혁명적 관념론자, 이상주의자다. 그런 점에서, 이상이 천재라면 김기림 역시 천재요, 임화가 대가라면 김기림 역시 그에 못지않은 대가라고 해야 옳을 듯하다. 그게 필자가 그에 대해 내린 최종적인 평가이자 결론이다.

이 책은 모교로 근거지를 옮기고 나서 필자가 처음으로 내는 학술서다. 당초 계획상으로는 좀 더 일찍 매듭짓고자 했으나, 정리된 원고를 들여다볼 때마다 약간씩 미진한 점들이 발견되어 이왕이면 조금만 더 보완하자 했던 것이 이리 늦어져버렸다. 그러면서도 한편으로는 아직 여전히 아쉬움이 남는 것은 어쩔 수 없는 일이다. 이 작업을 수행하는 과정에서 김기림이 남긴 족적들을 더듬어 정신없이 헤매었다. 그런 와중에 이미 고서가 되어버린 당시의 서적들과 각종 신문 · 잡지류들, 기타 자료들을 접하고 그들 더미 속에 파묻혀 힘겹지만 또한 행복한 시간들을 보낼 수 있었다. 그것들을 모으고 정리하는 과정에서 일일이 열거하기 어려울 정도로 많은 주변의 선후배와 동료, 지인, 후학들의 도움을 받았다. 이 자리를 빌려 다시 한 번 그분들께 고개 숙여 감사의 뜻을 표한다. 덧붙여 대학원 석사과정 초기부터 필자에게 여러 차례 고마운 친절을 베풀어주셨던 도서출판 월인의 박성복 사장님께 감사드린다. 개인적으로 이 책의 출간만큼은 꼭 사장님께 부탁을 드리고 싶었다.

그리고 마지막으로, 책이 출간되는 것을 보시지 못한 채 하늘나라로 떠나신 아버님께 이 책을 바친다.

2022년 7월

관악산 연구실에서

저자 씀

목 차

일러두기

1. 자료 인용 시 가급적 원문의 상태 그대로 인용하는 것을 원칙으로 한다.
2. 시(詩)를 인용할 경우 원문에 한자로 표기된 것은 일단 한글로 바꾸어 인용한 후, 한자를 괄호에 묶어 병기토록 한다. 이때 오자, 탈자 등의 표기법과 복자 처리, 띄어쓰기 등도 일단 원문의 표기를 따르며, 관련사항에 관한 추가 설명이 필요하다고 생각되는 부분에 대해서는 주석을 달아 처리토록 한다.
3. 산문 형태의 글을 인용할 경우 원문의 취지를 훼손하지 않는 범위 내에서 띄어쓰기를 현대식으로 조정한다. 원문에 한자로 표기된 것은 한글로 바꾸어 인용하되, 한글만으로는 의미가 모호하거나 문맥상 혼란을 초래할 가능성이 있을 경우에 한해서 괄호 속에 한자를 병기토록 한다.
4. 재인용된 경우에는 원본의 서지사항을 먼저 표기하고, 괄호 속에 재인용된 자료의 서지사항을 함께 밝힌다.
5. 논문의 경우 「　」 속에, 단행본을 비롯한 그 외의 서적들은 『　』 속에 인용지면의 표제명을 묶어 표기토록 한다. 신문의 경우에는 ≪　≫ 속에 그 표제명을 묶어 표기한다.
6. 김세환 · 김학동 편, 『김기림 전집 · 1~6』, 심설당, 1988에서 인용하는 경우에는 『전집』으로 약한 후, 각권의 호수 및 해당 권의 장르만을 밝힌다.
7. 이외의 일반적인 사항들에 대해서는 출판사의 편집방침을 따르도록 한다.

1장

「기상도」의 주제와 '태풍'의 의미

1. 기존의 평가와 그 문제점

장시 「기상도」가 김기림의 대표작이라는 데 대해서는 별다른 이론의 여지가 없을 듯하다. 전체 7부 426행[1]으로 구성된 이 작품은 발표 당시로부터 초미의 관심 대상이었다. 당대 국제 정세에 대한 비상한 안목을 바탕으로 하여 전 세계를 무대로 펼쳐진 방대한 스케일도 그렇거니와 그 과정에서 동원된 갖가지 잡다한 소재들, 현란한 수사와 기법들은 평단의 이목을 집중시키기에 충분했다. 뿐만 아니라 근대문명의 위기와 타락상을 정면으로 응시하고 그로부터 파생된 여러 문제점들을 풍자적으로 다룬 시인의 태도는 단순 이미지즘의 차원을 넘어 형이상학적, 문명비판적 시각을 적극 반영한 결과로 이해되었다.

문제는 이렇듯 집중된 세간의 관심만큼이나 이 작품에 대한 평가가 후했는가 하면 반드시 그렇지만 않다는 데 있다. 발표 당시 주요 평자들은 이 작품에 대해 대체로 일정한 시대적, 문학사적 의의가 부여될 수 있음을 인정한다. 그러면서도 동시에 그 한계를 지적한다. 예컨대 박용철은 이 작품에 대해 '필름의 다수한 단편을 몬타쥬한 것' 같고, 그 결과 '시의 각부가 구심적으로 구(球)를 이루지 못하고 제각기 직선의 방향을 가진다는 느낌'[2]을 받았다고 하면서 구조상의 아쉬움을 피력하고 있다. 최재서 또한 '현대 세계에 한 마듸로써 불를 통일적 주제가 업는 것과 마찬가지로 이 시에도 단일한 주제는 업다'[3]면서도, '엄밀한 의미의 메타피지칼 시가 되기엔 배후에 사상적 요소가 희박한 듯십다'[4]고 주장한다. 임화의 경우 좀 더 직설적으로 '「기상도」에는 비판

---

1 단행본 초판(자가본, 1936) 발간 시를 기준으로 함. 이는 매 부의 소제목까지를 포함한 행수이며, 소제목을 제외했을 경우에는 전체 419행으로 계산된다. 본서 9장 참조.

2 박용철, 「을해 시단 총평(완) – 기상도와 시원(詩苑) 5호」, ≪동아일보≫, 1935. 12. 28.

3 최재서, 「현대시의 생리와 성격 – 장편시 『기상도』에 대한 소 고찰」(1), ≪조선일보≫, 1936. 8. 21.

정신, 그것보다도 …… (중략) …… 대상을 인테리겐차 류의 소비적 취미에 의하야 시적으로 질서화하고 한 개의 감각적인 유미 사상'이 있을 뿐이며, 그 결과 '문명의 사실을 본질로부터 바다드리지 않고 마치 군함을 그 성능에서가 아니라 그 외형미에서만 찾고 퇴폐적 군인과 같이 문화의 번질한 외면만을 감수하고 있'[5]다고 비판한다.

이러한 사정은 이후로도 별반 다르지 않아서 해방 직후 신예 비평가인 김동석은 '「기상도」가 제국주의의 비판인 것은 사실이지만 레닌의 「제국주의론」 같은 본격적인 비판이 아니오 신문기사를 가지고 몇 번 재주를 넘은 유희적 비판'[6]이라고 규정한 바 있다. 가장 신랄한 비판은 송욱에게서 찾아볼 수 있다. 그는 「기상도」를 '완전히 실패'한 것으로 평가 절하하면서 그 이유로 엘리어트와 같은 '동적인 전통 의식과 내면성이 그에게는 없었던 까닭'이라고 주장한다. 그리고는 이어서 이 작품이 '문명비판으로 보아도 천박한 것이며 더군다나 시라는 예술품은 아니다'[7]라고 극언하기까지 한다.

물론 「기상도」에 대한 평가가 이렇듯 부정적인 쪽으로만 기운 것은 아니었다. 일각에서는 이 작품이 다양한 주제와 산만한 구성으로 외견상 통일성이 결여된 것처럼 보이기도 하나, 그 저변에 장시로서 갖추어야 할 일관된 주제 의식 아래 계획된 플롯과 구성 방식을 취하고 있다는 점을 지적하며 긍정적으로 바라본 경우도 있기 때문이다.[8] 다만 이때에도 주제적인 깊이와 이를 뒷받

---

4 최재서, 「현대시의 생리와 성격－장편시 『기상도』에 대한 소 고찰」(4), 《조선일보》, 1936. 8. 25.

5 임화, 「담천하의 시단 일년－조선의 시문학은 어듸로!」, 『신동아』 5권 12호, 동아일보사, 1935. 12., 175쪽.

6 김동석, 「금단의 과실－김기림론」, 『신문학』 3호, 1946. 8(김동석, 『예술과 생활』, 박문출판사, 1947, 43쪽에서 재인용).

7 송욱, 「한국 모더니즘 비판」, 『시학평전』, 일조각, 1963, 192쪽.

8 김춘수, 장윤익, 문덕수 등의 논의가 여기에 속한다.
김춘수, 「김기림의 시 형태」, 『한국 현대시 형태론』, 해동문화사, 1958, 90쪽.
장윤익, 「한국 주지시의 문명비평적 성격」, 『명지어문학』 9호, 명지대 국어국문학과,

침해줄 배후의 사상적인 요소, 그리고 구성상의 치밀함 등에 대해서는 지나치기 어려운 허점들이 있음을 대부분 수긍하는 형편이다.

한 문학작품에 대한 평가가 반드시 일치되어야 할 이유는 없다. 보태어서, 어떤 평가라도 개개인의 주관적인 기준이나 기호를 벗어나서 성립할 수는 없다. 그런 만큼 평가 자체에 조금씩의 개인적인 편차가 드러나는 것은 어쩔 수 없는, 보다 자연스러운 결과로 받아들일 필요도 있다. 그러나 그렇다 할지라도 그런 평가들조차가 작품에 대한 정확한 이해와 분석에 근거해야 한다는 점만큼은 분명히 해야 한다. 만일 그것이 제대로 이행되지 않았다면 평가 자체의 신뢰성에 근본적인 문제가 발생하기 때문이다.

그런 점에서 보았을 때 학계 주변에서 그간 이루어진 「기상도」에 대한 이해와 분석이 얼마나 철저했는지에 대해서는 조금 더 따져볼 여지가 있다. 이 작품을 제대로 이해하기 위해 영미 모더니즘의 기본적인 인식틀이나 엘리어트 류의 장시 및 형이상학적 시의 전통, 그리고 풍자나 알레고리, 몽타쥬 등의 수사적 기법 등을 거론하며 이들 외래적인 이론들과의 비교 검토를 통해 작품의 주제나 구조 등에 접근하려는 태도는 물론 그 자체로 의미가 있기는 하다. 그러나 작품 자체의 성패에 대한 본질적인 평가가 이러한 외적인 판단 기준이나 과정만으로 손쉽게 마무리되는 것은 결코 바람직스러워 보이지 않는다. 무엇보다도 이 작품은 김기림 개인으로 보아서도 자신의 모든 역량을 집중시켜 완성한 회심의 역작이며 일생일대의 야심작임에 틀림없기 때문이다.

이제까지 대다수의 연구자들이 지적하고 있는 「기상도」의 문제점, 즉 서구 근대문명에 대한 피상적인 인식이나 주제적 깊이, 사상적 배경 등의 결여, 그리고 구성상의 허술함 등은 어쩌면 작품에 대한 표면적인 이해의 결과는

1977, 91-92쪽.
문덕수, 「김기림론」, 『한국 모더니즘 시 연구』, 시문학사, 1981, 202쪽.

아닐까? 김기림이 이 작품에서 강조하고자 했던 핵심적인 내용은 이제까지의 이런 연구 방향이나 태도와는 일정 정도 거리를 두고 있었던 것은 아닐까? 이 말은 당초 이 작품을 구상하고 기획했을 당시 김기림의 의도를 우리가 정확히 짚어내지 못했을지도 모른다는 우려를 반영하고 있는 것이기도 하다.

필자는 이 모든 의구심을 말끔히 해소하기 위해서는 무엇보다도 「기상도」의 핵심적인 이미지인 '태풍'의 의미가 제대로 규명되지 않으면 안 된다고 생각한다. 기존의 연구가 자주 겉도는 듯한 느낌을 준 이유 가운데 하나는 바로 이러한 태풍의 의미를 본격적으로 정확하게 파악하는 데 실패했기 때문이다. 즉, 태풍의 숨겨진 의미를 이해함으로써만이 우리는 이 작품에 가로놓인 김기림 특유의 문제의식 및 그것과 결부된 시대 역사적 고민과 전망을 보다 체계적으로, 일목요연하게 정리해나갈 수 있을 것으로 믿는다.

2. 「기상도」가 놓인 자리

본격적으로 다가서기에 앞서 한 가지 고려해야 할 점은 김기림을 우리가 단순히 일개 시인, 비평가로만 대해서는 곤란하다는 사실이다. 알려져 있다시피 그는 학문을 향한 열정이나 의지가 상당하였다. 문학 분야 이외에도 과학에 많은 관심을 기울였으며, 특히 근대 이후 과학의 역할과 중요성에 대해서는 거의 맹신에 가까울 정도의 믿음을 유지하고 있었다.[9] 뿐만 아니라 태평양전쟁 기간 중에 영어 수업이 폐지되자 홀연 수학 교사로 변신하여 학생들에게 놀라움을 안겨주었던 일화는 유명하다. 말하자면 그는 다 방면에 걸쳐 폭넓은 지식과 정보량을 지닌 인물이었다. 이러한 사실은 일단 그가 근대 학문과 지

---

9 그가 근대 이후의 시대를 이끌 핵심 원리 가운데 하나로 과학적 태도와 방법론을 지목한 것이라든지, 시 분야에서도 과학적 시학의 수립이 필요함을 역설한 것, 그리고 해방 이후 직접 『과학개론』(1948) 번역서를 출간한 사실 등은 이를 뒷받침한다.

식 체계에 대해 열린 시야를 갖춘 종합적인 교양인이며 지식인임을 의미하는 것일 수 있다.

그러나 이 경우 학문 자체에 대한 열정보다도 더 중요한 것은 그가 시시각각으로 변하는 국내외의 정세와 동향에 민감하게 반응하였으며, 그와 동시에 우리민족의 당면 과제 및 앞으로 나아갈 방향에 대해 끊임없이 고민했던 인물이라는 사실이다. 달리 말하면 그는 언제든 한 사람의 지식인으로서 맡은 바 사회적 책무와 역할을 무겁게 받아들였던 이였다.

이런 그의 성향은 그가 일간지의 신문기자로 활동하였을 무렵부터 뚜렷이 드러난다. 그도 그럴 것이 그는 애초 대다수의 문인들과는 달리, 학예부가 아닌 사회부 기자로 입사하여 기자로서 사회에 첫발을 내디뎠다.[10] 그만큼 세상 돌아가는 이치에 밝았고 남들보다 한걸음 앞서 국내외 정세에 접할 기회를 얻었던 것이다. 또한 저널리즘의 사회적 책임과 우리 사회 지식인들의 나아갈 방향에 대해 고민했던 흔적을 남겼다. 다시 말해서 그는 문인이기 이전에 기자였으며[11], 그런 자의식 속에서 현실 문제에도 적극 관심을 가졌다. 당연한 일이겠지만, 기자로서 그가 접했던 갖가지 고급 지식과 정보를 그의 문필 활동에도 적절히 활용했던 측면이 있다.

「기상도」의 경우 역시 이런 큰 틀에서 벗어나지 않는다.[12] 작품 창작에 동원된 각종 소재나 시어들이 편집국 주변에서 돌아다니는 지식과 정보들에

---

10 기록에 따르면 김기림은 1930년 4월 20일 조선일보사에 정식 입사한 이후로 1936년 4월 동북제대 영문과 진학을 계기로 도일할 때까지 줄곧 사회부에서 활동한 것으로 되어 있다. 그가 조선일보 학예부 기자로 근무하기 시작한 것은 동북제대 유학에서 돌아온 직후인 1939년 봄부터이며 이마저도 1940년 8월 10일 조선일보 폐간과 함께 자동 종료된 것으로 알려져 있다.
이상에 대한 자세한 내용은 조선일보사 사료연구실, 「편집국의 시인들」, 『조선일보 사람들－일제시대』, 랜덤하우스중앙, 2005, 379-384쪽. / 조영복, 『문인기자 김기림과 1930년대 '활자－도서관'의 꿈』, 살림, 2007, 255-256쪽 참조.

11 이 점에 대해서는 위의 책, 252쪽 참조.

12 이 경우 「기상도」가 잡지 『중앙』과 『삼천리』에 연재된 1935년 무렵이 특히 주목된다.

의존한 것임은 이미 여러 차례 지적된 바 있다. 그런 시도는 발표 당시나 이후에도 주변으로부터 별로 좋은 평가를 얻지는 못했다.[13] 그러나 그와 같은 평가가 과연 얼마나 타당한 것인지에 대해서는 다시 한 번 면밀히 검토해볼 필요가 있다.

이와 더불어 이 작품의 제목이 「기상도」인 점에 대해서도 다시 한 번 주의를 기울여야 할 것이다. 기상도란 글자 그대로 특정한 시간대의 기상 상황을 지도 위에 각종 기호와 이미지를 이용하여 펼쳐놓은 것이다. 그러나 기상 상황이란 그때그때 수시로 변하기 마련이다. 이렇듯 변화무쌍한 기상 상황을 시간대별로 지도 위에 반영하여 이를 비교 분석하고, 각 지역별로 다가올 기상 정보를 미리 예측하여 알리기 위한 목적에서 작성되는 것이 기상도다.

그러므로 여기서 활용되는 지도란 단순히 지리적인 정보를 얻기 위한 목적에서 동원된 평면적인 이미지가 아니다. 엄밀히 말해서 지도는 이 경우 일기예보를 위한 보조수단일 뿐이다. 즉, 지도가 지닌 공간 배경에 대한 기본적인 이해와 더불어, 일기 예보에 있어 더욱 중요시되는 것은 시간대별 형세 변화의 추이 및 그것을 통한 미래 시점에서의 미시적인, 혹은 거시적인 예측과 전망이라고 할 것이다.

이러한 일련의 과정이 과학적으로 진행되어야 할 것임은 물론이다. 그러나 제 아무리 과학이 발전한다 하더라도 거기에는 어차피 한계가 있기 마련이다. 마지막 순간에 지도 위의 상황을 보고 이를 종합 정리하여 최종적인 판단을 내리는 것은 결국 인간의 몫이기 때문이다. 과학적인 관찰 정보나 수치화

13 구체적으로 최재서가 '이 시의 현대성은 역사책의 현대성이 아니라 실로 신문의 현대성이다.'(최재서, 앞의 글(1), 1936. 8. 21.)라고 규정한 대목이나 김종한이 '3면 기사적 리얼리즘에 불과'(김종한, 「에피그램의 서정적 가치 – 시론(詩論) · 시론(時論) · 시론(試論) (2)」, ≪동아일보≫, 1939. 11. 5.)하다고 평한 것, 그리고 김동석이 '신문 기사를 가지고 몇 번 재주를 넘은'(김동석, 앞의 글, 43쪽.) 정도에 그치는 것으로 이해한 것, 송욱이 '신문의 외신에 나타나는 정도의 사건을 아무런 원칙 없이 마구 등장시켜서 이에 대한 풍자를 늘어놓'(송욱, 앞의 글, 192쪽.)았다고 해석한 것 등이 대표적인 사례이다.

된 계산 결과, 축적된 통계 자료 따위를 수집하고 활용하는 것은 당연한 일이겠지만, 그것들과 더불어 결정적인 순간에 동원되어야 하는 것은 역시 인간의 경험과 지혜, 그리고 상상력이다.

김기림이 노린 것도 바로 이 점이 아닐까한다. 신문사란 시시각각으로 쏟아져 들어오는 국내외의 잡다한 정보가 한꺼번에 모이는 장소다. 이들을 선별하고 분류하여 체계적으로 정리한 후 기사화하는 것은 기자 본연의 임무이자 그가 누릴 수 있는 특권이기도 하다. 신문 기사는 우선 사실에 기초하여 한 치의 오류도 없이 정확하게 작성되어야만 한다. 마치 작금의 기상 정보들을 반영하여 제작되는 기상도가 그러하듯이. 그러나 만일 그가 거기서 머문다면 결코 진정한 기자라고 할 수 없다. 정확한 정보 제공은 물론이려니와, 그것의 의미를 판단, 분석하고 해독하여 독자들로 하여금 알기 쉽게, 다가올 미래의 일들에 대한 예측과 전망까지를 확보하도록 배려해주는 것이 기자로서 갖추어야 할 기본 도리이며 덕목이다. 이는 「기상도」 제작의 근본 목적이 과연 어디에 있는지를 다시 한 번 생각해보게끔 만드는 대목이기도 하다. 일기예보를 전제로 하지 않는 「기상도」가 과연 무슨 의미가 있을 것인가?

3. 재난 발생의 예감과 전조 증상

1) 예감: 운명적 사건으로서의 성격

「기상도」의 중심 모티프가 '태풍'이라는 점은 쉽게 파악이 가능하다. 그런 까닭에 이 태풍의 의미에 대해서는 일찍부터 여러 연구자들이 주목한 바 있다.

가령 김시태는 이를 '정치적 사회적 격변 속에 난파당한 현대인의 정신적 붕괴상'[14]을 의미하는 것으로 받아들였고, 박상천은 당대 '세계정세의 소용돌이'[15]를 상징하는 것으로 이해하였다. 또한 문덕수의 경우는 '모순과 비리와 불합리로 인하여 파멸에 직면한 현대문명의 위기'[16]로 보았고, 오세영은 현대 물질문명의 타락과 죄악 등으로 인해 빚어진 '파멸과 창조의 상징'[17]인 동시에 '디오니소스 이미저리'[18]의 변형으로 보았으며, 김학동은 '세차게 밀려드는 서구 산업문명과 그것으로 말미암아 뿌리채 흔들리고 있는 동양문화 전통의 붕괴'[19]로, 박철희는 '서구 현대문명의 내습'[20]으로 규정하였다.

이러한 이해는 물론 각기 그 나름의 타당성을 지닌다. 그러나 필자가 보기에 이들 견해는 모두 부분적인 이해에도 불구하고 「기상도」에 등장하는 '태풍' 그것의 결정적인 의미에는 아직 이르지 못한 것으로 판단된다. 요컨대 이 작품을 구상하고 기획하는 과정에서 김기림이 의도한바 '태풍'의 실질적인 의미를 정확하게 포착하는 것은 작품 전체의 주제 및 구조를 논함에 앞서 선결되어야 할 과제이다.

문명이 이룩한 이제까지의 모든 성과들이 철저히 파괴되고, 인류 사회가 폐허의 상태로 되돌아갈지 모를 정도의 위기 상황이란 무엇인가. 그런 엄청난 위기 상황이 다름 아닌 근대문명 자체의 모순과 불합리성으로 인해 빚어진 필연적인 결과라고 한다면 이는 무슨 의미인가. 더불어 그러한 위기가 몰려옴을 충분히 예견할 수 있음에도 불구하고 마음의 준비 이상의 아무런 실질적인 조치도 취할 수 없다고 했을 때 그 원인은 과연 어디에 있는가. 「기상도」에

---

14 김시태, 「김기림의 시와 시론」, 『한국문학연구』 4호, 동국대 한국문학연구소, 1981. 11., 113쪽.

15 박상천, 「「기상도」 연구」, 『한국학논집』 6권, 한양대 한국학연구소, 1984, 244쪽.

16 문덕수, 앞의 글, 202쪽.

17 오세영, 「한국 모더니즘 시의 전개와 그 특질」, 『예술원논문집』 25호, 대한민국예술원, 1986(『20세기 한국시 연구』, 새문사, 1989, 155쪽에서 재인용).

18 위의 글, 160쪽.

19 김학동, 『김기림 연구』, 새문사, 1988, 37쪽.

20 박철희, 「김기림론」, 『현대문학』 417-418호, 현대문학사, 1989. 9.~10(김유중, 『김기림』, 문학세계사, 1996, 265쪽에서 재인용).

제시된 '태풍'의 의미는 바로 이러한 물음들과 밀접하게 연결되어 있다고 생각한다.

두말할 것도 없이 태풍이란 일단 그 자체로 초자연적인 현상에 속한다. 이 말은 인간의 힘으로 제어하거나 대비하기 어렵다는 뜻을 내포한다. 인간 문명이 원래 자연에 대한 지배와 통제를 바탕으로 성장하여 왔다고 한다면, 이러한 초자연적인 현상은 인간과 문명에 반하는, 나아가 그것을 위협하는 요인으로 작용한다. 문제는 작품 내에서 태풍이 지닌 파괴적, 파멸적 요소가 이러한 자연 대 인간, 자연 대 문명의 일반적인 대립 구도와는 맞아떨어지지 않는다는 점이다.

많은 연구자들이 지적하고 있듯이, 여기 등장하는 태풍은 근대문명 자체의 통제될 수 없는 폭주적인 성격으로 인해 빚어진 결과[21]이지 대자연의 엄청난 위력과는 사실상 무관하다. 즉, 이때의 태풍은 문명의 자기 파괴적, 자기 파멸적 속성이 극단화된 말기적 증상인 셈이다. 주목하여야 할 점은 김기림이 이러한 태풍의 발생과 내습을 위기 국면에 처한 현 문명에 조만간 들이닥칠 사건으로, 막으려야 막을 수도, 피하려야 피할 수도 없는 운명으로 예감하고 있다는 사실이다.

이렇게 볼 때 「기상도」는 단순히 혼란에 빠진 현 세태와 문명의 타락상을 태풍에 비유하여 풍자한 데 그친 작품이 아니다. 그것은 김기림 자신의 역사에 대한 위기의식을 반영한 것으로, 머지않아 들이닥칠 총체적인 재난에 대한 일종의 예보적 성격을 지닌다.

21 위 문덕수, 오세영 등의 논의가 대표적인 예이다.

2) 전조 증상: 제국주의의 팽창욕과 공황 발생

그러나 「기상도」의 첫 출발은 이런 불길한 예감들과는 사뭇 무관한 지점에서 시작하는 것처럼 보인다.

비눌
돛인
해협(海峽)은
배암의잔등
처럼 살아낫고
아롱진 『아라비아』의 의상을 둘른 젊은 산맥(山脈)들.

바람은 바다ㅅ가에 『사라센』의 비단폭(幅)처럼 미끄러웁고
오만(傲慢)한 풍경(風景)은 바로 오전(午前) 칠시(七時)의 절정(絶頂)에
가로누엇다.

— 제1부 〈세계의 아츰〉 부분[22]

적당히 넘실대며 몰려오는 파도와 화려하고 힘차게 뻗은 산맥들, 그리고 시원스레 불어오는 바람까지 무엇 하나 부족함이 없어 보이는 풍경이다. 만일 이러한 풍경이 근대문명의 밝고 긍정적인 면을 암시하는 것이라고 한다면, 그것은 근대적 합리성에 대한 확신 아래 자신감으로 충만한 상태에서 나날이 번성하는 전성기 시절의 모습을 떠올리게 한다. 그 시절에는 모든 것들이 조화롭고 평화롭게만 느껴졌고, 그런 일반의 느낌 속에서 마치 아무런 문제도 발생할 소지가 없는 것만 같았다. 그러나 지나친 자신감은 오히려 독이 되기

22 이하 인용되는 작품은 김기림, 『기상도(氣象圖)』, 자가본, 1936의 표기에 따름.

도 한다. 위의 인용 부분 마지막 행에 등장하는 '오만한 풍경'은 그런 우려의 시각을 반영한 것으로 보인다.

그가 우려했던 바는 다음 장에서 구체적으로 그 실체를 드러낸다. 문명의 번영 뒤에는 야만적인 맨 얼굴이 감추어져 있었던 것이다. 근대화, 서구화라는 이름하에 펼쳐진 그러한 행위에는 실제로 수많은 희생과 고통이 따랐다. 시인은 이 모습을 매우 풍자적인 방식으로 다음과 같이 묘사해놓고 있다.

> 『넥타이』를한 힌식인종(食人種)은
> 『니그로』의요리(料理)가 칠면조(七面鳥)보다도 좋답니다.
> 살갈[23]을 히게 하는 검은고기의위력(偉力).
> 의사(醫師)『콜베-르』씨의 처방(處方)입니다.
> 『헬메트』를쓴 피서객(避暑客)들은
> 난잡(亂雜)한 전쟁경기(戰爭競技)에 열중(熱中)햇습니다.
> 슲은독창가(獨唱家)인 심판(審判)의호각(號角)소리.
> 너무 흥분(興奮)하엿슴으로
> 내복(內服)만입은『퐈씨스트』.
> 그러나 이태리(伊太利)에서는
> 설사제(泄瀉劑)는 일체 금물(禁物)이랍니다.
>
> — 제2부 〈시민행렬〉 부분

여기서 시인이 비꼬고 있는 것은 제국주의에 내재하는 폭력성과 야만성이다.

그 효시를 그는 아프리카의 흑인들을 잡아와 노예로 삼고 인간 이하의 취급을 하도록 법제화한 '흑인 노예법'*Code Noir*(1685)에서 찾고 있다. 지금

23 원문에는 '살갈'로 표기되어 있으나 이는 '살갛(혹은 살갗)'의 오식으로 추정된다.

까지도 '근대 역사의 가장 추악한 법'24이라는 오명을 쓰고 있는 이 법령은 인종적 편견과 백인 우월주의 사상의 결정판이라 할만하다. 이 법을 공포하고 시행하는 데 큰 역할을 했던 이가 바로 위에 등장하는 프랑스 재상 콜베르 Jean-Baptiste Colbert[25]이다.

다른 인종을 잡아와 멋대로 노예로 삼고 부릴 수 있다는 발상은 실로 야만적이다. 어쩌면 그것은 우리가 야만이라고 생각해왔던 식인종의 사례보다도 더 미개한 풍습인 것이다. 마찬가지로 남의 땅에 쳐들어가 일방적으로 침략과 수탈을 자행하는 식민 지배 또한 야만적이다. '『헬메트』를 쓴 피서객(避暑客)들'을 열대지역에 파견된 병사들[26]로, 그들이 벌이는 '난잡(亂雜)한 전

24 심재중, 「아프리카와 흑인의 이미지: 18~19세기 프랑스를 중심으로」, 『불어문화권연구』 17호, 불어문화권연구소, 2007, 112쪽.

25 화가 로베르 낭퇴이유가 그린 재상 콜베르 Jean-Baptiste Colbert(1619~1683)의 초상(1676년 작)과 파리에서 발간된 흑인 노예법 *Code Noir*(1685) 법조문 인쇄본의 표지.

CODE NOIR.
OU
RECUEIL D'EDITS,
DÉCLARATIONS ET ARRETS
CONCERNANT
Les Esclaves Négres de l'Amérique,
AVEC
Un Recueil de Réglemens, concernant la police des Isles Françoises de l'Amérique & les Engagés.

A PARIS,
Chez les LIBRAIRES ASSOCIEZ.
M. DCC. XLIII.

사진 좌 : https://fr.wikipedia.org/wiki/Jean-Baptiste_Colbert에서 재인용.
사진 우 : https://gl.wikipedia.org/wiki/Code_Noir에서 재인용.
콜베르는 프랑스의 태양왕인 루이 14세 때 재무장관과 해군장관을 역임했던 인물이다. 당시 그는 강력한 왕권을 바탕으로 중상주의 정책을 펼치도록 힘썼으며, 이와 함께 경제력 강화와 군비 증강을 위해 국가적 총력을 기울였다. 한 마디로 제국주의의 국가적 토대를 완성하기 위해 애썼던 것이다. 그가 정초했으나, 사후에야 정식 공포된 '흑인 노예법'은 60개 조항을 담고 있는 방대한 내용으로 구성되어 있다.

26 실제로 이 시절 열대지역에 파견된 군인들이 착용한 군용 모자를 재료에 따라 '열대 관상 헬멧' *tropical pith helmet*, 혹은 '식민지 코르크 헬멧' *colonial cork helmet*이라고 불렀다.
아래 사진은 20세기 초 영국군의 사바나용(좌), 독일군의 사막용(중) 열대 헬멧과 헬멧을 착용한 병사의 모습(우).

쟁경기(戰爭競技)'를 열강들 사이의 치열한 식민지 쟁탈전으로 읽게 되는 이유가 여기에 있다.

이 상황에서는 규칙이고 체면이고 다 소용없다. '심판'도 필요 없고, 굳이 국제법이나 국가 간의 관례를 지켜가면서 예의를 차려야 할 의무도 없다. 그런 것들은 열강들의 제국주의적 태도와 식민지 경영의 논리 앞에서 철저히 무시되고 부정된다. 여기서 김기림은 특별히 이태리 파시즘의 후안무치한 침략 야욕을 고발한다. 무솔리니의 집권과 더불어 본격적으로 대외 식민 경쟁에 뛰어든 이태리는 그때까지 아프리카 유일의 독립국으로 남아 있던 에티오피아를 침공하기 위해 호시탐탐 기회를 엿본다.[27] 1934년 당시 이태리의 식민 지배하에 있던 에리트리아와 소말리아가 에티오피아와의 국경 확정 문제로 분쟁의 기미를 보이자[28] 이태리는 이곳에 거주하는 자국민 보호를 핑계로 대규모 병력을 파견한다.

이에 양국 사이에 전운이 감돌고 몇 차례의 크고 작은 충돌이 발생하면서

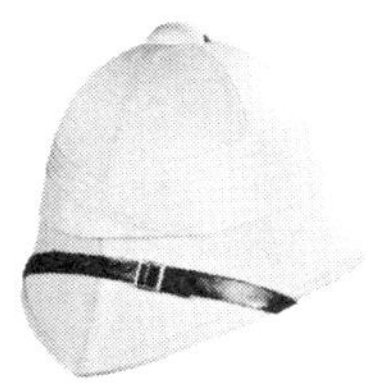

사진 좌 : https://www.villagehatshop.com/product/pith-helmets/451139-6034/british-pith-helmet.html
사진 중 : https://blog.daum.net/pzkpfw3485/2248422
사진 우 : https://www.gentlemansgazette.com/safari-hat-primer/

27 위의 인용 시에서 이태리와 관련된 사항을 이태리의 에티오피아 침략전쟁과 직접 관계가 있는 것으로 기술(최재서, 앞의 책, 391쪽에서 '이·에 전쟁'으로 표기됨)하는 경향이 있으나, 이는 시기적으로 맞지 않는다. 무솔리니 휘하의 이태리 군이 에티오피아 침략을 개시한 것은 1935년 10월 초순의 일로, 이 시가 애초에 『중앙』지에 처음 발표된 1935년 4월 이후에 발생한 사태이기 때문이다. 단, 이때 이미 양국 간의 긴장이 점차 고조되는 상태여서 전쟁 발발은 시간문제일 뿐이라는 인식이 널리 퍼져 있었다.

28 이태리의 에티오피아 침략(1935~1936) 당시의 진격로. 전쟁 발발 시점에 이미 이태리령이었던 에리트리아(상변), 소말릴랜드(우변)에서 협공하여 에티오피아의 수도인 아디스아바바를 향해 진공한다.

에티오피아는 이태리의 침략적 행동을 국제연맹에 여러 번 제소하기에 이른다.[29] 그러나 당시 국제연맹은 이태리의 무력시위를 막을 실질적인 권한이나 힘이 없었다. 이미 일본과 독일의 연맹 탈퇴 선언[30]으로 그 위상이 현저히 약화된 상태에서 이태리의 독자적인 행동을 견제할 장치는 마련되어 있지 않았던 것이다. 형식적으로 연맹 이사회를 소집, 개최한 뒤 고작 내놓은 중재안이라는 것이 양국 사이의 직접 교섭을 통해 해결하라고 권고한 것이 전부였다.[31] 김기림이 위에서 '슬픈 독창가인 심판의 호각소리'라고 읊은 대목은 바로 이러한 국제연맹의 무기력한 처지를 암시하는 것으로 풀이된다.

제국주의란 계속적인 식민지 착취의 확대를 통한 본국의 이익 극대화, 그리고 다시 그것을 뒷받침하기 위한 끝없는 영토 확장의 욕망에 기초한다. 제국주의 국가들에게 식민지는 많으면 많을수록 좋은 것으로 간주되었다. 그

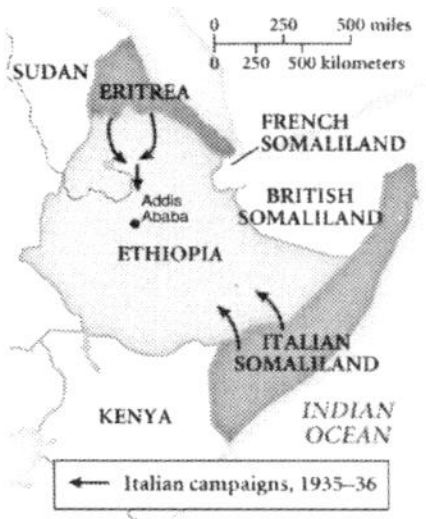

https://www.sutori.com/en/item/mussolini-invades-ethiopia-1935-benito-mussolini-the-fascist-leader-of에서 재인용.

29 이 점에 대해서는 다음 자료들을 참조할 것.
「이태리 침략적 태도 격화로 에치오피아 대표 연맹에 정식 제소」, ≪조선일보≫, 1935. 1. 6.
「에디오피아 국에서 재차 연맹에 제소」, ≪조선일보≫, 1935. 2. 13.
「에, 국연맹에 제소」, ≪동아일보≫, 1935. 3. 19.
「에치오피아 정부서 연맹에 우(又) 복(復) 제소」, ≪동아일보≫, 1935. 4. 2.
「에국(國), 제3차의 제소 전문 발표」, ≪동아일보≫, 1935. 4. 3.

30 일본과 독일은 이미 1933년 3월과 10월, 국제연맹 탈퇴를 일방적으로 선언한다.

31 이때 보인 국제연맹의 무기력함과 무성의함은 당시에도 이미 국제사회의 조롱거리였다. 이 점에 대해서는 「이(伊)·에 분쟁과 국제연맹 – 진퇴유곡의 곤란한 처지」, ≪동아일보≫, 1935. 5. 22 관련 기사(사설) 참조.

들은 넓히고 넓혀도 더욱 넓히고 싶어 했다. 때로 그런 욕망은 식민지 경영에 드는 비용이 수탈로 얻는 이득을 넘어서는 경우에도 쉽게 멈추어지지 않았다. 이미 인근의 에리트리아와 소말리아를 식민 지배하고 있었던 이태리의 경우도 마찬가지였다.

제국주의 국가들의 이러한 팽창을 향한 끝없는 욕망은 흔히 '과대 팽창' *overexpansion*[32] 이론으로 설명되곤 한다. 김기림은 당시의 정세를 볼 때, 이태리는 현 상황에 만족하지 않고 결국에는 에티오피아를 침공할 것으로 예상했다. 흰 식인종인 그들이 먹을 만큼 먹었다고 해서 눈앞에 어른거리는 '검은 고기'[33]를 그냥 지나치지는 않으려 할 것으로 보았기 때문이다. 과식이나 소화불량을 무릅쓰고라도 잡아먹으려 들 것이고, 한번 먹은 이상은 절대 허투루 배출하려들지 않을 것으로 보았다. '이태리(伊太利)에서는 / 설사제는 일체 금물이랍니다.'라는 그의 표현은 그러한 끝없는 제국주의적인 탐욕, 즉 과대 팽창에의 욕망을 지적한 것으로 보인다.[34]

『아메리카』에서는
여자(女子)들은 모두해수욕(海水浴)을 갓스므로
빈집에서는 망향가(望鄕歌)를 불으는『니그로』와 생쥐가 둘도없는동무가 되엇습니다.

---

32 제국주의 국가들에서 이러한 과대 팽창에의 욕망이 어떤 이론적 근거를 지니며, 어떤 방식으로 펼쳐졌는지에 대한 구체적인 설명은 잭 스나이더, 『제국의 신화』, 함택영 · 박수헌 역, 서울프레스, 1996, 9-89쪽 참조.

33 이 경우에는 에티오피아를 뜻한다.

34 이 구절에 대해서는 그간 여러 다양한 해석들이 제시된 바 있다. 예컨대 문덕수는 파시즘의 증상을 '일종의 정치병'적인 것으로 이해하면서, 그 의미를 이러한 '파시즘병을 치유하려고 하면 반동으로 처형된다는 것'을 암시하는 것으로 풀이하고 있다(문덕수, 앞의 글, 188쪽). 한편, 김한성은 '설사제'를 아리스토텔레스가 말한 '정화' *catharsis*의 의미와 연결시키면서 이를 '배설을 통해 정화될 수 없는 무솔리니 치하의 파시즘 정권'을 풍자한 구절로 보았다(김한성, 「김기림 문학 연구」, 서울대대학원 박사논문, 2014, 82쪽).

파리(巴里)의 남편(男便)들은 오늘도 차라리 자살(自殺)의위생(衛生)에 대(對)하야 생각하여야하고

옆집의 수만이는 석달만에야

아침부터 지배인(支配人)영감의 자동차(自動車)를 불으는 지리한직업(職業)에 취직(就職)하엿고

독재자(獨裁者)는 책상(冊床)을 따리며 오직

『단연(斷然)히- 단연(斷然)히』 한개의부사(副詞)만발음(發音)하면 그만입니다.

동양(東洋)의안해들은 사철을 불만(不滿)이니까

배추장사가 그들의 군소리를 담어가려오기[35]를 어떻게 기다리는지몰릅니다.

공원(公園)은 수상(首相)『막도날드』가 세계(世界)에자랑하는

여전(如前)히 실업자(失業者)를위한 국가적(國家的)시설(施設)이되엇습니다.

교도(敎徒)들은 언제던지 치일수잇도록

가장간편(簡便)한곳에 성경(聖經)을 언저두엇습니다.

기도(祈禱)는 죄(罪)를지을수잇는 구실(口實)이 되엇습니다.

— 제2부 〈시민행렬〉 부분

경제의 추락은 그러한 정세를 더욱 악화시키는 요인으로 작용하였다. 위 인용문에서 시인은 1929년 미국에서부터 시작하여 1930년대 전반기 전 세계를 휩쓴 대공황이 낳은 풍속도를 다양한 형태로 변주하여 제시해놓고 있다. 자본시장의 붕괴는 근대산업의 기반을 송두리째 뒤흔들어 놓았다. 영원히 지

35 원문에는 '담어가려오기'라고 표기되어 있으나 오식으로 추정된다. 1948년 산호장에서 발간된 재판본에는 이 구절이 '담어갖어오기'로 바로잡혀 있다.

속될 것만 같았던 문명사회의 희망과 번영은 일순간 악몽으로 변해버렸다.

그 와중에서 가장 피해를 입게 되는 것은 일반 서민들이었다. 졸지에 직장을 잃은 그들이 할 수 있는 일이라고는 사실상 아무 것도 없었다. 고작 가족과 더불어 휴가지 근처를 떠돌거나(‘『아메리카』에서는 / 여자들은 모두해수욕을 갓스므로’), 주인 떠난 빈집을 우두커니 지키는 것(‘빈집에서는 망향가를 불으는『니그로』와 생쥐가 둘도없는동무가 되엇습니다.’)이 전부였다. 그도 저도 아니면 자살을 생각하는 것(‘파리의 남편들은 오늘도 차라리 자살의 위생에 대하야 생각하여야하고’) 외에는 다른 길이 없었다. 이런 판국이니 아무리 하찮은 일이라도 주어지기만 한다면 그나마 감지덕지해야할 판(‘옆집의 수만이는 석달만에야 / 아침부터 지배인 영감의 자동차를 불으는 지리한직업에 취직하였고’)이었다.

날로 열악해져만 가는 이러한 상황을 교묘히 파고들어 세력을 확장한 것은 바로 파시즘이었다. 파시즘의 강력한 통제력은 어느덧 사람들 사이에서 대공황이 몰고 온 사회 전체의 혼란과 불안을 잠재울 유력한 대안으로 인식되기 시작하였다. 이제껏 시민사회를 이끌어온 자유민주주의적인 질서와 절차, 전통 등은 하나씩 파괴되어갔고, 독재의 싹이 우리 주변 곳곳에 그 뿌리를 내리게 되었던 것이다. 우려의 시선으로 이 상황을 지켜보던 김기림은 파시즘의 위험성에 대해 ‘독재자는 책상(冊床)을 따리며 오직 / 『단연히- 단연히』 한개의부사만발음하면 그만입니다.’라는 말로 요약한다.

원래 공원은 시민 대중을 위한 전형적인 근대의 산물이다.[36] 시민이라면 누구나가 차별 없이 자유롭고 평등하게 이용하며 휴식을 취할 수 있는 공공의 공간인 공원이란 근대 이전에는 그다지 익숙하지 않은 개념이었다. 그런 점에서 공원의 존재는 근대적 번영의 상징이었으며 시민사회 성숙의 징표였던 셈

36 「근대 도시의 상징적 장치: 공원과 광장」, 문화콘텐츠닷컴, 한국콘텐츠진흥원. (해당 사이트는 2021년 말부로 서비스가 종료되어 더 이상 내용을 확인할 수 없다.)

이다.[37] 그러나 바쁜 도시민들에게 잠시간의 심리적 여유와 안정감을 제공해 주기 위해 마련된 공원에 공황 발생과 더불어 갈 곳 잃은 실업자들이 하나 둘씩 모여들기 시작했다.

그 결과 어느덧 공원은 몰락하는 국가 경제의 상징처럼 되어버렸다. 해가 지지 않는 나라인 대영제국의 수도 한복판에 자리 잡은 공원조차가 넘쳐나는 실업자와 노숙자들로 인해 아수라장으로 변해갔다. 당시 수상이었던 맥도널드 James Ramsay MacDonald[38]는 영국 정계에서 최초로 진보 좌파인 노동당의 후보로 나서서 노동자와 서민층의 압도적인 지지로 집권에 성공한 인물이었다. 그를 수반으로 한 당시 영국 정부와 내각은 사태 수습을 위해 전력을 다했지만, 상황을 호전시킬만한 뾰족한 대책은 쉽게 마련되지 않았다. 거리는 실업자들로 뒤덮였고, 공원은 사실상 노숙자들에 의해 점령되었다. 이러

---

37 근대 이전의 개인 정원이 지닌 폐쇄적인 성격과 근대 이후 새롭게 등장한 도심 공원의 대중적이고 개방적인 성격은 판이하게 차이가 난다.
이 점에 대해서는 황주영, 「근대적 발명품으로서의 도시 공원」, 서울대대학원 박사논문, 2014, 237-281쪽 참조.

38 아래는 총리 시절인 1929년 맥도널드 James Ramsay MacDonald(1866~1937)의 모습.

사진 : https://en.wikipedia.org/wiki/Ramsay_MacDonald
그는 1924년과 대공황기인 1929년에서 1935년까지 두 차례에 걸쳐 내각 수상을 역임하였다. 제2차 집권기인 1931년 당시 소속 정당이었던 노동당 정권의 불신임으로 총리직에서 물러나야 할 위기에 처했으나, 결국 야당인 보수당 인사들을 내각에 끌어들이며 재집권하게 된다. 이때 많은 정치인들이 그의 행동을 두고 비난하였으며, 심지어 후일 처칠의 뒤를 이어 총리가 된 애틀리 Clement Attlee는 그의 자서전에서 이러한 그의 선택을 '영국 정치사에서 가장 커다란 배신'이라고 회고하였다. 결국 대공황을 수습하는데 큰 역할을 하지 못했던 그는 건강이 크게 악화된 1935년 보수당 정치인인 스탠리 볼드윈 Stanley Baldwin에게 총리직을 이양함으로써 물러나게 된다.

한 당시 영국의 사정을 두고 김기림은 '공원은 수상『막도날드』가 세계에자랑하는 / 여전히 실업자를위한 국가적시설'이 되어버렸다고 비꼰 것이다.

이런 판국이니 종교나 도덕, 양심 따위는 더 이상 시민 사회의 건전한 가치 판단 기준으로 작용할 수가 없었다. 표면적으로는 짐짓 따르는 체 했으나, 내막을 알고 보면 정반대로 움직이는 경우가 많았다. 이 모든 것들은 상황에 따라 언제든 거리낌 없이 외면할 수 있는 것으로 간주되었으며, 심한 경우에는 '죄를 지을 수 있는 구실'로까지 악용될 정도로 변질되었다.

이러한 내용들을 종합해보면 사태의 진전은 모두 한 가지 사실로 수렴될 수 있는 듯하다. 김기림에게 이들은 결국 현 문명이 처한 막다른 골목이며 조만간 닥쳐올 대 파국의 전조 증상으로 이해되었다. 즉, 근대문명의 몰락은 그에게 움직일 수 없는 하나의 기정사실로 다가왔다. 그리고 그는 그것을 동시대 일본에서 유행하였던 '근대의 초극' 담론과는 다른 시각에서 이해해보려 하였다.

4. '태풍'의 의미 분석

그렇다면 이러한 불안한 조짐들, 전조 증상들을 통해 김기림이 읽었던 것은 무엇일까. 시인이기 이전에 한 사람의 지식인이자 기자로서 시대와 역사, 현실의 흐름과 그 방향에 대해 예민했던 김기림은 특히 이 문제를 놓고 고민했던 것 같다. 분명한 것은 그가 곧 닥쳐올 엄청난 사태를 동시대의 피할 수 없는 운명으로 예감하였다는 사실이다. 또한 아울러 우리민족 또한 이 재난 앞에 속수무책으로 노출될 운명임을 아울러 예감하였다는 사실이다.[39]

---

39 「기상도」에서 태풍의 피해를 직접적으로 받는 지역으로 중국과 조선을 포함한 아시아의 연안 도시들을 지목하고 있는 것이 그 증거이다.

당시의 정황과 정보 자료들을 취합하여 분석해볼 때 여기서의 답은 분명해 보인다. 그가 「기상도」에서 '태풍'이라는 강력한 이미지를 동원하여 암시하고자 한 바, 그것의 핵심적인 의미는 다름 아닌 '전쟁'이다. 그리고 이때의 전쟁은 단순히 개별 국가들 사이에 벌어지는 국지전 정도가 아니라 세계사의 향배를 가를 열강과 열강들 사이의, 세력과 세력들 사이의 명운을 건 전쟁이 되리라고 보았다. 그리하여 이 전쟁은 필연적으로 세계대전의 형태로 전개될 것이며, 그런 만큼 일국의 흥망을 넘어 이제까지 쌓아올린 근대문명의 존폐가 걸린 역사적인 전쟁이 되고 말 것이라는 것이 김기림의 예측이었다.[40]

1) 예상, 또는 판단의 근거: 군축 회담의 실패와 국지적 전초전들

1930년대 중반이라는 시점에서 김기림이 이렇게 판단을 내릴 수 있었던 근거는 무엇인가. 그리고 그는 전쟁의 여파를 어떻게, 어디까지 예상했는가.

> 본국(本國)에서오는 장거리(長距離)『라디오』의 효과(效果)를 실험(實驗)하기위하야
> 『쥬네브』로 여행(旅行)하는 신사(紳士)의가족(家族)들.
> 『샴판』[41]. 갑판(甲板) . 『안녕(安寧)히가세요』. 『단여오리다』.
> 선부(船夫)들은 그들의탄식(嘆息)[42]을 기적(汽笛)에게맡기고

40 「기상도」의 태풍이 제2차 세계대전의 위기감이나 긴박감과 연결되어 있을지 모른다는 추측은 일찍이 김학동에 의해 제기된 바 있다(김학동, 앞의 책, 49쪽). 그러나 아쉽게도 이러한 이해는 막연한 추측에 그쳤을 뿐, 양자 간의 연결고리에 대한 더 이상의 진전된 논리적인 추론과 해명은 보이지 않는다.

41 이 단어는 그간 '삼판선(항구에서 오가는 작은 배)'이라는 설과 '샴페인'이라는 설 등이 있으나, 전자가 유력할 것으로 보인다. 삼판(sampan)은 주로 중국이나 동남아 등지의 항만 근처에서 운행되는 바닥이 평평한 형태의 통통배를 일컫는 말이다.

42 '탄식(歎息)'과 같은 뜻의 단어.

자리로 돌아간다.

부두(埠頭)에달려 팔락이는 오색(五色)외[43] 『테잎』.
그여자(女子)의 머리의 오색(五色)의 『리본』.

전서구(傳書鳩)들은
선실(船室)의집웅에서
수도(首都)로 향(向)하야 떠낫다.
…… 『스마트라』의동(東)쪽. … 5 · 『킬로』의해상(海上) …… 일행(一行) 감기(感氣)도없다.
적도(赤道) 가까웁다. …… 20일(日)오전(午前)열시(時). ……

— 제1부 〈세계의 아츰〉 부분

「기상도」의 제1부 뒷부분이다. 태풍이 몰려오기 전의 상황을 묘사하고 있다. 태풍이 발생하리라는 어떤 기운도 느낄 수 없다. 출발시간에 맞추어 떠나는 여객선에 몸을 실은 신사와 그 가족들의 모습이 제시되어 있다.

그런데 뭔가 이상하다. 그들의 행선지가 스위스의 주네브('쥬네브' Genève)[44]란다. 알다시피 주네브는 내륙 한복판에 있는 도시다. 거기까지 가기 위해 굳이 배를 이용한다는 것도 그렇고, '여행' 떠나는 마당에 '탄식'부터 내뱉는다는 것도 어색하다. 더군다나 여행의 목적이 '본국에서오는 장거리『라디오』의 효과를 실험하기위하야'라고 한다. 무슨 의미인지 언뜻 판단하기가 애매한 구절이다.

사실 이 시절 주네브는 국제연맹의 본부가 있었던 곳이다.[45] 그런 까닭에

43 '의'의 오식인 듯.

44 영어식 표기법을 따르면 제네바 Geneva이다. 주네브주의 주도이며, 프랑스어 사용 인구가 다수를 차지하는 지역이다.

국제적인 협력이나 분쟁 사안의 조정이 필요할 때 자주 회의가 열렸던 장소이기도 하다. 제1차 세계대전 종전 이후인 1920년대 중후반에 들어서 제국주의 열강들 사이에 긴장이 고조되자 이곳에서 평화 유지를 위한 회담들이 자주 개최되었다.

대표적인 것이 군비축소를 위한 회담이다. 1927년과 1933년 두 차례에 걸쳐 회담이 열렸으나 결과적으로 아무런 결실도 맺지 못한 채로 끝나고 만다.[46] 이 과정에서 국제연맹은 제 역할을 못하고 있었다. 군축에 쏠린 세계의 시선 속에 각국에서 파견된 '신사'(외교관)들의 '여행'(출장)은 헛걸음이 되고 말았다. 회담 실패는 국제정세의 불안을 더욱 가중시켰다. 대공황으로 인한 불황의 늪을 빠져나오기 위해서라도 각국은 제국주의적 팽창을 멈출 수 없다는 결론에 도달하게 되었다. 열강들은 너 나 할 것 없이 군비 경쟁에 돌입했다.[47] 불안한 평화가 언제까지 이어질지는 누구도 장담하기 힘들었다.

어쩌면 회담 실패는 예정된 것이나 다름없었다. 열강들은 처음부터 자국의 군비 지출을 줄일 생각이 조금도 없었기 때문이다. 그러므로 '본국에서 오는 장거리 라디오의 효과를 시험하기 위하야' 주네브로 간다는 말의 뜻은 군축회담에서 별 성과를 기대할 것이 없다는 사실을 우회적으로 표현한 구절로 해석된다. 실질적인 권한을 지닌 것은 어디까지나 본국 정부의 결정이요 훈령

---

45 이 점은 이미 조달곤에 의해 한 차례 지적된 바 있다.
조달곤, 「김기림 연구」, 동아대대학원 박사논문, 1991, 99쪽 참조.

46 1927년에 열린 첫 회담(1927. 6. 20.~8. 4.)은 미 · 영 · 불 · 이 · 일 5개국의 해군 군비축소를 위한 회담이다. 그러나 초대받은 프랑스와 이태리가 불참한데다 미국과 영국의 이해가 엇갈려 합의 도출에 실패하고 만다. 두 번째 회담(1932. 2. 2.~1934. 5월경) 또한 국제연맹의 주재로 연맹 가입 57개국과 미 · 소 양국이 참가하여 장기간에 걸쳐 회담이 진행되었으나 난항을 거듭하다 일본과 독일의 연맹 탈퇴(일 : 1933. 3., 독 : 1933. 10. 각기 국제연맹 탈퇴)로 흐지부지된 끝에 끝내 결렬되고 만다.

47 아래는 각국의 군비와 국력을 알기 쉽게 비교, 정리하여 지도상에 그려놓은 「세계시국대지도」. 동아일보사가 1936년 애독자들에게 무료 배부한 신년맞이 선물로, 사고(社告)를 통해 '이 지도는 현하 세계의 정치적 경제적 군사적인 제 누란(累卵)의 위국(危局)을 가장 면밀 정곡(正鵠)히 조사 소묘(素描)한 것으로서 이는 정히 **폭풍전야의 기상도**이며 혼돈세계의 정보탑'(강조-인용자 주, ≪동아일보≫, 1935. 12. 1.)이라고 선전하고 있다.

이다. 회의에 참가한 '신사'들, 즉 외교관들에게는 아무런 권한도 주어지지 않았다. 다만 사안 별로 본국의 지시를 기다리며 그것에 따라야 하는 딱한 처지에 놓여 있을 뿐이다.

이런 사정이니 그리로 가는 길이 마냥 편치만은 않았을 것이다. '여행'의 첫 출발이 가족들과의 안타까운 작별 인사와 더불어, '탄식'으로 시작되는 것은 그 때문이다. 마찬가지로 '전서구들은 / 선실의집웅에서 / 수도로 향하야 떠낫다.'라는 구절도 비슷한 맥락에서 이해될 수 있다. 회담의 진행과정에서 발생한 일들에 대해서는 일일이 본국에 보고를 해야 하기 때문이다.

> 중앙기상대(中央氣象臺)의 기사(技師)의손은
> 세계(世界)의 일천(一千)오백(五百)여(餘)구석의 지소(支所)에서오는
> 전파(電波)를 번역하기에 분주하다.
>
> **(제일보(第一報))**

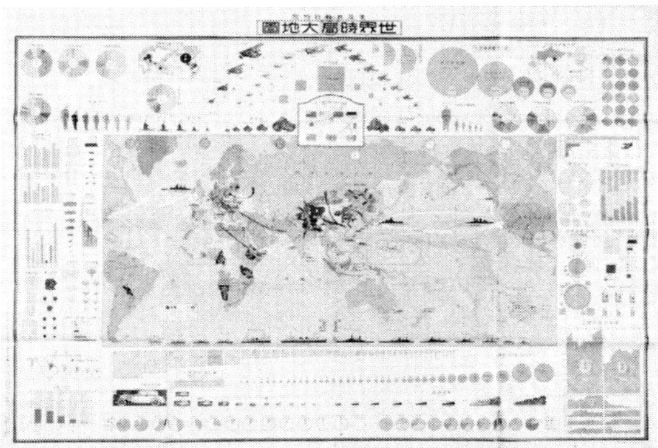

사진 : 부산광역시립박물관 소장본(가로 68.5cm, 세로 109.3cm).
http://www.emuseum.go.kr/detail?relicId=PS0100300500100456400000에서 재인용.
위 사진은 실물을 재 전사한 것이며, 신문지상에 실린 사진(≪동아일보≫, 1935. 11. 30.)은 나민애, 『1930년대 '조선적 이미지즘'의 시대』, 푸른사상, 2016, 255쪽에 한 차례 인용, 언급된 바 있다.

저기압(低氣壓)의 중심(中心)은
『발칸』의동북(東北)
또는
남미(南米)의 고원(高原)에 있어서
690밀리
때때로
적은 비 뒤에
큰 비.
바람은
서북(西北)의방향(方向)으로
35미돌(米突).
(제이보(第二報) = 폭풍경보(暴風警報))
맹렬(猛烈)한 태풍(颱風)이
남태평양(南太平洋)상(上)에서
일어나서
바야흐로
북진(北進)중(中)이다.
풍우(風雨)강(强)할것이다.
아세아(亞細亞)의 연안(沿岸)을 경계(警戒)한다.

— 제3부 〈태풍(颱風)의 기침(起寢) 시간(時間)〉 부분

마침내 올 것이 왔다. 태풍이 발생한 것이다. 애초에 그것은 규모가 별로 크지 않은 상태에서 시작되었다. 그러나 '중앙기상대의 기사'들은 그것이 어디서 발생하여 어떻게 진행될 것인지에 온 신경을 곤두세운다. 여기서 수상한 점은 당초 '저기압의 중심'이 '『발칸』의동북 / 또는 / 남미의 고원'으로 제시되어 있는 점이다. 김기림은 왜 지역적으로 멀리 떨어져 있고 태풍이 부는

지역도 아닌[48] 그런 곳들을 제시했던 것일까?

그것은 당시 이들 지역에서 이미 긴장이 고조되었거나 분쟁이 격화되었기 때문이다. 발칸반도는 그 전부터 유럽의 화약고로 불리는 민감 지역이긴 했지만, 1차 세계대전의 패전국들인 오스트리아 · 헝가리제국과 오스만 투르크제국의 세력이 물러난 이후로 더욱 복잡한 양상을 띠게 되었다. 민족도, 언어도, 종교도 제각각인 이 지역에서 각국은 그들의 이해관계에 따라 이합집산과 상호 반목을 되풀이하고 있었다. 1933년에도 한 차례 위기가 있었는데[49], 김기림은 이 사실을 주목하였던 듯하다. 남미의 경우도 마찬가지다. 남미 내륙 국가인 볼리비아와 파라과이 두 나라가 벌인 차코전쟁(1932. 6. 15.~1935. 6. 12.)은 이 지역에서 벌어진 최초의 현대전으로 알려져 있다. 양국 사이에 놓인, 쓸모없는 내륙 오지에 불과했던 그란 · 차코 *Gran Chaco*[50] 일대에 엄청난 양의 석유가 매장되어 있다는 첩보가 올라오자 서로 자신의 관할권을 주장하며 벌어진 전쟁이었다.[51] 3년여에 걸친 전쟁 끝에 결국 파라과이가 승리하여 이 지역을 차지하게 되었지만 그 과정에서 양측이 입은 피해는 엄청

---

48 '태풍' *typhoon*이란 통상 적도 근처 태평양 해상에서 발생하여 북상하면서 동아시아 지역에 피해를 주는 열대성 저기압을 일컫는 용어이다. 다른 지역에서 출몰하는 열대성 저기압은 '허리케인(대서양)'이나 '사이클론(인도양)' 등 각기 다른 이름을 가지고 있다. 위의 인용 부분에서 김기림이 발칸이나 남미의 경우에 '저기압의 중심'이라고만 표현한 것도 이런 이유 때문이지 않을까 싶다.

49 당시 무솔리니 치하였던 이태리가 과거 베네치아 공국의 영토인 이 지역의 영역(달마치아)에 대한 야심을 드러낸 것을 기화로 긴장 국면이 조성된 사태를 말한다. 당시의 위기 상황을 소개한 조선 내 언론의 보도는 다음과 같다.
「구주의 중대 위기 각 일각으로 고급(告急) – 국제연맹의 준론은 제외하고 발칸 정세 급박」, ≪조선중앙일보≫, 1933. 9. 30.
「회의 반복에 불구 구주의 정세 급박 – 착잡한 군축 문제와 발칸의 관계, 목하 중대 위기에 직면」, ≪동아일보≫, 1933. 9. 30.
「공허한 항구평화론 – 연맹 본체만체 구주 정국 위기 국면」, ≪매일신보≫, 1933. 9. 30.
「이(伊)국 용훼(容喙)를 방기(防碁)코저 발칸 동맹 성립 호(乎) – 불가리야는 친이로 고립」, ≪매일신보≫, 1933. 11. 25.

50 그림 : 볼리비아, 파라과이의 위치와 당시 두 나라가 관할권 다툼으로 전쟁을 치렀던 그란 · 차코 북부(차코 보레알) 지역의 위치

났다.[52]

연이어 벌어진 이러한 분쟁들에서 김기림은 제2차 세계대전 발발의 전조를 보았다. 그리고 그 여파가 종래에는 아시아 태평양 지역까지 파급될 것으로 예견했다. 곧바로 타전된 다음 경보('제2보 = 폭풍경보')에서 그는 그러한 자신의 불안감을 우회적으로 표출한다. '남태평양' 상에서 발생한 '태풍'이 맹렬한 기세로 북상하여 '아세아의 연안'을 강타하는 것으로 묘사한 것이다.

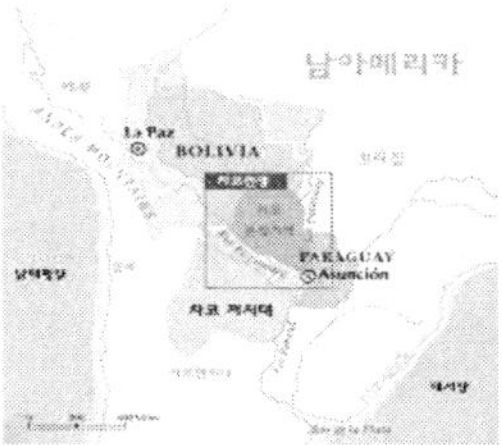

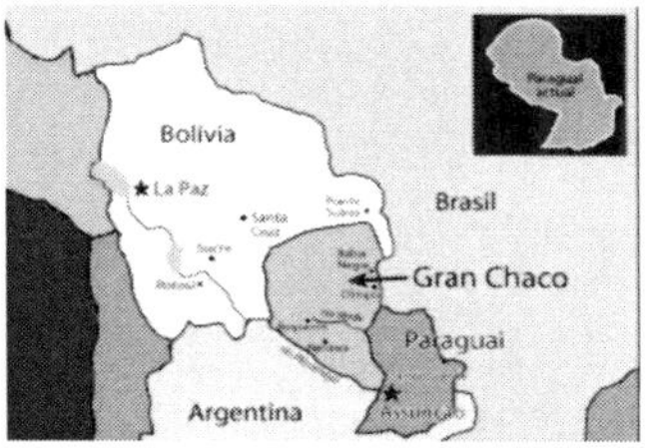

사진 좌 : https://m.blog.naver.com/PostView.naver?isHttpsRedirect=true&blogId=gos_travel&logNo=50168317360
사진 우 : https://blog.naver.com/jessica5678/222183484282에서 재인용.

51 이 당시 전쟁 발발 소식을 전한 국내 언론의 보도는 다음과 같다.
「남미에 전쟁 소동, 뽈리비아와 파라과이 간」, 《동아일보》, 1932. 8. 5.
「파라과이 · 볼리비아 양국 분쟁, 최근에 악화-나나와 요새의 대격전」, 《조선일보》, 1933. 1. 24.
「뽈 · 파 전쟁 속보-뽈리비아군 공중 공격, 파라과이군 기병 활동」, 《동아일보》, 1933. 1. 27.
「볼군 연패로 사령관 경질」, 《조선일보》, 1933. 12. 18.
「연맹 위원회 차코 문제 보고, 화협 실패를 인정-뽈리비아 파라과이 국경 문제에」, 《동아일보》, 1934. 1. 11.
「볼리비아 군을 궤멸 950여명을 포로, 파라과이 정부 발표」, 《조선일보》, 1934. 3. 30.
「차코 분쟁 사건, 연맹 처리를 단념-12일 회의서 결정」, 《조선중앙일보》, 1935. 3. 14.

52 최종 집계 결과 양측 모두 합하여 민간인들을 포함, 10만 명이 넘는 인원의 사상자가 발생한 것으로 보도되었다. 더욱 기가 막힌 것은 나중에 밝혀진 바 석유가 있다는 정보는 잘못된 것이었다는 사실이다.

2) 전쟁의 태풍에 휩쓸리는 중국과 동아시아

이즈음에서 궁금해지는 것은 당시 세계대전 발발과 그와 관련된 동아시아 지역 정세의 위기감에 대한 이러한 김기림의 예상이 주제 넘는다거나 근거가 다소 부족하다고 볼 여지는 없는가 하는 점이다. 「기상도」가 처음 연재, 발표된 것은 1935년이다. 다시 말해서 아직 1차 세계대전(1914~1918)이 수습된 지 20년도 채 지나지 않았을 시점이다. 엄청난 참화를 겪은 지 얼마 되지도 않은 시점에서 이처럼 또 한 번의 세계대전을, 아니 근대문명 전체의 파국을 몰고 올 그런 대규모 전쟁을 예상한다는 것이 한편으로 어색하게 생각될 수도 있다. 그러나 다시 그 시절로 되돌아가 당시의 국내외 상황을 살펴본다면, 그런 막연한 추측이 무색하리만치 전쟁 발발에 대한 우려와 위기감이 사회 전체에 팽배해 있었다는 사실을 알게 된다.

가까운 시일에 제1차 세계대전의 규모를 훨씬 능가하는 어마어마한 전쟁이 터지리라는 의견들은 도처에 떠돌아다니고 있었다. 심지어 1차 대전 당시의 지휘관이었던 독일 장군 루덴도르프 E. F. W. Ludendorff[53]는 일찍이 제2

53 루덴도르프 Erich Friedrich Wilhelm Ludendorff(1865~1937)

사진 : https://de.wikipedia.org/wiki/Erich_Ludendorff에서 각각 재인용.
1차 세계대전 당시의 독일 육군 지휘관으로, 독일이 전쟁에서 진 것은 전투력이 부족해서가 아니라 후방에서의 보급 및 물자 지원과 국민 개개인의 사상 무장 면에 문제가 있어서였음을 주장한다. 이후 그는 자신의 이러한 논리를 가다듬어 전면전이나 국가 비상사태 발생 시 가용 가능한 국가 전체의 모든 자원과 물자, 인력을 투입하는 소위 '총력전'의 개념을 정식화한다. 1935년 간행된 그의 저서 『총력전론』 *Der Totale Krieg* (1935)은 그러한 그의 사상의 구체적인 성과물이다. 이후 이러한 그의 총력전 사상은

차 세계대전이 1932년 5월 발발할 것이라고 아예 시기까지 못을 박아 예언한 적도 있었다.[54] 사실 이 시기에 세계대전 발발을 예언한 것은 그만이 아니었다. 소련의 스탈린은 제16차 연방 공산당대회에서 경제적 궁핍에 처한 열강들의 어려움과 함께, 식민 지배하의 각 민족들과의 갈등으로 2차 세계대전은 반드시 벌어질 것이라고 단언한 바 있으며[55], 트로츠키 또한 다음 세계대전은 자본주의와 공산주의 세력들 간의 반목과 갈등으로 벌어질 것으로 확신한다고 예견하였다.[56] 한편, 영국의 무관 애틀리는 극동 지역에서 전쟁이 발생하면 이는 결국 세계대전으로 확산될 것이며, 전쟁 위기에서 벗어나기 위한 각국의 인내와 협조, 양보를 위한 노력들이 절실함을 역설하였다.[57] 물론 이외에도 조만간 세계대전이 벌어지리라 예상하는 이들은 수도 없이 많았다.[58]

이러한 사정은 조선 내에서도 다르지 않았다. 제2차 세계대전은 단지 시간상의 문제일 뿐, 조만간 일어날 것이라는 사실에 대해서는 누구도 의심치 않았다. 이미 세계 곳곳에서 크고 작은 국지적인 분쟁이 벌어지고 있었으며, 이러한 사태는 당시 세계를 휩쓴 대공황의 여파와 맞물려 쉽게 가라앉지 않을

태평양전쟁 당시 연합국을 상대로 했던 일본 군부와 정부 관료들의 결정에 심대한 영향을 미친 것으로 알려졌다.

54 「명년 5월에 대전쟁 발발, 세계는 대변화를 초래하다－독 루덴돌프 장군 예언」, ≪동아일보≫, 1931. 2. 4.
「1932년 춘(春)에 재차로 세계대전－독일 루덴돌프 장군 예언」, ≪매일신보≫, 1931. 2. 5.
「明春再び世界大戰始まる－獨逸ル将軍の豫言」, ≪부산일보≫, 1931. 2. 6.
「세계 전(戰) 위기 래(來) 미국은 동원 준비－독일 루덴 장군 담(談)」, ≪조선일보≫, 1932. 3. 1.

55 「새로운 세계적 불안, 풍운 점급(漸急), 제이 세계대전쟁?!」, 『별건곤』, 1930. 9, 2-3쪽에서 재인용.

56 「불원간 전 세계에 자본 대 공산 대투쟁－트로츠키 예언」, ≪조선일보≫, 1932. 1. 19

57 「극동 전운 회피에는 영 · 미 · 로 협정하자, 각국이 공동동작 취하도록－영 '애' 소좌의 연설」, ≪조선중앙일보≫, 1934. 8. 21.

58 이 문제에 관한 개략적인 소개는 이선근, 「세계 제2 대전론, 미래에 대한 예언의 가지가지」, ≪조선일보≫, 1932. 1. 1. 참조.

것으로 예상되었기 때문이다. 몇몇 지면들은 아예 대놓고 세계대전이 언제 어느 지역에서 어떤 형태로 벌어질지를 놓고 설문조사를 벌인 적도 있었다.[59] 눈여겨 볼 점은 이 과정에서 상당수 인사들이 중국을 비롯한 아시아 태평양 지역이 다음 세계대전의 주 무대가 될 것임을 예측하였다는 사실이다.[60]

김기림 역시 이들 견해에 동조하는 입장이었다. 중국은 제국주의 열강들 사이에 결코 포기할 수 없는 마지막 황금의 땅으로 인식되었다. 그들은 중국 내에서 자국 이권과 영향력 확대를 위해 필사적인 경쟁을 펼쳤다. 중국 전체가, 나아가 일본을 제외한 동북아 전체가 각국의 이해관계가 얽힌 치열한 각축장으로 변해버린 지 오래다.

> 『대(大)중화민국(中華民國)의 번영(繁榮)을 위하야-』
> 슲으게 떨리는 유리『컵』의 쇠ㅅ소리.

---

59 「새로운 세계적 불안, 풍운 점급(漸急), 제이 세계대전쟁?!」, 『별건곤』, 1930. 9. (송진우, 김기전, 한용운, 최린, 주요한, 김경재 6인)
「극동 전운과 열강 군비」, 『삼천리』 3권 10호, 1931. 10. 1. (이선근, 김장환 2인)
「예언? 제2차 세계대전!! 원제 대전이 일어나나? 그 상대국은 어느 나라?」, 『동광』, 27호, 1931. 11. 10. (안재홍, 김용무, 이선근, 옥준진, 고영환, 함상훈, 현상윤, 이봉수, 유형기, 김우평, 문일평 11인)

60 구체적인 사례들을 열거해보면 다음과 같다.
"금후의 전쟁 무대는 구주 대전 때와 가치 저 태서양(太西洋)을 중심으로 하야 잇지 안코 우리와 가장 각가운 태평양을 중심으로 이러날 것이다. 즉 동양 문제를 중심으로 하야 이러나는 중에도 특히 중국 문제가 문제의 문제일 것 갈다." (최린)
"중심은 물론 동양 방면이 되겟지요." (주요한)
"압흐로 선년(先年)의 구주 전쟁, 그와 가튼 큰 전쟁이 잇다면 태평양 중국 문제가 그 요인이 되지 안을가 함니다." (김경재)
"상대 진영은 전 지나 대륙과 그의 북방과 태평양 해상, 일 · 중 · 미 · 로가 주역이요, 영 · 독 · 불 · 이는 조연을 할 것임니다." (안재홍)
"일 · 미 충돌은 세계대전을 일으키리라고 단언합니다. …… (중략) …… 전쟁 발발의 가능성은 도리어 구주에 많던 바 도리어 이것이 역전되는 듯하야 동양에서 먼저 발발할 듯 하외다." (함상훈)
"전쟁의 중심 진영은 일 · 미 양국인데 전쟁이 주로 극동과 태평양에서 될 것이요 구주 본토에서는 아니 생길 듯합니다." (현상윤)
"만일 일 · 중 전쟁이 이러나면 중미 대 일영의 대전이 발발될 것 같다." (김우평)
"일중 관계의 악화는 필경 제2차 세계대전을 유발하고야 말 것입니다." (문일평)

거륵[61]한「테-불」보재기우에
펴놓는 환담(歡談)의물구비속에서
늙은왕국(王國)의 운명(運命)은 흔들리운다.
『솔로몬』의 사자(使者)처럼
빨간술을 빠는 자못 점잔은 입술들
색깜안 옷깃에서
쌩그시 웃는 힌장미(薔薇)
『대(大)중화민국(中華民國)의 분열(分裂)을위하야-』

— 제4부 〈자최〉 부분

중국대륙 진출을 통해 각종 이권을 챙기는 동안 이들은 항상 동양의 진정한 평화와 번영을 위해 노력을 해왔다고 주장해왔다. 이제 더 이상 그런 그들의 주장을 곧이곧대로 받아들일 이도 없겠지만, 뻔한 거짓말로 자신들의 이권 챙기기에 열중하는 열강들의 위선적인 모습을 지켜보는 것은 역겨운 일이다. 입으로는 점잖은 척 '『대중화민국의 번영을 위하야-』'를 소리높이 외치면서도, 행동은 정반대로 '대중화민국의 분열을' 즐기고 있었던 것이다.[62]

그러나 이들과 맞서야할 중국의 대응은 지지부진했다. 각 지역에 할거한 군벌들은 자신의 안위와 잇속 챙기기에만 급급할 뿐, 제국주의의 침략으로 인해 받는 자국민들의 고통에는 별 관심이 없었기 때문이다. 이들의 반목과 '분열'은 이 지역에로 진출한 열강들에게는 더없이 좋은 환경을 제공하였다. 이들은 점점 더 큰 욕심을 부렸고, 이러한 욕심들이 상호 어긋나면서 급기야

---

61 '거룩'의 오식.

62 한 예로, 중국의 교통, 통신 시설 확충과 자원 개발 등을 둘러싼 차관 공여 경쟁이 열강들의 중국 진출과 정치적, 경제적 세력 부식을 위한 수단으로 이용되었음은 익히 알려진 사실이다. 당시 중국 대학생들 사이에서 지금 중국은 5억 인구가 1천년 동안 갚아도 다 갚지 못할 천문학적인 부채를 짊어지고 있다고 한탄하였던 사실은 조선인들에게도 반면교사의 교훈으로 다가왔다.

서로간의 갈등으로 번졌다.

이들의 끝없는 욕심이 결국 전쟁을 부를 것이라는 사실은 명약관화했다. 만주사변(1931)과 상해사변(1932) 이후 중국의 장개석은 세계대전은 더 이상 피할 수 없는 당면 현실임을 역설하면서 군비 증강 없이 중국의 자존 자립은 불가능하다고 주장하였다.[63] 일본과 사실상 전쟁 중인 상황에서 그는 '전문(前門)의 호(虎)를 구(驅)하야도 후문(後門)의 낭(狼)을 구(驅)하지 못하면 망국의 결과는 동일하다'고 강조하면서, '중국의 급무(急務)는 열(列) 제국주의의 침략을 방어할만한 자력을 수립함'에 있고, '제이차 세계대전은 태평양에서 폭발할 것이고 중국이 전장의 중심이 될 것'이라는 전략적 견해를 제시하기에 이른다.[64]

산빨이 소름 친다.
바다가 몸부림 친다.
휘청거리는 빌딩의 긴 허리.

---

63 「대전 위기를 논하야 군비 확충을 절규－친(親) 구미 정책의 수립도 강조 － 장·송 여산회의에서 연설」, ≪동아일보≫, 1933. 9. 10.
「제2 대전을 예언, 자력 구국을 역설－중국 대륙이 전투지라고, 여산 회(會)후 장씨 괴(怪) 기염」, ≪동아일보≫, 1933. 9. 16.
한편, 이러한 그의 발언은 불과 2년 전(즉, 만주 사변 이전), 그가 구주대전으로 인해 서구 열강은 동양의 영토를 잃게 될 것이며, 중국 또한 그 과정에서 안정과 평화를 되찾게 될 것이라는 예상(「장 수석의 대 실언－제2차 세계대전란을 예언, 차(此) 와중에 대영제국은 멸망한다고」, ≪조선일보≫, 1931. 1. 7. 및 「장개석씨의 세계 위기론－China Weekly」, 『삼천리』 3권 3호, 1931. 3., 28~29쪽 참조.)과는 정면으로 배치되는 것임을 유의할 필요가 있다.

64 이상 장개석의 주장은 위 「제2 대전을 예언, 자력 구국을 역설－중국 대륙이 전투지라고, 여산 회(會)후 장씨 괴(怪) 기염」의 보도에 따름.
아울러 중국과 일본 사이의 갈등과 반목은 지역 정세의 불안 요인에서만 그치지 않는다. 양자 간의 분쟁은 중국 내에 진출한 서구의 영, 미, 불, 이, 독, 소 등 열강들의 다양한 이해관계와 맞물려서 주변 지역으로 확산되지 않을 수 없을 것이며, 이러한 불안정한 상황의 확산은 결국 태평양 지역 전체로 퍼져서 이 지역의 전운을 고조시킬 것이라는 예상은 당대에도 이미 있었다. 대표적인 논의로는 원세훈, 「일중 사변과 태평양 풍운」, 『삼천리』 4권 7호, 1932. 7.을 들 수 있다.

비틀거리는 전주(電柱)의 미끈한다리.
여객기(旅客機)는 태풍(颱風)의 깃을피하야
성층권(成層圈)으로 소스라처 올라갓다.
경련(痙攣)[65]하는 아세아(亞細亞)의 머리우에 흐터지는 전파(電波)의 분수(噴水). 분수(噴水).

— 제4부 〈자최〉 부분

바위틈에 엎디어
죽지를 들이운 물새한마리-
물결을 베고자는
꺼질줄 모르는 너의향수(鄕愁).

짓밟혀 느러진 백사장(白沙場)우에
매맞어 검푸른 『빠나나』껍질하나
부프러올은 구두한짝을
물결이 차던이고 도라갓다.
해만(海灣)은 또하나
슮은전설(傳說)을 삼켯나보다.

— 제5부 〈병(病)든 풍경(風景)〉 부분

위의 인용 부분들에는 태풍이 아시아의 주요 도시를 휩쓰는 장면과, 물러간 이후의 처참한 풍경이 제시되어 있다. 실제로 전쟁이 벌어지게 되면 이전까지 문명의 발전으로 이룩된 모든 외형적인 것들은 파괴를 면치 못할 것이다. 특히 도시는 집중적인 파괴의 현장이 될 것이다. 그와 함께 근대문명 또한

65 '경련(痙攣)'과 같은 의미의 한자이다.

급속하게 몰락의 길로 접어들게 될 것이다. 근대문명은 도시문명이며, 따라서 도시의 파괴란 곧 근대문명 그 자체의 파괴를 의미하는 것이기 때문이다.

모든 것이 파괴된 뒤의 풍경이란 처참하다 못해 을씨년스럽다. 남은 것이라고는 '죽지를 들이운 물새한마리-'와 '매맞어 검푸른 『빠나나』껍질하나', 그리고 '부프러올은 구두한짝' 따위가 전부다. 예전의 찬란했던 문명의 그림자는 어디서도 찾아볼 수가 없다. 그 모습에서 그는 한 가닥 '슬픈전설'을 떠올린다.

3) 새로운 세계와 문명의 도래에 대한 기대와 전망

세계사의 운명을 가를 전쟁이 벌어진다는 것이 이미 확실했던 것과는 별개로, 그 이후의 세계가 어떤 형태로 전개될는지에 대해서는 감히 누구도 확신을 가지고 예측할 수가 없었다. 김기림의 경우도 결코 예외는 아니었다.

나는 갑작이 신발을 찾어신고
도망할자세를 갖인다. 길이없다.
도라서 등불을 비틀어죽인다.
그는 비들기처럼 거짓말쟁이엿다.
황홀한불빛의 영화(榮華)의그늘에는
몸을 조려없애는 기름의 십자가(十字架)가있음을
등불도 비닭이도 말한일이없다.

나는 신자(信者)의 숭내를내서 무릅을 꿀어본다.
믿을수잇는 신(神)이나 모신것처럼.
다음에는 기(旗)빨처름 호화롭게 웃어버린다.
대체 이피곤(疲困)을 피할 하로밤 주막(酒幕)은

『아라비아』의 『아라스카』의 어느가시밭에도 없느냐?
연애(戀愛)와같이 싱겁게 나를 떠난희망(希望)은
지금 또 어대서 복수(復讐)를 준비하고있느냐?
나의머리에 별의꽃따발을 두엇다가
거두어간것은 누구의 변덕이냐?
밤이간뒤엔 새벽이온다는 우주(宇宙)의법칙(法則)은
누구의 실없은 작난이냐?
동방(東方)의전설(傳說)처름 믿을수없는
아마도 실패(失敗)한 실험(實驗)이냐?

— 제6부 〈올배미의 주문(呪文)〉 부분

살펴보면 알겠지만 그의 목소리에는 자신이 없다. 도리어 다음 세계가 어떤 형태로 펼쳐질지를 알지 못해 번민하며 괴로워하는 모습이 노출되어 있다. 이 땅에 최초로 모더니즘 시 이론을 수입하고 소개하였던 사람들 가운데 하나였던, 그 자신이 근대적 지식인이자 근대의 신봉자이길 자처했던 김기림은 여기서 근대, 그것에 대해 철저하게 절망한다. 근대가 가져오리라고 기대했던 계몽('등불', '불빛'[66])의 기획과 항구적인 평화('비들기')에의 약속은 결국 '거짓말'임이 판명되었다. 근대문명이 이룩한 찬란한 성과와 번영('황홀한 불빛의 영화') 뒤엔 제국주의적인 착취와 억압에 시달려온 수많은 이들의 고통과 신음('몸을 조려없애는 기름의 십자가')이 있었다는 것을 뒤늦게 눈치챘기 때문이다.

그러므로 근대가 더 이상 지속되는 것은 바람직하지 못했다. 무너져야했고, 그것도 가능하면 하루빨리 무너지는 것이 좋았다. 그러나 근대의 몰락과

---

66 필자는 여기 등장하는 '등불'과 '불빛' *light*을 근대적 계몽 *Enlightenment*의 개념과 연결된 단어로 파악하고자 한다.

더불어 자동적으로 새롭게 우리 모두를 이끌어줄 문명세계의 원리가 열리기를 기대하기는 어려운 일이었다. 그러기에 그는 그 앞에서 끊임없이 망설이고 주저하지 않을 수 없었다. '밤이 간 뒤엔 새벽이 온다는 우주의 법칙'은 이 경우에 반드시 성립된다고 장담하기 어려웠다. 거기에 도달하기까지는 도중에 수많은 복병들이 도사리고 있었다. 그걸 헤쳐 나가는 과정에서 역사는 우리에게 또 다른 '복수'를 준비하고 있을 수도, '변덕'을 부릴 수도 있었다.

그러나 최대의 위기는 곧 최고의 기회이기도 했다. 적어도 김기림에게 있어서는 그랬다.

근대문명의 철저한 파괴는 중국을 비롯한 아시아 지역에는 저주가 아닌 축복이 될 수도 있다는 것이 그의 생각이었다. 김기림은 다가올 세계대전의 결과가 다만 중국을 비롯한 아시아 지역의 집중적인 피해로만 그칠 것이라고 예상하지는 않았다. 제국주의 국가들끼리의 혈전은 필연적으로 거기 참가한 열강들의 총체적인 몰락으로 귀결될 것이라 보았던 것이다.[67]

물론 이 부분은 아직까지는(즉 1935, 36년이라는 시점에서는) 그만의 희망 섞인 전망에 불과했다. 그러므로 그것이 그의 희망대로 흘러가기까지는 중간 과정에 상당한 정도의 변수가 개입할 여지가 있었다. 당시로서는 그런 희망을 갖는다는 자체가 일종의 의식상의 모험이다. 그럼에도 불구하고 그가 그런 모험을 강행하지 않을 수 없었던 이유 가운데 하나는 역사에 대한 근본적인 믿음을 포기하고 싶지 않았던 까닭이다. 그런 그의 희망은 명백히 묵시록적이며 유토피아적인 것이다. 현재의 어려움과 고통을 이겨내기 위해서는 유토피아에 대한 믿음, 환상이 필요함을 그는 누구보다도 잘 알고 있었다.[68]

---

67 본서 4장 참조.
이 점과 관련하여 김기림은 광복 후에 제2차 세계대전을 회고하는 대목에서 "근대는 이번 전쟁(제2차 세계대전을 의미함 - 인용자 주)을 통하여 스스로의 처형의 하수인이 되었던 것"이라고 술회한 바 있다.
김기림, 「우리 시의 방향 - 전국 문학자 대회에서의 강연」, 1946. 2. 8(김기림, 『시론』, 백양당, 1947, 201쪽에서 재인용).

허나
이윽고
태풍(颱風)이 짓밟고간 깨여진 『메트로폴리스』에
어린태양(太陽)이 병아리처럼
홰를치며 잃어날게다.
하로밤 그꿈을 건너단이든
수없는 놀램과 소름을 떨어버리고
이슬에 젖은날개를 한울로펼게다.
탄탄한대로(大路)가 희망(希望)처럼
저머언 지평선(地平線)에 뻗이면
우리도 사륜마차(四輪馬車)에 내일(來日)을실고
유량한말밥굽소리를 울리면서
처음맞는 새길을 떠나갈게다.

— 제7부 〈쇠바퀴의 노래〉 부분

폐허 위에 넋을 놓고 마냥 주저앉아 있을 수는 없다. 무엇보다도 중요한 것은 그 모든 어려움과 난관을 뚫고서라도 미래를 향한 새 출발을 준비해야 한다는 사실이다. 그러한 자신의 의지를 김기림은 '어린태양'을 향해 힘차게 달려가는 '사륜마차'의 '쇠바퀴'에 비유했다. 그런 비유는 앞날에 대한 막연한 낙관에서 빚어진 것이기보다는 그 자체로 의욕적이며 의지적이다.

역사는 결코 고통 가운데서도 묵묵히 참고 인내해온 인간의 기대를 배반하지 않으리라는 신념과 희망이 그에게는 있었다. 제국주의 세력들은 결국 이 땅에서 물러날 것이며, 폐허만 남은 그 자리에서 우리는 모든 것을 잊고

68 이 시기 한국 문학에 나타난 유토피아적 충동의 본질과 특성, 그리고 그 한계점에 대해서는 김유중, 『한국 모더니즘 문학의 세계관과 역사의식』, 태학사, 1996, 149-157쪽 참조.

다시 출발하지 않으면 안 된다. 이 지점에서 그는 단순히 국제 정세의 흐름과 시대 현실의 변화에 예민하게 반응하는 일개 식민지 지식인의 자리에 안주하기를 거부한다. 다가올 새로운 세계, 새로운 문명의 질서를 한발 앞서 예감하고 이를 앞장서서 맞이하는, 탁월한 세계사적인 안목과 예언자적 지성을 겸비한 진정한 「기상도」의 예보자, 시인의 자리에 올라서기를 원했던 것이다.

5. 창조를 위한 파괴, 혹은 '정화'로서의 태풍

일찍이 시인 박용철은 「기상도」를 평하는 글에서 '그 중에서도 필자의 가장 불만인 점은 이 시가 명랑한 아츰 폭풍경보에서 시작해서 다시 명랑한 아츰 폭풍경보 해제에 끗나는 이 완전한 좌우 동형적 구성'[69]이라고 밝힌 바 있다. 단순히 미학적인 틀에서 바라보았을 경우에는 이러한 박용철의 지적은 이 작품이 안고 있는 구성상의 허술함을 정확하게 건드리고 있는 것처럼 보일 수도 있다. 고쳐 말해서, 한바탕 광풍이 휩쓸고 지나간 상황에 대한 묘사 이외에, 그 전과 후의 상태가 사실상 동일하다면 이는 시인으로서 지나치게 안이한 발상이자 처리방식이라고 생각해볼 여지가 있기 때문이다.[70]

그러나 따지고 본다면 이러한 비판은 이 작품의 구상과 기획 과정에서부

---

69 박용철, 앞의 글.

70 이 문제와 관련하여 기존의 논의들은 「기상도」 제7부의 존재에 대해 평가가 엇갈리고 있는 것을 볼 수 있다. 예컨대 박상천은 이 부분에 대해 '필연성 없는 결말'이며 '그것을 눈가림하기 위한 자신의 소박한 인생관을 피력'한 데 지나지 않는다고 비판한 바 있고(박상천, 앞의 글, 256쪽.), 이숭원 또한 이러한 결말 처리가 '근거 없는 낙관'으로 김기림 특유의 '무정향적 전진주의의 다른 표현'임을 지적(이숭원, 「김기림 시의 실상과 허상」, 정순진 편, 『김기림』, 새미, 1999, 140쪽.)하였다. 반면에 김학동의 경우에는 이 부분에 주목하여 「기상도」 전체의 구조는 파멸과 재생의 순환 원리에 입각한 것으로, 제7부에서 '태양'이라는 영원한 미래 지향적 생명의 등장과 함께 시적 자아가 '나'에서 '우리'라는 공동체로 확대된 점에 주목해야 한다고 주장(김학동, 앞의 책, 53-55쪽.)했다.

터 깊숙이 작용하였던 김기림의 내면적인 고민의 흔적을 면밀하게 읽어내지 못한 결과로 보인다. 표면상 태풍이 지나간 뒤의 세계가 지나치게 돌발적이고 낙관적인 것처럼 묘사된 것은 사실이다. 그러나 그러한 낙관적 전망의 이면에는 김기림 특유의 비관적인 현실 인식과 역사의 진로에 대한 절박한 위기의식이 가로놓여 있다. 후에 그가 남긴 한 마디, '시인은 자신을 위해서, 세계를 위해서도 내일을 발견해야 했다.'[71]라는 진술은 이 지점에서 하나의 주요한 시사점을 제공해주고 있다.

이와 함께, 문제의 근본적인 해결을 위해서는 어떤 극적인 전환점이 필요했다. 전쟁, 즉 다가올 세계대전은 이 경우 김기림에겐 다음 세대 문명의 새로운 창조를 위해 요구되는 파괴요 그것의 탄생을 위한 불가피한 진통으로 이해되었다. 다시 말해서 여기서의 태풍은 단순히 부정적인 의미에만 한정되지는 않는다. 애초부터 그것은 보다 적극적이고 긍정적인 기능까지를 내장하고 있는 모티프인 셈이다. 그는 제국주의 국가들 간의 전면전은 이들이 보유한 가공할 전력으로 인해 필히 모든 당사국들이 공멸의 길을 걷지 않을 수 없게 되리라고 보았다. 그 결과, 근대문명은 결국 파탄을 맞이하게 될 것으로 예상했다.

더불어, 제국주의와 그것에 기초한 근대문명이 몰락한 자리에서는 모든 가능성이 열려 있다고 보았다. 그리고 그것이 가능성인 한에서, 그 앞에 선 모든 이들은 또한 새로운 각오로 재출발하지 않으면 안 될 것으로 생각했다. 물론 그는 이러한 자신의 생각을 「기상도」 발표 당시에 논리적인 형태로 정연하게 드러낼 수는 없었다. 확신을 가지기에는 변수들이 만만치 않았기도 했지만, 더 큰 이유는 당시 조선을 지배하고 있던, 그리고 대륙과 해양을 향해 본격적으로 침략의 날을 세우고 있던 일본 역시 서구 열강들과 동일한, 어김없는 제국주의 세력의 한 축이었기 때문이다. 그러기에 그는 자신의 생각을 밖

71 김기림, 「시의 장래」, ≪조선일보≫, 1940. 8. 10.

으로 드러내지 못한 채, 한동안 이 점에 대해서는 침묵을 유지할 수밖에 없었다.

해방 이후, 그는 마침내 '새로운 시대가, 근대를 부정하는 새로운 시대가 지구상의 어느 지점에서 시작되어도 상관이 없을 것이다. 세계사의 한 새로운 시대는 이 땅에서 출발하려 한다. 또 출발시켜야 한다.'[72]라고 단언하기에 이른다. 이러한 그의 주장은 물론 그 자신의 염원이 깃든 희망 사항일 뿐이긴 하지만, 그럼에도 불구하고 우리는 이 말을 통해서 「기상도」를 기획했을 당시 시인 김기림의 내면에 자리 잡은 문명사적 의식의 한 단면을 엿볼 수 있다. 재차 강조하지만, 여기서 그가 '태풍'에 비유했던 전쟁, 즉 세계대전은 단순히 파괴에만 초점을 맞춘 것이 아니다. 그것의 본질적인 의도는 차라리 문명의 모든 것을 백지 상태로 되돌리려는 '정화'의 의미에 있다고 해야 할 것이다.[73]

그는 그 시절 이미 막다른 골목에 다다른 근대의 적폐와 모순이 어떤 식으로든 청산되지 않으면 안 된다고 보았다. 그러나 그것의 완전한 청산이란 이제까지와 같이 평범한 방식으로는 어림도 없었다. 그 모든 문제점들을 일거에 쓸어버리기 위해서는 일반의 예상을 훨씬 뛰어넘는 극단의 대책이 불가피했다. 당시 사회에 만연되어 있던 세계대전에 대한 불안의 그림자는 이 경우 그에게 시인다운 영감의 원천이 되었다. 유토피아를 겨냥한 특유의 역사철학적 전망 위에, 그는 태풍이라는 초자연적인 이미지에 기대어 다가올 세계대전에 대한 두려움과 기대감을 한꺼번에 표출하고자 시도했다. 그런 점에서 김기림의 대표작 「기상도」는 현실세계의 제반 모순과 문제점들에 대한 통렬한 비

72 김기림, 앞의 글, 1946, 같은 쪽.

73 이 점과 관련하여 김기중은 「기상도」에 나타난 태풍의 숨은 의미에 대해 '낡은 가치와 퇴폐적인 상황들을 일신하는 계기로 작용'한다는 견해를 제시한 바 있다. 이는 태풍이 지닌 긍정적인 측면을 지적한 것이라는 점에서 주목되나, 태풍 자체의 결정적인 의미, 즉 전쟁의 의미까지를 추출하지는 못했다는 점에서 다소간 아쉬움을 남긴다.
김기중, 「김기림의 장시 「기상도」에 나타난 현실 인식의 양상」, 『인문과학논총』 14권, 순천향대학교 인문학연구소, 2004, 13쪽 참조.

판과 반성을 담은 고발장이었던 동시에, 미래에 펼쳐질(그리고 마땅히 펼쳐져야 할) 새로운 문명의 태동을 기원하는 희망의 메시지, 희망의 예보였던 셈이다.

2장

「기상도」와 「파우스트」

근대 계몽적 이성의 자기모순에 대한 비판적 성찰과
그 극복을 위한 모색

1. 「기상도」와 「황무지」, 그리고 「파우스트」

김기림의 대표작인 「기상도」는 그간 엘리어트 T. S. Eliot의 장시 「황무지」 *The Waste Land*와 자주 비교되어오곤 했다.[1] 이유는 많다. 연구자들은 흔히 그 근거로 양자가 형식상 공히 장시에 속한다는 점, 김기림 자신이 서구 모더니즘의 세례를 받은 근현대 영문학 전공자였다는 점, 그런 까닭에 엘리어트의 문학세계에 대해 상당한 식견을 갖추고 있었던 점, 그리고 무엇보다도 형식이나 구성 면에서 「황무지」를 의식하고 창작한 흔적이 곳곳에서 발견된다는 점 등을 지적한다. 이후 「기상도」가 「황무지」의 직, 간접적인 영향 하에 쓰인 작품이라는 평은 학계에서 하나의 정설처럼 굳어져왔다.

실제로 「기상도」를 집필했던 1935년을 전후하여 김기림이 엘리어트와 그의 문학에 대해 빈번하게 거론하였던 점[2]을 감안한다면 이러한 견해는 상당한 설득력을 지니고 있다고 볼 수 있다. 그러나 이 사실만으로 곧바로 「기상도」에 미친 「황무지」의 영향을 전면적인 것으로 취급하려는 태도는 재고될 필요가 있다. 여기에는 당시 엘리어트와 그의 문학, 특히 작품 속에 내재되어

---

1 송 욱, 「김기림 즉 모더니즘의 구호」, 『시학평전』, 일조각, 1963.
김종길, 「한국에서의 장시의 가능성」, 『시에 대하여』, 민음사, 1986.
______, 「한국 현대시에 끼친 T. S. 엘리어트의 영향」, 위의 책.
김용직, 「1930년대 김기림과 『황무지』-김기림의 비교문학적 접근」, 『한국현대문학연구』 제1호, 한국현대문학회, 1991.
김준환, 「영미 모더니즘 시와 한국 모더니즘 시 비교 연구-T. S. 엘리엇과 김기림」, 『비평과이론』 제8권 1호, 한국비평이론학회, 2003.
이은실, 「T. S. 엘리엇의 『황무지』와 김기림의 『기상도』」, 『T. S. 엘리엇연구』 제21권 1호, 한국 T. S. 엘리엇학회, 2011.
김한성, 「『기상도』(1936)와 『황무지』(1922) 비교-쇠바퀴(Wheel)의 상호텍스트성을 중심으로」, 『한국현대문학연구』 제38호, 한국현대문학회, 2012.
박현경, 「『기상도』 다시 읽기-김기림의 시론과 T. S. 엘리엇 수용을 중심으로」, 『동서비교문학저널』 제32호, 한국동서비교문학학회, 2015.

2 주로 ≪조선일보≫에 집중 연재되었던 「오전의 시론」(제1편 기초론, 1935. 4. 20.~5. 2. / 기초편 속론, 1935. 6. 4.~6. 20. / 기술편, 1935. 9. 17.~10. 4.)에서 엘리어트와 그의 대표작인 「황무지」가 자주 거론되고 있는 것을 볼 수 있다.

있는 사상 면에 대한 김기림의 부정적인 시선이 거의 고려되지 않았기 때문이다.

다시 말해서 이 시기 김기림이 엘리어트의 문학과 그의 대표작인 「황무지」를 바라보는 시선은 다분히 이중적이다. 그는 「황무지」가 근대 영문학사상 지니는 가치와 의의에 대해서는 고평하면서도, 문명을 바라보는 태도 면에 있어 그것이 담고 있는 의식 세계나 그 대응방식 등에 대해서는 비판적인 시각을 유지하고 있다.[3]

분명한 것은 「기상도」를 집필할 당시, 김기림에게 「황무지」는 참조와 동시에 극복의 대상으로 인식되고 있었다는 사실이다. 그리고 바로 이 점이 이 둘 사이의 관계를 논함에 있어 보다 신중하게 다루어져야 할 부분인 것이다. 다시 말해서 「기상도」와 「황무지」 사이에는 양자 간 비교의 접점만큼이나 의식적인, 그리고 정서적인 격차 또한 분명히 존재한다. 「황무지」에 대한 김기림의 불만과 비판은 일차적으로는 그 자신의 주관적인 형세 판단과 그에 따른 내적 고민의 결과물일 것이다. 그러나 이 과정에서 그가 「황무지」 이외의 여러 다른 자료들을 참조했을 가능성에 대해서도 우리는 충분히 주의를 기울이지 않으면 안 된다.

이런 경우 흔히 떠올리기 쉬운 것은 엘리어트 류의 고전주의적 모더니즘 경향에 반발하여 출현한 뉴 컨트리파[4]의 작업과 활동들이다. 뉴 컨트리파 출

---

3 구체적으로 그가 「황무지」에 대해 비판하고 있는 내용들은 다음과 같다.
"예를 들면 엘리오트는 빅토-리안의 꿈나라와 죠-지안의 전원과 이마지스트의 미학의 동산에서 시를 현대문명의 황무지 속에 끌어내 오기까지는 조앗스나, 그는 드듸여 방대한 현실에 압도되여서 겨우 슬프고도 충실한 카메라와 가치 향수할 뿐이엿다. 나아가서 그는 굿센 비판까지는 가지지 못하엿다."
김기림, 「시인의 포-즈: 오전의 시론, 기초편 속론(5)」, ≪조선일보≫, 1935. 6. 8.
"우리는 일직이 20세기의 신화를 쓰려고 한 『황무지』의 시인이 겨우 정신적 화전민의 신화를 써노코는 그만 구주의 초토 위에 무모하게도 중세기의 신화를 재건하려고 한 전철을 똑바로 보아두엇슬 것이다."
김기림, 「과학과 비평과 시: 현대시의 실망과 희망(5)」, ≪조선일보≫, 1937. 2. 26.

4 오든 W. H. Auden이 주동이 되었기에 '오든 그룹'으로 불리기도 한다. 핵심 구성원으

현의 계기라든가 배경 등을 감안한다면 김기림과 이들 사이의 연결은 일견 설득력을 지니고 있는 것처럼 보이기도 한다.[5] 그러나 당시에 김기림이 뉴 컨트리파 시인들의 활동에 대해 어느 정도의 관심과 이해를 가졌는지에 대해서는 기존의 자료만으로는 충분히 드러나지 않는다.[6] 좀 더 면밀하게 검토해봐야 할 사안이긴 하지만, 적어도 「기상도」 발표 당시 이들 간의 직접적이고도 세부적인 영향 관계를 입증하기란 쉽지 않을 것으로 보인다.

그렇다면 그 이외에 김기림이 「기상도」를 집필했을 당시, 주요하게 참조하였던 또 다른 텍스트는 없었을까? 여기서 필자는 괴테 J. W. Goethe의 대작 「파우스트」 *Faust*[7]에 주목하고자 한다.[8] 엘리어트의 「황무지」(1922)가 발

로는 오든 외에 스펜더 S. Spender, 루이스 C. D. Lewis, 맥니스 L. MacNiece 등을 들 수 있다. 모더니즘에 현실적인 요소들을 결합하려 시도했으며, 맑시즘에 대해서도 상당한 관심을 드러냈다.

5 김기림 문학에 미친 오든 그룹, 그 가운데서도 특히 스펜더의 영향 가능성에 대한 탐색은 그간 학계의 뿌리 깊은 관심사 중 하나였다. 몇몇 구체적인 검토 사례들을 나열한다면 다음과 같다.
김용직, 「1930년대 한국시의 스티븐 스펜더의 수용」, 『관악어문연구』 제4호, 서울대 국어국문학과, 1979.
문혜원, 「김기림의 문학에 미친 스펜더의 영향」, 『비교문학』 제18호, 한국비교문학회, 1993.
홍성식, 「한국 모더니즘 시의 스티븐 스펜더 수용」, 『동서비교문학저널』 제13호, 한국동서비교문학학회, 2005.
김준환, 「스펜더가 김기림의 모더니즘에 끼친 영향 연구」, 『현대영미시연구』 제12권 1호, 한국현대영미시학회, 2006.
______, 「김기림은 스티븐 스펜더의 시를 어떻게 읽었는가?」, 『비평과이론』 제12권 1호, 한국비평이론학회, 2007.
______, 「김기림의 「황무지」와 「비엔나」 읽기: 「기상도」의 풍자적 장치들」, 『T. S. 엘리엇연구』 제18권 1호, 한국 T. S. 엘리엇학회, 2008.

6 뉴 컨트리파의 활동에 주목한 김기림의 최초의 언급이 확인되는 것은 「장래할 조선문학은? – 조선의 무대에서 세계문학의 방향으로 (3) 신 휴매니즘의 요구」, ≪조선일보≫, 1934. 11. 16.라는 글에서다. 여기서 김기림은 이들 뉴 컨트리파에 속하는 일군의 시인들, 오든과 스펜더, 루이스 등의 문학 노선이 엘리어트 식의 주지주의 노선에 대한 반발이며 사회주의적 성향을 띤 것임을 짤막하게 지적하고 있다(참고로 김기림의 이 글은 해방 후 간행된 『시론』(1947)에 「새 인간성과 비평정신」이라는 제목으로 재수록된다. 『전집 · 2』(시론), 89-93쪽 참조). 덧붙여서 그가 뉴 컨트리파 문학인들의 활동과 사상 등에 대해 본격적인 관심을 드러낸 것은 해방이 되고 나서의 일이다.

표되기 한참 앞서, 괴테는 그의 필생의 역작인 「파우스트」(1790~1831)에서 이미 근대문명 속에 내재하는 여러 가지 문제점들과 그 위험성에 대해 정확하게 짚어내고 있었다. '한 편의 비극' *Eine Tragödie*이라는 「파우스트」의 부제는 그런 점에서 시사하는 바가 적지 않다. 그것은 근대라는 새로운 시대가 맞이하게 될 파멸의 위험이 애초부터 그 자체에 내재된 것이기에 더욱 비극적이라는 사실을 우리들에게 일깨워주기 위함이다.

물론 「기상도」에서 김기림이 「파우스트」를 직접적으로 언급한 대목은 단 한 차례에 불과하다.[9] 그마저도 전체의 주제나 내용을 떠올리기에는 턱없이 미흡한, 단편적인 인용에 그치고 있는 것처럼 보인다. 그러나 이러한 단조로움 이면에 김기림 나름의 「파우스트」에 대한 끊임없는 관심과 근대에 대한 수준 높은 비판적 시각이 자리 잡고 있음을 알아차릴 필요가 있다. 「파우스

---

7 괴테 Johann Wolfgang von Goethe(1749~1832)와 그의 대표작인 「파우스트」 *Faust* (1808년 간행본)

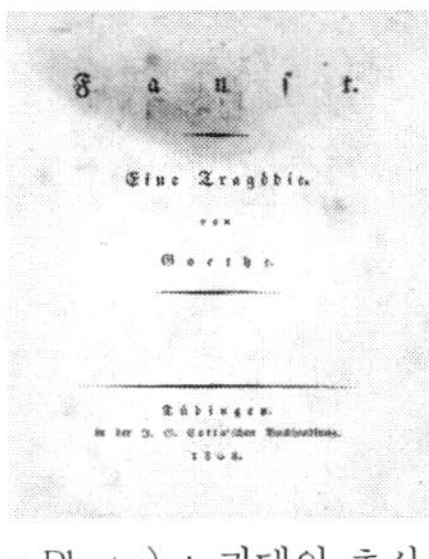

사진 좌(Süddeutsche Zeitung Photo) : 괴테의 초상, 1791. 1. 1.
https://blog.naver.com/hbjjeon/221332058275에서 재인용.
사진 우(튀빙겐 발간, 1808년판) : '*Faust*'라는 제목 아래 '*Eine Tragödie*'라는 부제가 선명하다.
https://commons.wikimedia.org/wiki/File:Faust._Titelblatt_der_Erstausgabe.jpg에서 재인용.

8 「파우스트」가 관심을 끄는 이유는 김기림이 「기상도」 본문에서 그것에 대해 한 차례 언급한 바가 있다는 점 때문이다. 그런 이유 때문인지, 그간 우리 주변에서 이 「파우스트」와의 접근 가능성에 대해 몇 차례 단편적으로나마 거론된 적이 있다.

9 이에 반해 「기상도」에서 엘리어트의 「황무지」가 거론된 적은 없다. 더불어 그의 글 어디에서도 「기상도」와 황무지를 직접 비교, 혹은 대비하고자 한 대목은 찾을 수 없다.

트」는 김기림에게 이전까지 그가 앞장서 추구해왔던 서구적인 근대, 그리고 모더니즘이 갖는 본질적인 모순에 대한 회의와 비판의 시야를 열어주었다. 그리고 동시에 그것의 한계를 극복할 수 있는 실마리를 제공해주었다.

이 장에서는 이와 같은 기본 구도 아래 「기상도」에 미친 「파우스트」의 영향과 그에 수반된 문제의식들을 두 텍스트들 간의 비교 분석을 통해 밝혀내는 데 목표를 둔다. 구체적으로 서구 근대와 모더니즘의 도입에 앞장섰던 김기림이 그것에 대해 회의하게 된 배경은 무엇인지, 그리고 이 과정에서 그가 「파우스트」의 어떤 내용에 관심을 가졌으며 이를 「기상도」에 어떤 형태로 반영하였는지, 이러한 근대적인 모순들을 극복하기 위해서 그가 강조하였던 바는 또 무엇이었으며 그것을 어떤 방식으로 표출하였는지 등에 대해 살피고자 한다.

2. 대작 기획을 위한 주변 여건과 준비 작업

1) 「파우스트」에 관심을 가지게 된 배경: 당대 조선 문단에서의 수용 과정

이 문제를 본격적으로 탐색하기에 앞서 한 가지 짚고 넘어가야 할 과제가 있다. 그것은 「파우스트」에 대한 당시 김기림의 이해가 어느 정도였는가 하는 점이다.

남은 자료들을 조사해보면 김기림이 글에서 괴테나 그의 작품들을 언급한 것은 도합 10여 차례 정도 된다.[10] 그런데 문제는 대개의 경우 이들 사례가 괴테의 이름과 그의 작품명을 단편적으로 소개한 데 그치고 있다는 점이다.

10 이 수는 「기상도」 발표 이전과 그 이후의 사례들을 모두 합한 것이다. 발표 이전으로만 한정한다면 4차례 정도 된다.

이러한 사실은 그가 엘리어트의 「황무지」를 빈번하게, 그리고 자기 나름의 견해를 담아 밀도 있게 언급한 것과는 분명 대조적이다. 다시 말해서 자료만을 놓고 본다면 김기림이 당시 「파우스트」에 대해 뚜렷하게 관심을 기울였다고 단정지을만한 근거가 부족해 보이는 것이 사실이다. 만일 「파우스트」에 대한 김기림의 관심이 제한적이라고 한다면 「기상도」와 「파우스트」, 이들 양자를 직접 비교한다는 것은 별 의미가 없겠다는 생각이 들 수도 있다.

물론 그렇다고 해서 곧장 괴테와 「파우스트」에 대한 김기림의 이해가 피상적인 수준에 머물렀다고 결론짓는 것은 성급한 태도다. 주변 정황 등을 고려할 때 그 반대의 가능성에 대해서도 충분히 숙고해볼만한 여지가 있기 때문이다. 그리고 이 때 우선적으로 돌아보아야 할 것이 당대 조선에서 괴테의 「파우스트」에 대한 일반의 이해가 어느 정도였는지 하는 점이다.

개화기 이래로 조선의 학계와 문단에서 괴테와 「파우스트」에 대한 논의는 지속적으로 이어져 내려왔다.[11] 구체적으로 괴테에 대한 최초의 언급이 출현한 것은 한일합방 이전인 1907, 8년경으로 거슬러 올라간다. 괴테의 이름은 당시 일본어와 중국어판 중역자들에 의해 '케데'(유승겸 역술, 『중등 만국사』, 1907.), '과재(過齋)'(현채 역술, 『동서양 역사』, 보성관, 1907.), '아덕(雅德)'(진국강, 『십구세기 구주 문명 진화론』, 이채우 역, 1908.) 등으로 번역되어 소개된 바 있다.[12] 문단에서도 그의 이름은 『소년』, 『태서문예신보』

11 이하 서술된 당시 조선의 학계와 문단에서의 괴테와 그의 문학에 대한 논의는 김학동, 「괴테의 이식과 그 영향」, 이유영 · 김학동 · 이재선, 『한독 문학 비교 연구 · I』, 삼영사, 1976.에 서술된 내용을 주로 참조하여 정리한 것이다.

12 이들보다 더 오래된 기록이 없는 것은 아니다. 윤치호는 유럽 방문 시 파리의 오페라 극장에 들러서 「파우스트」 공연을 관람하였으며(1896년 11월 13일), 이때의 감회를 자신의 일기에 남겨둔 바가 있다. 그가 어떤 경로로 괴테의 「파우스트」를 알게 되었고, 어떤 이유에서 이 공연을 보러 갔는지는 일기 내용만으로 뚜렷이 알 수가 없다. 그러나 기록을 통해 우리가 짐작하게 되는 것은 「파우스트」에 대한 그의 관심이란 순수하게 개인적인 차원에 그친 것으로, 그마저도 영문으로 작성된 것이기에 조선 학계와 문단에 미친 영향은 거의 없었다고 해도 좋다는 것이다.
위 날짜의 일기 내용과 관련된 자세한 사항은 윤경남 역술, 『민영환과 윤치호, 러시아에 등의 지면들을 통해 단편적으로 거론된 적이 있다.

괴테 문학에 대한 보다 진전된 논의는 그보다 훨씬 후인 1919년 『창조』 3월호에 게재된 추호(秋湖)의 「시인(詩人) 쐬테」와 1920년 『서광』 6월호에 게재된 송현인(松峴人)의 「쐬테와 실레르」가 최초의 것들로 조사된다. 한편 「파우스트」에 대한 번역은 1920년 『현대』 3 · 4월호에 실린 극웅(極熊)의 「빠우스트 I, II」에서부터 비롯된다. 이후 1930년대에 들어서게 되면 괴테 문학과 그의 대표작인 「파우스트」에 대한 번역과 소개, 논의는 일일이 다 열거하기가 어려울 정도로 활발하게 전개되는 것을 볼 수 있다.[13]

특히 주목되는 것은 괴테 사후 100주년에 해당하는 1932년을 기점으로 그에 대한 논의가 대폭 늘었다는 점이다.[14] 이 해만하더라도 『문예월간』과 ≪동아일보≫, ≪조선일보≫ 등에서 관련 분야의 전문가들을 총동원하여 대대적으로 괴테와 그의 문학, 사상 등에 대한 기획특집 형태의 글들을 지면상에 편성하여 수록하고 있는 것을 볼 수 있다.[15] 이 가운데 몇몇 글들은 괴테와 그의 문학에 대한 평면적인 소개나 감상 수준에서 벗어나 그 속에 포함된 사상적인 측면들, 특히 근대 자본주의 사회와 그 주축인 시민 계층의 계층적 특성을 바라보는 괴테 나름의 철학적, 정치 경제학적인 기반에 대한 깊이 있는 이해와 통찰을 동반한 것들이어서 특별한 주목을 요한다.[16] 이러한 현상은 물론 당대 일본의 학계나 문단의 동향과도 밀접한 상관관계를 지닌 것으로 추측되지만, 근대 이후 서구 중심의 계몽의식과 그것에 기반한 사회 역사관을

가다: 윤치호 일기 제4권 1896년』, 신앙과지성사, 2014, 284-286쪽 참조.

13 주목되는 점은 조선 내에서 「파우스트」는 이전(~1920년대)까지 부분 번역의 단편적인 서정시 형태로 소개되었던 데 반해, 1930년대 들어서 비로소 원전에 가까운 극시나 희곡 형태로 소개되기 시작하였다는 점이다. 그러나 이러한 사실은 이전의 해설자들이 이 텍스트를 서정시 양식으로 오해하였음을 의미하지는 않는다. 다만 전편의 소개가 가능할 정도로 대중들의 교양이 충분히 성숙하지는 못했음을 알려주는 지표로 받아들여진다. 김학동, 앞의 글, 193-202쪽 참조.

14 당시 신문에 실린 괴테 사후 백주년 기념 관련 해설 기사.

비판적으로 이해해보려 했던 조선 지식인들의 의식 수준 및 태도를 반영한 것이라는 점에서 일정 부분 의미를 지닌다고 판단된다.

물론 이러한 사실이 곧바로 괴테와 「파우스트」에 대한 김기림의 깊이 있는 이해를 보장해주지는 않는다. 다만 우리가 알 수 있는 것은 김기림이 「파우스트」에 대해 관심을 가진 것이 사실이라면 이러한 정황은 그가 당시 일정 수준 이상의 이해를 가질 수도 있었음을 뒷받침해주는 하나의 방증 자료로 받아들여져야 할 것이다.[17]

詩人꾀—테百年忌

政治, 科學, 詩作並行

사진 : ≪중앙일보≫ 1932년 3월 22일자.

15 「괴-테 사후 백년 기념 특집」, 『문예월간』 제4호, 1932. 3.
「괴-테 백년제(百年祭) 기념 특집」, ≪동아일보≫, 1932. 3. 22.~4. 8. 분재.
「괴-테 백년 기념제 특집」, ≪조선일보≫, 1932. 3. 22.~3. 25. 분재.

16 이 점과 관련하여 특히 눈여겨볼만한 논의로는 위 특집의 일부인 조희순, 「괴-테의 희곡에 나타난 정치, 사회사상」(1)~(3), ≪동아일보≫, 1932. 3. 22.~3. 24. / 서항석, '괴-테와 현대' 「독일의 세계적 시성 괴-테의 경력과 작품」(1)~(3), ≪동아일보≫, 1932. 3. 22.~3. 24과 더불어, 서항석, 「괴-테와 그의 사회사상」, 『비판』, 1932. 4의 경우를 지적할 수 있겠다.

17 이 경우 특히 앞서 제시된 괴테 100주년 특집 원고들의 게재 시점이 시기적으로 김기림이 활발하게 문단활동을 전개하면서 「기상도」를 구상하던 무렵 이루어진 점은 거듭 주목할 필요가 있다.

2) 전주곡으로서의 「서반아의 노래」

괴테 문학에 대한 김기림의 이해가 상당 수준에 올라있었음은 일제 말기 고향 근처 경성(鏡城)에 낙향하여 고등학교 선생을 할 무렵, 그가 제자들에게 괴테 같은 큰 시인이 돼야 한다고 거듭 강조하였던[18] 데서도 어느 정도 드러난다.

실제로 김기림은 괴테와 그의 대작 「파우스트」에 대한 그 나름의 이해를 갖추고 있음을 그의 글 이곳저곳에서 어렴풋이나마 내비친 바 있다. 비근한 예로 문명 비판과 관련된 주제를 담은 자작시 「서반아의 노래」[19]의 창작 배경과 관련하여 직접 해설한 다음과 같은 대목을 들 수 있을 것이다.

> 가령 『파우스트』의 거대한 연극이 바야흐로 막을 열려고 하기 전 관중의 아페 나와서 자못 기괴한 목소리로 그 극에 대한 일장의 서사(序詞)를 느러

---

18 이 점과 관련하여 경성고보 시절의 제자인 시인 김규동은 후일 대담에서 김기림의 평소 언행에 대해 다음과 같이 증언한다.
"역설적이지만, 시 잘 쓰는 학생은 오히려 미워했다. 시만 쓰는 애들은 거들떠도 안 봤다. 영어, 수학, 물리, 지리 등 학과목을 평균적으로 열심히 하는 학생들이 나중에 시도 잘 쓴다고 말했다. 학과 공부를 열심히 하지 않으면 절대로 큰 시인이 되지 못한다고 했다. **항상 '괴테 같은 큰 시인이 돼야 한다'고 말했다.** 그때 우리는 왜 저러나 했다."(강조－인용자)
조영복 · 김규동, 「일제 말기와 해방 공간, 6. 25 전후의 김기림－김기림의 경성고보 교사 시절 제자 김규동 선생 인터뷰」, 『문인 기자 김기림과 1930년대 '활자－도서관'의 꿈』, 살림, 2007, 372쪽.

19 시의 원문을 소개하면 다음과 같다.
"『포플라』의 마른가지에 가마귀한마리 / 검은묵방가울튼('묵방울가튼'의 오식 － 인용자 주) 검은가마귀 / 『웨스트민스터』의 사원(寺院)의종이 대영제국(大英帝國)의 황혼(黃昏)을 느껴 / (껴, 껴, 껴) 우는 소리 ── / 가마귀는 검은 『징기쓰시칸』의 후예(後裔)올시다. / 하나 지금은 영양(營養)부족(不足)으로 졸도(卒倒)의 증세(症勢)까지보임니다 / 신사(紳士)는아니외다. / 장식(葬式)의행렬(行列)에 끌려가는 『알폰소』 폐황(廢皇)폐하(陛下)의 모자(帽子)는 / 사십오도(四十五度)로 기우러저 잇슴니다. 『사모라』의 키보다 큼니다. / 『칼멘』아 노래를 불러라 / 서반아(西班牙)의 피를 마시면서 ──"
기림, 「서반아(西班牙)의노래」, 『여성조선』 4권 1호, 여성조선사, 1933. 1., 81쪽.
참고로 이 시는 김기림, 「현대시의 발전(10)－속도의 시, 문명 비판」, ≪조선일보≫, 1934. 7. 22.에 약간의 교정과 수정 과정을 거쳐 인용되어 있음.

놋는 『피에로』를 제군은 상상하여라. 그러한 『피에로』의 어조(語調)를 이 시는 본떠왓다. 자못 변환(變幻)이 만흔 방대한 세계에 독자의 연상을 안내하려고 하는 작자는 그것이 이 시의 표정에 부여하는 가장 적당한 화장이라고 생각햇든 까닭이다.

이 시는 속도를 나타내려고 햇다. 속도를 나타내는 방법으로는 활자의 직선적 횡렬(橫列), 음향의 단속(斷續) 등 외적 방법과 『이메지』의 비약에 의한 내적 방법의 두 가지를 필자는 시험해 보앗다. 여기 씨여진 방법은 후자의 예다. 그래서 시의 각행이 대표하는 『이메지』는 각각 다르며 그것들이 눈이 부시케 비약한다. 다시 말하면 연상작용에 의하야 이 『이메지』는 다른 『이메지』를, 그 『이메지』는 또 다른 『이메지』를 불러온다. 나는 이것을 연상의 비행(飛行)이라 부른다. 그러고 수법으로는 『슈-르레알리즘』의 방법을 만히 응용하면서도 엇더한 주제에 의하야 의미의 통일을 기도하엿다. 단어의 결합은 각각 무목적적(無目的的)인 것 가트면서도 엇더한 의미에 의하야 유기적으로 결합하려는 지향을 가지고 잇다.

이 시의 주제는 다른 것이 아니다. 몰락의 전야를 마즌 주인공으로 하는 세계 그것의 비극이다. …… (중략) …… 그래서 이 시는 현대문명 그것의 조음(燥音)[20]이려고 기도하엿스며 그러함으로 현대문명에 대한 한 개의 비판이려고 하엿다. 작자의 이러한 지향에도 불구하고 이 시가 그러한 효과를 나타내지 못하엿엿다면[21] 그것은 오로지 나의 기술의 미숙의 결과라고 할 박게 업다.[22]

흥미로운 점은 김기림이 이 시를 '「파우스트」의 거대한 연극이 바야흐로

20 '조음(噪音)'과 뜻이 같은 한자어. 진동이 불규칙하고 높낮이와 가락이 분명치 않은 음을 뜻함.

21 '못하엿다면'의 오식.

22 김기림, 앞의 글, 1934. 7. 22.

막을 열려고 하기 전 관중의 앞에 나와서 자못 기괴한 목소리로 그 극에 대한 일장의 서사(序詞)를 늘어놓는 「피에로」'에 비유하였다는 점이다. 즉, 여기서 그가 주의를 기울인 것이 그러한 피에로의 어조요 표정이며, 또한 그것이 자신이 이 시에 부여한 '적당한 화장'임을 강조하고 있다. 이와 같은 화장이 필요했던 이유에 대해 그는 '자못 변환(變幻)이 많은 방대한 세계에 독자의 연상을 안내하려고' 했기 때문임을 주장한다.

다시 말해서 이 시는 일차적으로 변화무쌍한 근대 세계의 반영을 염두에 둔 것이다. 그것은 시의 어조를 통해, 그리고 이미지를 통해 전달되고 있다. 어조와 이미지는 얼핏 보기엔 피에로의 서툴고 기괴한 몸짓이나 목소리처럼 중구난방 무질서하게 느껴지기도 한다. 그러나 김기림은 이미지들이 동시다발적으로 어지러이 속도감 있게 비약을 거듭하며 독자의 내면에 '연상작용'을 일으킨다고 주장한다. 뿐만 아니라 이러한 연상 작용이 지니는 비약적 효과에 대해서 그는 무목적적인 파편화를 겨냥한 것이라기보다는 유기적인 결합을 염두에 둔 것임을 힘써 강조한다. 그리고 이는 방법(기교) 면에서 '슈르리얼리즘'을 많이 응용하면서도 일관된 주제에 입각한 통일성을 꾀한 결과라는 점을 지적하길 잊지 않는다.

이와 같은 독특한 표현방식, 구성방식을 통해 그는 궁극적으로 무엇을 의도했던 것일까. 김기림은 이 점에 대해 다시 한 번 친절하게도 '몰락의 전야를 맞은' '세계 그것의 비극'이라는 시의 주제를 보다 잘 형상화하기 위한 방법론적인 성격의 것임을 밝혀놓고 있다. 나아가 이러한 표현 및 구성 방식이 문명에 대한 그 자신의 비판어린 시선에서 비롯된 것이라는 점을 분명히 하고 있다. 말하자면 그의 눈에 비친 근대란 도무지 종잡을 수 없을 정도로 어수선하며 무질서하게 보이지만, 그 모든 것들은 결국 몰락이라는 일정한 방향을 향해 움직이는 거대한 소용돌이의 일부일 뿐이다. 그러므로 무질서하고 어수선해 보이는 개별적인 양상들에 현혹되어 전체의 큰 흐름을 읽지 못한다는 것은 곧 나무만 보고 숲을 보지 못하는 우를 범하는 것과 진배없다. 전체의 흐름을 읽어낼 줄 아는 안목이야말로 근대적인 시인이 마땅히 갖추어야 할 지성이요 덕목이라고 그는 믿었던 것이다.

무엇보다도 그는 이런 비극적 무질서의 한 가운데에 서서 이리저리 시류에 흔들리며 수동적으로 휩쓸리는 객체가 아닌, 자신만의 꿋꿋한 비판적 시선을 유지할 능력을 지닌 능동적 주체의 자리에 스스로를 위치시키고자 했다. 바로 이 점이 중요하다. 따라서 여기서의 강조점은 무질서하고 난삽한 현실의 반영으로서의 기괴한 어조나 단편적인 이미지들에 있는 것이 아니며, 그러한 단편들 사이에 내재하는 어떤 통일된 의미, 즉 몰락의 길에 접어든 근대문명을 향해 던지는 그 자신의 비판적인 시선 및 그것과 연결된 내면의 주제 의식에 놓여 있다.

그러나 그의 시선은 단순히 여기서 머물지 않는다. 더 중요한 것은 이 시는 어디까지나 '전주곡'에 지나지 않는다는 사실이다. 그가 심혈을 기울여 제작한 대작[23]의 본편은 아직 무대 위에 오르지도 않았다. 괴테의 「파우스트」에 버금가는, 근대를 둘러싼 모든 무질서와 모순들에 대한 준열한 비판과, 몰락의 길에 들어서게 된 근대문명의 슬픈 운명, 그리고 그 이후에 맞이하게 될 새로운 세계에 대한 열망을 담은 방대한 스케일의 작품을 그는 이 시절부터 은밀하게 계획하고 있었던 것이다.[24]

---

23 '대작' 혹은 '걸작' 창작에 대한 평소 김기림의 열망과 집념이 어느 정도였는지를 가늠할 수 있게 해주는 글로는 김기림, 「걸작에 대하여」, 『시와소설』 창간호, 창문사, 1936. 3를 들 수 있다. 동 지면에서 그는 "원컨대 일생에 한 편의 태작(駄作)도 남기고 싶지는 않다. 그러나 한편으로는 일생에 단 한 편이라도 좋으니 걸작을 남기고도 싶다. 그러나 그 중에서 다만 한 가지만 가려야 된다고 하면 나는 차라리 후자 편을 들고 싶다."(위의 글, 5쪽.)라고 술회한 바 있다.

24 이러한 사실과 관련하여 주의 깊게 살펴봐야 할 점은 김기림이 애초 『중앙』지에 「기상도」의 연재를 시작할 당시 서두 부분에서 제시한 말, 즉 "한 개의 현대(現代)의 교향악(交響樂)을 계획(計劃)한다. 현대문명(現代文明)의 모-든 면(面)과 능각(稜角)은 여기서 발언(發言)의 권리(權利)와 기회(機會)를 거절(拒絶)당하는 일이 없을 것이다. 무모(無謀) 대신에 다만 그러한 관대(寬大)만을 준비(準備)하였다."라는 발언의 의미를 다시 한 번 면밀히 검토해볼 필요가 있다.
이런 인식이야말로 「파우스트」와 「서반아의 노래」, 그리고 「기상도」로 이어지는 내부의 김기림은 자신의 그런 기획을 오래지 않아 실행에 옮긴다. 특유의 성실성과 추진력을 앞세워 그는 자신이 써내고자 마음먹었던 작품을 장시의 형태로 완성하여 독자들 앞에 당당하게 제출한다. 그리하여, 그런 야심찬 기획의 결과물로 탄생한 것이 바로 그 유명한 「기상도」다.

3. 「파우스트」와의 비교 접점(1): 계몽적 이성 비판

1) 계몽적 이성과 사유('생각') 비판

먼저, 「기상도」에서 파우스트가 언급되었던 부분부터 짚어보기로 하자.

> 『바시』의 어구에서 그는문득
> 바위에 걸터앉어 머리수그린
> 헐벗고 늙은 한 사공(沙工)과 마주첫다.
> 흥『옛날에 옛날에 파선(破船)한사공(沙工)』인가봐.
> 결혼식(結婚式)손님이 없어서 저런게지.
> 『오 빠우스트』
> 『어디를덤비고가나』
> 『응 북(北)으로』
> 『또 성이낫나?』
> 난 잠잫고 잇슬수가없어. 자넨 또 무엇땜에 예까지왓나?』
> 괴테를 찾어단이네』

구성적인 특징과 주제적인 흐름의 유사성을 입증해줄 수 있는 유력한 단서에 해당되기 때문이다.

『괴테는 자네를 내버리지않엇나?』

『하지만 그는 내게 생각하라고 ■■[25]만 가르켜주엇지

행동(行動)할줄은 가르켜주지않엇다네.

나는지금 그게 가지고싶으네』

흠 막난이 뗘우스트[26].

흠 막난이 빠우스트.

— 제3부 〈태풍의 기침시간〉 부분

인용된 부분은 태풍과 '헐벗고 늙은' 사공, 즉 파우스트가 나누는 대화 내용을 위주로 구성되어 있다. 엄청난 기세로 몰려가던 태풍은 단박에 그 사공이 파우스트임을 알아보고 말을 건다. 사공 역시 태풍이 맹렬한 속도로 북쪽을 향해 올라가는 것을 보고 그가 또 성이 났음을 알아차린다. 태풍은 사공(파우스트)에게 무엇 때문에 여기까지 밀려왔는지를 묻는다. 이에 대해 사공(파우스트)은 괴테를 찾아다니고 있다고 답한다. 그렇게 말한 사공(파우스트)은 이미 괴테로부터 버림받은 처지다. 그리하여 아무렇게나 내팽개쳐진 채 늙고 초라한 모습으로 묘사되어 있다. 이런 상황을 타개하기 위해서는 무언가 적절한 전환의 계기가 필요하다. 그러나 마땅치가 않다. 그가 배운 것이라곤 오로지 '생각'하는 것일 뿐, '행동'에 대해서는 따로 가르침을 받은 바가 없기 때문이다.

수수께끼와도 같은 위의 문답이 암시하는 바는 무엇일까? 여기서 우리가 먼저 눈여겨보아야 할 점은 사공(파우스트)이 '생각'하라는 가르침을 받았다고 말한 점이다. 그런데 여기서 말하는 '생각'이란 무엇일까? 과연 어떤 종류의 생각이기에 괴테는 그걸 사공(파우스트)에게 강조했던 것일까? 분명한 사

25 원문에 복자 처리됨(교정 과정에서 고친 흔적으로 보임).

26 여기서 '뗘(우스트)'는 '빠(우스트)'의 오식.

실은 괴테가 그에게 생각하라고만 했을 뿐 행동하는 법을 가르쳐준 적이 없다는 점이다. 그리고 그러한 사실은 또한 파선으로 인해 꼼짝달싹할 수 없이 곤란한 지경에 처한 사공(파우스트)의 현 상황에 대한 해명 내지 변명으로 제시되었다는 점이다.

실제로 괴테가 창조한 파우스트는 끊임없이 생각하며 그 생각을 행동을 통해 실천에 옮기고자 노력한 인물이다. 그런데 이때의 생각이란 어디까지나 근대적인 사유방식, 즉 계몽주의적 합리성에 바탕을 둔 생각이다. 말하자면 파우스트의 주인공은 철저한 계몽정신으로 무장한 근대적 합리주의자, 선구적 지식인의 전형인 것이다. 근대는 계몽의 시대다. 그 구성원들에게 우선 합리적으로 '생각'하고 판단할 줄 알아야 한다고 강조한다. 그런 의미에서 '생각'할 줄 아는 능력은 근대화를 향한 발전의 초석이며 근대 세계의 구성원으로 편입되기 위해 마땅히 갖추어야 할 자격 요건인 셈이다.

다시 말해서 「기상도」에서 김기림이 파우스트의 입을 빌어 말한 '생각', 즉 사유란 일차적으로 계몽적 이성에 바탕을 둔 근대적 합리정신을 뜻하는 것으로 풀이된다. 이 새로운 시대 정신의 영도 아래 초창기의 근대인들은 스스로를 무장한 채 이성적으로 사유하고 통찰함으로써 이 사회를 지속적으로 개선, 발전시켜나갈 수 있으리라 믿었다. 당시에는 모든 것이 계몽적 이성에 의해 합리적으로 투명하게 사유되고 판단될 때 미래는 한층 밝아질 것이고, 지구 전체는 수준 높은 성취 위에서 조화와 질서, 그리고 번영을 이룩할 수 있을 것이라는 믿음이 있었다.

그러나 계몽적 이성과 사유에 대한 이러한 초기의 순진한 믿음은 얼마 지나지 않아 곧 문제점을 드러내게 된다. 그것에 대한 사람들의 과도한 믿음은 이성으로 하여금 스스로를 '절대 진리'라고 착각하게 만들었던 것이다. 그리고 그것이 절대 진리인 이상 모든 이들은 예외 없이 그것에 의무적으로 복종하고 따라야 한다고 믿었다. 다른 기준이나 원리는 일체 고려의 대상이 될 수 없었다. 모든 것은 이 새로운 기준에 맞게 새롭게 조직되고 재단되지 않으

면 안 되었다.[27]

그 결과 이러한 일련의 전개 과정은 현실에 있어 엄청난 부작용을 낳고 말았다. 계몽적 이성의 무차별적인 강요는 개인과 개인, 집단과 집단 사이의 심각한 갈등과 충돌을 유발했다. 혼란은 점차 커지고, 이처럼 증대되는 혼란의 와중에도 결코 후퇴하지 않는 계몽적 이성과 사유에의 강요는 급기야 세계 전체를 '파멸'의 지경으로 몰고 가는 데까지 이르렀던 것이다.

이 경우 우리는 괴테가 「파우스트」를 통해 다가서려 했던 문제의식들을 다시 끄집어내어 들여다볼 필요가 있다. 괴테는 근대의 계몽 정신 속에 내재하는 이러한 비극적인 모순을 일찌감치 꿰뚫어보았다. 그리하여 그는 「파우스트」에서 다음과 같이 유려한 필치로 그 문제점에 대해 꼬집고 있는 것을 볼 수 있다.

> 이성과 학문을 그저 경멸해라.
> 인간의 가장 지고한 힘을 말이다.
> …… (중략) ……
> 운명은 이 자에게 억제할 길 없이
> 항시 앞으로 돌진하는 정신을 주었지.
> 이 정신의 간데없이 성급한 추구는
> 지상의 기쁨 같은 건 훌쩍 뛰어넘는다.
> 난 이 자를 거친 삶 속으로,
> 깊이 없는 천박함 속으로 이리저리 끌고 다니련다.
> 그는 버둥대다가 움직이지 못하고는 내게 달라붙을 것이다.
> 이 자의 항시 허기진 탐욕스런 입술 앞에

27 「파우스트」에 제시된 이러한 '절대 진리'로서의 근대적 이성의 문제점과 그 위험성에 대한 자세한 해설은 김수용, 『괴테, 파우스트, 휴머니즘』, 책세상, 2004의 제2장 3절 3항 '절대화된 '말'과 '행동': 보편적 이념의 왜곡', 94-103쪽 참조.

진수성찬과 술이 어른거리게 하리라.
그는 허기와 기갈을 면하려고 애원하지만 헛일일 것이다.
그러면 설사 악마에게 자신을 내맡기지 않는다 해도
그는 파멸하고야 말 것이다.

—「파우스트」 1부 제1851-1867행[28]

위에서 괴테는 메피스토펠레스의 입을 빌려 근대 초기 서구사회를 지배했던 계몽적 이성과 사유에 대한 절대적인 믿음이 안고 있는 문제점을 정확하게 지적하고 있다. 계몽적 이성에 대한 근대인들의 맹신은 그들로 하여금 스스로의 한계를 자각하지 못하고 겁 없이 날뛰도록 만들었다.[29] 합리적으로 사유하고 판단할 수 있는 '정신', 그것은 애초 '인간의 가장 지고한 힘'으로 이해되었다. 그런데 문제는 이 정신이 '억제할 길 없이 / 항시 앞으로 돌진'하려 한다는 데 있다. 말하자면 지나온 과거에 대해 되돌아보려 하지도, 스스로를 반성하려 하지도 않는다. 왜냐하면 자기 자신을 확고하게 절대 진리라고 믿기 때문이다. 그러기에 그것은 설령 추진 과정에서 어떤 어려움과 고난이 닥치더라도 이를 기꺼이 감내하며 전진하려 들 뿐 중도에 포기하는 법이 없다. 그리하여 괴테는 이 모든 문제들이 계몽적 이성, 즉 근대적 '정신의 간 데 없이 성급한 추구'로 인해 빚어진 결과라는 점을 분명히 한다.

이렇듯 스스로를 억제할 줄 모르는 '성급'함으로 인해 그것은 인간을 '깊

---

28 괴테, 『파우스트 – 한 편의 비극 · 1』, 김수용 역, 책세상, 2006, 111-112쪽(이하 김수용 역 『파우스트』에서 인용할 경우에는 『파우스트』로 표기하기로 함.).

29 김수용은 근대 초기의, 절대적 진리를 신봉하는 절대적 주체의 탄생은 바로 이런 인간적인 한계의 부정으로 말미암은 결과임을 주장한다. 이러한 논리에 따르면 한계를 돌파하려는 의지야말로 계몽적 이성에 대한 믿음에 투철한 전형적인 근대인, 즉 파우스트와 같은 인물의 심성을 규정하는 가장 유력한 지표인 셈이다. 그러나 그러한 의지는 성과와 더불어 그에 수반되는 필연적인 부작용을 낳게 된다.
이에 대한 자세한 설명은 김수용, 앞의 책의 제2장 1절 '한계의 부정과 현대의 절대적 주체' 부분(59-72쪽) 참조.

이 없는 천박함'의 심연으로 내몰 것이다. 쉴 새 없는 '허기'와 '탐욕', '기갈' 등이 뒤따를 것이다. 그리고 종국에 가서는 인간 자체를 '파멸'의 길로 인도할 것이다. '이성과 학문을 그저 경멸해라'고 한 메피스토펠레스의 비아냥거림[30]은 근대 계몽주의적 이성과 사유 속에 내재하는 바로 이런 위험성과 그것의 맹목적인 실천이 낳게 되는 비극적 결말을 날카롭게 예견하고 꼬집은 것이다.

따라서 「기상도」에 제시된, '생각하라고만 가르쳐'주었을 뿐이라는 사공(파우스트)의 답변은 근대 계몽적 이성과 사유 속에 내재하는 이러한 본질적인 문제점을 고스란히 반영한 것으로 이해된다. 계몽적 이성의 지나친 자기 과신은 근대인들로 하여금 커다란 착각에 빠져들게 만들었다. 스스로를 개선하고 발전시켜나가다 보면 언젠가는 지고지순의 완벽한 경지에까지 도달할 수도 있으리라는 과대망상에 사로잡히게 만든 것이다.

그러한 착각이 궁극적으로 근대인들 자신을 불행하게 만들고, 급기야는 근대세계 전체의 몰락과 '파멸'이라는 엄청난 결과를 불러들일 수도 있음을 깨닫게 되기까지에는 적지 않은 혼란과 시행착오의 과정이 필요했다.

2) '행동'의 모순과 위험성에 대한 경고

여기서 잠깐, 1절에서 제시한 애초의 인용문으로 다시 돌아가 보기로 하자.

얼핏 "그(괴테－인용자 주)는 내게 생각하라고 ■■만 가르켜주엇지 / 행동(行動)할줄은 가르켜주지않엇다네"라고 한 사공의 말은 이제까지 그가 생각만 많았을 뿐, 이를 행동으로 옮길 능력이 부족했던 것은 아닌가 하는 추측을 불러일으키기도 한다. 이런 경우 여기 등장하는 사공(파우스트)은 자

30 위 인용 부분은 메피스토펠레스의 독백에 해당된다.

신의 사유를 실천에 옮기지 못하는 '무력한 지식인'을 의미하는 기호로 해석될 수도 있다.[31]

그러나 이때의 '파선(破船)'이란 무모한 '행동'으로 인해 빚어진 파멸적인 대가라는 점을 알아차릴 필요가 있다. 바다를 향해 뻗어 나아가리라는 '생각'만 있고 출항이라는 구체적인 '행동'이 없었더라면 '파선'이라는 비극적인 결과 역시 없었을 것이기 때문이다. 다시 말해서 사공(파우스트)이 괴테를 찾아다닌 이유는 행동 자체에 대한 가르침을 얻지 못했기 때문이라기보다도 어떻게 행동하느냐에 대한 세부적인 지침이 없었다는 데 있다.[32] 어떻게 행동하는 것이 옳은지를 잘 알지 못했기에 그는 무작정 행동에 나설 수밖에 없었고, 그 결과 자신이 몰던 배마저 잃고 태풍으로부터 '막난이'라는 핀잔을 들어야만 했다.

문제는 바로 여기에 있다. '막난이'와 같은 빗나간 '행동'으로 그는 자신뿐 아니라 자신의 배에 탄 모든 이들을 위험에 빠뜨렸다는 사실이다. 계몽의 정신이 확장되는 과정에서 직면하는 가장 큰 문제점은 그 파장이 단지 개별

---

31 이런 시각에서 사공(파우스트)과 태풍의 관계를 논한 예로는 이미순, 「「기상도」에 대한 수사학적 연구」, 『김기림의 시론과 수사학』, 푸른사상, 2007, 166-167쪽을 들 수 있을 것이다.

32 이 경우 김기림이 '행동'을 어떤 각도에서 강조하려했는지를 알아보기 위해서는 몇 차례에 걸친 이 대목의 개작 과정을 면밀하게 검토해볼 필요가 있다. 최초 발표되었을 당시(『중앙』 3권 5호, 1935. 5.), 이 대목은 "「그러치. 하지만 그는 내게 생각하는일만 가르켜주엇다네! / 행동(行動)하는일은 가르켜주지않엇네. / 나는지금 그것이 가지고십네」"라고 서술되어 있다. 여기서는 '생각'과 '행동'이 선명히 대비되며, 괴테가 파우스트에게 '행동' 자체에 대한 가르침이 없었던 것으로 풀이될 수 있다.
그러나 이후 자가본(1936. 7.)을 거쳐(자세한 내용은 위 1절에서의 인용문 참조), 해방 이후 새로 간행된 산호장판(1948. 9.)에 이르게 되면 이 대목은 "「하지만 그는 내게 생각하라고만 가르켜주엇지 / **어떻게** 행동(行動)하라군 가르켜주지않엇다네. / 나는 지금 그게 가지고싶으네.」"(강조－인용자)라고 바뀌었다. 즉 점차로 '행동' 자체보다도 행동의 과정과 구체적인 방향성에 대한 가르침의 부재가 문제임을 지적하는 방향으로 변화하고 있는 것이다.
이러한 변화를 통해서 당초 미흡한 수준에 머물렀던 김기림의 「파우스트」에 대한 이해가 이후 몇 차례의 개작 과정을 거치는 동안 점차 정교해지는 것을 알 수 있다.

주체에만 국한되지 않는다는 점에 있다. 계몽의 주체는 스스로의 원리 원칙을 주변으로, 나아가 전 지구적으로 끝없이 확장해나가길 원한다. '행동'이란 이 경우 진리의 구체적인 실천을 의미한다.[33] 계몽적 이성에 따른 사유의 결과가 절대 진리라면, 현실 속에서 그러한 절대 진리를 실현하고 확산시키기 위해 노력하는 것은 근대인으로서 마땅히 감당해야할 책무라고 믿는 까닭이다. 그러므로 '행동'은 그의 앞에 부여된 사명의 완수를 위해 갖추어야 할 선결 요건이며 근대적 지성인이라면 마땅히 추진해야 할 필수 과제이다. 실천적인 행동이 뒷받침되지 않는다면 계몽적 이성, 계몽적 사유는 고작해야 추상적이고 공허한 관념에 불과하다. 당연히도 진리로서의 정당성을 주장하기 힘들다.[34]

근대는 그런 믿음 아래 스스로의 힘을 키웠고, 또한 그렇게 자신의 영향력을 확장해나갔다. 그리하여 마침내는 세계를 지배하게 되었다. 계몽적 사유가 단지 사유로만 머물렀다면 이런 대규모의 확장은 불가능했다. 확장을 위해서라도 '행동'이 필수적으로 뒷받침되어야 했다. '행동'의 중요성은 어느 경우에나 강조되지만, 근대화의 프로젝트에 있어 이 점은 특히 중요시된다. '계몽' *Enlightenment*이란 그 자체가 불을 밝혀 암흑의 세계를 밀어내는 것, 그리하여 종전까지는 야만과 미개, 무지몽매의 단계에 머물러 있던 전근대적인 모든 요소들을 한꺼번에 일소해버리려는 노력이다. 그러므로 이 노력은 사유에만 머물지 않고 구체적인 행동 방안의 모색과 그 실천을 최고의 가치로 삼는다.

> 그리고 전 인류에게 나뉘어 주어진 것,
> 그것을 나는 내 내면의 자아에서 향유해보련다,
> 내 정신으로 가장 높은 것과 가장 낮은 것을 움켜잡고,
> 그들의 행복과 불행을 내 가슴 안에 쌓아 올리려 한다,

---

33 김수용, 앞의 책, 90쪽.

34 위의 책, 91쪽.

그렇게 해서 나 자신의 자아를 인류의 자아로 확대하련다.[35]

—「파우스트」 1부 제1770-1774행

파우스트가 내뱉은 이 말은 계몽적 이성에 대한 절대적인 믿음으로 무장한 자의 거칠 것 없는 자기도취로 가득 차 있다. 자신의 사유와 판단이 전적으로 옳다고 믿기에, 그는 일말의 망설임도 없이 스스로의 '자아'를 '전 인류'에로 확대할 원대한 계획을 세운다. 그리고 그것을 통해 인류 전체에 골고루 혜택을 베풀며 나아가 인류사를 한 단계 도약으로 이끌 수 있길 바란다. 이와 같은 생각, 즉 계몽적 이성을 바탕으로 한 끊임없는 자아 확대에 대한 열망은 초창기 근대 계몽주의자들의 전반적인 특성이다.

그의 계획대로라면 이러한 노력으로 하여 지구 전체는 밝아져야 했다. 그러나 이후 드러난 결과는 기대와는 달리 정 반대의 방향으로 전개되는 듯이 보였다. 세상 전체가 합리적으로 개선되고 발전하여 조화와 균형 속에 번영을 유지해나가는 것이 당연한 듯 생각되었지만, 현실에 있어 그보다는 혼란과 갈등만을 조장하는 경우가 더 많았다. 그리하여 애초의 의도와는 달리, 새로운 질서 확립을 위한 계몽의 시도는 결과적으로 사회 전체에 거대한 분열과 무질서를 불러오게 되었다. 이와 더불어 모두에 커다란 고통을 안겨주게 되었다.

도서관(圖書館)에서는
사람들은 거꾸로서는 『쏘크라테쓰』를 박수(拍手)합니다.
생도(生徒)들은 『헤-겔』의 서투른 산술(算術)에 아주탄복(歎服)합니다.
어저께의동지(同志)를 강변(江邊)으로 보내기위하야
자못변화자재(變化自在)한 형법(刑法)상(上)의조건(條件)이 조사(調査)
됩니다.

35 괴테, 『파우스트 · 1』, 107쪽.

교수(教授)는 지전(紙錢)우에 인쇄(印刷)된 박사논문(博士論文)을 낭독(朗讀)합니다.

『녹크도 없는 손님은 누구냐?』
『…………』
『대답이없는 놈은 누구냐?』
『……………………』
『예의(禮儀)는 지켜야 할것이다』

— 제4부 〈자최〉 부분

「기상도」에는 그러한 혼란상이 다양한 형태로 제시되어 있다. 사람들은 도서관에서 '『쏘크라테쓰』'와 '『헤-겔』'의 저작들을 읽고 박수를 치며 탄복한다. 그러나 그들이 읽는 소크라테스와 헤겔은 거꾸로 선 소크라테스이고 서투른 산술을 하는 헤겔일 뿐이다. 요컨대 사람들은 더 이상 계몽의 정신을 정상적인 방식으로 해석하고 받아들이지를 않는다. 한술 더 떠서 '형법상의조건'을 들먹이며 '어저께의동지'를 배신하는가 하면 돈을 주고 '박사'학위를 사는 행위조차 서슴지 않는다.

왜 이런 어처구니없는 일들이 도처에서 벌어지게 된 것일까? 그것은 인간 스스로가 계몽적 이성에 대한 맹목적인 믿음 아래 자기 자신을 절대적 주체로 착각했기 때문이다. 스스로를 둘러보고 비판할 능력이 없다면 자정 능력 또한 상실하기 마련이다. 이런 경우 인류 전체의 발전과 행복이라는 거창한 목표는 절대적 주체의 자기만족을 위한 핑계거리, 혹은 변명거리에 지나지 않는다.

다시 말해서 이 경우 계몽적 이성은 오직 자아의 무한 확대라는 목표에 다가서기 위해 사유하고 행동한다. 그리고 그 과정에서 스스로를 기꺼이 도구화한다. 도구화된 이성[36]은 이성 자신을 목표 달성에 다가서기 위한 수단으로 받아들이며, 중간 과정에서의 도덕적 가치 따위를 염두에 두지 않는다. 자아의 확대라는 목표 달성과 그것의 실현을 통한 자기만족만이 유일한 가치인 것이다. 당연한 일이겠지만, 이러한 맹목적인 자아 중심적 사고와 행동은 사회 전체에 엄청난 충격을 안겨준다. 스스로를 불행하게 만들고 한 사회를 불행하게 만들며 동시에 나아가서는 지구 전체를, 인류 역사를 불행하게 만든다.

뿐만 아니라 그것은 그 중간 추진 과정에서 일체의 열외조차 인정하지 않는다. 자기반성이나 비판이 불가능한 조건 속에서 이러한 자아의 무한 확대에의 열망은 언제든 전체주의적인 사고에 빠질 위험성[37]을 지니게 된다. 예컨대 내, 외부의 갈등과 혼란 등을 잠재우기 위해서는 공공연하게 폭력적인 방법이 동원된다. 차이와 소통에 대한 배려를 등한시한 채 모든 이들에게 무차별로 강요되는 계몽의 정신은 위압적이고 폭력적인 '행동'이라는 자가당착의 결과를 낳고 만다. 그러한 행동의 배후에는 말할 것도 없이 계몽적 이성, 계몽적 사유로 무장한 근대적 자아의 무한 확대, 자아실현에 대한 무제한적인 실천의 욕구[38]가 자리 잡고 있다.

여기서도 알 수 있듯이 '행동'은 절대화된 주체, 절대화된 자아가 자기 자신의 만족을 위해 곧잘 동원하는 효과적인 무기이며 도구이다. '대장부라면

---

36 올바른 이성이 목적을 이해하고 반성하는 도구라면, '도구화된 이성' *instrumentelle Vernunft*은 이성이 자기 유지의 도구로 사용되는 경우를 뜻한다. 이때 사유는 실천적 목적을 위한 수단으로 변질되어버린다.
M. 호르크하이머 · T. W. 아도르노, 『계몽의 변증법』, 김유동외 역, 문예출판사, 1995, 60쪽.

37 김수용, 앞의 책, 99-103쪽.
덧붙여서 이러한 전체주의적 결과는 구성원들에 대한 지배욕, 절대화된 '말'의 '명령'이라는 형태로 수행된다. 이와 관련하여 위 1절에 인용된 「기상도」의 제4부 「자최」에 등장하는 '『녹크도 없는 손님은 누구냐』', '『대답이없는 놈은 누구냐』', '『예의(禮儀)는 지켜야 할것이다』'와 같은 고압적, 명령투의 말투들은 별도로 주목될 필요가 있을 것으로 생각된다.

38 위의 책, 65쪽.

결코 쉬지 않고 행동하는 법이다.'(「파우스트」 1부 제1759행)[39], '행동이 모든 것이다, 명성은 아무 것도 아니다.'(「파우스트」 2부 제10188행)[40]와 같은 파우스트의 전언은 근대적인 계몽의 주체에게 '행동'이 어떤 의미를 지니는지를 단적으로 상기시켜주는 것이다.[41]

그렇다면 이즈음에서 다시 한 번 앞에 제시된 「기상도」의 인용 부분(제3부 〈태풍의 기침(起寢)시간〉 부분)으로 되돌아가 보기로 하자. '그(괴테-인용자 주)는 내게 생각하라고 ■■만 가르켜주엇지 / 행동(行動)할줄은 가르켜주지않엇다네'라는 사공(파우스트)의 불평은 실로 이 모든 문제점들을 한꺼번에 집약한 대목이 아닐 수 없다. 자신이 몰던 배가 파선되어 모든 것들이 가라앉고 절단나버린 이후까지도 왜 이리되었는지, 실패의 근본 원인이 어디에 있는지를 알아차리지 못하고 방황하는 그의 모습 속에서, 우리는 계몽적 이성 속에 숨겨져 있는 근원적인 문제점과 그것이 남긴 비극적 아이러니의 실체를 발견하게 된다.

그렇게나 야심만만하게 출범했던 계몽의 프로젝트는 어느 순간 급격하게 통제력을 잃고 방황하며 표류하기 시작한다. 그리고는 망망대해 한 복판에서 좌초되고 만다. 스스로의 한계를 깨닫지 못한 '막나니'같은 '행동'으로 인해 '파우스트'는 마침내 비극적인 상황에 처하게 된 것이다. 그러나 이 비극은 다른 누구의 잘못이나 책임도 아닌, 사공(파우스트) 스스로가 자초한 결과이다. 새로운 세계를 창조하여 인류 전체를 조화로운 번영의 길로 인도하려던

39 괴테, 『파우스트 · 1』, 106쪽.

40 괴테, 『파우스트 · 2』, 656쪽.

41 끝없는 자기만족에의 추구와 그것으로부터 파생되는 비극적 결과는 파우스트적인 행동의 성격을 규정하는 가장 핵심적인 사안이다. 괴테는 이러한 파우스트에게서 '최고의 지식, 온갖 쾌락과 재화에도 만족할 줄 모르기 때문에 전방위로 돌진하지만 결국 더 불행해지기만 할 뿐인 근대인의 본성'을 발견한다.
이 점에 대한 상세한 설명은 임홍배, 「괴테가 예감한 근대의 이중과제」, 『괴테가 탐사한 근대』, 창비, 2014, 280-281쪽 참조.

그의 야망과 의지는 이처럼 처참한 실패로 끝맺고 말았다. 그리고 분명한 것은 그러한 실패로 인해 그는 배에 탔던 모든 사람들, 그의 뒤를 따르던 모든 이들을 심각한 좌절과 위험 속으로 빠뜨렸다는 사실이다.

이로써 위 1절의 인용 부분, 즉 사공과 태풍의 대화 형식을 빌려 김기림이 암시코자 한 바가 드러난다. 여기서 '사공(파우스트)'에게 말을 건 '태풍'이란 초창기 근대 지식인들이 절대적으로 신봉했던 계몽의 이념이 얼마나 불완전하고 모순적인 것인지를 적나라하게 드러내 보여주기 위한 내적 장치이다. 그것은 인간의 오만함이 스스로의 통제 범위를 넘어 과도한 힘을 소유하게 되었을 때 어떤 파국적인 결과를 맞게 되는지를 일러주는 기표인 셈이다. 이러한 악마적인 힘의 마력, 그 자신의 의지만으로는 결코 통제하기 힘든 이러한 강렬한 '행동'에의 유혹[42]이야말로 근대라는 망망대해 앞에 선 인간이 진정으로 경계해야할 요소이다.

배가 깨어지고 난파당한 이후에도 사공(파우스트)은 끝내 자신이 무슨 일을 저질렀는지, 이 난국을 앞으로 어떻게 수습하고 헤쳐 나가야 할지를 알지 못한다.[43] 이 장면이야말로 스스로의 한계를 깨닫지 못한 채 경거망동을 일삼는 철부지 근대인들을 향해 시인 김기림이 던진 준열한 경고이자 비판의 목소리라는 점을 깊이 인식할 필요가 있다. 요컨대 이러한 무지몽매함이, 지식인 파우스트가 여태껏 시대의 절대 진리라고 믿고 따라왔던 계몽적 이성의 감추어진 속살이며 맨얼굴이라는 점을 그는 이 장면을 통해 강조하고 싶었던 것이다.

---

42 그런 거부할 수 없는 유혹은 악마 메피스토펠레스의 꾐에 넘어가 자신의 영혼을 판 파우스트의 비극을 떠올리게 한다. 다시 말해서 이러한 유혹을 괴테는 「파우스트」에서 '메피스토펠레스'라는 캐릭터로 형상화해놓고 있다.

43 이러한 김기림의 파우스트의 '난파'에 대한 비판적 이해는 한스 블루멘베르크가 그의 책 『난파선과 구경꾼』 *Schiffbruch mit Zuschauer* 에서 강조한 계몽주의 이후 '난파'(괴테를 포함하여) 은유의 긍정적 해석과는 결이 다르다는 점에서 주목을 요한다.
한스 블루멘베르크, 『난파선과 구경꾼』, 조형준 역, 새물결, 2021 참조.

4. 「파우스트」와의 비교 접점(2): 실패한 근대가 남긴 과제

1) '신'과 '짐승' 사이: 인간의 한계에 대한 명상

근대의 비극은 이처럼 인간이 스스로의 한계를 둘러보지 못하고 신의 영역, 신의 완전함을 자신의 것인 양 전유할 수 있다고 착각한 데 기인한다. 그 결과 인간은 마침내 스스로가 세계의 주인임을 선포한다. 주인이 되어 자신의 능력만으로 세계를 완전한 상태로 끌어올릴 수 있다고 믿는다. 근대 초기 휴머니즘 출발의 배경에는 이처럼 신의 권능에 도전하여 그것을 넘어서고자 하는 이와 같은 인간적인 욕망이 자리 잡고 있었다.

그러나 이러한 초기의 순진한 믿음은 곧 그 한계를 드러내고 만다. 자신의 힘만으로 총체적 완결성에 도달할 수 있으리라던 근대인들의 낙관적인 열망은 실제 실행 단계에서 예상치 못했던 암초와 맞닥뜨리게 되었다. 어디서부터 일이 잘못된 것일까. 분명한 것은 그러한 결과는 자신의 능력에 대한 인간 자신의 과도한 자신감과 착각에서 비롯되었다는 점이다. 그러한 착각이 근본적인 것인 이상, 실패는 이미 예정된 것이나 다름없다. 다만 인간에겐 그걸 미리 파악하고 대처할 능력이 결여되어 있다는 것이 비극의 씨앗일 뿐이다.

괴테는 근대가 몰고 올 이 모든 비극적인 사태들을 일찌감치 꿰뚫어보고 있었다. 그리고 이 점에 대한 그의 생각을 「파우스트」에 다음과 같이 남겨놓았다.

> 내가 보는 것은 그저 인간들이 고통받는 모습입니다.
> 이 세상의 작은 신이라는 자들은 항시 그 꼴 그 모양이고
> 창조의 그 첫날처럼 기묘합지요.
> 당신께서 이들에게 하늘의 빛의 허상을 주지 않았던들,
> 이들은 지금보다 약간은 더 잘 살고 있을 겁니다.

이 자들은 이걸 이성이라고 부르면서,
어떤 짐승보다도 더 짐승처럼 사는 데만 써먹습니다.[44]

—「파우스트」 1부 제280-286행

나는 신과 같지 않도다! 그걸 뼈저리게 느낀다.
나는 벌레와 같은 존재다, 흙 속을 파헤치고 다니는 벌레와.
흙을 먹고 살아가다가
나그네의 발길에 밟혀 죽어 파묻히는 벌레 말이다.[45]

—「파우스트」 1부 제653-655행

위 인용문에서 그는 「파우스트」의 두 주요 등장인물, 메피스토펠레스와 파우스트[46]의 입을 통해 자신의 견해를 반복적으로 제시한다. 그에 따르면 인간이란 본시 이중적이다. 인간은 애초 신이 자신의 형상을 본떠서 창조한 '이 세상의 작은 신'이다. 이를테면 신적인 요소, 신적인 속성을 원천적으로 지니

44 괴테, 『파우스트 · 1』, 23쪽.

45 위의 책, 48쪽.

46 들라크르와 Eugene Delacroix가 그린 파우스트의 삽화(1828).

사진 : 약혼자 마가레테를 만나는 파우스트 박사를 악마인 메피스토펠레스가 감시하듯 따라붙고 있다. https://www.allposters.com/-sp/Faust-Meeting-Marguerite-from-Goethe-s-Faust-after-1828-Posters_i6238633_.htm에서 재인용.

고 있다. 그러나 결코 신이 될 수는 없다. 때론 신에 가깝게 보이기도 하지만, 신적인 완전무결함에 도달하기에는 턱없이 부족하고 모자란 존재이기 때문이다. 더 많은 경우에 그는 동물적인 욕망과 본능에 갇혀 그걸 이겨내지 못하여 몸부림치곤 한다.

인간은 그 자체로 완전할 수 없다. 괴테가 지적한대로 애초부터 그는 '신'과 '짐승' 사이 어디쯤엔가 불안정하게 놓인 존재이기 때문이다. 신처럼 되고 싶지만 결코 신이 될 수 없는, 그렇다고 짐승처럼 살 수도 없는 존재가 바로 인간이다. 그의 내부에는 신적인 요소와 동물적인 요소가 다 함께 자리 잡고 있다. 즉 '완전한 도덕성이 구현된 신성과, 이러한 도덕성을 전혀 감지하지 못하는 동물적 본성 사이에서 방황하는 분열되고 모순된 존재'[47]가 인간인 것이다. 그의 내면에서는 항상 신과 짐승, 이 양자가 끊임없이 반목하고 투쟁한다. 한 쪽을 버리고 싶어도 결코 버릴 수 없는 존재가 인간이다. 비극은 바로 여기서 시작된다.

신은 인간을 어여삐 여기어 그의 손에 '하늘의 빛의 허상'인 '이성'을 쥐어주었다. 제대로만 활용한다면 인간은 그것을 통해 신에 한 발짝 더 가까이 다가설 수도 있었을 것이다. 그러나 현실에 있어 인간은 신에 의해 부여된 그 고마운 선물을 제대로 활용하지 못하는 경우가 더 많았다. 오용하거나 남용하는 예가 대부분이었고, 극단적으로는 그것을 위에서 보듯 '어떤 짐승보다도 더 짐승처럼 사는 데만 써먹'는 때도 있었다.

물론 반대의 경우도 생각해볼 수 있다. 앞서 지적했듯이 인간이 선한 의도를 가지고 신에 한 걸음 더 다가가기 위해 노력하는 경우도 때론 있을 수 있기 때문이다. 그러나 그렇다고 해서 그가 실패할 위험성을 근원적으로 차단할 수 있는 것은 아니다. 제아무리 완벽하게 계획을 세우고 이를 실천에 옮긴다고 하더라도 예상치 못했던 부작용이 나타날 가능성은 여전히 존재하기 마

47 김수용, 앞의 책, 35쪽.

련이다. 파우스트 역시 마찬가지다. 그는 이 문제와 관련하여 자신이 '신과 같지 않'음을 '뼈저리게 느낀다'. 그리하여 그는 스스로를 '흙을 먹고 살아가다가 나그네의 발길에 밟혀 죽어 파묻히는 벌레'에 비유한다.

흥미로운 점은 「파우스트」에서 괴테가 강조했던 이런 인간적인 양면성, 그리고 그것의 필연적인 이유가 되는 인간적인 약점과 한계에 대한 인식이 「기상도」에도 그대로 반복되고 있다는 사실이다.

> 나는참말이지 선량(善良)하려는악마(惡魔)다.
> 될수만잇스면 신(神)이고싶은 즘생이다.
> 그렇건만은 밤아, 너의썩은바줄은
> 웨이다지도 내몸에 깊이 친절(親切)하냐?
>
> — 제6부 〈올배미의주문〉 부분

이성의 빛을 통해 세계를 환히 밝혀보려던 야심만만한 근대 초기의 계몽의 시도는 어처구니없이 좌초해버렸다. 세계는 다시 어둠 속에 갇히게 되고, '밤'의 '썩은 바줄'은 또 한 번 인간의 '몸'을 휘감아 동여맨다. 인간은 운명적인 굴레에서 벗어나지 못한 채 자신의 한계를 절감한다.

괴테와 마찬가지로, 김기림 역시 이러한 뜻밖의 결과가 어쩔 수 없는 인간 자신의 한계에서 비롯되었다고 믿는다. 그런 점에서 인간이란 그에게 있어 '선량하려는악마'인 동시에 '신이고싶은 즘생'이다. 선과 악이, 그리고 신과 짐승이, 깊은 곳에서 원천적으로 공존한다.[48] 완벽을 갈구하지만 마지막까지

---

48 이러한 인간의 양면성, 그리고 이 양면성이 낳은 인간 존재의 모순과 이율배반성을 가장 철저하게 탐구한 작가는 도스토예프스키일 것이다. 실제로 도스토예프스키가 한때 괴테의 작품들을 탐독하였다는 점을 감안한다면 이들 양자 사이의 영향 관계는 좀 더 깊이 추적해볼 필요가 있겠다.
또한 이러한 문제의식과 관련하여 러시아 출신의 실존주의 철학자 니콜라이 베르자예프는 휴머니즘이 지닌 본질적인 위험성에 대해 다음과 같이 언급한 바가 있다.

완벽에는 도달할 수 없는 존재. 그것이 인간이다. 근대는 애초에 그런 인간적인 한계를 무시한 채로 출발했다. 그리하여 그 대가로 참혹하게 실패해버리고만 것이다.

파국에 이르고만 근대, 깨어진 채로 처참하게 난파해버린 계몽의 프로젝트를 바라보던 김기림의 시선은 이즈음에서 재차 파우스트적인 고뇌에로 수렴된다. 인정하고 싶지 않지만 인정하지 않을 수 없는 현실 앞에 마주서야 했던 것이다. 인간 자체를 근본적으로 벗어날 수 없는 이상 길은 더 이상 남아있지 않아 보인다. 인간이 스스로의 본질을 거부하고 부정한다는 것은 어차피 불가능하지 않은가. 「기상도」의 제6부 〈올배미의 주문〉에서 김기림은 그런 의문을 지닌 채 내면의 복잡한 심경을 참담하게, 때론 허탈하게 넋두리 형식으로 늘어놓는다.

> 나는 신자(信者)의 숭내를내서 무릅을 꿇어본다.
> 믿을수잇는 신(神)이나 모신것처럼.
> 다음에는 기(旗)빨처름 호화롭게 웃어버린다.
> 대체 이피곤(疲困)을 피할 하로밤 주막(酒幕)은
> 『아라비아』의 『아라스카』의 어느가시밭에도 없느냐?
> 연애(戀愛)와같이 싱겁게 나를 떠난희망(希望)은
> 지금 또 어대서 복수(復讐)를 준비하고있느냐?
> 나의머리에 별의꽃따발을 두엇다가
> 거두어간것은 누구의 변덕이냐?

"어정쩡한 인도주의가 되어버린 휴머니즘으로서는 두 가지 대립되는 방향으로의 이동이 가능하다. 위쪽으로는 신인(神人)의 길이요, 아래쪽으로는 짐승-인간의 길이다. 초인류와 초인, 그리고 초인적인 능력을 향한 이동은 너무나 자주 인간의 짐승화와 다름없는 것을 의미한다."
니콜라이 베르댜예프, 『현대세계의 인간 운명』, 조호연 역, 지식을만드는지식, 2008, 44쪽.

밤이간뒤엔 새벽이온다는 우주(宇宙)의법칙(法則)은
누구의 실없은 작난이냐?
동방(東方)의전설(傳說)처름 믿을수없는
아마도 실패(失敗)한 실험(實驗)이냐?

너는 애급(埃及)에서 도라온『씨-자』냐?
너의주둥아리는 진정독수리냐?
너는 날개도친 힌구름의종족(種族)이냐?
너는도야지처름 기름지냐?
너의숨소리는 바다와 같이 너그러우냐?
너는과연(果然) 천사(天使)의가족(家族)이냐?

귀먹은 어둠의 철문(鐵門) 저편에서
바람이 터덜터덜 웃나보다.
어느 헝크러진 수풀에서
부엉이가 목쉰소리로 껄껄웃나보다

— 제6부 〈올배미의주문〉 부분

당시 많은 사람들이 그렇게 믿었던 것처럼 당초 그 또한 계몽이란 우리가 성숙을 향해 한 단계 도약하기 위해 반드시 거쳐야 하는 중간과정으로 이해했다.[49] 그러나 막상 눈앞에 전개된 현실이 처음의 기대를 배신했을 때 그는 그 결과를 받아들이기 힘들었다. 계몽적 이성을 통한 사유와 행동은 이 시대에 부여된 사명이며, 그것에 다가서기 위한 중간 과정 또한 절대 진리에 의해

---

49 "계몽이란 우리가 마땅히 스스로 책임져야 할 미성년의 상태로부터 벗어나는 것이다." 임마누엘 칸트, 「계몽이란 무엇인가에 대한 답변」, 『칸트의 역사철학』, 이한구 편역, 서광사, 1992, 13쪽.

보장된 것이라고 믿었기에 충격은 더욱 컸다. 혼자만의 힘으로는 그 충격에서 벗어나기 어려웠다.

여기서 그는 잠깐 동안이나마 자신이 마주한 현실에서 벗어나 모든 것들을 내려놓고 자아를 최초의 순수한 상태로 되돌리고 싶다는 강한 유혹을 느낀다. 그것은 어쩌면 서둘러 성년이 되려했던 그간의 열망을 내려놓고, 유아기적 미성숙의 상태로 되돌아가는 것을 의미한다.

> 어머니, 어머니의무덤에 『마이크』를 갖어갈가요?
> 사랑스러운해골(骸骨), 옛날의자장가를 기억해내서
> 병신된 나의귀에 불러주려우?
>
> — 제6부 〈올배미의 주문〉 부분

인용된 부분은 모든 것이 파멸의 상태에 이른 이후의 시공간을 배경으로 한다. 시적 화자는 돌연 어머니의 무덤을 찾아, 예전 갓난아기 때 어머니가 불러주던 자장가의 기억[50]을 회상하고 그것을 그리워한다.

계몽의 정신으로 세계를 내려 보았던 초창기의 야심만만한 태도는 온데간데없다. 시적 화자 또한 여기서 스스로를 향해 '병신'이라고 불러도 좋을 정도로 재기 불능의 상태가 되어버렸다. 더 이상 앞날을 기대한다는 것은 부질없는 일처럼 보인다. 그 순간 위축된 자아는 어른이 되길 스스로 포기하고 어머니에 의해 보살핌을 받던 어린 시절로 되돌아가길 원한다. 유아기로의

---

50 이 점과 관련하여 「기상도」 제4부 〈자최〉에 등장하는 자장가의 의미 분석 역시 강조될 필요가 있다. 〈자최〉에 등장하는 자장가의 경우 성숙의 단계로 진입하지 못하게 방해하는 기능, 미성숙 단계에 남길 유도하기 위한 기능으로 해석될 수 있다. 그러한 방해와 유도는 텍스트 내에서 정상적인 성장을 가로막거나 지체케 하는 마취적 효과를 수행한다.
참고로 자장가가 등장하는 해당 부분을 인용해보면 다음과 같다.
"『자려므나 자려므나 / 꽃속에누어서 별에게 안겨서-』 / 만국공원(萬國公園)의 『라우드 · 스피-커』는 / 『쁘람-쓰』처럼 매우슯읍니다."

심리적 퇴행을 기도한 것이다. 어설프게 계몽의 프로젝트에 뛰어들어 위험에 노출되기보다는 차라리 미성숙한 상태로 남아 심리적인 안정감과 편안함을 유지해보겠다는 발상이다.[51]

이러한 태도가 바람직하다거나 건강하다고는 할 수 없을 것이다. 뿐만 아니라 근본적인 해결책이 되지도 못한다. 당장의 참담한 현실을 잠시 잊게 해줄 수는 있겠지만, 상황 자체를 근본적으로 바꾼다거나 개선시킬 수는 없는 노릇이기 때문이다. 그러므로 이러한 시적 화자의 태도는 문제의 본질적인 해결을 회피한 미봉책이며 임시방편에 불과하다.

2) 공동체의 재건을 위한 노력과 이를 위한 또 다른 '행동'의 방향

왜 근대는 실패할 수밖에 없었던가. 근대인들의 정신적 지주이자 신념이라고 할 수 있는 계몽의 정신은 그것의 실행 과정에서 왜 스스로 파놓은 함정에 빠질 수밖에 없었던가. 이 질문에 대한 답은 실로 간단치가 않다. 그러나 분명한 것은 이 모든 비극들이 계몽의 주체가 자아의 믿음과 가치를 정립하고 확장해나가는 과정에서 이성 자체를 절대 진리화하여 무차별적으로 타자들에게 강요하려 한 데서부터 시작되었다는 사실이다. 여기서 우리는 인류를 미신으로부터 해방시켜 주인으로 만들어주려 했던 계몽의 시도가 스스로 신화의 자리를 차지하게 됨으로써 오히려 인간 위에 군림하여 인간을 억압하고 예속

---

51 유아기에 대한 이러한 이해는 어디까지나 심리적인 퇴행의 관점에서만 이루어진 것임을 강조하고자 한다. 니체 철학에서처럼 유아기가 지닌 긍정적인 가치에 주목하는 움직임도 있기 때문이다. 니체의 경우 아이란 미성숙의 징표라기보다는 때 묻지 않은 순수함으로 새로운 가치와 질서를 창조하는 능력의 소유자이다. 이럴 경우 기존의 철학적 이해와는 달리 창조의 정점에 유아기적 순수성의 동기와 의미가 놓이게 된다.
이 점에 대한 기본적인 이해는 김상환, 「철학의 두 가지 초상」, 『예술가를 위한 형이상학』, 민음사, 1999의 제2절 '아이가 되려는 철학', 110-118쪽 부분 참조.

화하게 된 현실을 똑똑히 목도하게 된다.[52]

이처럼 타자가 지닌 고유한 정체성과 그가 간직해온 가치를 묵살한 데 따른 대가는 참혹했다. 그 결과는 애초에 목표로 삼았던 인간의 해방이 아닌, 인간의 도구화요 노예화였기 때문이다. 김기림이 주목했던 점도 바로 여기에 있다. 근대의 실패를 더 이상 반복하지 않기 위해서는 무엇보다도 주체와 객체, 자아와 타자를 분리하지 않고 이들 모두가 함께 주체의 입장에서 참여하여 조화롭게 공존하는 그런 세상을 만들어가기 위해 끊임없이 노력해야 한다는 것, 어느 특정 개인이나 계층이 아닌, 우리 모두가 주인이 되는 진정한 공동체의 정신과 가치만이 다음 세상을 열어가는 참된 진리가 되어야 한다는 것이 그의 생각이었다.

여기서 우리가 한 가지 유의 깊게 살펴야 할 대목이 있다. 「기상도」의 후반부인 제6부 〈올배미의 주문〉에 시적 화자인 '나'가 등장한다는 점이다. 이러한 '나'의 등장은 근대의 모순과 실패를 인정하고 반성하기 위한 비판적 주체의 출현과 밀접한 관련을 지닌다.[53] 계몽적 이성은 스스로를 되돌아보고 반성할 줄 몰랐던 데서 도구적 이성으로 전락하고 말았다. 그러나 스스로의 모습을 반성하고 비판할 수 있는 자정의 능력 역시 이성의 몫일 수밖에 없음도 분명한 사실이다. 이 경우 '이성을 반성하는 이성', 다시 말해서 '도구적 이성을 제압하는 비판적, 성찰적 이성'[54]의 확보 없이는 보다 나은 미래를 꿈꾸는 작업은 사실상 불가능하다. 이러한 이성이 없는 인간은 근대의 실패로부

52 김수용, 앞의 책, 302쪽에서 재인용.
참고로 이러한 문제점을 깊이 있게 지적했던 대표적인 저작은 앞서 한 차례 언급했던 아도르노와 호르크하이머의 『계몽의 변증법』 *Dialektik der Aufklärung*(1944)일 것이다.

53 비슷한 맥락에서 같은 장에 등장하는 '너'는 시적 화자 스스로가 자아를 상대화하고 객관화하여 비판적으로 성찰해보기 위한 목적에서 동원된 '나'의 분신이다. 즉 이제까지 절대적 주체로 인식되었던 계몽적 자아가 그 절대적 지위에서 내려와 비판적 자기 성찰의 계기를 마련했다는 데 의미가 있다.

54 고명섭, 「파우스트의 욕망, 파우스트의 비극」, 『인물과사상』 제79호, 인물과사상사, 2004. 11., 219쪽.

터 아무 교훈도 깨닫지 못할 것이며, 따라서 아무 것도 창조할 수 없을 것이기 때문이다.

그런 점에서 비판적, 성찰적 이성을 갖춘 자아의 출현은 근대 이후 세계와 문명의 방향성을 가늠하기 위한 전초 작업에 해당된다. 그러나 과거의 잘못에 대한 반성과 비판만으로 새로운 시대를 열어 나아가기는 조금 부족해 보이는 것도 사실이다. 이 경우 위에 나타난 '나'로 대변되는 비판적 주체의 기능이 근대 초기 계몽적 주체의 끝없는 자아 확대에의 욕망을 반성하고 비판하는 데 모아졌다고 한다면, 다음 순간 그것은 미래 지향적인 새로운 주체로 거듭나지 않으면 안 된다. 그 주체는 특정 자아에 절대적인 권위를 부여하지 않는 주체, 타자에 대한 존중과 배려의 정신을 간직한 주체, 그리하여 서로가 서로를 주체로서 인정하는 주체[55]이다.

이와 함께 제7부인 〈쇠바퀴의 노래〉에 이르게 되면 또 한 가지 주요한 변화의 기류가 감지된다. 그것은 '나' 이외에 '우리'라는 새로운 주체, 새로운 공동체적인 사유가 등장한다는 점이다.

탄탄한대로(大路)가 희망(希望)처럼
저머언 지평선(地平線)에 뻗이면
우리도 사륜마차(四輪馬車)에 내일(來日)을실고

---

55 김상봉은 이런 주체의 성격을 '서로 주체성'이라는 색다른 개념으로 설명한다. 그에 따르면 이제까지 우리가 알던 주체의 개념은 우월감에 도취된 채 타자를 열등한 비교의 대상으로만 여기는 서구적인 연원의 주체이며, 그런 의미에서 그것은 '홀로 주체', 혹은 '나르시스적 주체'의 성격을 지닌다고 설명된다. 반면 그가 생각하는 서로 주체란, 주체는 결코 개별적, 고립적으로 존재할 수 없으며, 상호간의 지속적인 만남과 관계맺음을 통해서만 성립 가능하다는 것을 강조하기 위한 개념이다. 기존의 주체 개념에 대한 전면적인 반성과 수정을 요구하는 그의 이런 '서로 주체'('상호 주체'라는 용어로 바꾸어도 좋을 듯하다.)의 개념은 다소간 논란의 소지가 있긴 하지만 주체의 확대로서의 능동적인 공동체 창출에 긍정적으로 기여할 수 있다는 점에서 학계와 일반의 관심과 주목을 받은 바 있다.
이상 언급된 '서로 주체성'에 대한 자세한 설명은 김상봉, 『서로 주체성의 이념』, 길, 2007 참조.

유량한말밥굽소리를 울리면서
처음맞는 새길을 떠나갈게다.
…… (중략) ……
벗 아-
태양(太陽)처럼 우리는 사나웁고
태양(太陽)처럼 제빛속에 그늘을 감추고
태양(太陽)처럼 슲음을 삼켜버리자.
태양(太陽)처럼 어둠을 살워버리자.

— 제7부 〈쇠바퀴의 노래〉 부분

김기림은 개인과 개인, 집단과 집단 사이의 분열을 넘어 희망찬 새 시대와 새로운 문명을 열어나가기 위해서는 무엇보다도 우리 모두가 '벗'이 되어 서로를 위하고 돕는 주체로서 참여하고 연대하는 공동체적인 인식의 회복이 우선이라고 생각했다. 위에 보이는 '우리'는 그런 공동체의 조화와 연대 의식에 대한 김기림의 강한 열망을 담은 시어이다.

흥미로운 점은 「파우스트」의 후반부에도 이러한 공동체적인 감각이 발현되고 있다는 사실이다.

지혜의 마지막 결론은 이렇다.
자유도 생명도 날마다 싸워 얻어야 하는 자만이,
그것을 누릴 자격이 있는 것이다.
위험에 둘러싸여 이렇게
아이, 어른, 노인 모두가 값진 나날을 보낼 것이니.
이처럼 붐비는 사람들의 모습을 지켜보며 나는
자유로운 땅에서 자유로운 사람들과 함께 있고 싶도다.

—「파우스트」 2부 제11574-11580행

화자인 '나'(파우스트-인용자)는 절대적인 지위로 자신을 격상시키는 대신 타자와 동렬에 놓는다. 그러면서 그들과 함께 '자유'와 '생명'이라는 가치를 누리고자 한다.[56] 눈여겨봐야할 것은 그런 가치들이 저절로 주어지는 것이 아니라는 점이다. 그것은 어디까지나 '날마다 싸워 얻어야 하는' 것으로, 그런 싸움에 동참하는 자만이 '그것을 누릴 자격'이 있다. 파우스트가 꿈꾸었던 미래의 유토피아의 주체는 이처럼 주어진 현실 앞에 좌절하지 않고 그것을 딛고 일어서려는 강한 의지와 열망으로 뭉친 자들에 의해 이루어진 공동체적인 주체이다. 요컨대 공동체의 유토피아적 완전성은 주어진 것이 아니라 끊임없이 투쟁하며 만들어나가야 한다는 것, 그리고 바로 이런 완전한 공동체를 창조하려는 노력은 실천적인 또 다른 '행동'을 통해 입증되어야 한다는 것[57]이 이 구절에서 그가 강조하는 바이다.

공동체적인 유대감에 기반한 이러한 또 다른 '행동'은 근대의 실패를 초래했던 절대화된 계몽적 자아의 맹목적인 '행동'과는 분명 다르다. 그리고 그것은 앞서 우리가 살펴보았던, 근대라는 파선된 배를 뒤로 한 채 망연자실하던 '사공(파우스트)'의 의문에 대한 괴테의 답이기도 하다. 어떻게 행동해야 할지를 몰라 어슬렁거리던 그(사공)는 끝내 그 해답을 찾지 못했지만, 김기림은 명민하게도 괴테의 숨은 가르침을 좇아 공동체적인 사유에 입각한 공동의 목표, 공동의 참여에 의해 추구되는 행동만이 그것에 대한 실질적인 답이 될 수 있음[58]을 일찌감치 간파했던 것이다.

---

56 토머스 메춰의 경우 이 부분에 대해 '나' Ich의 자리에 '우리' wir가 들어선 것이라고 해석하면서, 공동체를 지향하는 마지막 부분의 파우스트와 이전의 파우스트를 구분한다. Thomas Metscher, 'Faust u. die Ökonomie. Ein literaturhistorischer Essay', *Das Argument. Sonderband* 3, 1976, S. 121(김수용, 앞의 책, 254쪽에서 재인용).

57 김수용, 앞의 책, 241쪽.

58 파우스트가 남긴 이 마지막 독백에 대한 해석은 연구자들에 따라 긍정적인 평가와 부정적인 평가로 엇갈리는 것이 사실이다(이 독백 부분에 대한 다양한 평가와 해석들을 간추려 소개한 내용으로는 위의 책, 236-251쪽 참조). 부정적인 평가의 대부분은 이 독백의 내용이 죽음을 앞둔 파우스트의 망상에 불과한 것이며 그 내용 또한 환각에 가까운 것이

나의생활(生活)은 나의장미(薔薇).
어디서 시작한줄도
언제 끝날줄도 모르는나는
꺼질줄이없이 불타는태양(太陽).
대지(大地)의 뿌리에서 지열(地熱)을마시고
떨치고 이러날 나는불사조(不死鳥).

예지(叡智)의날개를 등에붙인 나의날음은
태양(太陽)처럼 우주(宇宙)를 덮을게다.
아름다운행동(行動)에서 빛처럼 스스로
피여나는 법칙(法則)에 인도(引導)되여
나의날음은 즐거운궤도(軌道)우에
끝없이 달리는 쇠바퀴ㄹ게다.

— 제7부 〈쇠바퀴의 노래〉 부분

위 인용문에 등장한 시적 화자 '나'의 모습은 근대의 좌절과 실패 속에서 심한 절망감에 사로잡혀 넋을 놓고 있는 자아의 모습과는 거리가 멀다. 여기서의 자아는 그런 어두운 과거의 흔적들을 미련 없이 훌훌 털어버리고 활기찬 미래를 향해 새로운 각오를 다지며 용솟음치면서 비상하고자 하는 의지적 자아이다. 동시에 미래에 대한 낙관적인 전망 앞에 모든 것들을 새롭게 개척하고 건설하고자 하는 창조적 자아이다. 비록 그 자아는 '나'라는 단수 형태로 제시되어 있지만, 이제까지의 논의에서도 알 수 있듯이 그런 '나'의 내면에는 이미 주변 '벗'들과의 만남을 통해 재탄생하는 공동체적인 주체의 개념이 자

라고 평가 절하한다. 그러나 비록 자신이 처한 현실과는 동떨어진 내용이긴 하나 이를 단순 환각으로만 받아들이려는 해석은 지나치다는 게 필자의 판단이다.

리 잡고 있음을 직감하게 된다.

근대의 좌절을 딛고 일어서려는 의지와 노력으로서의 행동, 공동체적인 가치 질서를 함양하고 공동의 참여를 통해 완성으로 나아가고자 하는 행동, 그리하여 마침내 새로운 문명과 문화 창조로 이어지는 행동은 이 경우 김기림에 의해 '아름다운행동'으로 규정된다. 되풀이 강조하지만 이런 종류의 행동은 특정 주체만의 일방적인 결단과 강요에 의해 이루어지지는 않는다. 지속적인 협의를 통해 이루어지는 공동체 구성원 모두의 자발적인 참여와 서로가 서로를 위하는 존중과 배려의 태도, 그리고 그것에 참여한 모든 이들의 철저한 주인 정신이 보장될 때 추진되고 실천되는 것이다. 그리고 그때 비로소 그 행동은 탄력을 받아 강력한 창조의 힘을 발휘하게 될 것이다.

미래의 유토피아를 향한 이런 힘찬 발걸음을 김기림은 '쇠바퀴'라는 상징적 어휘에 담아 표현해보려 시도했다. 그런 점에서 그가 말하는 '끝없이 달리는 쇠바퀴'란 근대의 좌절과 실패를 딛고 일어서려는 구성원들의 의지와 각오, 새로운 문명 창조를 위한 그들의 열망을 간직한 구절로 풀이된다. 동시에 그런 유토피아적 공동체를 향한 강한 비전과 열망이야말로 괴테가 남긴 걸작 「파우스트」에게서 김기림이 계승하여 발전시키고자 한 소중한 정신적 유산임을 알게 된다.[59]

59 이 점과 관련하여 우리는 여기서 재차 김기림이 엘리어트의 「황무지」를 비판한 대목, 즉 "우리는 일찍이 20세기의 신화를 쓰려고 한 「황무지」의 시인이 겨우 정신적 화전민의 신화를 써놓고는 그만 구주의 초토 위에 무모하게도 중세기의 신화를 재건하려고 한 전철을 똑바로 보아 두었을 것이다."라고 한 문장의 의미를 괴테의 「파우스트」의 마지막 부분과 비교해서 다시 한 번 되짚어봐야 할 것이다. 괴테가 「파우스트」의 마지막 부분에서 제시한 그러한 유토피아적인 전망과 비전이 '인간이 감히 살려고 엄두도 내지 못했던 불모의 황무지에서 창조되었던 것'(마샬 버만, 『현대성의 경험』, 윤호병 · 이만식 역, 현대미학사, 1994, 74쪽.)임을 감안한다면, 김기림이 「황무지」에 대한 그의 불만을 「파우스트」적인 시각을 통해 어떻게 해소해나가려 했는지가 선명하게 잡히기 때문이다.

5. 유토피아를 향한 인간의 포기할 수 없는 꿈과 의지

앞서 필자는 「기상도」 집필 당시 김기림에게 엘리어트의 「황무지」는 참조의 대상인 동시에 극복의 대상이었다는 점을 지적한 바 있다. 「황무지」에 대한 김기림의 불만은 주로 문명을 대하는 태도 면에서 '병든 시대의 징후를 미시적에 가까울 정도로 세밀하게 진단'[60]한 데 머물렀다는 데 모아진다. 다시 말해서 '진단'만 있고 거기에 대한 적절한 '처방'은 없다는 것, 나아가 미래사회를 향한 뚜렷한 해법이나 비전을 제시하지 못했다는 것이 불만의 주된 요인이다.

「황무지」에 대한 그의 평가가 과연 얼마나 타당한 것인가는 논란거리긴 하지만, 어쨌든 그가 이런 평가를 내렸다는 사실 만큼은 분명하다. 그렇다면 불만을 피력하는 자리에서 그는 근대문명에 대한 어떤 처방과 그 이후 미래사회에 대한 어떤 계획을 염두에 두었던 것일까. 필자는 이 과정에서 그가 괴테의 「파우스트」를 유력한 참고 자료로 활용했을 가능성에 대해 주목해보았다. 그리하여 「기상도」에 나타난 주제와 문제의식을 「파우스트」의 경우와 비교해가며 해명해보려 하였다.

실제로 「기상도」의 주제와 구성에 미친 「파우스트」의 영향력은 「황무지」에 필적하는 수준이라고 판단된다. 더 나아가 「파우스트」는 김기림에게 「황무지」의 빈틈을 메워줄 주요한 안내서 구실을 하였다. 거기에는 김기림이 「황무지」에서 느꼈던 불만이라든가 불편함을 넉넉하게 감싸 안으며 이를 상쇄시켜줄만한 내용들이 담겨 있다. 보다 직설적으로 말한다면, 「기상도」를 구상할 당시 떠올렸던 문제의식들과 그에 대한 해법 등을 앞장서 선취하는 여러 다양한 내용들이 포함되어 있었던 것이다.

물론 그렇다고 해서 「기상도」 발표 당시부터 「파우스트」에 대한 김기림

60 김기림, 「T. S. 에리엇의 시: 노-벨 문학상 수상을 계기로」, ≪자유신문≫, 1948. 11. 7.

의 이해가 완성된 형태였다고 주장하는 것은 아니다. 상당한 수준임에는 분명하지만, 「파우스트」와 같은 대작의 면면들을 속속들이 이해할 정도의 높은 경지에 올라 있었다고 단언할 수는 없다. 그럼에도 불구하고 그는 근대문명의 본질과 속성을 비판적인 각도에서 꿰뚫고 있는 「파우스트」의 주제에 대해 거의 정확하게 인지하고 있었으며, 아울러 미래에 대한 유토피아적인 비전을 제시한 괴테의 사상에 대해서도 상당 부분 공감하고 있었던 듯하다. 그리고 그러한 이해를 「기상도」 제작 및 개작 과정에 적극 활용하였던 것이다.

파국을 맞은 근대라는 망망대해 앞에 어찌 행동할 바를 알지 못한 채 방황하던 '사공(파우스트)'의 모습으로부터 새로운 시대와 문명을 개척해나가기 위해 '아름다운 행동'을 실행에 옮기는 미래의 공동체적인 주체 출현에 대한 예감에 이르기까지, 「파우스트」의 영향력은 주제나 사상 면에서 「기상도」의 곳곳에서 발견된다. 인간은 한계를 지닌 존재이며 그에 의해 창조된 문명 또한 근본적으로 불완전할 수밖에 없지만, 그리하여 그 문명이 마침내 파국의 사태에 이르는 것을 원천적으로 막을 방법은 없지만, 그럼에도 불구하고 그가 끝까지 믿었던 것은 인간은 결국 그런 처절한 실패의 아픔을 딛고 '불사조'(제7부 〈쇠바퀴의 노래〉)처럼 다시 일어나 새로운 문명사회의 건설을 위해 매진할 것이라는 사실이다.

이러한 영향 관계의 이면에는 인간에 대한 근원적인 신뢰가 가로놓여 있다. 즉 괴테와 김기림, 이들 양자는 인간 존재 자체에 대한 근원적인 애정과 신뢰의 눈길을 거두지 않았다. 그러므로 「기상도」는 단순히 근대문명에 대한 비판에만 그친 작품이 아니다. 그것은 불완전한 인간이 자신의 본질적인 한계를 깨닫지 못한 채 저질렀던 그간의 과오를 인정하고 진정으로 참회할 때 새로운 문명사회의 싹이 돋아날 것임을, 그리고 그러한 도정에서 모든 인류가 갈등과 반목의 시기를 넘어 공동체 정신의 깃발 아래 함께 뭉칠 때 비로소 참된 유토피아적 구원의 가능성이 우리 앞에 주어지게 될 것임을 널리 알리기 위한 선언문이자 미래 세대를 위한 지침서이다.

유토피아를 향한 이러한 인간의 물러설 수 없는 꿈과 의지는 김기림이 애초 「기상도」를 구상하고 집필하게 된 주된 동기 가운데 하나다. 그리고 바로 이 점이, 그가 괴테의 걸작 「파우스트」를 주요하게 참조하였던 근본적인 이유이기도 하다.

3장

「기상도」에 나타난 제국주의 비판과 근대문명의 말기적 혼란상

1. 「기상도」의 문명비판과 현실인식

흔히 「기상도」는 근대문명비판이라는 관점에서 이해되어 왔다. 그 근저에는 근대 이후 서구 세력이 비서구 지역, 특히 동아시아에 진출하는 과정에서 빚어진 문명의 혼란상과 위기 위식, 그리고 그로 인해 파생된 갖가지 당대 사회의 모순과 폐해들에 대한 부정적인 인식이 자리 잡고 있다. 더불어 이러한 이해는 문명비판적 태도를 강조한 영미 모더니즘의 특정 흐름과도 일맥상통하는 것으로 간주되기도 했다.

필자 역시 이러한 기존의 해석에 대체로 동의하는 편이다. 그와 동시에 한편으로 텍스트 해석의 방향이나 심도 면에 있어 다소 아쉬움을 느끼는 것도 사실이다. 이때의 아쉬움이란 이제까지 이 작품에 대한 연구가 주로 문학 내부의 특성들, 즉 수사나 기법적인 측면에 집중되어 왔던 저간의 사정과 관계가 있다. 기존의 연구에서 풍자나 알레고리, 몽타주[1], 모자이크[2] 등의 기법이 「기상도」의 양식적 구성의 해명에 중요하게 다루어져 왔던 데는 그럴만한 이유가 있다. 더불어 그것의 수행 과정에서 적지 않은 성과가 있었던 것도 충분히 인정해줄 필요가 있다. 혼란스럽고 파편화된 근대문명의 제반 요소들을 두루 포괄하기 위해서는, 그리고 그것들을 비판적으로 조망하기 위해서는 그런 양식이나 기법의 도입 및 구성이 필요했을 것이며, 따라서 그에 대한 연구도 당연히 이루어져야 한다.

그러나 분명한 사실은 작품에 대한 이해가 어느 일 방향으로만 치우쳐 전개되는 것은 어떤 경우에도 바람직스러워 보이지 못하다는 점이다. 제아무리 수사적인, 혹은 기법적인 차원에서 특색 있고 파격적인 시도를 했다 할지라도 그것은 작품이 안고 있는 특성 중 일면에 불과하다. 그런 특성만으로

---

1 이상의 기법 활용에 대해서는 이미순, 『김기림의 시론과 수사학』, 푸른사상, 2007 참조.

2 김예리, 「모자이크의 시적 기술과 김기림 시학의 매체성」, 『이미지의 정치학과 모더니즘 – 김기림의 예술론』, 소명출판, 2013 참조.

문명비판이라는 본래의 의도가 성공적으로 달성되었다고 보기는 힘들다. 문명비판이라고 했을 때, 이는 수사나 기법이기 앞서 시인 자신의 현실인식과 관련된 내용이나 주제적 측면과 연관된 문제기 때문이다. 다시 말해서 여기서 더욱 중요한 것은 굳이 이런 수사와 기법을 동원하지 않을 수 없게끔 만든 상황적 요인과 그 저변에 놓인 당대 현실에 대한 철저한 이해다. 이로 볼 때 앞서의 논의들이 지니는 한계는 뚜렷하다. 「기상도」를 둘러싼 이제까지의 논의들이 다소 피상적이라는 인상을 전달해준 데에는 이처럼 내용, 즉 현실과의 관계에서 마땅히 기울여야 했던 주의와 노력들을 상대적으로 등한시했던 데 원인이 있다.

앞서 필자는 「기상도」에 등장하는 '태풍'의 의미를 다가올 세계대전(제2차 세계대전)에 대한 예감과 연관시켜 해석해본 바 있다.[3] 그런데 이때의 태풍, 즉 세계대전은 단순히 파괴적인 속성만을 지니지는 않는다. 그것은 기존의 모든 것들을 일소해버린다는 점에서 '정화'의 기능까지 담당하고 있는 것으로 생각된다. 그리고 바로 이 점에 '태풍'의 진정한 의의가 있다고 보았다.

그렇다면 이제 남은 문제는 이러한 극단적인 방식을 통해서 일소되고 정화되어야 할 것들은 과연 무엇인지, 또한 그것들은 왜 필히 일소되지 않으면 안 되는지를 심층적으로 추적하여 규명하는 일이다. 내용 면에서 본다면 이는 흔히 모더니즘 문학론에서 강조하는 원론적인 차원에서의 문명비판보다도 훨씬 직접적이고 현실적인 문제의식들을 담고 있는 것으로 판단된다. 이 글은 「기상도」에 나타난 그런 요소들을 좀 더 면밀하게 추적하고 정리해보기 위한 한 시도로써 작성된 것이다. 구체적으로 「기상도」의 제4부 〈자최〉에 제시된 여러 양상들에 대해 현실과의 관련 속에서 이를 보다 면밀하게 추적, 조사하여 정리하는 것을 목표로 한다.

3 본서 1장 참조.

2. 지리적 공간 배경에 대한 추정 및 이해

비평가 김동석이 「기상도」의 주제를 '제국주의 비판'으로 규정한 이래로[4], 그간 이러한 측면을 다룬 논의들은 우리 주변에서 간간이 이어져왔다. 당시가 아직 제국주의 시대였던 만큼, 항상 시대의 흐름에 민감하게 반응했던 김기림이 이러한 현실을 토대로 시작(詩作)에 임한 것은 어찌 보면 당연한 결과다. 그러나 냉정하게 말해서 이제까지 「기상도」에 나타난 제국주의의 제 양상들에 대한 논의는 일반론의 범주를 크게 벗어나지 못한다. 요컨대 김기림이 이 작품에서 구체적으로 제국주의의 어떤 모순을 어떤 시각과 배경에서 비판했는지에 대해서는 아직까지 진지하게 검토된 바가 없다.

서구 세력의 동양 진출에 따른 사회적 혼란과 위기의식 등이 작품 내에 전면화되어 있다고 했을 때, 이는 크게 보아 어느 특정 지역만의 문제가 아닌 동양 전체에 해당되는 문제일 것이다. 그렇다고 하더라도 그런 모순과 폐해가 유달리 집중되었던 곳, 그리하여 당대 조선 지식인들의 이목을 끌었던 곳은 있게 마련이다. 김기림은 이렇듯 제국주의적 모순의 특수성이 집중된 곳에 주목했다. 그리고 이를 「기상도」의 주 무대로 설정했다. 그 곳이 어딘지는 텍스트 상으로 대략적인 유추가 가능하다. 그걸 알 수 있게 해주는 단서들이 군데군데 제시되어 있기 때문이다. 그 곳은 다름 아닌 중국이다. 범위를 조금 좁혀서 본다면 중국 가운데서도 태풍의 피해를 직접적으로 받게 되는 황하 이남[5]의 태평양 연안 지역 도시로 설정되어 있다.

그런데 여기서 고려되어야 할 사항은 연안 지역이라고 해서 사정이 다

---

4 김동석, 「금단의 과실 – 김기림론」, 『신문학』 3호, 1946. 8(김동석, 『예술과 생활』, 박문출판사, 1947, 43쪽에서 재인용).
단, 이러한 그의 이해가 「기상도」 전체의 주제와 그 속에 가로놓인 시인 김기림의 의도를 정확하게 반영한 것인지에 대해서는 논란의 소지가 있다.

5 〈자최〉의 끝 부분에 '오만(傲慢)한 도시(都市)를 함부로 뒤저놓고 / 태풍(颱風)은 휘파람을 높이불며 / 황하(黃河)의 강변(江邊)으로 비꼬며간다 ……'로 제시되어 있다.

같지는 않았다는 점이다. 각각의 도시가 처한 조건이나 환경이 천차만별이었기 때문이다. 이 점에 대해서는 김기림도 잘 알고 있었다. 그가 특별히 염두에 둔 곳은 그들 가운데서도 서구인의 출입이 빈번하며 근대화 및 도시화의 진전 속도가 빠른 곳이었다. 그리고 그와 함께 제국주의 세력의 침략에 따른 사회적 병폐와 부조리, 모순들이 극심하게 대두된 곳이었다.

당시 이런 지역들을 대표하는 곳이 '조계'다. 아편전쟁(1840~1842) 이후 물밀 듯 밀려드는 서구 세력들을 감당하기 힘들었던 청나라 정부는 주로 태평양 연안의 도시들을 조계라는 명목으로 이들에게 할양하였다. 이로부터 열강의 진출은 본격화되었고, 중국과의 무역에 있어 주도권을 차지하기 위한 이들 간의 경쟁 역시 치열해지게 되었다. 이 시절의 조계는 중국의 공권력이 미치지 못하는 사실상의 식민지였다. 조계 내에 거주하는 외국인들, 특히 서양인들은 치외법권적 특권을 누렸으며, 그런 가운데서 본토박이 중국인들은 조계의 관리 및 운영으로부터 철저하게 배제된 채 차별에 따른 수모를 감내해야 했다.[6]

조계의 이러한 태생적 모순을 적나라하게 드러낸 사안이 바로 상해의 외탄(外灘) 공원 입구에 걸린 '개와 중국인은 출입을 금한다(狗與華人不得入

---

6 이들 조계 가운데서도 가장 번성했고, 또한 가장 문제적인 도시를 들라면 아무래도 상해를 첫손에 꼽지 않을 수 없다. 그러므로 이 글에 인용된 조계의 특징적인 국면들에 대한 이해는 당시 상해에 설치되었던 조계에 대한 기록과 연구물들에 주로 빚지고 있음을 밝힌다.

그림 : 상해 조계 약도
이경손, 「상해 임정 시대의 자전」, 『신동아』 10호, 1965. 6., 동아일보사, 276쪽.

內)'[7]라는 악명 높은 팻말이다. 1916년 조계 내 행정을 책임지는 공부국에 의해 정식으로 내걸린 이래로, 이 팻말은 무려 10년 이상을 그 자리에 서서 본토 중국인들의 자존심을 사정없이 짓밟아놓았다. 이 팻말이 던지는 메시지는 분명했다. 중국 내에 있지만 이곳은 결코 중국이 아니며, 실질적인 주인은 따로 있다는 뜻이다.[8] 치외법권과 영사재판권의 보호 아래 조계 내에 거주하는 백인들은 당당히 주인으로 행세했다. 반면 어쩔 수 없이 땅을 내준 중국인들은 그 속에서 다만 피지배층으로서, 주인의 눈치를 보며 행동하는 하인으로서 살아가야 했다.

조계란 원래 그런 곳이다. 국제자본주의가 낳은 동서양의 혼혈아[9]라는 지적에 걸맞게 국적 불명의 첨단 유행과 퇴폐의 선두자리에 위치해 있는 곳이 조계였던 것이다. 그 곳에는 모든 것이 용광로처럼 뒤섞여 있었다. 그리하여 조계는 서구 자본주의가 생산해낸 각종 산물들의 총 집결지로, 중국 내 근대화의 선두를 달리는 곳인 동시에 제국주의 침략의 전초기지로서 그 역할을 톡톡히 해내게 된다.[10]

---

7 정확하게 말하자면 이 구절은 일반적으로 알려진 바와 같이 하나로 연결되어 있지는 않다. 1916년 게시된 5개조 공원 출입 규정에 따르면 제2조에 '개와 자전거는 들어올 수 없다'로, 제3조에 '백인의 시중을 드는 중국 고용인'을 제외한 '중국인은 들어올 수 없다'로 명시되어 있다. 어찌 되었건 서구인들 외에 일반적인 중국인들의 출입이 자유롭지 못했던 것만큼은 틀림없는 사실이다. 자기네 땅 한복판에 있는 지역을 마음대로 출입할 수 없었다는 점에서, 게시문이 담고 있는 내용은 대다수 중국인들에게 매우 모욕적인 것으로 받아들여졌다.
이 점에 대한 자세한 설명은 리어우판, 『상하이 모던』, 장돈천외 역, 고려대출판부, 2007, 74-75쪽 참조.

8 이러한 조계의 특수한 성격을 당시 사람들은 '국외지국(國外之國)'이라는 개념으로 정리하곤 했다.
김승욱, 「근대 상하이 도시 공간과 기억의 굴절」, 『중국근현대사연구』 41집, 중국근현대사학회, 2009. 3., 121쪽.

9 김소엽, 「봄 물결을 타고－요녕에서 상해까지」, 『신인문학』 2권 3호, 청조사, 1935. 4., 115쪽.

10 이병인, 「1930년대 상해의 상권과 지역 사회」, 배경한 편, 『20세기 초 상해인의 생활과 근대성』, 지식산업사, 2006, 165쪽.

대표적인 조계지인 상해의 경우[11]만하더라도 외형적으로는 1930년대에 이미 국제도시의 면모를 갖추어 '동양의 파리'라는 찬사를 듣기에 부족함이 없었다.[12] 서구의 여느 대도시들과 비교해보아도 뒤떨어지지 않는 기반 시설을 자랑하는 완벽한 메트로폴리스[13]였다. 세계 각국에서 밀려드는 자본과 인력들로 중심가는 늘 활기에 넘쳤고 하늘을 찌르는 마천루와 휘황찬란한 상품들로 가득 찬 쇼핑센터들이 즐비했다. 최첨단 설비를 갖춘 빌딩들의 숲 사이로 펼쳐진 유흥가와 도박장, 경마장, 댄스홀 등은 연일 밀려드는 인파로 문전성시를 이루었다. 지구상의 거의 모든 인종과 종교, 언어가 한데 뒤섞여 하나의 거대한 인류문화 전시장을 방불케 했다. 그 시절의 상해는 이처럼 동시대인들이 상상할 수 있는 모든 것들을 한데 모아 눈앞에 실제 펼쳐 보여주는 신천지이자 자본주의 물질문명이 낳은 온갖 자극적이고 화려한 요소들로 범벅이 된 별세계였다.[14]

그러나 그와 동시에 조계는 본토인 중국 정부의 실질적인 통치권밖에 위치해 있었기에, 자국에서라면 결코 용인되지 않았을 각종 불법과 탈법 행위가 무제한으로 버젓이 저질러졌다. 이러한 행위들은 자주 조계 당국과 공부국의 묵인 내지 방조 하에 조장되기도 했는데, 이는 조계가 범죄 조직이 활개를

11 이 시절 상해의 다양한 모습과 특성들을 개괄한 논의로는 이병인, 「'모던' 상해와 한국인이 본 상해의 '근대', 1920~1937」, 『중국사연구』 제85집, 중국사학회, 2013. 8 참조. 한편, 「기상도」에 나타난 조계의 주 무대를 상해로 특정하고, 이 시에 제시된 혼란상이 1932년 상해사변으로부터 비롯된 일련의 역사적 사건들에서 영감을 얻은 것일 수 있다는 주장은 김한성에 의해 제기된 바 있다. 김한성, 「김기림 문학 연구–비교문학적 관점을 중심으로」, 서울대대학원 박사논문, 2014. 2., 96쪽.

12 리어우판, 앞의 책, 31-32쪽.

13 이 점과 관련하여, 「기상도」의 마지막 제7장에 태풍의 피해를 입은 곳을 '메트로폴리스'로 표현한 점을 주목해볼 필요가 있다.

14 개항 이후 상해의 극적인 변모는 그대로 '중국 근대의 축소판'(이성현, 「중국 근대의 축소판, 상해」, 문정진 외, 『중국 근대의 풍경』, 그린비, 2008, 182-183쪽)이라 할만하다. 이러한 급격한 근대화의 도정에서 전통과 근대의 충돌은 불가피했으며, 그로 인한 중국인들의 의식상의 혼란 또한 한번은 반드시 지나쳐야 할 과정이었다.

치고 도피자들이 소리 소문 없이 은신하기에 좋은 여건을 제공해주었음을 뜻한다. 한편으로 이러한 조계의 존재는 그 주변을 둘러싼 '화계(華界)'의 처지와도 극명하게 대비되었다. 화계 지역에서는 대로변을 조금만 벗어나도 현지인들의 초라한 주거가 밀집된 지저분한 골목들, 빈민가들이 펼쳐졌다. 평범한 회사원의 봉급으로는 5인 가구의 한 달 생활비를 감당하기에도 벅찬 까닭에[15], 웬만한 일이 아니고서는 카페나 식당 출입 따위는 꿈도 꾸기 어려웠다. 대공황이 덮치자 이런 상황은 더욱 악화되었다. 근로 조건은 나날이 열악해져 갔고, 정상적인 생활로는 버틸 수 없는 지경이 되어버렸던 것이다. 이럴 때 가장이 실업의 상태로 떨어지게 되면 당장 생계조차 막막해지는 경우가 대부분이었다. 자연히 불법과 탈법, 편법에의 유혹이 자라날 수밖에 없는 환경이었다.

이 시기 김기림은 중국의 근대화가 몰고 온 이러한 파장과 문제점들을 정확하게 인지하고 있었다. 그리고 그 중심에 조계의 존재가 자리 잡고 있음 또한 간파하고 있었다. 조계와 조계 주변의 지역은 첨단과 낙후, 화려함과 퇴락함, 그리고 그것을 바라보는 이들의 동경어린 시선과 억압된 욕망이 교차하는 세계였다. 그리하여 그 곳은 대다수의 중국인들에게 '지옥인 동시에 천당'[16]이었다. 아니, 보다 직접적으로는 '지옥 위에 지어진 천당'[17]이었다. 그가 보기에 이와 같은 방식의 근대화는 결코 바람직스럽지 않았으며, 지속 가능해

---

15 리어우판, 앞의 책, 80쪽.

16 쉬따펑(徐大風)의 표현.
"上海是地狱, 同时是天堂。天堂是属于外国人的, 地狱是属于中国人的。所以上海是外国人的天堂, 是中国人的地狱。(상하이는 지옥이고, 동시에 천당이다. 천당은 외국인의 것이고 지옥은 중국인의 것이다. 그리하여 상하이는 외국인의 천당이고, 중국인의 지옥이다.)"
徐大風, 「上海的透視」, 吳健熙 · 田一平 編, 『上海生活 : 1937~1941』, 上海社會科學院出版社, 2006, 4쪽.

17 무쓰잉(穆時英)의 표현
"上海, 造在地狱上的天堂。(상하이, 지옥 위에 지어진 천당이여.)"
穆時英, 「上海的孤步舞」, 『公墓』, 現代書局, 1933, 214쪽.

보이지도 않았다. 겉보기에는 비록 번듯하고 호화로워 보일지 모르나 내부적으로는 언제 터질지 모르는 시한폭탄과도 같은 존재였기 때문이다.

「기상도」의 제4부 〈자취〉의 주된 배경이 되는 중국 내 도시는 바로 이런 조계다. 이 시에 나타난 갖가지 혼란상들 역시 주로 조계 내에서 벌어지는 불법적이고 탈법적인 사례들, 인종이나 계층 간의 불평등이나 모순들과 직간접적인 연관이 있다. 한때 이런 조계지가 연안 지역을 중심으로 중국 내에만 10여 곳 가량[18] 존재했다. 말하자면 이 시절의 중국은 이처럼 치외법권적 지위를 누렸던 조계의 존재와 그것을 교두보로 한 서구 열강의 침략 앞에 무방비로 노출된 반(半) 식민 상태였던 것이다.[19]

김기림은 이런 시대 상황을 통해 제국주의의 적나라한 본질과 그것을 기반으로 하는 서구 근대문명의 모순된 태도를 보았다. 그리고 이 내용을 어떤 식으로든 고발할 필요성을 느꼈다. 그에게 있어 문명비판이란 이처럼 현실과 직접적인 연관성을 지닌다. 다시 말해서 그가 「기상도」를 구상하게 된 근본 동기 및 배경에는 당대 현실에 대한 이러한 날카로운 인식과 그것에 바탕을 둔 문제의식들이 가로놓여 있음을 깊이 헤아릴 필요가 있다.

---

18 지역별로 분포된 조계지를 살펴보면 다음과 같다.
상하이(上海) – 영국, 미국(후에 영국과 병합하여 공동조계로 개편됨), 프랑스, 일본(비공식) / 톈진(天津) – 영국, 프랑스, 미국, 독일, 오스트리아, 벨기에, 러시아, 이탈리아, 일본 / 옌타이(煙台) – 공동조계 / 한커우(漢口) – 영국, 프랑스, 독일, 러시아, 일본 / 광저우(廣州) – 영국, 프랑스 / 전장(鎭江) – 영국 / 지우장(九江) – 영국 / 샤먼(厦門) – 영국, 공동조계 / 항저우(杭州) – 일본 / 쑤저우(蘇州) – 일본 / 충칭(重慶) – 일본 / 우후(蕪湖) – 공동조계.

19 홍콩이나 마카오도 형식상 조계지로 분류되긴 하지만, 조차에 따른 상징적인 비용마저 중국 정부에 지불하지 않았다는 점에서 조계지라기보다는 직할령, 즉 식민지에 가까웠다. 실제 본국에서 이 지역을 총괄하는 총독이 파견되었던 것이다. 상해를 비롯한 거의 대부분의 조계들이 1943년 이전까지 중국에 반환되었던 데 반해, 이들 지역은 각기 1997년(홍콩), 1999년(마카오) 반환되기까지 150년 이상 지속되었다.

3. 제국주의의 모순된 태도와 근대문명의 말기적 혼란상 비판

> 한개의 현대(現代)의 교향악(交響樂)을 계획(計劃)한다. 현대문명(現代文明)의 모-든 면(面)과 능각(稜角)은 여기서 발언(發言)의 권리(權利)와 기회(機會)를 거절(拒絶)당하는 일이 없을 것이다. 무모(無謀) 대신에 다만 그러한 관대(寬大)만을 준비(準備)하엿다.[20]

널리 인용되는, 「기상도」의 연재를 시작하는 첫머리에 등장하는 김기림의 말이다. 여기 제시된 '현대의 교향악'이라는 말, 그리고 '현대문명의 모-든 면과 능각'이라는 표현은 이 작품이 지니는 다채로운 구성과 기법에 대한 수사학적 연구 필요성의 준거점으로 자주 활용된 바 있다.

앞서도 밝혔듯이 이러한 접근법은 그 자체로 정당하며, 거기서 얻은 성과 또한 소중하게 갈무리되어야 한다. 그러나 만일 기법이나 수사가 아닌 내용의 측면에 초점을 맞춘다면 이러한 구절들은 또 어떻게 이해되어야 할까. 일단은 근대(현대), 혹은 근대문명(현대문명)이 지닌 천태만상의 요지경들을 남김없이 포괄하겠다는 의미로 해석하는 것이 옳을 듯하다. 중요한 것은 근대와 근대문명에는 밝고 긍정적인 면, 앞날에 대한 희망으로 가득 찬 면이 있는 반면에 어둡고 부정적인 측면 또한 함께 존재한다는 사실이다. 그런 점에서 위 인용문은 근대문명이 지닌 이질적인 여러 다양한 모습들을 부각시키는 한편, 그것이 몰고 온 명암과 크고 작은 파장들에 대해 제대로 주목해보겠다는 의미로 이해되어야 하지 않을까?

그런 인식에 근거하여, 이 장에서는 「기상도」의 제4부 〈자최〉에 나타난

---

20 김기림, 「기상도 · 1」, 『중앙』 3권 4호, 조선중앙일보사, 1935. 5., 416쪽의 〈서문〉에 해당되는 문구.

김기림의 시선과 그 뒤에 놓인 문제의식들이 현실적인 맥락과 어떻게 연결되는지를 살펴보도록 한다. 그리하여 텍스트 내에서 그의 '무모'한 도전이 어떤 형태로 전개되었는지, 그리고 그 구체적인 면면들은 과연 어떤 '관대'함에 근거했던 것인지를 본격적으로 추적해보도록 한다.

1) 몽환적 효과가 낳은 부작용: 동경과 억압이 교차하는 세계

서구에서는 일찍이 중국을 '잠자는 사자'에 비유했다. 유럽 대륙을 석권했던 나폴레옹조차가 중국이 잠에서 깨는 순간 천지가 요동칠 것을 경계했다고 한다. 그러나 아편전쟁과 청일전쟁에서 맥없이 물러나고서도 중국은 좀처럼 잠에서 깰 줄 몰랐다. 한때 천하를 호령했던, 그토록 넓은 국토와 풍부한 자원을 갖춘 나라가 이처럼 곯아떨어진 상황[21]은 이 지역에 진출하고자 하는 제국주의 세력들에게는 더할 나위 없이 좋은 기회였다. 그들은 내심 중국이 앞으로도 쭉 잠에서 깨어나지 않길 바랐던 것이다.

---

21 아편전쟁 이전(1820년경)만하더라도 당시 중국(청나라)은 전 세계 부(富)의 거의 1/3을 소유할 정도로 막강한 경제력을 지녔던 것으로 추정된다. 아편전쟁 이후인 1870년에도 청나라는 여전히 세계 최고의 부국이었으나, 국가 전체의 GDP는 거의 절반가량 축소된다. 그 결과 20세기 초에 이르러 새로운 강자로 부상한 미국에 뒤처지게 되며, 제1차 세계대전 이후에는 대부분의 서구 제국에 추월을 당하게 된다.

세계 주요국 실질 GDP 비율 비교

〈단위 : %〉

연도	중국	인도	영국	프랑스	독일	미국	일본	러시아
1600	29.0	22.4	1.8	4.7	3.8	0.2	2.9	3.5
1700	22.3	24.4	2.9	5.3	3.7	0.1	4.1	4.4
1820(아편전쟁 이전)	32.9	16.0	5.2	5.1	3.9	1.8	3.0	5.4
1870(아편전쟁 이후)	17.1	12.1	9.0	6.5	6.5	8.8	2.3	7.5
1913(1차대전 직전)	8.8	7.5	8.2	5.3	8.7	18.9	2.6	8.5
1950(2차대전 후)	4.5	4.2	6.5	4.1	5.0	27.3	3.0	9.6
2001	12.3	5.4	3.2	3.4	4.1	21.4	7.1	3.6

※ 출처 : 앵거스 매디슨 저 '경제통계로 보는 세계경제 2000년사'

도표 : 세계 주요국 실질 GDP 비율 연도별 비교표
조인직, 「협상 대신 전쟁! 난징조약은 근대판 FTA? – 산업혁명과 아편전쟁」, 『신동아』 665호, 동아일보사, 2015. 2., 252쪽에서 재인용.

『자려므나 자려므나
꽃속에누어서 별에게 안겨서-」
만국공원(萬國公園)의 『라우드 · 스피-커』는
『쁘람-쓰』처럼 매우슲읍니다.
꽃은커녕 별도 없는『벤취』에서는
꿈들이 바람에 흔들려 소스라처깨엇읍니다.
『하이칼라』한 『쌘드윗취』의 꿈.
탐욕(貪慾)한 『뻬-프스테잌』의 꿈
건방진 『햄 · 살라드』의 꿈.
비겁한 강낭죽의 꿈.
『나리사 내게는 꿈꾼죄밖에는 없읍니다.
식당(食堂)의 문전(門前)에는
천만에 천만에 간일이라곤 없읍니다』

— 제4부 〈자최〉 부분

위 인용문에서 '자려므나 자려므나'라고 주문을 외듯 반복한 것은 그런 그들의 기대와 욕망을 담고 있는 표현으로 이해해도 좋을 듯하다. 그들은 중국이, 나아가서는 동양 전체가 미성숙한 유아의 상태에 계속 머물러있기를 원했다. 그래야지만 중국이라는, 동양이라는 유아를 어르고 달래며 그들 마음대로 주무를 수 있기 때문이다.

이때의 유아는 아직 몽환적인 상태('꽃속에누어서 별에게 안겨서-')에서 잠에 취해 깨어날 줄 모른다. 서구 근대가 제공해주는 신비롭고 환상적인 분위기에 빠져 중국인들은 마치 천진난만한 유아들처럼 철없이 좋아라한다. 오랜 역사와 찬란한 문화적 전통을 지닌 한 나라가 자신들의 위대했던 과거의 모습은 까맣게 잊어버리고 마치 철없는 어린아이들처럼 이렇듯 단꿈에 젖어 남의 뒤꽁무니나 쫓아다니는 모습을 지켜본다는 것은 한편으로 서글픈 일이다. '만국공원(萬國公園)[22]의 『라우드 · 스피-커』는 / 『쁘람-쓰』처럼 매우슲음니다.'라는 구절에는 저간의 사정을 꿰뚫은 시인 김기림의 안타까운 시선이 머물러 있다.

그러나 잠은 언젠가 깨기 마련이다. 깨고 나서 현실로 되돌아왔을 때의 충격과 혼돈은 상상 이상으로 크다. '꽃은커녕 별도 없는『뻰취』에서는 / 꿈들이 바람에 흔들려 소스라처깨엇습니다.'라는 구절에서 김기림은 서구식 근대화가 가져온 이와 같은 몽혼적, 마취적 효과가 낳을 부작용들에 대해 미리 경계했다. 안팎의 주민들은 누구나 할 것 없이 조계 내에 거주하는 서양인들의 저택, 꽃이 만발하고 별이 흐르는('꽃속에누어서 별에게 안겨서-') 화원(花園)[23]에서의 안락한 생활을 꿈꾸었다. 그러나 현실적으로 그런 생활이 일반 서민들에게까지 허용될 리 없었다.[24] 엎친 데 덮친 격으로 대공황이 닥치자 상황은 더욱 심각해졌다. 상당수의 봉급생활자들, 노동자들은 직장에서 쫓겨나 공원 내의 벤치 등에서 노숙하며 지내야 하는 딱한 처지로 내몰린 것이다.[25]

화려한 서구식 생활에 대한 동경과 그렇지 못한 현실 사이의 간극을 김기림은 '『하이칼라』한 『쌘드윗취』의 꿈. / 탐욕(貪慾)한 『삐-프스테잌』의 꿈 / 건방진 『햄 · 살라드』의 꿈.'과 '비겹한 강낭죽의 꿈.'의 대비를 통해 비유한

22 조계 내에 조성된 서양식 공원을 원래의 정식 명칭, 고유 명칭 대신 흔히 '만국공원'이라는 별칭으로 불리게 된 것은 한국과 중국, 일본이 동일하다. 난징조약(1842)에 따른 개항 이후, 중국 내의 조계 등을 중심으로 상해와 산동성 청도, 강서성 여산, 호북성 무한 등에 외국인을 위한 공원이 조성되었으며, 이를 현지인들이 편의상 만국공원이라고 부른 것이 시초인 듯하다(조우성, 「만국의 부활」, ≪인천일보≫, 2007. 6. 19. 참조.).
이 경우 '만국'이란 동양적인 시각에서의 '세계 모든 나라', 혹은 '국제'라는 의미를 지닌다. 또한 '만국공법'에서 보듯, 이러한 용어는 일종의 보편성, 즉 서구적인 판단 기준에 입각한 근대 보편주의의 의미로 해석되기도 한다.

23 당시 조계 내 서양인들의 주거 지역 내에 건설된 정원이 딸린 서구식 저택을 '화원'이라 불렀다. 이들 '화원'은 조계 내 주택가인 남경로와 회해로 일대에 집중되어 있었다.
김희곤, 「19세기말~20세기 전반, 한국인의 눈으로 본 상해」, 『지방사와지방문화』 9권 1호, 역사문화학회, 2006. 5., 271-272쪽.

24 "아빠, 우리도 상해인이 될 수 있는 거지!" "그래...."

다. 문자 그대로 그런 생활, 그런 음식은 노숙인들에게 그림의 떡이나 마찬가지였다. 대공황 이후로는 그런 막연한 꿈마저도 언감생심 바랄 바가 못 되었던 것이다. 그러나 한번 맛본 달콤함은 쉽사리 머릿속에서 지워지질 않는다. 동경과 억압 사이, 이 둘 사이를 흐르는 내면의 묘한 긴장감은 시일이 지나고 나서도 점점 더 확대된다.

이러한 구도를 통해 김기림은 자본주의적 근대화가 몰고 온 변화가 애초의 기대나 예상과는 달리 왜곡된 결과를 가져왔음을 지적하려한 듯이 보인다. 서양인들과 소수의 자본가, 고용주들은 근대 자본주의라는 시스템 속에서 새로운 계층을 형성하며 지배자로, 주인[26]으로 군림했다. 대다수를 차지하는 동

娇儿口中言，慈父眼上泪。（飘然作）

사진 : 상해 조계에서의 화려한 서구식 생활방식을 동경하는 철없는 아이의 칭얼거리는 소리와 이를 듣는 아버지의 난감한 모습을 담은 당시의 풍자화(퍄오란(飄然) 작). 吳健熙 · 田一平 編, 앞의 책, 32쪽에서 재인용.

25 조계 내의 공원에 중국인의 출입을 금한다는 앞서의 조칙은 장개석 휘하의 국민당 군이 북벌에 성공(1927)한 이후인 1928년, 조계 공부국의 결정에 따라 공식적으로 폐지되었다(이상에 대한 자세한 설명은 최낙민, 「'동양의 런던', 근대 해항도시 상해의 도시 이미지 – 공공 조계를 중심으로」, 『동북아문화연구』 38호, 동북아시아문화학회, 2014. 3., 302쪽 참조).
따라서 김기림이 「기상도」를 발표한 1935년 무렵에는 중국인들 역시 자유롭게 조계 내의 공원에 출입할 수 있었다. 문제는 대공황이 도래하자 이들 공원이 길거리의 부랑자와 노숙인들의 차지가 되어버린 점에 있다.

26 「기상도」에서 김기림은 서구식 근대화가 낳은 이러한 새로운 지배 계층을 '나리'(제4부 〈자최〉), 혹은 '마님'(제2부 〈시민 행렬〉)이라고 비꼬듯 표현하고 있다.

양인과 노동자, 피고용인들은 다만 그들의 눈치를 보며 지시와 명령에 복종해야 하는 피지배층으로 자리매김될 뿐이다. 그들이 가진 지위를 인정하고, 그들이 누리는 권력과 그들 가족의 화려한 생활을 동경하며, 그렇지 못한 자신의 궁핍한 신세를 한탄하는 수밖에 없었다.[27]

'『나리사 내게는 꿈꾼죄밖에는 없습니다. / 식당(食堂)의 문전(門前)에는 / 천만에 천만에 간일이라곤 없읍니다』'라는 말 속에는 그런 의미가 잠재되어 있다. 그들에게 허용되는 것은 주인을 받드는 충실한 하인으로, 사회의 하층민으로 주인이 시키면 시키는 대로 묵묵히 따르는 것뿐이다.[28] 조계를 중심으로 한 근대화와 사회 발전, 그 외면적 화려함 이면에는 이처럼 새롭게 대두된 자본주의적 계층 질서와, 그로 인해 고착화된 지배와 피지배 구조가 자리 잡고 있었던 것이다.

2) 지배자의 언어와 폭로된 양면성

근대화의 과정에서 서구는 자신 이외의 지역들을 철저하게 타자화하면서 스스로의 영역을 확장해나갔다. 때론 무력으로, 때론 회유와 협박을 동원하여 타자를 지배하고 정복했다. 그리고 그렇게 해서 지배하게 된 타자에게 자신이 만든 이데올로기와 가치관들을 끊임없이 주입했다.

이때 주입되었던 것들은 대부분 노예의 도덕이었다. 그런 질서와 규칙들은 표면적으로 공명정대하고 가치중립적인 듯한 착각을 불러일으키지만, 냉

---

27 조계 설치 이후 상해의 지역별 공간 분화와 계층 분화에 대해서는 이병인, 『근대 상해의 민간단체와 국가』, 창비, 2006, 45-51쪽 참조.

28 이러한 당시 조계 내 일반 서민들의 생활에 대해 리어우판은 '유럽의 식민 시스템이 갖춰져 있는 도시 속에서 굽실거리는 신민처럼' 생활해야 했다고 기술한다. 리어우판, 앞의 책, 486쪽.

철하게 따져 보면 원천적으로 불평등하고 불공정하게 설계된 것들이 대부분이었다. 강자의 시각과 기준에 맞추어 약자인 타자에게 일방적으로 강요됨으로써, 지배 관계의 정당화를 뒷받침하는 데 주로 이용되었다.[29] 김기림은 제국주의가 갖는 이런 이중성, 이런 양면성에 대해 잘 알고 있었다. 그리고 그러한 행태를 고발하고자 했다.

> 혹은 아모러치도 아니한 『이늠』소리와 바꾼 증권(證券)들우에서
> 붉은 수염이 쓰게 웃엇다.

29 불평등조약으로 인한 문호 개방 과정에서 강자의 논리가 약자인 타자에게 전달되는 과정은 굴절된 무의식적 내면화의 양상을 띠게 된다. 이 점에 대해서는 이른바 '만국공법'이라는 명칭으로 통용되며 조약 당사국들 간의 불평등과 종속적 관계의 문제점을 교묘히 은폐하게 만든 근대적 식민주의(제국주의)의 모순을 지적한 고모리 요이치의 논의에 주목할 필요가 있다. 여기서 고모리는 이러한 내용들이 동양 각국의 지식인과 지도자들에게 '식민지적 무의식'을 스스로 자기 내면화하는 방식으로 다가왔음을 지적하며 그 폐해에 대해 지적한다.
고모리 요이치, 『포스트 콜로니얼 – 식민지적 무의식과 식민주의적 의식』, 송태욱 역, 삼인, 2002, 17-63쪽 참조.

사진 : 헨리 휘턴의 『국제법 원리』의 중국어 번역본 『만국공법』의 표지. U. C. Berkeley 동아시아 도서관 소장. 리디아 류, 『충돌하는 제국』, 차태근 역, 글항아리, 2016, 201쪽에서 재인용.
한편, 조연정은 앞서 지적한 '식민지적 무의식'과 관련하여, 「기상도」의 제2부 〈시민행렬〉에 등장하는 '필경(畢竟) 양복(洋服)입는법(法)을 배워낸 송미령(宋美齡)여사(女史).'라는 구절을 피식민자의 (식민지배자들에 대한) 동일화 욕망이 빚어낸 무의식적 행동 양태로 이해하고, 이를 대하는 시인의 조소어린 시선이 강조되어 있는 표현으로 해석한다.
조연정, 「1930년대 문학에 나타난 '숭고'에 관한 연구 – 주체의 '윤리'를 중심으로」, 서울대대학원 박사논문, 2008, 183쪽.

(『워싱톤』은 가르치기를『정직(正直)하여라』)

— 제4부 〈자최〉 부분

『녹크도 없는 손님은 누구냐?』

『…………』

『대답이없는 놈은 누구냐?』

『……………………』

『예의(禮儀)는 지켜야 할것이다』

— 제4부 〈자최〉 부분

정직과 예의는 물론 중요하다. 그것을 강조하는 것 또한 너무도 당연한 일이다. 그러나 인용 부분에서 우리가 눈여겨보아야 할 점은 따로 있다. 그것은 사뭇 고압적인 명령조의 말투다. 마치 겁먹은 어린 학생을 다그치듯이 도도하고 위압적인 어조로 '정직'과 '예의'를 강요하고 있다. 그런데 그런 강요의 목소리는 어딘지 그 자신의 정직이나 예의와는 거리가 멀어 보인다.

자신의 잘못을 정직하게 아버지 앞에 고했다는 건국의 아버지 워싱턴의 일화는 미국인이라면 다 아는 이야기다. 그러나 당시 중국에 진출했던 서구 열강들이 과연 이처럼 정직하게 말하고 행동했는지는 의문이다. 아편전쟁[30]

30 사진 : 제1, 2차 아편 전쟁 당시 영국군의 진군도.

을 일으킨 경위부터가 양심이나 정직과는 거리가 멀었다. 자신의 잘못을 솔직하게 인정하고 사과하기는커녕 이를 빌미로 남의 나라를 쑥대밭으로 만들어 놓고서도 적반하장 식으로 큰소리치며 뻔뻔하게 배상금까지 요구했다. 그러고 나서는 스스로는 '아모러치도 아니한' 듯이 안하무인처럼 행동했다.[31]

'예의' 또한 마찬가지다. 이들이 동양에 진출하게 된 계기는 제국주의적 목표를 달성하기 위한 욕망에서 비롯되었다. 말하자면 철저하게 상대방의 의사와는 상관없이 이루어진 사건이었다. 이 과정에서 '노크' 따위는 처음부터 있지도 않았다. 함포와 총칼을 앞세워 위협하며 문호 개방을 강제적으로 요구했다. 그리고는 굴욕적인 조건들을 담은 조약문이란 것을 들이밀며 받아들일 것을 일방적으로 강요했다. 요컨대 애초부터 상호 이해와 신뢰에 바탕을 둔 정상적인 교섭과는 거리가 멀었던 것이다.

내세울 명분도, 그렇다고 스스로는 지킬 의지도 없는 규범을 타인에게만 도발적으로 강요하는 어투 — 그것은 분명 힘으로 밀어붙이고 권위로 찍어 누르려는 자의 행태다. 그러니 표면적으로는 맞는 말 같지만 하나하나 따지고 본다면 이는 향후 자신의 우월적 지위와 권한, 그리고 그에 따른 이득을 좀 더 효율적으로 공고히 하기 위한 허울 좋은 수단에 불과하다.

지식의 세계 또한 왜곡되어 있긴 마찬가지였다. 근대는 서양의 학문과 지식이 대량으로 동양에 수입되기 시작한 시기이기도 했다. 이렇게 해서 유입된 서구의 지식과 학문, 그리고 그와 관련된 제도들은 분명 새로운 시대를 여는 데 도움을 주었다. 이처럼 그것은 상당한 장점을 지니고 있긴 했지만,

---

http://study.zum.com/book/12725

31 이러한 해석과 함께, '아모러치도 아니한 『이늠』소리와 바꾼 증권(證券)들'이라는 구절에서 당시 조선을 비롯한 동아시아 각국에서 심심치 않게 일어났던 위조 증권, 위조 지폐 사건들을 연상할 수도 있을 것이다. 특히 자본주의 패권 국가 미국의 최고액권인 100달러 지폐에 정직을 유달리 강조했던 초대 대통령 조지 워싱턴의 초상이 그려져 있다는 점에서, 이러한 위폐 사건을 배경으로 자본주의 지배질서 하에서 어떤 도덕적, 윤리적 가치보다도 돈이 우선시되는 세태, 돈을 위해서라면 기꺼이 양심마저 헌신짝처럼 버리는 세태를 비꼰 구절로 해석될 수도 있겠다.

또한 필요에 따라 언제든 엉뚱한 방식으로 변질되거나 오, 남용될 가능성도 있었다. 시대가 어지럽고 삶이 팍팍해질수록 이런 경향은 노골화되었다. 학문 본래의 가치를 추구하는 대신, 당장 눈앞의 이익을 위한 얄팍한 논리와 술수만이 세상 사람들의 이목을 끌기 시작했다.

> 도서관(圖書館)에서는
> 사람들은 걱꾸로서는 『쏘크라테쓰』를 박수(拍手)합니다.
> 생도(生徒)들은 『헤-겔』의 서투른 산술(算術)에 아주탄복(歎服)합니다.
> 어저께의동지(同志)를 강변(江邊)으로 보내기위하야
> 자못변화자재(變化自在)한 형법(刑法)상(上)의조건(條件)이 조사(調査)됩니다.
> 교수(敎授)는 지전(紙錢)우에 인쇄(印刷)된 박사논문(博士論文)을 낭독(朗讀)합니다.
>
> — 제4부 〈자최〉 부분

위에 제시된 '쏘크라테스'와 '헤-겔'은 각각 고대와 근대에 있어 서구 지성의 대명사다. 그런데 이들로 대표되는 서구 사상과 논리는 당대에 이르러 상당 부분 왜곡 편집되어 전달되었다. 진리 탐구라는 학문 본래의 목적은 안중에도 없이, 거기서 파생된 질 낮은 세상살이의 꼼수와 편법만이 관심을 끌었던 것이다('사람들은 걱꾸로서는 『쏘크라테쓰』를 박수(拍手)합니다. / 생도(生徒)들은 『헤-겔』의 서투른 산술(算術)에 아주탄복(歎服)합니다.').

경우에 따라 이런 유의 저급한 지식들은 비정상적인 방식으로 자신의 목적을 이루기 위한 도구로써 활용되기도 했다. 음모와 배신, 불법과 탈법적인 행위조차가 학문적 권위와 제도에 편승하여 마치 규정대로 적법하게 이루어진 일인 양 그럴듯하게 포장되기 일쑤였다('어저께의동지(同志)를 강변(江邊)으로 보내기위하야 / 자못변화자재(變化自在)한 형법(刑法)상(上)의조건

(條件)이 조사(調査)됩니다.'[32] / '교수(敎授)는 지전(紙錢)우에 인쇄(印刷)된 박사논문(博士論文)을 낭독(朗讀)합니다.'[33]). 소위 '도구적 이성'의 폐해가 본격화되는 시점에서는 지식과 학문의 영역에도 이런 부작용들이 속출하는 것을 막을 길이 없었다.

상황이 이즈음에 이르게 되면 세상은 더 이상 선과 악, 진과 위조차 구분하기가 곤란해진다. 당연한 결과겠지만 그걸 알게 된 순간 사람들은 지배자의 언어라고 해서 무조건 따르고 복종하려 들지 않는다. 그것에 내재된 차별과 모순, 불합리한 조건들을 깨닫게 된 까닭이다. 이어지는 다음 부분에서 김기림은 그런 사실들을 강조하려한 것으로 보인다.

> 억깨가 떨어진 『말코보로』의 동상(銅像)이 혼자
> 네거리의 복판에 가로 서서
> 군중(群衆)을 호령(號令)하고 싶으나

---

32 이 구절은 당시 소련의 스탈린과 독일 히틀러의 집권 과정에서 벌어진 정치적 야합과 그 뒤를 이은 숙청 사례를 연상케 한다. 숙청을 위한 법 적용은 정권의 입맛에 따라 고무줄처럼 제멋대로 적용되었음은 물론이다.

33 실제 일본 내에서도 이런 일이 일어나 큰 사회 문제가 되었으며, 당시 조선 내 언론에까지 대대적으로 보도된 바 있다. 나가사키 의대에서 벌어진 박사학위 매매 사건은 그 대표적인 예다.
아래는 당시의 사건을 다루었던 조선 내 언론의 보도 기사들이다.
「학위논문의 대 의옥(疑獄) 장기(長崎)의대 교수 등 8 의학박사 인치(引致)」, ≪동아일보≫, 1933. 12. 14.
「學位論文問題から長崎醫大に疑獄, 敎授, 醫博ら引致され中數名は强制收容」, ≪조선신문≫, 1933. 12. 14.
「학계의 추문 정체 – 현금 오천 원씩 받고 박사학위를 매끽(賣喫)」, ≪동아일보≫, 1933. 12. 15.
「박사논문을 돈 밧고 통과시긴 장기 의대의 의옥 사건 – 〈박사〉란 자(者) 다수 인치(引致)」, ≪조선중앙일보≫, 1933. 12. 15.
「박사 매매 방지 학위령 개정 – 당국이 고려중이라고」, ≪조선중앙일보≫, 1933. 12. 18.
「장기(長崎)의대 사건 확대, 의박(醫博) 8명을 수용(收容) – 학장은 학내 숙청 방침」, ≪조선일보≫, 1933. 12. 20.
「장기(長崎)의대 교수 총사직 – 박사 논문 매매 책임을 지고」, ≪조선중앙일보≫, 1933. 12. 22.

목아지가 없읍니다.

— 제4부 〈자최〉 부분

3) 무질서와 불법이 판치는 세상: 매춘과 아편

사람들은 근대가 정착되면 모든 일이 투명하고 합리적으로 이행되리라고 믿었다. 무질서와 불법은 사라지고, 관행처럼 전해져 내려왔던 편법이나 탈법 또한 자취를 감출 것으로 예상했다. 실제로 근대 초기에 이와 관련된 일부 긍정적인 변화가 있었던 것도 사실이다. 일반인들이 사회가 한층 밝고 건전하게 개선되리라는 기대감에 들떴던 데에는 그럴만한 이유가 있었던 것이다.

그러나 얼마 지나지 않아 그런 기대감은 헛된 것이었음이 드러났다. 기본적으로 근대 자본주의란 제국주의적 욕망과 따로 떼려야 뗄 수 없는 관계인 까닭이다. 자국의 이익 실현을 위해서라면 수단, 방법을 가리지 않는 것이 제국주의의 본질이다. 난징조약(1842)은 대표적인 불평등조약이다. 이러한 불평등은 단지 중국인에 대한 차별로만 그치지 않았다. 자본의 욕망은 제국주의적 침략 의도와 결합하여 치외법권 지대인 조계 지역 거주민들을 대상으로 도덕적으로 도저히 용납되지 못할 일들까지 서슴지 않고 저지르도록 부추겼다. 이들 가운데 대표적인 것이 '매춘'과 '아편(또는 마약)' 사업이다.[34]

떨리는 조계(租界)선(線)에서

하도심심한 보초(步哨)는 한 불란서(佛蘭西)부인(婦人)을 멈춰세웟스나

34 아래 인용 부분의 해석을 매춘과 성병, 아편(마약)과의 연관성 속에서 지적했던 선례로는 김윤정, 『김기림과 그의 세계』, 푸른사상, 2005, 161쪽을 들 수 있다.

어느새 그는 그여자(女子)의 『스카-트』밑에 있었습니다.
『베레』그늘에서 취한입술이 박애주의자(博愛主義者)의
우슴을 웃엇습니다.

붕산(硼酸)냄새에 얼빠진 화류가(花柳街)에는
매약회사(賣藥會社)의 광고지(廣告紙)들.
이지러진 『알미늄』대야.
담배집 창고(倉庫)에서
썩은 고무냄새가 분향(焚香)을 피운다.
집웅을 베끼운 골목■어구에서
쫓껴난 공자(孔子)님이 잉잉 울고섯다.

— 제4부 〈자최〉 부분

위의 인용에 등장하는 '불란서부인'은 일상적인 의미에서의 프랑스 귀부인을 지칭하는 듯 보이지는 않는다. 그런 경우라면 조계를 지키는 '보초'[35]가 함부로 불러 세울 수는 없는 노릇이다. 더군다나 스커트를 들춘다는 것은 감히 상상도 할 수 없는 일이다.

정황상 이는 조계 내 유흥업소에 출입하는 여 종업원일 가능성이 크다. 당시 상해 조계는 댄스홀과 카바레, 술집, 사창가로 들썩였다. 이들 퇴폐, 유흥업소에는 중국인 등 동양계 뿐 아니라 서양인 종업원도 적지 않았던 것 같

35 당시 조계 내 경찰을 '순포(巡捕)'라고 불렀다. 책임자급이 주로 서구인이었던 데 반해, 이들 순포는 어디 소속인지에 따라 인종이나 제복 또한 각양각색이었다. 공공조계의 순포들은 주로 중국인이나 인도인들이었고, 프랑스조계의 순포는 베트남인들이 주류를 이루었다. 그러므로 여기서 보초라 함은 직접 경비 업무를 담당하는 하급 순포를 이름인데, 이들이 프랑스 귀부인을 함부로 불러 세워 찝쩍거린다는 것은 사정상 상상하기 어려운 일이다. 다만 문면에 '베레' 모자를 쓴 '박애주의자'로 설정된 점으로 미루어 김기림은 프랑스 경찰이 직접 경비를 서는 것으로 알았던 듯하다.
조계 내 순포에 대한 자세한 설명은 김희곤, 앞의 글, 274쪽 참조.

다. 대개의 경우 이들은 러시아 혁명 이후 시베리아와 만주를 거쳐 들어온 백계 러시아인들이었다.[36] 다만 동양인의 눈으로 볼 때 외견상 이들을 미국이나 영국, 프랑스에서 건너온 이들과 구분한다는 것은 거의 불가능했다.

문제는 이들 여 종업원 가운데 상당수가 매춘과 연관되어 있었다는 사실이다.[37] 쉽게 말해서 이들이 사실상의 매춘부[38]였던 만큼, 조계의 출입을 관할하는 보초들로서도 만만하게 보았을 것이다. 은근슬쩍 스커트를 들추고 수작을 거는 일쯤은 다반사였을 테고, 그보다도 더한 경우들도 심심찮게 벌어졌다.[39] 그러므로 이런 전후 사정상 이들 여 종업원들이 조계 내에 출입하면서

---

36 리어우판, 앞의 책, 67쪽.

사진 : 당시 상해 조계 내에 위치했던 유명 나이트클럽인 '파라마운트 홀' *Paramount Hall*의 무대 공연 장면(1937). 전원 백인 여성들로 이루어진 댄서들이 반라의 의상으로 공연하고 있다.

Photograph courtesy of Vera Lower.

Paul French, *City of Devils－The two men who ruled the underground of old Shanghai*, Picador, 2018, 책 중간 화보쪽에서 재인용.

37 당시 상해의 댄스홀에 대해 상세한 묘사를 한 이는 프레드릭 웨이크만이다. 그는 1930년대 말경 상해에 대략 2천 5백에서 5천 명의 댄서가 있었으며, 이들 중 상당수가 백계 러시아 출신임을 밝혀냈다. 뿐만 아니라 그들 중 60퍼센트는 자신을 직업적인 매춘부로 인식하고 있었다는 사실 역시 적시하고 있다.

Fredric Wakeman Jr., *Policing Shanhai, 1927~1937*, Univ. of California Press, 1995, p. 108(리어우판, 앞의 책, 67쪽에서 재인용).

38 이들 매춘부를 현지 속어로 '얘지'(野鷄)라고 불렀다. 이들 얘지 가운데는 조선 출신도 있었는데, 소설가 김광주는 후에 상해 체류 시절 그가 보고 들은 조선인 매춘부의 이야기에 바탕을 두고 소설을 써서 발표했던 바, 이때 그가 쓴 소설이 「야계(野鷄)－이뿐이의 편지」(『조선문학』 속간 4호, 1936. 9.)이다.

39 일례로, 당시 상해의 유명 댄스홀에 출입하던 조선 출신의 무희(댄서)를 두고 독일인 유

보초를 마주쳤을 때 '떨리는' 경험을 하는 것은 어쩔 수 없는 일이었다.

조계의 치안을 책임지는 공부국과 경찰서는 이들의 매춘업을 단속하기는커녕 묵인 내지 방조하고 있었다. 이런 형편이었으니 유흥가를 중심으로 한 매춘업은 날로 커질 수밖에 없었다. 그리고 그와 동시에 여성 착취와 미성년자 고용 등에 따른 인권 문제, 성병의 확산 등이 심각한 사회 문제로 대두되었다. 실제로도 이 시절 조계를 중심으로 매춘 여성에 대한 세금(花捐)이 공공연하게 부과, 징수되었으며, 성병의 만연으로 인해 신문 잡지 등의 인쇄물에는 치료를 위한 약품 선전이 일상화되었을 정도였다.[40] 위에서 김기림이 '붕산(硼酸)[41]냄새에 얼빠진 화류가(花柳街)에는 / 매약회사(賣藥會社)의 광고지(廣告紙)들 / 이지러진 『알미늄』대야.'라고 묘사한 것은 이러한 상황을 염두에 둔 것이다.

더욱 심각한 것은 아편의 만연이었다. 아편전쟁 이후 별다른 제한 없이 통관이 허락된 인도와 중동산 아편은 조계를 중심으로 급속도로 번져 중국 사회를 뿌리부터 좀먹었다. 아편 수출입과 판매로 인한 수익이 워낙 막대했기에, 너나 할 것 없이 이 사업에 뛰어들었던 까닭이다.[42] 이후 중국 정부의 항의

부남 사업가와 조계 경찰 간부인 영국인 청년 사이의 삼각관계로 인해 빚어진 치정 살인극은 당시 중국은 물론 조선 내 언론에까지 보도될 정도로 큰 화젯거리가 되었다.
이에 대한 조선 내 언론 보도는 「국제 삼각애의 비극」, ≪동아일보≫, 1934. 8. 22. / 강성구, 「상해 이역에 전개된 국제 삼각애의 혈제(血祭) – 이상산 양의 비련의 진상(眞相)」, 『개벽』 신간 2호, 개벽사, 1934. 12. 참조.

40 신규환, 「근대 중국의 성병 기원 논쟁과 성병 통제: 20세기 전반 상해와 북경을 중심으로」, 『의사학』 16권 1호, 대한의사학회, 2007. 6., 17쪽.

41 일종의 항균 보존제인 붕산은 이 당시 피임과 더불어 임질 등의 성병 치료를 위한 값싼 매약 제재로 광범위하게 활용되었다.
이 점에 대해서는 산상만태(山上萬太)저 우양생(友洋生) 역술, 「신발명 임병(淋病) 치료방법」(속), 『대한학회월보』 8호, 대한학회, 1908. 10. / 「산아 조절의 의의와 현세 – 동광대학 제7강 사회문제 편」, 『동광』 25호, 동광사, 1931. 9. 참조.

42 아편을 처음 중국에 들여오게 된 계기는 19세기 말 영국을 중심으로 중국차의 수입량이 급격하게 늘면서부터이다. 당시 무역 결제 수단으로 청나라 정부는 서방에 은을 요구하였는데, 이에 따라 중국으로의 은 유출이 심각할 정도로 증가했다. 막대한 무역 적자가 발생하자 이를 메우기 위한 방편으로 당시 영국 등 서방 국가들은 인도와 중동 등지에서

와 중국인들의 자정 노력에 따라 아편 수입에 제동이 걸리자 그 대안으로 모르핀이나 헤로인 등의 마약류가 유통되기 시작했다. 이 과정에서 조계 당국은 치외법권과 영사재판권이라는 보호막을 활용하여 이들 사업을 뒤에서 밀어주기까지 했다.[43]

이러한 사실들에서 보듯 조계에서의 아편과 마약 사업은 제국주의의 이중성과 양면성을 그대로 노출한 가장 악질적인 사례에 속했다. 자국 내에서는 단순 소지조차도 중대 범죄로 취급하여 강력 처벌하고 있는 마약류를 타국에서, 그것도 조계 운영과 침략 정책을 지원하기 위한 재원 마련의 수단으로 공공연하게 활용하였다는 사실 자체가 극히 비도덕적이고 반인륜적인 범죄

재배한 아편을 중국에 내다팔기 시작했다. 아편의 폐해가 심각해지자 청나라 정부는 뒤늦게 아편의 판매와 유통을 금지했다. 그러자 이를 빌미로 전쟁을 일으킨 영국과 프랑스 등은 청나라 군과 싸워 이김으로써 중국내 아편 판매의 길을 합법적으로 열었다. 그 결과 중국내 아편의 만연이 최고조에 이른 1929~1933년 사이에 공식적인 중독자만 8000만 명에 이르는 등 커다란 사회 문제로 대두되었다. 물론 그 사이에 중국 내 자정 노력(1906년 아편금지령 발동, 1909년 상해국제아편회의 개최 등)과 서양 각국과의 협의(1907년 중영 아편금지 조약 등)를 통해 아편 수입을 단계적으로 줄여나가는 등의 조치를 취하긴 했으나 근본적인 효과를 거두기는 어려웠다. 이유는 아편 수입과 판매에 따른 이익금이 워낙 막대했던 탓이다. 그리하여 이후로도 서구 각국은 조계를 중심으로 아편 밀매를 음성적으로 부추겼다. 한편, 만주사변 이후 중국 진출을 노리던 일본 재벌 기업들(미쓰이, 미쯔비시)과 일본 군부 역시 아편 판매를 통해 벌어들인 수익금을 자사 이익과 침략 전쟁을 위한 군자금으로 충당하는 방식을 취했다. 이에 맞섰던 중국 각지의 군벌들 역시 군비 조달과 자신들의 세력 유지를 위한 방편으로 아편 밀매에 동참했다. 또한 조계 내외의 유흥가를 중심으로 활동하던 범죄 조직(상해 청방(青幇) 등) 역시 그들의 활동 자금 조달을 위해 아편의 수입과 유통에 나서는 등, 당시 중국 내 아편 유통은 거의 모든 국내외 세력들과 이들과 연계된 상하의 조직들이 관여한 국제적인 범죄였다.

이상에 대한 자세한 해설은 박강, 『아편과 20세기 중국』, 선인, 2010 및 박강, 『20세기 전반 동북아 한인과 아편』, 선인, 2008 참조.

43 조계 당국은 아편 수입과 판매에 관한 허가권과 아편 영업으로부터 걷어 들이는 세금을 주요 세원으로 활용했다. 이 과정에서 아편 밀수로 인해 중국 관헌에 발각된다 하더라도 영사재판권의 보호를 받는 외국인 신분을 이용하여 빠져나가는 경우가 대부분이었다. 1917년 이후 공식적인 아편 무역은 금지되었지만, 이런 경우에도 조계 내 아편 판매나 흡연에 따른 처벌은 없었다. 중국 경찰이 할 수 있는 일이라곤 아편과 관련된 내국인(중국인)이 조계 지역을 벗어나는 때를 기다려 체포하는 것뿐이었다.

이 점에 대해서는 박강, 앞의 책, 2010, 74-84쪽.

행위로 비난받아 마땅한 것이었다.[44]

김기림은 이 점을 놓치지 않았다. 위의 인용에 등장하는 '담배집'은 통상적인 의미에서의 담배 가게가 아니다. 아편 판매, 또는 아편 흡연과 관련된 장소를 의미하는 것으로 해석하는 것이 옳다.[45] 아편은 주로 흡연의 형태로 소비되었으며, 그런 까닭에 당시 중국 내에서 아편과 관련된 것은 무엇이건 '담배', 즉 '연(煙)'으로 통했다.[46] 조계를 중심으로 한 아편 소비가 얼마나 성행하였던지, 상해에 "토점(= 煙土店, 아편 판매점 - 인용자 주)은 쌀집보다 많으며, 연관(煙館, 아편 흡연 장소 - 인용자 주)은 밥집보다 많다."[47]라는 말이 나돌 정도였다. 그 당시 상해는 세계 최대의 아편 수입항이었으며, 동시에 최대의 전출항이자 소비지였다.[48] 그와 함께 조계 내에는 고급스러운 분위기의

44 이러한 이중성은 일본이 자국 및 식민지인 조선에서의 엄격한 금연 정책을 통해 아편 흡연 인구가 거의 없었던 점에서도 발견된다. 다만 식민지인 조선과 일본의 영향권이라 할 수 있는 만주국은 한때 중동산 아편의 수입과 조달이 어려워지자 그 대체지인 아편 생산지로써 활용된 바 있다.
박강, 앞의 책, 2008, 47-51쪽 참조.

45 중국 내 아편 문제에 대한 김기림의 문제의식은 일찍이 「대중화민국 행진곡」(≪조선일보≫ 1934. 1. 4.)에서 일차 거론된 바 있다.

46 '연관(煙館, 아편 흡연 장소)', '연토행(煙土行, 아편 판매점)', '연창(煙槍, 아편 흡연용 파이프)', '연등(煙燈, 아편 흡연용 램프)', '연천(煙扦, 연창용 꼬챙이)' 등 아편과 관련된 거의 모든 용어에 '연(煙)'자가 들어 있는 것을 확인할 수 있다.

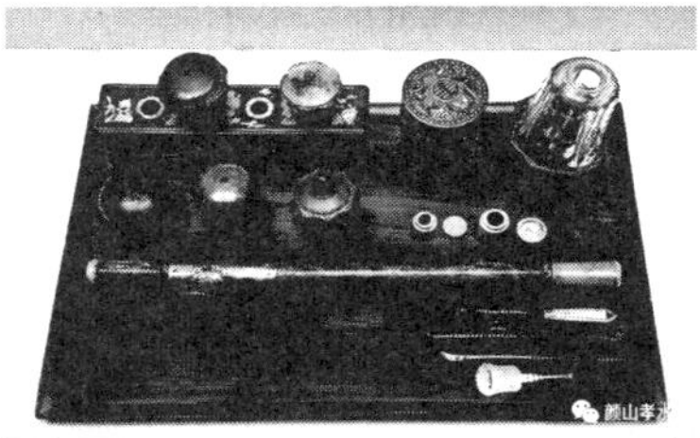

사진 좌 : 청조(清朝) 말기, 호화로운 연관에서 아편 흡입을 즐기는 내방객들을 그린 모습.
http://book.sina.com.cn/nzt/his/yandudelishi/61.shtml
사진 우 : 각종 아편흡입용 기구들
http://www.sohu.com/a/196195579_488983

47 박강, 앞의 책, 2010, 63쪽에서 재인용.

연관까지 등장하면서[49] 아편 소비와 흡연을 더욱 부추겼다. 그러므로 '담배집 창고(倉庫)에서 / 썩은 고무냄새가 분향(焚香)을 피운다.'라고 한 것은 중국 내에서의 이처럼 심각한 아편 문제를 꼬집은 대목으로 해석된다.[50]

겉보기에 번화하고 화려하기만 한 조계의 뒷모습은 이처럼 음습하기 짝이 없었다. 그 당시 사람들이 보기에 이러한 상해의 모습은 이곳을 악의 소굴로 비유하기에 충분했다. '마도'란 말은 그런 상해의 어두운 이미지에 썩 잘 어울리는 명칭이었다. 글자 그대로 상해는 서구 제국주의가 몰고 온 온갖 무질서와 불법이 판을 치는, '마도(魔道)'[51]로 가득 찬 '마도(魔都)'[52]였다. 낮의 상해는 동양의 파리지만, 밤의 상해는 영락없는 동양의 시카고였다.

> 도시의 진상은 밤에 적나라하게 드러난다는 특성은 특히 상해에 있어서 전형적일 것이다.
>
> 상해의 밤! 그야말로 백귀야행(百鬼夜行)의 일대 파노라마가 연출되는 것

---

48 위의 책, 64쪽.

49 대표적인 것이 상해의 프랑스 조계 내에 위치하였던 '면운각(眠雲閣)'과 '남성신(南誠信)'이다. 면운각은 청아한 것으로 유명하고 남성신은 크고 넓은 것으로 유명했다. 이들 연관의 화려함으로 인해 당시 "상해의 연관은 천하의 으뜸이다."라는 평을 들을 정도였다고 한다.
위의 책, 63-69쪽 참조.

50 여기 나오는 '썩은 고무냄새'를 아편을 태울 때 나는 특유의 퀴퀴한 냄새로 볼 수도 있을 것이다. 그러나 보다 넓은 의미에서 본다면 조계를 중심으로 만연한 심각한 아편 흡연과 소비 행태를 에둘러 표현한 것으로 이해하는 편이 타당해 보인다. 당시 연관은 사교 장소일 뿐만 아니라 휴식과 매춘, 도박 등을 한꺼번에 해결할 수 있는 장소였다. 자연 이곳 출입으로 가산을 탕진하는 경우가 많았고, 심할 경우에는 중독으로 인해 처자식까지 팔아넘기는 사례도 심심찮게 발생했다.
위의 책, 68-74쪽 참조.

51 중국 작가 스쩌춘(施蟄存)이 상해 뒷골목의 어두운 현실을 무의식의 몽환적이고 퇴폐적인 분위기로 그린 작품 「마도(魔道)」에 등장함.
施蟄存, 「魔道」, 『梅雨之夕』, 新中國書局, 1933.

52 일본 작가 무라마츠 쇼우후(村松梢風)가 1923년 3월 상해를 방문한 후 느낀 감회를 바탕으로 쓴 인상기 「마도(魔都)」에서 연유함.
村松梢風, 「魔都」, 『魔都』, 小西書店, 1924(ゆまに書房, 2002 復刻本).

으로써 모든 사회악은 엇더한 다른 곳보담도 가장 심각하게 연출된다. 동양의 파리, 치카고라 함에 부합하리만큼 향락, 범죄는 극단에서 극단에 흐른다.

범죄와 향악과는 범죄학자 로부소가 말한 것가치 향락은 법치를 이탈함에서 심화되는 점에 잇서 법치 생활의 극히 완만한 상해는 이러한 점에 잇서 전 세계적으로 축복된 도시이다. 공공연한 아편굴, 도박, 다면다모(多面多帽)의 매음굴, 야로(夜路) 도상(途上)의 무수한 야계(매음부), 경견(競犬), 무도(舞跳) 등, 이 요마(妖魔)의 도시 상해의 암흑면을 상술함은 특히 서술할 기회를 가지려 이에 약(略)하거니와 …… (하략) ……[53]

1930년대 초반 상해를 방문했던 한 조선 지식인의 소회를 담은 기행문이다. 그는 이런 상해의 양면성을 너무도 정확히 꿰뚫어 보고 있었다. 그가 명민했다기보다는 자세한 사정을 모르는 타지 사람이 보기에도 낮과 밤에 펼쳐진 상해의 모습이 너무나도 적나라하게 대비되었던 탓일 것이다. 그의 눈에 비친 상해의 밤은 도저히 눈뜨고 볼 수 없는 난장판이요 무법천지였다. 현대판 소돔과 고모라였다. 수천 년 역사에 걸맞은 어떤 율법이나 예법도, 기본적

사진 : 상해 방문 당시의 중국식 복색을 한 무라마츠 쇼우후(村松梢風)의 모습과 '마도(魔都)' 상해의 유래가 된 그의 소설집 『마도』의 속표지.
http://www.yidianzixun.com/article/0J7Xq10t

53 홍양명, 「양자강반에 서서」, 『삼천리』 제15호, 삼천리사, 1931. 5., 13쪽.

인 윤리 도덕조차도, 그곳에는 이미 남아있지 않았다.

김기림의 표현처럼 그곳에서 '공자님'은 일찌감치 '집웅을 베끼운' 채 '쫓겨'났던 것이다.

4) '나부터 살고보자' : 전란의 발생과 위기적 상황에 대한 대응 방식

조계와 그 주변의 지역들은 각국의 이해관계가 난마와도 같이 얽혀 있어, 언제든 작은 불씨 하나만으로도 커다란 폭발이 일어날 수 있는 위태로운 환경에 노출되어 있었다. 실제로도 크고 작은 사건들이 발생한 적이 있었는데, 대표적인 예가 1932년 1월 28일부터 약 한 달간에 걸쳐 벌어졌던 '상해사변'이다.[54] 조계 내에서 생긴 한 자그마한 사건을 기화로 해서 빚어진 이 사태는 자칫 중일 양국 간의 전면전으로까지 확대될 위험에 처했던 적이 있었다. 양국군의 무력 충돌로 전쟁을 방불케 하는 급박한 상황들이 전개되었으며[55], 사

54 당시 상해사변이 벌어진 경위에 대해서는 만주 진출에 따른 열강의 거부감과 관심을 다른 데로 돌리기 위한 일본 군부의 전략적인 계산이 깔려 있었다는 주장이 상당한 설득력을 얻고 있다. 실제로 상해사변이 발발하자 이 지역에 진출한 열강들은 경제적으로 막대한 피해를 입게 된다.
"만주를 완전히 장악한 관동군은 새로운 괴뢰국가를 세울 계획이었다. 그런데 국제연맹에서 리턴 백작을 단장으로 하는 현지 조사단의 파견을 결정하자 일단 중국과 국제사회의 이목을 다른 곳으로 돌릴 필요가 있었다. 가장 적당한 곳이 바로 상하이였다. 상하이에는 열강들의 막대한 이해관계가 걸려 있었다. 투자 금액을 기준으로 투자액이 가장 큰 나라는 영국(5억 3천4백만 원)이었고, 다음이 일본(3억 8천만 원), 미국(1억 6천3백만 원), 프랑스(1억 3백만 원) 순이었다. 수출입 규모에서도 영국과 미국은 일본을 훨씬 능가했다. 만약 상하이에서 전쟁을 일으킨다면 중국과 국제 사회의 이목이 그쪽에 쏠려 만주에서 자신들의 계획을 방해하지 못하리라고 계산하였다."
권성욱, 『중일전쟁』, 미지북스, 2015, 70-71쪽.

55 이 기간 중에 상해 곳곳은 일본군의 집중 포격과 공습, 그리고 그에 맞선 중국군의 항전으로 인해 초토화되다시피 하였으며, 인명 피해 역시 엄청났다. 공식적으로 알려진 것만 하더라도 상해 중심에 위치한 갑북 지역의 청운로와 보홍로 일대, 그리고 강만과 소장묘 일대의 건물과 가옥들이 집중적으로 파괴되어 폐허화되었고, 양국 군 합쳐서 4천 5백명 가량이 희생되고 8천명 이상의 부상자가 발생하였다. 일반 시민들이 입은 피해 또한 상

태가 가까스로 진정되기까지 수차례의 교전과 긴장된 대치 상태가 지속되었다.

김기림은 이런 사태에 대해서도 주의 깊게 관심을 기울였다. 이어지는 다음 구절들은 이를 염두에 둔 내용들을 담고 있는 것으로 보인다.

> 자동차(自働車)가 돌을차고 너머진다.
> 전차(電車)가 개울에 쓸어진다.
> 『삘딩』의 숲속
> 네거리의 골짝에 몰켜든 검은 대가리들의 하수도(下水道).
> 멱처럼 허우적이는 가-느다란팔들.
> 구원(救援)대신에 허공(虛空)을 부짭는 지치인노력(努力).
> 흔들리우는 억개의 물결.
>
> 불자동차(自働車)의
> 날랜『싸이랜』의날이
> 선듯 무딘 동란(動亂)을 갈르고 지나갔다.
> 입마다 불길을 뿜는
> 마천루(摩天樓)의 턱을 어르맍이는 분수(噴水)의 바알.[56]

당했다. 일반인 사망자 약 1만 1천명, 행방불명자 5천 4백여 명, 부상자 4천 3백여 명이 발생한 것으로 최종 집계되었다.
보다 상세한 내용은 서문당편집실 편, 『다큐멘터리 중국현대사』(2), 서문당, 2014, 316-335쪽 참조.

56 이 단어는 '가늘고 긴 대를 줄로 엮거나, 줄 따위를 여러 개 나란히 늘어뜨려 만든 물건(표준국어대사전)'이라는 의미의 '발'의 뜻으로 이해하는 것이 타당할 듯하다. 비슷한 시기에 같은 형태로 쓰인 구체적인 용례들은 다음과 같다.
"수다한 여편네 두 사람의 이같이 수작하는 소리가 들린다. 그들은 발을 또 옮겨 다른 가마곁으로 가서 가마 앞에 친 **바알**을 쳐들고는 또 수다를 피운다." (김기진, 「심야의 태양」 연재 11편, ≪동아일보≫, 1934. 5. 15., 강조 - 인용자)
"모기불이 모락모락 피어 올은다. **바알** 새이로 푸른 하늘이 보인다. "웬 별은 저리도 만

…… (중략) ……

『라디오 · 삐-큰』에 걸린

비행기(飛行機)의 부러진 죽지.

골작을 거꾸로 자빠저 흘으는 비석(碑石)의 폭포(瀑布).

— 제4부 〈자최〉 부분

날마다 갈리는 공사(公使)의행렬(行列)

승마구락부(乘馬俱樂部)의 말발굽소리

『홀』에서 돌아오는 마지막 자동차(自働車)의 고무바퀴들

묵서가(墨西哥)행(行)의 『쿠리』들의 『투레기』

자못가벼운 두쌍의『키드』와『하이힐』

몇개의 세대(世代)가 뒤섞기어 밟고간 해안(海岸)의가도(街道)는

깨여진 벽돌쪼각과

부서진 유리쪼각에 어더맞어서

꼬부라저 자빠저 있다.

— 제4부 〈자최〉 부분

인용된 대목들은 사변 당시의 긴박한 상황들을 떠올리게 한다. 전투는 자못 격렬했다. 함대와 비행기까지 동원된 포격전은 애초 일본군의 일방적인 승리로 끝날 듯 보였다. 그러나 중국군의 반격도 만만치 않았다. 남경정부의 지시에 따라 최대한 감정적인 대응을 자제하면서도 한 치 양보도 없는 교전이 한동안 이어졌다. 특히 이 지역에 조성된 일본인묘지 부근에서 벌어진 양측의 공방은 상당히 치열했던 것으로 알려졌다.[57]

히 낫는가?" 새벽은 웃 문지방에까지 올라왔다." (김동규, 「도피」 연재 15편, ≪동아일보≫, 1940. 3. 3., 강조 - 인용자)

57 당시 일본인 묘지는 상해 거주 일본인 밀집지역인 갑북(閘北)의 육삼(六三)화원 인근에

모든 것들이 파괴되고 무더기로 쓸려나가는 가운데 제대로 돌아가는 것은 하나도 없는 듯했다. 평소 같으면 느긋하게 환락에 몸을 맡기며 여유를 부렸던 이들조차 이런 상황 속에서는 어떻게 대처해야할지 갈피를 잡지 못하고 우왕좌왕하다 희생되었다. 혼돈과 무질서만이 난무했고, 누가 나서더라도 사태를 진정시킬 수 없는 국면에까지 이르렀던 것이다.

하루가 멀다 하고 임명받아 부임하던 각국 '공사'들의 행렬이나, 평소 같으면 사교와 연애를 위해 한껏 멋 부린 채로 경마클럽('승마구락부')[58]으로, 댄스 '홀'로 향하던 이들의 모습은 더 이상 보이질 않는다. 그들과는 대조적으로, 먹고 살 일이 막막하여 배를 타고 멀리 중남미 멕시코로까지 떠나야 했던 육체노동자('쿠리'[59])들의 슬픈 사연과 애환[60]같은 것도 이제는 옛일이 되어

조성되었던 것으로 알려져 있다. 인근에서 치열했던 교전 상황이 벌어졌던 만큼 묘지에 적지 않은 피해가 있었으리라는 추정을 자연스럽게 해볼 수 있다. 위의 인용 시에서 김기림이 '골작을 거꾸로 자빠저 흘으는 비석(碑石)의 폭포(瀑布)'라고 표현한 대목은 이러한 상황을 염두에 둔 것이 아닌가 한다.

당시 상해 일본인 묘지 근처에서 벌어진 교전 상황에 대해서는 다음 자료들을 참조할 것.
「일본인 묘지를 완전히 점령」, ≪동아일보≫, 1932. 2. 6.
「태전(太田)○대(隊) 진격, 일본인 묘지 탈회(奪回)」, ≪동아일보≫, 1932. 3. 1.
「太田○隊 日本人墓地奪回」, ≪조선신문≫, 1932. 3. 1.
「日本人墓地占領, 艦隊司令部發表」, ≪조선신문≫, 1932. 3. 1.
「태전(太田)○대(隊)가 일본인 묘지 탈회(奪回)」, ≪조선일보≫, 1932. 3. 2.
「일본 육전대 도하(渡河) 결행」, ≪동아일보≫, 1932. 3. 2.

58 고급 사교의 장으로서의 경마클럽의 기능에 대해서는 최민식, 앞의 글, 309쪽 참조. 이 경우 여성과 중국인의 가입은 엄격하게 통제되었다. 이와는 달리 일반인들의 출입이 허용된 경마장의 경우에는 도박을 목적으로 찾는 경우가 많았기에(이 점에 대해서는 리어우판, 앞의 책, 77쪽 참조.), 고급 계층의 사교장인 경마클럽과는 자연스럽게 구분되었다.

59 '쿨리(coolie, 苦力)'란 본래 유럽제국들이 중남미나 아시아에 가지고 있던 식민지역의 노동 인력 확보를 위해 강제로 이주시킨 아시아인들, 특히 중국인이나 인도인 비숙련 노동자를 일컫는 말이다. 이후 주로 중국이나 인도 출신의 하층 비숙련 노동 인력을 뜻하는 일반명사로 굳어지게 되었다. 흑인 노예제와 노예무역이 금지된 이래로 이들의 존재를 대체하기 위한 노동력이 필요하게 되었는데, 이때 대안으로 떠오른 것이 바로 중국과 인도 내의 이들 하층 노동계층이다. 그런 만큼 이들 인력의 모집이나 수송, 노동 조건 등은 거의 노예 노동과 다를 바 없는 가혹한 상태에 놓여 있었다. 송출 과정이나 현지 노동 현장에서 이들의 집단적인 반발과 폭동이 심심치 않게 벌어진 것은 이 때문이다. 한편, 중국 내에서 1840년대부터 시작된 이러한 쿨리들의 모집과 송출은 이후 제2차 아편전쟁 후인 1860년대 중 · 영 사이의 베이징조약(제5조)에 의해 국제적으로 공인받게

버렸다. 그 모든 것들은 전쟁과도 같은 급박한 상황 전개 속에서 한꺼번에 휩쓸려 날아갔다. 그들의 흔적이 사라진 빈자리에는 전란으로 인해 파괴된 도시의 잔해와 파편들('깨여진 벽돌쪼각과 / 부서진 유리쪼각')만이 사방에 어지러이 널브러져 있을 뿐이다.

문제는 이런 위급한 경우를 당하게 되면 사람들은 단순 개인주의를 넘어선, 극도의 자기 중심주의적 이기심을 표출하게 된다는 점이다. 남이야 죽건 말건 그건 상관할 바가 아니다. 나만 무사하면 그뿐이며, 용케 위기 상황을 모면한 다음에는 개인적으로 손해 보는 일이 절대 없어야 한다. 그러기 위해서는 우선 자신과 관련되는 서류와 기록들부터 잘 챙겨두어야 한다.

> 『소집령(召集令)도 끝나기전에 호적부(戶籍簿)를 어찐담』
> 『그보다도 필요(必要)한 납세부(納稅簿)』
> 『그보다도 봉급표(俸給表)를』
> 『그러치만 출근부(出勤簿)는 없어지는게좋아』
>
> — 제4부 〈자최〉 부분

된다. 이로써 노예무역에 버금가는 '쿨리무역'이 합법화된 것이다.
이상에 대한 보다 자세한 논의는 나미키 요리히사 · 이노우에 히로마사, 『아편전쟁과 중화제국의 위기』, 김명수 역, 논형, 2017, 271-274쪽 참조.

60 은본위제인 지정은제를 채택한 청대 이래로 은의 주산지인 중남미, 특히 멕시코는 중국인 쿨리들에게는 마지막 행선지로 인식되었다. 이들은 저임금의 가혹한 노동 조건 속에서의 현장 근무와 육체노동도 마다하지 않았기에 멕시코에서도 한동안 환영받는 존재였다. 이러한 상황이 바뀐 것은 대공황이 본격화된 1930년대 초반의 일이었다. 동방과의 교역에서 주요 결제 수단으로 통용되던 은의 국제 시장 가치가 추락하고, 이와 동시에 과거 중남미 지역에 대거 진출했던 중국인들로 인해 현지인 노동자들의 취업이 어려워지자, 멕시코 정부가 불법 입국자들을 가려낸다는 명분을 내세워 이들 쿨리를 대거 본국으로 추방하였던 것이다. 이 사태는 양국 간의 외교적인 갈등으로까지 비화된 바가 있다.
이때의 자세한 사정에 대해서는 다음의 자료를 참조할 것.
「묵(墨) · 중(中) 국교 소격(疏隔) – 배중(排中) 운동 노골」, ≪동아일보≫, 1931. 8. 31.
「중국인 배척으로 묵 · 중 국교 빈위(瀕危) – 묵국 외상 성명 발표」, ≪매일신보≫, 1931. 9. 1.
「중국인 전부 철퇴 – 묵서가(墨西哥)와 국교 단절」, ≪동아일보≫, 1931. 9. 7.

위의 인용에서 우리가 우선 주목해야 할 사실은 제도화된 근대란 공식적인 서류와 문서들을 통한 근거 기록의 작성 및 관리가 무엇보다도 중요시된다는 점이다. '호적부'나 '납세부', '봉급표', '출근부' 등은 근대적 개인이 개인으로서 사회에 자리 잡기 위해 필요한 서류들이다. 사실 여부를 따지기 전에, 그것의 실질적인 내용보다도 이러한 형식 요건이 우선시된다. 이른바 관료제하에서의 개인의 생활과 그 이력은 출생에서부터 결혼과 취업, 승진, 은퇴, 그리고 사망에 이르기까지 거의 모든 것들이 공식화된 서류를 통해서 입증될 때에만 비로소 그 효력이 인정된다.[61] 즉, 서류에 의해 통제되고 지배되는 사회가 바로 근대사회인 것이다.

그러므로 위기 상황이 닥치자 너나 할 것 없이 관련 서류부터 챙기려 드는 것은 당연한 일이다. 입증돼야 할 근거 기록들이 사라져버림으로 해서 행여 자신이 당할지도 모를 불이익을 미연에 방지해야하기 때문이다. 그런데 이 같은 절체절명의 위기 상황 속에서도, 인간은 어느 쪽이 자신에게 좀 더 유리한지를 약삭빠르게 저울질한다. "『그러치만 출근부(出勤簿)는 없어지는게좋아』"라는 말 속에는 그러한 내면의 얄팍한 이기심을 비꼬려는 김기림 특유의 풍자적인 의도가 숨어있다.

과거는 미래를 비추는 거울이다. 김기림은 이미 한 차례, 기자실에서 사변 전후의 혼란스런 상황들을 생생하게 전해 들었던 바 있다. 상상할 수 있는 모든 제국주의적 모순이 집약된 도시 상해에서라면 똑같은 상황이 벌어졌을 때 이런 일들이 언제든 재발하지 않으리라는 보장이 없다. 당시의 정세로 미루어보건대 그런 아수라장이 또 다시 재연되는 것은 그에게는 충분히 가능한 일처럼 느껴졌을 것이다.

61 자본주의와 자유주의 시장 경제가 발달할수록 규제와 규율을 앞세우는 이러한 관료제적인 특성은 철폐되기는커녕 점점 더 고착화, 조직화되어가는 경향을 보이게 된다. 이 점에 대한 상세한 해설은 데이비드 그레이버, 『관료제 유토피아』, 김영배 역, 메디치, 2015 참조.

그런 김기림의 예감은 정확히 적중했다. 1937년 7월, 그간 중국 내 각 지역에서 크고 작은 충돌을 거듭해왔던 중 · 일 양국군은 마침내 전면전에 돌입하였다. 그와 동시에 대륙 전체가 전쟁의 화염에 휩싸였다. 자본주의의 최첨단을 달리던 국제도시이자 제국주의 세력들의 전초기지였던 상해 또한 온전할 순 없었다. 지난 사변 때와 마찬가지로, 다시 한 번 아비규환의 소용돌이 속으로 빨려 들어가게 되었던 것이다.

4. 제국주의적 모순과 식민지적 혼란의 극복을 위하여

「기상도」의 제4부인 〈자취〉의 주 무대가 태평양 연안을 중심으로 배치된 열강들의 조차지, 조계라는 점은 의미심장하다. 당시 중국 내에서 가장 번화하고 흥청거렸던 지역, 그리고 동시에 각국의 이해관계가 난마와도 같이 얽혀서 모든 것이 뒤죽박죽인 채로 펼쳐져 나뒹굴었던 곳이 조계다. 김기림은 먼저 이런 조계의 모습을 있는 그대로 조명해보고 싶었다.

조계란 대륙 진출을 위해 마련된 교두보다. 열강들은 이곳에서 자국의 이익을 확보하고 나아가 극대화시키기 위해 온갖 편법과 탈법, 부정행위조차를 마다하지 않았다. 이 과정에서 근대의 성립을 가져왔던 구성원들끼리의 존중과 이성적 판단, 윤리, 도덕 따위의 기준은 사실상 무시되었고, 관련 당사국들 사이의 호혜 평등의 원칙은 처음부터 부정되었다. 겉으로는 점잖은 척 동양의 진정한 평화와 번영을 위해서, 근대화와 발전에 도움을 주고자 이곳에 왔노라고 이야기하곤 했지만, 그런 설명은 단지 식민 지배와 침략의 발판을 마련하기 위한 허울 좋은 핑계 또는 구실에 지나지 않았다.

김기림은 여기서 제국주의 열강들의 이중성과 양면성에 눈을 뜨게 된다. 그의 눈에 비친 당시 조계의 모습은 화려한 외양 속에 가려진 복마전이었다. 근대 자본주의의 말기적 모순과 제국주의의 갖가지 병폐들이 한데 뒤섞여서 속으로는 이미 곪아 터져버린 상태였다. 더 이상 방치해서는 안 될 정도까지 상태가 악화되어 있었다. 치료를 위해서는 곪은 부위가 어디인지, 어느 정도인지부터 정확하게 확인하고 가려낼 필요가 있었다.

이 과정에서 조계에서 벌어졌던 과거의 주요 사건은 다가올 미래의 일들을 가늠해볼 수 있는 시금석의 구실을 한다. 상해사변은 그 좋은 예로 생각되었다. 그는 이 사건이 미구에 닥칠 더 큰 참극의 전초전이며 예고편임을 직감했다. 그리고 이러한 자신의 생각을 원고지 위에 다양한 모습으로 옮겨 적어, 당대인들에게 경고의 메시지를 전달하고자 했다.

장시 「기상도」의 제4부 〈자최〉에 묘사된 내용들은 시대 상황에 대한 김기림 자신의 이러한 현실인식과 그에 따른 문제의식을 반영한다. 구체적으로 그것은 조계를 중심으로 당대 열강들의 침략이 어떤 방식으로 이루어졌는지, 그리고 그것이 가져온 문제점들은 무엇인지에 대한 진단으로부터 시작된다. 그리고 이러한 현실인식과 문제의식은 다음 단계에서 그런 문제점과 모순이 어떤 형태로 전개될지, 위기적 상황은 어떤 방식으로 닥쳐올지, 그리고 그 파장은 어디까지이며, 그들에 어떤 방식으로 대응해야 할지에 대한 그 나름의 견해와 맞닿아 있는 듯이 보인다.

물론 이 단계에서 그는 아직까지 그 실질적인 대처법이나 해법을 제시하지는 못하고 있다. 이는 시대의 혈로를 뚫기 위한 그의 고민이 이후에도 당분간 지속될 수밖에 없는 이유이기도 하다. 어쩌면 이 단계에서 그는 도리어 파국적 결말의 도래를 기대했는지도 모른다. 곪은 것은 터뜨려버린 다음에야 근본 치유가 가능한 법이다. 만일 이 같은 상황이 피할 수 없는 역사의 운명이라면 그는 그 운명을 받아들이고 그에 따른 충격과 아픔을 감내하여야 한다고 믿었던 것 같다. 문제를 덮고 회피하기보다는 정면 돌파의 길을 택했던 것이다.

여기서 우리가 눈여겨 볼 점은 이러한 그의 판단이 우리의 내면을 짓누르고 있는 제국주의적 모순과 식민지적인 혼란을 어떻게든 극복해보기 위한 모색과 연결되어 있다는 사실이다.

4장

김기림 문학에 나타난 묵시록적 상상력의 사상적 기원과 배경

1. '근대의 초극'이라는 난제

> 1939년 제2차 세계대전(世界大戰)의 발발(勃發)은 벌써 피(避)할 수 없는 『근대(近代)』 그것의 파산(破産)의 예고(豫告)로 들렸으며 이 위기(危機)에선 『근대(近代)』의 초극(超克)이라는 말하자면 세계사적(世界史的) 번민(煩悶)에 우리들 젊은 시인(詩人)들은 마조치고 말었던 것이다.[1]

애초에 김기림은 근대의 열렬한 지지자요 신봉자였다. 당대 조선 사회의 발전을 위해서도 시급히 근대적인 요소를 도입하고 이를 사회 전반에 뿌리를 내릴 수 있도록 힘써야 한다고 여겼다. 따지고 본다면 그가 서구 근대의 모더니즘 문학이론을 소개한 것도 이런 맥락에서 이루어진 일이었다.

그러나 얼마 지나지 않아 그런 자신의 생각을 수정하게 되었다. 그는 근대가 1928년 이후로 급격하게 노후화의 길로 접어들었다고 진단하였다.[2] 노후화되어버린 근대는 이전까지는 생각조차 할 수 없었던 갖가지 말기적인 병폐와 모순덩어리들을 무질서하게 우리 주변에 흩어놓았다. 요컨대 그는 우리가 뒤미처 좇아가기 위해 노력해왔던 근대라는 것이 그 시절 이미 한계에 다다랐으며, 본고장인 서구에서조차 전면적으로 퇴조하고 있다고 보았던 것이다.[3]

그런 이상 조선 사회가 계속해서 근대를 추구한다는 것은 벌써 의미 없는 일이 되어버렸다. 새로운 시대와 문명을 맞이하기 위해서라도 근대는 하루빨리 청산되지 않으면 안 되었다. 이처럼 근대의 청산이란 그에게 더 이상 미룰

---

1 김기림, 「머리ㅅ말」, 『바다와 나비』, 신문화연구소, 1946, 1-2쪽.

2 김기림, 「도시 풍경 1 · 2 (상) – 촉수 가진 데파-트먼트」, ≪조선일보≫, 1931. 2. 21.

3 김기림은 이 문제에 대한 자신의 생각을 사후에 정리된 형태로 제출한 바 있다. 김기림, 「조선문학에의 반성 – 현대 조선문학의 한 과제」, 『인문평론』 2권 9호, 인문사, 1940. 10., 38~46쪽 참조.

수 없는 시대적 요청이요 과제로 받아들여졌던 것이다. 실패한 근대에 대한 철저한 반성 위에 다음 단계로의 도약을 위해 새로운 모색과 준비에 힘써야 한다는 것, 그리하여 역사의 한 단계로서의 근대는 마침내 초극되어야 한다는 것이 그 무렵 김기림의 생각이었다.

간과하지 말아야 할 것은 시대의 흐름에 대한 이와 같은 김기림의 인식은 그 혼자만의 돌출된 주장이 아니었다는 사실이다. 동 시대의 많은 지식인들과 학자들이 이런 비슷한 생각들을 공유했다. 근대는 이미 회복 불능일 정도로 망가져버린 상태이며, 따라서 명일을 위해서도 하루빨리 청산되고 초극되어야 할 대상이라는 데 의견의 일치를 보았던 것이다. 다만 이 사태를 어떤 관점에서 바라보고 받아들이는가, 그리고 근대 이후 도래할 세계는 과연 어떤 모습일 것인가에 대해서는 각자 서있는 위치나 관점에 따라 조금씩 보는 각도가 달랐던 것도 사실이다. 구체적으로 이러한 지성계의 흐름들은 정치 경제학을 비롯한 사회과학적 인식과 역사철학을 바탕으로 하는 인문학적인 이해 등이 서로 겹치고 어우러진 형태로 상호 간 영향을 주고받았던 결과로 보인다.

김기림이 당시 이러한 다양한 사상적 흐름들에 관심을 가지고 예의 주시하였음은 여러 경로를 통해 확인된다. 그의 문학을 관류하는 근대 초극의 의지와 열망 등은 상당 부분 이런 주변적인 지식과 정보들에 빚지고 있다. 물론 그가 이들 논리를 무비판적으로 추종하고 답습하기만 한 것은 아니다. 수용과 더불어 이들에 대해 비판적으로 사유하며 분석하고자 노력했다. 그리고 다시, 그런 비판적 분석조차를 자기 나름의 관점에서 재해석하고 가공하여 보다 발전적인 미래 세계를 설계하기 위한 초석으로 삼고자 시도했던 것이다. 그의 문학에서 두드러져 보이는 묵시록적인 종말의식과 그 이후를 겨냥한 유토피아적인 상상력은 바로 이런 의식의 틈바구니 속에서 형성된 것으로 보인다. 그의 문학관, 역사관에 약간의 환상성과 신비주의 요소가 섞여 있는 것처럼 생각되는 이유는 이 때문이다.

과연 그 당시 논의되었던 어떤 사상적 흐름들이 역사 전개에 대한 김기림의 거시적인 전망과 믿음을 뒷받침해주고 있었는가. 작품 창작 과정에서 김기림은 어떤 방식으로 그들을 이해하고 받아들였으며, 또한 그들은 각기 어느 정도의 영향을 미쳤는가. 그리고 그들 각각의 특성과 차이점은 무엇인가. 이 장은 이와 같은 기본 구도 아래 김기림 문학에 나타난 묵시록적인 종말의식과 유토피아적 미래 전망의 사상적 연원과 그 배경을 당대 현실과의 상관관계 위에 면밀하게 추적, 정리하는 것을 목표로 삼는다.

2. 근대의 종언에 대한 예감과 제3기 자본주의론의 대두

1) 묵시록과 파국에의 예감: 종말론적 상상력이 던지는 화두

먼저, 「기상도」의 제4부 〈자최〉에 등장하는 한 대목부터 인용해본다.

> 『……………………』
>
> 『나리 저건 묵시록(黙示錄)의기사(騎士) ㅂ니까?』
>
> — 제4부 〈자최〉 부분

여기서 눈길을 끄는 것은 '묵시록'이라는 단어다. 세상의 종말이 다가오고 있음을 뜻하는 이 단어가 다소 돌발적으로 사용된 점이 이채롭다.

텍스트의 전후 맥락을 따라가며 살펴본다면 여기서 말하는 '묵시록의 기사'란 다름 아닌 '태풍'임을 알게 된다. 앞서 제3부인 〈태풍의 기침시간〉에서 태풍이 시시각각으로 몰려오고 있음을 이미 예고한 바 있기 때문이다. 모든 것들을 쓸어버리고 초토화시켜버리는 존재. 엄청난 위력으로 인간이 이룩한 모든 외적인 것들을 남김없이 파괴하여 무의 상태로 되돌리고 마는 존재. 그런 존재인 태풍이야말로 묵시록으로 대변되는 종말의 감각을 떠올리기에 충분하다고 하겠다. 요컨대 「기상도」에 등장하는 '태풍'은 근대문명의 자체 모순의 정점으로서, 스스로의 붕괴와 몰락을 재촉하며 몰고 오는 극한 상황의 의미를 지닌다.

여기서 우리는 일단 한 가지 분명한 사실과 마주하지 않으면 안 된다. 그것은 위 시에 등장하는 '묵시록'이라는 단어가 암시하는 바, 김기림은 일단 그 시절 일찌감치 다가올 미래 역사의 진로에 대해 매우 비관적으로 예상하고 있었다는 사실이다. 다시 말해서 시대는 우리의 의지와는 무관하게 극한의 종말을 향해 치닫고 있는 중이며, 이러한 막장의 운명을 능동적으로 회피하거나 정지시킬 수 있는 현실적인 대비책은 사실상 없다는 게 그의 생각이었다.

그런데 시대 역사의 운명이 이처럼 비관적인 것이라고 한다면, 이와 같은 그의 판단은 과연 무엇에 근거하는 것일까. 그런 그의 생각은 단지 막연한 추측이나 예감에 불과한 것인가, 아니면 현실에 대한 정확한 진단과 분석, 그리고 어떤 논리적인 사유와 판단의 근거 위에 기초한 것인가. 나아가 종말 이후의 세상에 대해 그는 과연 어떤 생각을 품고 있었던 것일까. '묵시록'이라는 단어가 지니는 강렬한 인상과 함께, 그가 남긴 기록들은 우리에게 이런 여러 가지 문제의식들을 던져준다.

2) 제3기 자본주의론의 대두와 그 파장에 대한 김기림의 이해

김기림이 쓴 글들을 읽다보면 근대에 대한 그의 인식이 오늘날 우리가 일반적으로 알고 있는 것과는 적잖이 차이가 난다는 사실을 발견하게 된다. 무엇보다도 그는 1930년대를 역사적으로 근대가 막바지 한계점에 다다른 시기라고 확신했다. 구체적으로 그는 당대(1930년대)를 '자본주의 말기'로, 당대의 문화 역시 성숙을 넘어 '난숙'의 단계로 접어든 시기로 이해하고 있었다.[4]

오늘날과 같은 고도 산업 사회에서 생활하고 있는 현대인들의 입장에서 볼 때는 이런 김기림의 판단이 다소 터무니없는 것처럼 비칠 수도 있다. 기껏해야 산업화 시대의 초기 단계를 겨우 벗어나, 이제 막 대량 생산과 대량 소비 시대의 초입에 들어선 즈음[5]에 살았던 그가 이런 생각을 했다는 것 자체가 일종의 넌 센스라고 볼 수 있기 때문이다. 그러나 김기림이 이런 결론에 도달하게 된 데에는 그 나름의 뚜렷한 이유가 있었다. 여기서 주목되는 점은 그가 당대를 '자본주의 제3기'로 규정한 사실이다.

> 뿐만아니라 **세계는 바야흐로 자본주의 제2기의 일시적 안정에서 방축(放逐) 당하여 전반적 불황과 실업의 세계 공황의 와중에로** 돌입하고 잇다. 금일 세계를 통하야 어느 나라가 수백만 혹은 수십만의 실업군을 가지고 아니 잇는 데가 업다.[6] (강조-인용자)

> 그리고 금일의 세계 공황 불경기라고 하는 것이 직접 간접으로 문단 침체를 초치(招致)한 다분(多分)의 원인을 짓고 있다. 경제는 항상 시대와 사회의 「에너-지」인 까닭이다. 문화사적으로 이것을 고찰하면 엇더한 사회기구가 상승적 발전과정을 더듬어가고 잇슬 때에 문화는 가장 활발한 형태를 정(呈)하는 것이다. 이러한 의미에서 **자본주의가 제3기에 드러선 현금의 세계**에 문학의 황금시대를 재현하려고 하는 기원과 노력은 효과 업는 몽상과 가튼 것이 아닐가.[7] (강조-인용자)

---

4 편석촌, 「시인과 시의 개념 (3)－근본적 의혹에 대하여」, ≪조선일보≫, 1930. 7. 26.

5 물론 이런 대량 생산과 대량 소비 역시 이 당시 서구와 일본 본토 등 근대 자본주의가 꽃을 피운 선진 지역의 경우에만 해당된다. 당대 조선의 사정과는 거리가 있음을 유념할 필요가 있다.

6 GW생, 「정조 문제의 신 전망」, ≪조선일보≫, 1930. 9. 3.

7 편석촌, 「「노-벨」 문학상 수상자의 「푸로필」 · 1」, ≪조선일보≫, 1930. 11. 22.

인용문을 살펴보면 알 일이지만, 1930년대 초반의 시점에 이미 그는 자본주의가 일시적인 안정과 발전을 이루었던 2기를 지나 3기로 접어들었다고 진단한다. 이 3기에의 진입을 대표하는 사건이 전 세계적인 불황과 실업 사태를 몰고 온 '대공황'[8]인 바, 이런 사태를 고비로 근대 자본주의는 마침내 '몰락의 징후'[9]를 드러내고 말았다는 게 그의 생각이었다. 이로 본다면 자본주의 3기란 다름 아닌 자본주의의 전면적인 퇴조기를 의미한다. 다시 말해서 김기림은 근대 자본주의의 몰락이라는 거대한 물결을 거스를 수 없는 시대 역사의 대세로, 인간의 힘과 노력만으로는 되돌리기 어려운 것으로 받아들였다. 그리고 이때의 몰락은 단순히 어떤 특정 주의 주장이나 체제의 몰락이라는 의미를 넘어서 세계 전체의 몰락이라고 보았다.

근대 자본주의 경제의 흐름을 3기로 나누고, 당대 사회가 처한 혼란과 위기 국면을 이런 식의 통시적 파악 위에 놓고 해석하려는 태도는 다음 인용 글들에서도 알게 되듯이 이 당시 지식 사회 내부에 폭넓게 통용되던 하나의 보편적인 상식이었다.

> **자본주의의 최후 단계**에 들어선 세계 제국주의 열강은 순환성을 일흔 만성적 공황에 폐병 환자의 **제3기적 천식**을 하고 잇다.[10] (강조-인용자)

---

8 물론 이전에도 서구 각국은 자국의 사정에 따라 한두 차례 경제 공황을 겪은 적이 있다. 그러나 1929년 미국 뉴욕의 월가에서 시작된 금융 공황은 규모나 시기, 강도 면에서 이전에 겪었던 공황들과는 비교가 되지 않을 정도의 전방위적인 파급력을 몰고 왔다. 세계 전체가 깊은 장기 불황과 침체의 늪에 빠졌으며, 이를 계기로 지금까지 근대사회를 이끌어왔던 자본주의 시장과 금융 시스템이 총체적인 붕괴 상황에 직면하게 되었던 것이다. 따라서 여기서 말하는 '대공황 *Great Depression*'이란 이전에 몇 차례 겪었던 공황들과는 달리 이런 특별한 사정들이 강조된 차별화된 용어이다.

9 편석촌, 「「인텔리」의 장래 (완)-그 위기와 분화 과정에 관한 소 연구」, ≪조선일보≫, 1931. 5. 24.

10 「시상만화(時相慢話)」, 『별건곤』 36호, 개벽사, 1931. 1., 34쪽.

사회의 불균형과 생산기관의 독점을 특징으로 한 자본주의는 자유경쟁의 원칙 하에서 생산과잉과 시장쟁탈의 국제자본주의 전쟁을 경유하야 금융자본주의의 계단에서 기생적 과두정치를 계속하면서 현하 위기를 잉(孕)한 **제3기의 몰락 계단에 도달**하엿다.[11] (강조－인용자)

이여성(李如星)

제3기 자본주의는 필경 그 갈 대를 가고야 말 것이외다. 그러나 일본과 가티 봉건적 군부세력이 의연 금융자본가 세력과 백중을 다토게 되는 나라에서는 그들을 중심한 군부 정치 —「파쇼」화한 독재 정치 — 의 계단의 반드시 잇스리라고 추측합니다. 그것은 군부 중심의 독재 정치이기 까닭에 일당의 독재 정치처럼 볼 수도 잇겟지오. 일본의 「뭇소리니」는 몰나도 일본의 「히트라」 쯤은 미구에 생겨날 것 가티 생각됩니다.[12] (강조－인용자)

요컨대 **제3기는 자본주의의 결정적 모순이 기술적 진보의 기초 우에서 공전적(空前的)으로 첨예화하야 그 모순은 해결할 수 없는 성질을 가지게 된 시기**인 것이다. 여사(如斯)히 하야 **1929년 말로부터 공전적 세계 공황은 제3기의 특질을 가장 명백히 표현**하여 가지고 가장 번영을 자랑하든 아미리가를 근원지로 하야 폭발되어 전 자본주의 세계를 도탄에 너어버리게 된 것이며 날로 날로 격화되는 일방이다.[13] (강조－인용자)

이러한 시기별 구분과 정리는 맑스주의 사회경제학의 논리를 반영한 역사철학적 인식, 보다 구체적으로는 레닌에 의해 정초된 제국주의론의 주장을

11 해송학인, 「1931년의 국제자본주의」, 『삼천리』 3권 12호, 삼천리사, 1931. 12., 25쪽.

12 「설문－일본에 독재 정치가 실현될가」, 『삼천리』 4권 2호, 삼천리사, 1932. 2., 3쪽.

13 「동광대학 제10강 사회과학－제3기란 무엇인가」, 『동광』 31호, 동광사, 1932. 3., 92-93쪽.

떠올리게 한다.[14] 새로운 시장 개척과 무역 확대를 통한 초기의 상업자본주의(1기) 시기와 대량 생산과 대량 소비에 바탕을 둔 자유 경쟁 체제의 공업자본주의(2기)의 단계를 거쳐서, 당대 사회는 공급 주체의 배타적 카르텔 형성과 국제 시장의 블록화에 따른 독점자본주의(3기) 시대로 접어들었다는 것이 이 이론의 요지다.[15]

독점자본주의는 제국주의적 팽창과 식민화를 통한 시장 지배 전략과 떼려야 뗄 수 없는 관계이다.[16] 원래 자본주의에서의 성장이란 시장 경쟁의 활성화와 경영의 자율적인 혁신 없이는 기대하기 힘들다. 그러나 제국주의적 팽창에 의존한 독점자본주의는 경제 성장의 근간이라 할 수 있는 경쟁과 혁신을 배제해버린다. 그것은 오로지 자본 이득의 극대화에만 집착한 결과 도출된 비정상적이고 기형적인 형태의 경제 모델이다. 부작용이 없을 수 없고, 이때의 부작용이란 자본주의 자체의 존립과 관계된 근본적인 것이기에 더욱 문제가 된다. 레닌이 제국주의를 근대 자본주의의 마지막 단계로서 '사멸하고 있

---

14 평소 그가 지닌 서구적인 스타일의 모더니스트로서의 면모와는 별개로, 맑스주의 사상에 대한 김기림의 관심은 비교적 이른 시기부터 형성되었던 것으로 보인다. 이런 관심의 시작은 그가 청년 시절의 '독서'를 통해 접한 '유물론의 매력'에 대해 언급하였던 1930년대 초반 이전으로 거슬러 올라간다.
김기림, 「오후와 무명 작가들 (3) – 일기첩에서」, ≪조선일보≫, 1930. 4. 30. 참조.
다만 이후 그가 이런 유물론과 맑스주의 사상의 제 흐름들에 대해 일정 정도의 비판적 거리를 유지한 점으로 미루어, 그는 의식적으로 일부 주장만을 선별하여 수용하려 했음을 알 수 있다.
한편, 젊은 시절부터 지속된 이러한 유물론과 맑스주의 사상 등에 대한 김기림의 일정한 관심은 이후 그의 행적을 해명하는 데 있어 약간의 실마리를 제공해주는 측면이 있다. 예컨대 1930년대 말경 그가 모더니즘의 시대적 한계를 논하며 모더니즘과 사회성의 종합이 필요함을 주장한 것(「모더니즘의 역사적 위치」, 『인문평론』, 1939. 10.)이나, 해방 직후 돌연 좌익 단체에 가담(여운형 계열의 조선인민당, 임화 주도의 조선문학가동맹)하고 활동하게 된 경위 등을 추론하는 데 하나의 참고가 될 수도 있지 않을까 한다.

15 이 이론이 당대 지식인들의 비상한 관심을 끈 이유는 당시 전 세계를 휩쓸었던 대공황의 출현과 파시즘 세력 대두의 근본 원인과 그에 따른 문제점들을 논리적으로 명쾌하게 정리해놓은 데 있다.

16 블라디미르 일리치 레닌, 『제국주의, 자본주의의 최고 단계』, 이정인 역, 아고라, 2017, 144쪽.

는 자본주의'[17]로 규정한 것은 이 때문이다.[18]

독점자본의 확대에 따른 폐해가 치명적인 것은 경제 시스템 자체를 원천적으로 망가뜨린다는 점에 있다. 공급자 중심의 과도한 자본 소득에 대한 집착과 자본가들의 끝 모를 탐욕은 소비의 활성화를 뒷받침할만한 시장 참여자들의 소득 수준의 향상을 유발하지 못하는 까닭이다. 이는 필연적으로 시장경제의 악화와 만성적인 경기 침체를 불러들이게 된다.

『아메리카』에서는
여자(女子)들은 모두해수욕(海水浴)을 갓스므로
빈집에서는 망향가(望鄕歌)를 불으는『니그로』와 생쥐가 둘도없는동무가 되엇습니다.
파리(巴里)의 남편(男便)들은 오늘도 차라리 자살(自殺)의위생(衛生)에 대(對)하야 생각하여야하고
옆집의 수만이는 석달만에야
아침부터 지배인(支配人)영감의 자동차(自動車)를 불으는 지리한직업(職

17 위의 책, 210쪽.

18 레닌 Vladimir Ilyich Lenin(Влади́мир Ильи́ч Ле́нин, 1870~1924)과 그의 대표 저작물 가운데 하나인『제국주의, 자본주의의 최고 단계』의 1917년 러시아어판 초판본 속표지.

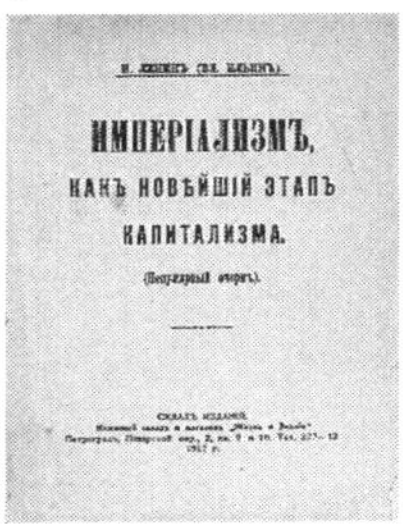

사진 좌 : https://en.wikipedia.org/wiki/Vladimir_Lenin에서 재인용.
사진 우 : https://en.wikipedia.org/wiki/Imperialism,_the_Highest_Stage_of_Capitalism에서 재인용.

業)에 취직(就職)하엿고

…… (중략) ……

동양(東洋)의안해들은 사철을 불만(不滿)이니까

배추장사가 그들의 군소리를 담어가려오기를 어떻게 기다리는지몰릅니다.

공원(公園)은 수상(首相)『막도날드』가 세계(世界)에자랑하는

여전(如前)히 실업자(失業者)를위한 국가적(國家的)시설(施設)이되엇습니다.

— 제2부 〈시민(市民) 행렬(行列)〉 부분

김기림은 이 점에 주목했다. 대공황과 대량의 실업 사태는 이러한 독점 자본주의의 폐해와 모순이 쌓인 끝에 그것이 표면화되어 불거진 전형적인 예이다. 그는 당시 세계를 휩쓴 대공황이 자본주의 붕괴의 신호탄이라는 당대 지성계의 주장을 전폭적으로 수용했다. 위 인용문은 장기 불황에 따른 경기 침체의 여파가 전 세계적으로 어떤 정치, 사회, 경제적인 파장을 몰고 왔는지를 수사적 표현들을 통해 나열해놓은 대목이다.

그는 근대문명의 종언이 사실상 멀지 않았음을 직감했다. 자본주의 근대문명은 처참한 붕괴 과정을 거쳐 조만간 역사의 뒤안길로 사라질 운명이라는 것이 그의 생각이었다. 재차 강조하건대, 세계사의 흐름과 문명의 역사적 단계에 대한 이런 그의 판단의 중심에 당시 조선의 지식사회를 휩쓸었던 제3기 자본주의론의 사상적 영향이 자리하고 있었음은 특기해둘만한 사실이다.

3. 전쟁, 즉 세계대전 발발에 대한 확신과 경고

관심을 끄는 것은 위와 같은 제국주의와 독점자본의 횡포가 구체적으로 어떤 경로를 거쳐 근대를 파멸의 길로 이끌게 되는가 하는 점이다. 자본주의가 역사상의 근대와 밀접한 연관성을 지닌 이상 자본주의의 몰락을 곧장 근대의 종말과 동일시하려는 시각은 일견 일리가 있다. 그러나 그것이 단순 쇠퇴나 몰락이 아니라 묵시록으로 대변되는 종말론적인 대 파국으로 이어진다면 여기에는 좀 더 직접적이고도 강력한 어떤 결정적인 계기가 작용한다고 보아야 하지 않을까.

「기상도」의 가장 핵심적인 모티프가 '태풍'이라는 데는 별다른 이의가 없을 줄 안다. 이 경우 태풍이란 근대문명의 타락과 무질서가 극에 달했을 때 발생하는 대 격변과, 그것이 몰고 오는 엄청난 규모의 파괴적 양상들과 관계가 깊다. 그것은 인류가 오랜 세월 공들여 쌓아올린 유형무형의 자산들을 남김없이 파괴하고 쓸어가는 절체절명의 위기 상황이며, 동시에 그 모든 것들을 무(無)의 상태로 밀어버리는 퍼펙트 스톰인 것이다.[19]

전후 사정들을 감안할 때, 여기서 그가 말하는 '묵시록의 기사'가 태풍으로 상징되는 엄청난 규모의 전쟁[20], 즉 세계대전임은 능히 짐작 가능한 일이다. 필자는 앞서 「기상도」에 제시된 '태풍'의 성격을 국제 정세와 사회 변동에

---

19 기독교적인 관점에서 본다면 이 경우 '태풍'은 세상의 종말을 몰고 오는 대 파국의 사건이며 타락한 현세에 대한 신의 징벌의 의미가 담긴 최후의 심판의 기능을 수행한다고 해석할 수 있다.

20 묵시록이란 원래가 전쟁과 밀접한 상관성을 지니는 바, 이때의 전쟁이란 종말과 심판의 이미지로 다가온다. 더욱이 묵시록적인 사고는 전쟁과 같은 유혈사태가 전 세계적인 규모로 벌어지는 것을 확신한다.
이상에 대해서는 허규, 『요한 묵시록 바르게 읽기』, 성서와함께, 2019, 180쪽. / 프랭크 커모드, 『종말의식과 인간적 시간』, 조초희 역, 문학과지성사, 1993, 116쪽 참조.
참고로 김기림이 전쟁이 지니는 폭발력과 파괴력을 태풍(혹은 폭풍)에 비유한 예는 「기상도」 이전에도 찾을 수 있다. 김기림은 그의 시 「폭풍경보」(1932. 12.)에서 다가오는 전쟁의 공포스러운 움직임과 기운을 '폭풍'에 담아 비유적으로 암시한 바 있다.

민감했던 사회부 기자 출신 김기림 특유의 정보 수집 및 분석 능력과 관련하여 다가오는 제2차 세계대전에 대한 예감으로 풀이, 해석한 바 있다.[21]

이처럼 태풍 즉, 세계대전을 한 시대의 종말을 앞당기는 묵시록적인 사건으로 읽을 때, 우리는 비로소 「기상도」에 내재된 김기림의 숨은 의도를 제대로 파악할 수 있는 실마리를 확보하게 된다. 김기림은 압도적으로 몰려오는 태풍의 상징성을 동원하여 현 단계 문명의 혼란과 타락이 결국에는 전쟁이라는 비극적 사태를 불러들일 것이라는 사실을 예감하고 이를 경고했던 것이다. 그러므로 태풍, 즉 세계대전은 타락할 대로 타락한 근대문명이 내지른 단말마적인 비명이며, 나아가 스스로 파멸의 길을 재촉하는 문명 자체의 마지막 몸부림이다.

> 십자가(十字架)를 높이 들고
> 동란(動亂)에 향하야 귀를 틀어막든
> 교회당(敎會堂)에서는
> 『하느념[22]이여 카나안으로 이르는길은
> 어느 불ㅅ길속으로 뚤렷습니까?』
> 기도(祈禱)의 중품에서 예배(禮拜)는 멈춰섯다.
> 아모도『아-멘』을 채 말하기전에
> 문(門)으로 문(門)으로 쏟아진다 ……
>
> — 제4부 〈자최〉 부분

> 자동차(自働車)[23]가 돌을차고 너머진다.
> 전차(電車)가 개울에 쓸어진다.

---

21 이에 대한 자세한 내용은 본서 제1장 참조.

22 '님'의 오식인 듯.

23 '自動車'의 오식인 듯.

『뻴딩』의 숲속
네거리의 골짝에 몰켜든 검은 대가리들의 하수도(下水道).
멱처럼 허우적이는 가-느다란팔들.
구원(救援)대신에 허공(虛空)을 부짭는 지치인노력(努力).
흔들리우는 억개의 물결.

불자동차(自働車)의
날랜『싸이랜』의날이
선듯 무딘 동란(動亂)을 갈르고 지나갓다.
입마다 불낄을 뽑는
마천루(摩天樓)의 턱을 어르맍이는 분수(噴水)의 바알.

— 제4부 〈자최〉 부분

위 인용문에는 전쟁 발발 이후 전개되는 혼란스럽고 급박한 상황들이 제시되어 있다. 여기서의 '동란(動亂)'이란 전쟁 상황을 뜻하는 직접적인 단어다. 눈여겨볼 부분은 그런 급박한 상황에서 도움을 주어야 할 구원의 손길은 어디에도 보이지 않는다는 점이다. 이런 절망적인 상황은 동란에 처한 개개인의 것인 동시에 현 문명과, 나아가 인류 역사 전체를 대상으로 한 것으로 해석함이 옳다.

피할 수만 있다면 피하고 싶은 것이 전쟁이다. 더군다나 그 전쟁이 막강한 힘을 지닌 세력들 간의 전면전이라면 더더욱 그렇다. 문제는 상호간에 이득이 되지 않는다는 사실을 뻔히 알면서도 그것을 피하지 못하는 경우다.

이런 추론이 가능한 데에는 다음과 같은 몇 가지 이유가 있다.

먼저, 독점 자본의 등장에 따른 폐해가 선진 공업 제국에만 국한되지 않고 전 세계적인 규모로 확대된다는 사실과 관련이 있다. 경제를 살리기 위한 제국주의 열강들의 전략은 개발을 통한 혁신이나 자국민들의 고통 분담과 같은 정상적인 방법과는 거리가 멀었다. 이 시기에 이르면 제국주의 열강들은 자유 무역을 통한 교역권 보장과 경쟁 시장 체제 유지 대신 식민지 내에서 자국의 지배권을 강화하는 쪽으로 정책 노선을 수정한다. 나아가서 서로간의 이해관계가 맞는 몇몇 제국주의 국가들끼리의 합종과 연횡을 통해 경제권역의 확대를 꾀함과 더불어, 이렇게 확대된 시장의 폐쇄적인 거대 블록화를 시도하기에 이른다. 그리고 이 블록 내에서 안정된 수익 구조를 확보하기 위해서 그들은 그들의 자본과 세력의 독점적인 지위를 더욱 강화하게 된다.

그 결과 세계 전체가 이들 열강들에 의해 몇 개의 블록으로 분할되고 만다.[24] 이른바 '초제국주의(ultra-imperialism)'[25] 혹은 '국제제국주의(inter-imperialism)'[26]란 이러한 제국들 간의 연합과 경제 블록화를 통한 제휴의 결

24 "카르텔, 신디케이트, 트러스트 같은 독점 자본가의 연합들은 먼저 국내 시장을 자기들끼리 분할하며 자국 생산을 거의 완전하게 장악한다. 그러나 자본주의 아래에서 국내 시장은 피할 수 없이 해외 시장과 연결된다. 자본주의는 이미 오래전에 세계 시장을 창출했다. 그러나 자본 수출이 증가하고, 가장 큰 독점 연합들이 외국 및 식민지의 연결 관계와 그들의 '세력권'이 백방으로 확장됨에 따라, 사태는 '자연스럽게' 이들 사이의 세계적 협정으로, 국제 카르텔의 형성으로 나아가고 있다."
블라디미르 일리치 레닌, 앞의 책, 110쪽.
이러한 논리에 따른다면 열강들 사이의 세계 분할을 통해 이룩된 제국주의는 그 전개 과정에서 필연적으로 자본주의적 독점이 자본주의적 자유경쟁을 대체하는 결과(위의 책, 143쪽.)를 낳게 된다.
아래는 당시 세계 분할에 참여한 블록 경제권역을 표시한 지도이다.

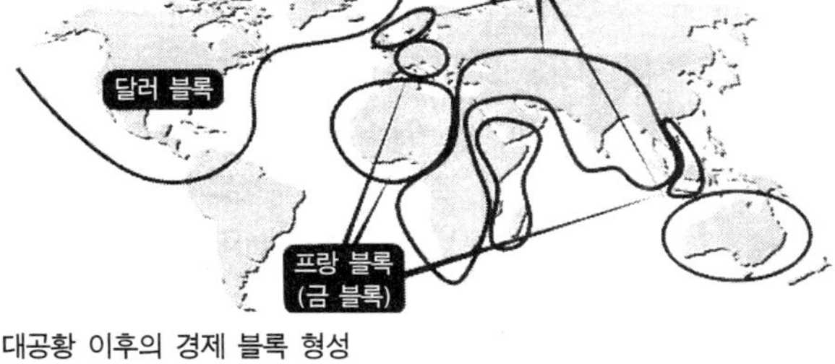

대공황 이후의 경제 블록 형성

사진 : https://blog.daum.net/blueletter01/7638004에서 재인용.

25 카우츠키 K. J. Kautsky(1854~1938)의 용어. 위의 책, 195쪽에서 재인용.

26 홉슨 J. A. Hobson(1858~1940)의 용어. 같은 책, 같은 쪽에서 재인용.

과로 탄생된 것이다. 이 말은 세계 전체가 블록 경제를 주축으로 하는 초거대 독점 자본의 지배 아래 고스란히 놓이게 된다는 것을 의미한다.

두 번째로, 이런 블록 경제 체제는 결국에는 파멸적인 상황을 맞이하게 될 것이라는 사실이다. 독점자본주의 체제가 세계를 지배하는 한 블록화를 통한 제국주의 열강들 사이의 평화로운 공존이란 사실상 불가능하다.[27] 가능하다고 하더라도 그것은 단지 일시적인 현상에 불과할 것이다. 왜냐하면 블록화된 경제 구조가 세계적으로 고착화되면 될수록 필연적으로 그에 따른 불만의 소리 또한 높아질 것이기 때문이다. 원료와 자원, 시장의 독점에 따른 식민지 내에서의 불만도 문제겠지만, 이 경우 특히 문제가 되는 것은 기존의 제국주의 열강들과 새롭게 부상하는 신흥 강국들 사이의 이해관계의 충돌이다.

신흥국들로서도 그들 나름의 이런저런 자구책을 강구해보기는 할 것이다.[28] 그러나 그것만으로는 어차피 한계가 있을 수밖에 없다. 그들로서는 대공황으로 파탄 상태에 빠진 자국 경제를 되살리기 위해서라면 무슨 일이라도 벌여야 할 판이다. 현실적으로 블록의 확장밖에는 선택의 여지가 없는 상황에

---

27 이 점 레닌은 제국주의 국가들끼리의 단합을 통한 평화 공존과 함께, 독점 금융 자본의 식민 제국들에 대한 공동의 착취가 가능하다고 본 카우츠키의 학설에 대해 매우 비판적인 태도를 취한다.
위의 책, 146-159쪽.
한편, 이러한 국제 블록 결성의 의의와 문제점은 일찌감치 조선 학계 내부에서도 지적되었는데, 이러한 제반 사항들을 상세하게 정리하여 논한 대표적인 예로는 최진원, 「자본주의 열강 대립-국제 경제 쌜럭의 결성 (1)~(26)」, ≪조선중앙일보≫, 1933. 4. 18.-1933. 5. 26. 참조.
(참고로 최진원의 위 글은 그가 기 발표한 글(최진원, 「자본주의 열강의 대립과 국제 쌜럭 경제 문제-관세전(關稅戰)을 통하야 본 그 현상」, 『신계단』 1권 5호, 조선지광사, 1932, 20-27쪽)을 수정, 보완한 것이다.)

28 당시 후발 제국들이었던 독일과 이탈리아, 일본의 대항 블록 결성 시도를 다룬 조선 내에서의 언론 보도를 소개한다면 다음과 같다.
「日満ブロックに獨逸が提携を希望」, ≪부산일보≫, 1933. 10. 28.
「불원간 나마(羅馬)에서 이(伊) 오(墺) 흉(匈) 3국 회의-뿔럭 결성의 3국 조약 체결로 중구(中歐) 제국에 대파문」, ≪조선중앙일보≫, 1934. 3. 1.
「日満経済-ブロック建設に大藏省が乘出す」, ≪부산일보≫, 1934. 8. 3.
「독(獨) 오(墺) 흉(匈) 이(伊) 4개국 신 팟쇼 불럭 결성!」, ≪조선일보≫, 1936. 10. 26.

서 자연 그들은 기존의 열강들이 거느리고 있는 광대한 지역들에 눈을 돌리지 않을 수 없게 된다. 침략의 유혹이 생기는 것은 이 때문이다.[29]

그것은 분명 위험한 도박이다. 그러나 한번 낙오되면 영영 다시 올라설 수 없는 냉혹한 시대 현실 속에서 후발국으로서 살아남기 위해서라도 그것은 그들로서도 어쩔 수 없는 모험이기도 하다. 다시 말해서 기존의 열강들에 의해 이미 선점 분할된 세계를 새롭게 재분할하고자 하는 욕망이 어느 순간엔가 불가피하게 부상하게 된다.[30] 그리하여 이러한 재분할에의 의지는 기어코 신구 열강들 사이의 격렬한 투쟁으로 이어지게 되리라고 보았다. 다시 말해서 이들 제국주의 열강들 사이의, 크게 보면 블록들 사이의 정면충돌은 이 모든 이해관계들이 얽히고설킨 필연적인 사태의 귀결인 것이다.[31]

당대의 지식 사회 또한 시대 상황이 낳은 이러한 제반 모순과 문제점들에 대해 민감한 반응을 보였다. 조선의 지식인들 대다수가 당시 블록화를 통해

29 이론상 새로운 식민지 개척도 가능할 수 있겠으나, 앞서의 세계 경제 블록 지도(주 24번)을 참조한다면 신흥 강국들이 기존의 열강들이 장악한 식민지들을 피하여 새로 진출할 수 있는 지역은 거의 남아 있지 않음을 알 수 있다. 당시 정치 경제적으로는 미국의 이해관계가 걸려 있으며 문화적으로는 스페인, 포르투갈의 영향권이라고 할 수 있는 중남미 국가들과, 유럽과 시베리아에 걸친 러시아, 동북아 일대를 장악한 일본의 지배 영역까지를 함께 놓고 본다면 이 사실은 더욱 극명하게 드러난다. 또한 이러한 당시의 국제 정세는 모든 열강들이 마지막 기회의 땅이라고 여겼던 중국 진출에 목을 맨 직접적인 이유이기도 하다.

30 이로 본다면 아리안족의 순수성에 근거한 제3제국의 영광을 외친 독일 나치즘과 로마제국의 부활을 꿈꾼 이태리 파시즘, 그리고 천황을 정점으로 대동아공영권의 성립을 주장한 일본 군국주의의 논리는 모두 기성의 열강들이 선점한 블록 권역에 대한 불만에서 촉발된 것으로, 이들 신흥 강국의 세계 재분할에의 욕망을 반영하고 있다는 점에서 동일하다.

31 예컨대 신흥 강국의 늘어난 생산력과 이것을 소비할 시장의 부재라는 문제의식으로부터 기존의 독점자본에 의해 닫힌 블록화된 시장이 초래하는 수급 불균형이 야기할 문제의 심각성을 지적하고, 이러한 불균형이 낳은 불만이 제1차 세계대전의 근본 원인임을 지적한 레닌의 다음과 같은 진술은 제2차 세계대전 전후의 국제 정세를 이해하는 데 있어서도 시사해주는 바가 크다고 하겠다.
"묻건대, 자본주의라는 토대 위에서 한쪽(독일－인용자 주)의 생산력 발전 및 자본 축적과, 다른 쪽(영국－인용자 주)의 금융자본을 위한 식민지 및 '세력권'의 분할 사이에 존재하는 불균형을 없애는 데 있어서 전쟁 외에 다른 어떤 수단이 있을 수 있겠는가?"
블라디미르 일리치 레닌, 앞의 책, 160-161쪽.

자국의 경제 위기를 돌파함과 함께 패권 국가로서의 지위를 차지하려는 열강들의 시도는 결과적으로 실패하고 말 것이라고 예측했다. 그리고 이러한 실패는 필시 대규모 충돌로 이어질 수밖에 없으리라는 데 의견의 일치를 보았다. 지식층 내부에서 또 한 차례의 세계대전이 임박했음을 알리는 경고음들이 계속해서 들려왔던 것은 이 때문이다.

> 경제적 위기에서 정치적 위기로 전화한 제국의 정세와 그 발전을 여기에 일일이 들어볼 필요는 없다. 그것은 우리들의 안전에 매일 전개되고 잇는 바이며 다만 최근의 영국 독일 등 주요 자본주의국의 시국을 보아도 넉넉하다. …… (중략) …… 이러한 정치적 위기는 일국 내에서만 존재치 아니하고 국제 관계에 잇어서도 그 정세는 첨예화하여 간다. **세계 재분할을 위한 전쟁의 위기, 벨사이유 조약등 국제정치체제의 붕괴, 제국주의 열강과 식민지 급 반식민지의 격렬한 투쟁, 자본주의 세계와 쏘베트동맹의 위급한 형세 등등** 이러한 모든 사실을 여기서 일일이 들어 분석할 여유는 없다. 그러나 이러한 모든 관계는 뿔조아 계급 지배의 전반적 위기를 촉진케 하는 것이다.[32] (강조 - 인용자)

> 생산 상품의 체적과 판매시장의 협소로 인하야 제국주의 열강은 내부에 서로 융해치 못할 모순을 품고 무작정 평화 하에서 전전(戰戰)경경(競競)히 의혹과 침략의 주목을 완화할 결흠이 업다. 자본주의 경제의 공황은 세계적으로 열강을 침식하야 **국내에는 실업자의 홍수와 국외에는 제2대전의 위기가 날날히 절박**하고 잇다.[33] (강조 - 인용자)

> **전후 독점 자본의 불균등 발전과 세계공황은 세계 경제 뿔럭 운동으로 진**

---

32 김광, 「경제적 위기에서 정치적 위기에」, 『동광』 27호, 동광사, 1931. 11., 23쪽.

33 해송학인, 위의 글, 25쪽.

> **전하얏다. 그러나 그것은 세계 경제공황을 절대로 극복하지 못하므로 경제 뿔록 운동은 정치적 공황으로, 그리하야 결국 제국주의 제2차전으로 전화하지 않을 수 없을 것 같다.** 그러나 차(此) 귀취(歸趣)를 예언할 자는 오직 역사법칙뿐일 것이다.[34] (강조-인용자)

> 국내적 국제적으로나 생산과 무역의 관계가 균형을 일코서는 모순적으로 괴리(乖離)하고 잇서 국민의 생활을 불안케 하며 가장 국제관계를 신경질적으로 흔들고 잇는 것과 바야흐로 가장 백열화(白熱化)한 국제 관세전(關稅戰)도 이것 때문이며 정치적 경제적 기구에 일대 개신(改新)을 가하지 아니치 못하는 열강의 조잡한 정정(政情)이나 **뿔록의 결성으로써 세계시장을 재분열한 것이나 대전종식이후 만성적(慢性的) 발작적으로 상호 대립 반발하고 잇다.** 국제 외교 관계가 갑작히 경련적(痙攣的)으로 악화되고 잇는 것들은 모다 여긔에 기인한 것이다. …… (중략) …… 더욱히 **뿔록의 강화 시장의 확보를 의도함에 잇서서 강대한 군사적 배경을 필요로 하는 결과 군축회의가 실패되고 미증유(未曾有)의 군확(軍擴) 시대(時代)를 출현한 것도 당연의 결론**이라 아니할 수 업는 것이다.[35]

근대와의 완전한 결별, 근대의 완전하고도 철저한 청산을 위해서는 바야흐로 막바지 결정적인 고비가 필요했다. 앞서 밝혔듯이 그것은 열강과 열강들 간의, 세력과 세력들 간의 명운을 건 대 혈전, 즉 세계대전이다. 요컨대 김기림을 비롯한 이 당시 조선의 지식인들에게 곧이어 닥칠 세계대전이란 독점자본의 폐해와 블록 경제에 따른 자본주의의 내재적 모순이 극에 달한 지점에서 터지고야 말 운명적 사건이었다. 근대문명은 최후의 순간에 이처럼 무모하게

34 백남운, 「세계 경제를 지배하는 뿔럭 경제의 금후(今後)」(5), ≪동아일보≫, 1934. 1. 5.
35 신일용, 「세계적 위기와 구주 정국」, 『개벽』 신간 1호, 개벽사, 1934. 11., 8-9쪽.

도 폭발할 것이며, 그와 더불어 자멸의 구렁텅이에 빠지게 되리라고 보았다.

태풍, 즉 전쟁이 할퀴고 간 자리에는 온전히 남아있는 것이 없다. 「기상도」의 제5부 〈병든 풍경〉과 제6부 〈올배미의 주문〉에는 모든 것이 파괴되고 황폐화된 이후, 문명의 잔해 위에서 탄식하는 시적 주체의 허탈한 시선이 조명되어 있다.

지치인 바람은 지금
표백(漂白)된 풍경(風景)속을
썩은 탄식(嘆息)처럼
부두(埠頭)를 넘어서
찢어진바다의 치마자락을 걷우면서
화석(化石)된벼래의 뺨을 어르만지며
주린강아지 처럼 비틀거리고 지나간다.

바위틈에 엎디어
죽지를 들이운 물새한마리-
물결을 베고자는
꺼질줄 모르는 너의향수(鄕愁).

짓밟혀 느러진 백사장(白沙場)우에
매맞어 검푸른 『빠나나』껍질하나
부프러올은 구두한짝을
물결이 차던이고 도라갓다.
해만(海灣)은 또하나
슲은전설(傳說)을 삼켯나보다.

— 제5부 〈병든 풍경〉 부분

내일(來日)이없는『칼렌다』를 처다보는
너의눈동자는 어쩐지 별보다 이뿌지못하고나.
도시십구(十九)세기(世紀)처름 흥분(興奮)할수없는너.
어둠이 잠긴 지평선(地平線)너머는
다른한울이 보이지않는다.
음악(音樂)은 바다밑에 파묻낀 오래인 옛말처럼 춤추지않고
수풀속에서는 전설(傳說)이 도모지 슲으지않다.
『페이지』를 번지건만 너머ㅅ장에는 결론(結論)이없다.

— 제6부 〈올배미의 주문〉 부분

전쟁, 즉 세계대전은 오랜 세월에 걸쳐 인류가 쌓아올린 모든 물질적, 정신적 유산들을 남김없이 초토화시킬 것이다. 더불어 그 초토화된 대지 위에서 이전의 시절은 다만 '슲은전설'로만 회고될 것이다. 더 이상의 길은 남아 있지 않다. 이 모든 결과는 막다른 골목에 처한 자본주의적 근대가 마주할 수밖에 없는 역사적 숙명이다. 분명한 것은 이 비극적인 사태의 핵심에는 초심을 잃고 타락한 문명의 탐욕스러운 모습이 자리 잡고 있다는 점이다. 다시 말해서 근대의 종말과 몰락을 불러들일 최후의 마침표로서의 제2차 세계대전이란 타락한 자본주의 근대문명이 스스로에게 내리는 준엄한 심판이자 징벌인 셈이다.

위 인용문 제6부에서는 그런 처참한 실패의 순간을 마주하며 망연자실 절망에 빠져있는 한 인간의 모습이 제시되어 있다. 이때의 인간이란 그간 주제도 모르고 날뛰었던 근대인을 의미한다. 이미 패망의 마지막 단계로 접어든 근대 자본주의 문명에는 어떤 희망도 남아있지 않다. 근대에는 '내일'이 없으리라는 것, 그리고 근대문명은 제2차 세계대전의 폭발과 더불어 마침내 대실패로 막을 내리게 되리라는 것이 이 당시 김기림의 생각이었다.

4. 새로운 문명질서의 태동에 대한 기원

1) 블록과 제국의 해체에 대한 믿음

제2차 세계대전이 실제로 발발한다면 그것은 피해의 정도나 규모 면에서 이미 한 차례 경험한 바 있는 1차 세계대전의 경우와는 비교도 안 될 정도의 엄청난 결과를 초래할 것이다. 그에 보태어, 유럽 대륙에만 국한되었던 1차 대전 때와는 달리, 그 여파는 거의 전 세계를 뒤덮을 것이 확실했다. 세계의 대부분이 블록화된 지배 구조 아래 묶여있는 이상, 거기 속한 대다수 지역 주민들은 싫든 좋든 거대한 전쟁의 소용돌이에 휘말리지 않을 수 없을 것이기 때문이다. 나아가 그러한 전면전의 결과는 승자, 패자를 가릴 것 없이 모든 것을 잃게 되는 가히 재앙적인 수준의 파멸로 마무리될 것이다. 제3기에 이른 초제국주의적인 독점자본주의 세계 체제는 결국 이런 식으로 막을 내리고, 그와 동시에 근대문명 또한 사멸의 길을 걷게 되리라는 것이 김기림의 예상이었다.

그것은 한 편의 묵시록적인 종말의 드라마를 연상케 한다. 그러나 그는 세상의 종말과 심판의 순간이 다가왔다고 해서 그것이 반드시 인류 전체의 불행으로 연결되지는 않으리라고 보았다. 도리어 인류에게 새로운 기회의 장이 될 수도 있으리라고 생각했다. 김기림이 이렇게 생각했던 데에는 다 이유가 있다. 그는 진작부터 대전 이후 세계가 어떤 방향으로 나아갈지에 주목했다. 그리고 이와 관련하여 다가올 세계대전에서 어느 쪽이 승리하든 블록의 해체는 기정사실로 보았다. 가용할 모든 전력들을 쏟아부어버린 나머지, 승패를 떠나서 열강들은 블록 체제 운영의 버팀목이 되는 식민 지배와 그것의 경영 능력을 상실하게 되리라고 믿었던 것이다.[36]

36 몇 년 뒤의 일이지만, 실제로 제2차 세계대전이 유럽에서 시작된 이후 임화는 그의 집을

그런 의미에서, 김기림은 점점 어두워져가는 당시의 객관적인 현실 속에서도 어딘가에서 새로운 희망의 싹이 살아 숨 쉬고 있음을 보았다. 「기상도」 이후, '묵시록'이라는 단어는 한 차례 다시 한 번 그의 시 속에 등장한다. 1939년 발표된 시 「공동묘지」에서다.

> 일요일(日曜日)아츰마다 양지(陽地)바닥에는
> 무덤들이 버슷처럼 일제히 도다난다.
>
> 상여(喪輿)는 늘 거리를 돌아다보면서
> 언덕으로 끌려올라 가군한다.
>
> 아모무덤도 입을 버리지않도록 봉해버렸건만
> 묵시록(黙示錄)의 나팔소리를 기다리는가 보아서
> 바람소리에조차 모다귀를 쫑그린다.
>
> 호수(湖水)가우는 달밤에는
> 등을이르키고 넋없이 바다를 구버본다.
>
> —「공동묘지(共同墓地)」 전문[37]

찾아온 백철과의 만남에서 대전 후의 세계에 대한 자신의 견해를 다음과 같이 남긴 바 있다. 이러한 내용을 비슷한 시기 김기림의 생각과 비교해보는 것도 흥미로운 일일 것이다. "우리들은 또한 이런 이야기 저런 이야기로 시국담을 펴고 있었다. 그때 임화의 의견으로선 이번 세계대전에서 〈대영제국〉이란 것은 패배하고 말 것이라는 예언을 하고 있었다. 그것은 반드시 파시즘을 역사의 신흥세력으로 보자는 것은 아닌 것 같았다. 「하여간 노후한 나무는 쓰러지게 마련이지」하고 구(舊) 자본주의의 본가는 이제 몰락의 시대가 왔다는 것이다. 대체 임화는 서양의 문명이 총체로 붕괴기에 왔다는 것을 믿고 있는 것 같았다."
백철, 『문학 자서전』(후편), 박영사, 1976, 61쪽.

37 김기림, 「공동묘지」, 『인문평론』 1권 1호, 인문사, 1939. 10., 24-25쪽.
3연의 들여쓰기 편집형태는 이후에 간행된 시집 『바다와 나비』(신문화연구소, 1946)에 눈여겨볼 점은 이 시가 최초로 활자화된 시점이다. 소위 일제말 암흑기를 목전에 둔 시기인 1939년 10월 발표된 이 시에서 김기림은 또다시 '묵시록'이라는 단어를 끄집어내고 있다. 죽음의 이미지와 분위기들로 가득 찬, 기괴하고 을씨년스러운 이 시에서 그가 그리고자 한 것은 한낱 자포자기 수준의 패배주의적인 감상과 넋두리만은 아닌 듯싶다. 만일 그렇다면 그가 굳이'묵시록의 나팔 소리'를 기다릴 이유도, '바람소리에조차' 귀를 쫑그릴 까닭도 없겠기 때문이다. 미래에 대한 희망이 점점 사그라들고 있던 그 시점에서[38] 김기림이 이런 표현들을 통해 이 땅의 지식인들과 문인들에게 전하고자 한 메시지는 과연 무엇이었을까.

이러한 의문에 다가서기에 앞서 우리가 먼저 살펴야 할 것은 대전 이후의 세계가 과연 어떤 형태로 변화할 것인가 하는 점과 관련된 김기림의 추론이다. 대전에 참여했던 열강들이 그들 식민지의 경영 능력을 상실하게 된다면, 이는 결국 블록의 해체와 제국의 해체로 이어질 것이다. 이들 블록과 제국의 해체와 더불어, 그간 열강들의 지배 아래 신음하던 식민지들은 자연스럽게 해방의 날을 맞게 될 수도 있을 것이다. 그가 오래전부터 꿈꿔왔던 '대전(大戰) 이전(以前)에 좀채로 상상(想像)할 수 없었던 새로운 세계(世界)', '진정(眞正)한 한 새로운 찬란한 세계(世界)'[39]란 바로 이런 역사적 전개 과정을 염두에 둔 것으로 이해된다.

물론 당시의 여건상 그가 이러한 자신의 생각을 명시적인 글을 통해 공식화하기는 곤란했을 것이다. 일제하 발표된 그의 시와 글에서 이와 관련된 부분을 찾아보기 힘든 것은 이런 이유 때문이다. 다만 해방이 된 이후, 그는 한

도 동일하게 적용되는바, 원문의 형태를 그대로 따른다.

38 일제 말기에 점증하는 식민지적인 현실과 시대의 열악함을 배경으로, 이 당시 조선 지식인과 문인들의 내면적 고민과, 이와 연관된 지식 사회의 전반적인 분위기를 그들의 글과 작품 속에서 다각도로 해명해보려 한 최근의 시도로는 자넷 풀, 『미래가 사라져갈 때』, 김예림 · 최현희 역, 문학동네, 2021를 주목할 만하다.

39 김기림, 앞의 책, 1946, 2-3쪽.

때 세계를 분할 지배했던 블록 체제 퇴출의 역사적 불가피성에 대해 다음과 같이 설파한 바 있다.

> 중천에사모치는 화토불 피우자.
> 제국(帝國)을 떠바치던 해골(骸骨)의 석가래도 기둥도
> 호사와 음난을 길러가던 무지(無知)와 부덕(不德)도
> 화토 예 라 어서살워버려라.[40]
> 세계(世界)에 금을그은 저요새선(要塞線)들과
> 대포(大砲)와 조병창(造兵廠)과 투구들도 ——
> 전쟁(戰爭)은 벌서 끝나지않었느냐.
> 제국(帝國)도 강국(强國)도 다 역사(歷史)의가슴에달린
> 부질없는 사치한장식이아니냐.
>
> —「세계(世界)에웨치노라」 부분[41]

'세계에 금을그는 저요새선들'이란 바로 열강들에 의해 분할된 대전 이전의 국제 지형을 의미하는 것이 아니겠는가. 해방이 된 시점에서[42] 그는 뚜렷한 자기 목소리로 제2차 세계대전의 종전과 더불어 블록 체제의 종식과 제국의 해체란 거역할 수 없는 시대적 요청으로, 움직일 수 없는 역사의 법칙이자 진리인양 선언하고 있다. 이런 그의 목소리 속에는 대전 이전부터 그가 그려왔던 근대 몰락 이후의 세계 질서와 인류 문명에 대한 은밀한 기대감이 살아 숨 쉬고 있었던 것은 아닐까.

---

40 일부 오탈자가 보인다. 김학동은 이 구절을 "화토불에 날라 어서 살워버려라"로 수정하여 전집에 수록한 바 있다.
『전집 · 1』(시), 212쪽 참조.

41 김기림, 앞의 책, 1946, 105쪽.

42 본서 7장 주 36번 참조.
위 시 「세계에웨치노라」는 1945년 연말경에 쓰인 것이다.

2) 인류 문명의 갱신에 대한 의지와 유토피아적인 미래에 대한 소망

이처럼 세계대전이라는 조만간 닥쳐올 거대한 비극의 소용돌이는 1930년대 당시 김기림에게는 근대문명의 완전한 파산과 몰락을 몰고 오는 역사적 사건으로 받아들여졌다. 당대 세계는 출구 자체가 원천적으로 봉쇄된 극한의 종말을 향해 치닫는 중이었다. 당연히도 이러한 종말로 향해가는 시계를 되돌리거나 멈추게 할 만한 마땅한 묘책은 그 시점에서 찾을 수가 없었다. 현실적으로 할 수 있는 일이라고는 다가오는 파멸의 순간을 가슴 졸이며 지켜보는 것뿐이었다.

그러나 묵시록에서의 심판은 언제든 뜻하지 않는 구원의 기회와 더불어 도래하는 법이다. 이때 김기림이 바라는 구원은 소수의 선택받은 자들만이 누리는 종교적인 차원의 인간 영혼의 구원에만 머물지는 않는다. 그것은 모든 것이 파괴된 현실 속에서 생존의 신념을 바탕으로 한 인간의 의지와 직결된 문제이다. 초토 위에서도 좌절과 실의에 머물지 않고, 이러한 비극적인 결과를 도리어 새로운 역사 창조의 발판으로 삼으려는, 굳센 사명감과 의지를 지닌 자들에 의해 성취되는 인류 문명에 대한 구원인 것이다.

태평양전쟁을 목전에 둔 시점에서, 김기림은 이러한 자신의 관점에 대해 다음과 같이 피력한다.

> 그러나 현대시인과는 조화할 수 없었던 「근대」라는 세계는 실로 바로 우리의 눈 앞에서 드디어 파국에 부딪쳤다. 그것은 「근대」 그것의 내부의 부분적인 어느 시대의 국부의 파탄이라든지 그런 것이 아니다. 실로 「근대」 그것의 전부를 한데 묶어서 역사는 그것을 결정적인 시련 속에 던졌다. 세계사는 갱신(更新)되어야 하겠다는 것, 또 갱신의 첫 징조는 벌써 보이고 있다는 것은 오늘 와서는 한낱 예언이 아니고 엄숙하게 진행하는 현실이다. …… (중략) …… 시인은 자신을 위해서, 세계를 위해서도 「내일」을 발견해야 했다.

> 그것은 다름 아닌 한 시대를 사는 사람의 역사적 자각과 통찰과 예감에 의하여 붙잡은 생존의 신념이다, 그것은 결코 생활의 신념을 가리킨 것이 아니다. 생활조차를 던져버릴 수 있는 생존의 신념이다.[43]

근대의 종말을 둘러싼 이런 시대적 인식은 당시를 문명사의 근본적인 전환기라고 믿었던 김기림의 통시적 역사 감각과 관계가 깊다.[44] 그는 제2차 세계대전의 종전과 제 민족들의 해방을 '근대의 종점, 새로운 세계의 미명'[45]에 속하는 시점에서 일어난 사건이라고 규정했다. 이러한 그의 태도는 문명사 전체의 흐름을 거시적으로 조망하고 읽어내려 했던 지식인 시인으로서의 그의 예언자적인 지성과 결부되어 있다고 보는 게 옳을 것이다. 그러나 위 인용문에서도 드러나듯이 그것은 단지 예언으로만 그치지 않는다. 생존을 위해서라도 부득이 파국 이후 닥쳐올 엄청난 상황들에 대해 미리 인지하고 준비하고 있어야 한다는, 당대인들을 향한 절박한 호소의 내용을 담고 있기 때문이다.

무엇보다도 그는 근대가 몰락한 이후 남은 이들은 폐허의 무덤 위에서 모두의 지혜를 짜내 원점에서 다시 시작한다는 각오로 새롭게 출발하지 않으

---

43 김기림, 「시의 장래」, ≪조선일보≫, 1941. 8. 10.

44 물론 식민지 현실에 대한 문제의식과 관련하여 문명사의 전환에 대한 이런 예감과 그에 대한 대응 논리의 모색은 당시 김기림만의 전유물이 아니었음을 분명히 해둘 필요가 있다. 당시의 문인과 지식인 가운데 상당수가 이와 유사한 고민을 한 바 있으며, 각기 자기 나름의 방식으로 그것에 대한 대응책들을 모색하고자 시도했던 흔적들을 찾아볼 수 있기 때문이다.
이 문제를 주요하게 다룬 글로는 다음과 같은 논의들을 참고할만하다.
김윤식, 「소설 장르와 유토피아 사상」, 『한국 근대문학 양식론고』, 아세아문화사, 1980, 107-133쪽.
김예림, 「1930년대 후반 몰락/재생의 서사와 미의식 연구」, 연세대대학원 박사논문, 2003.
이진형, 『1930년대 후반 식민지 조선의 소설 이론』, 소명출판, 2013.
이진형, 「일제 말기 '역사' 담론의 아포리아와 그 초극의 문제」, 『한국근대문학연구』 제29호, 한국근대문학회, 2014. 4., 161-197쪽.

45 김기림, 앞의 글, 1941. 8. 10.

면 안 된다고 보았다. 그런 점에서 그 각오는 '세계사는 갱신되어야 한다.', '시인은 자신을 위해서, 세계를 위해서도 내일을 발견해야 한다.'와 같은 당위적인 형태의 지상 명령들과 연결되어 있다. 분명한 것은 이 모든 일들이 성공적으로 수행되고 완료된 다음에야 그토록 고대하던 미래, 유토피아적인 신세계가 비로소 우리들 눈앞에 펼쳐지게 되리라는 사실이다. 실패로 판명난 근대와는 전혀 다른, 새로운 가치 질서에 의해 이룩된 수준 높은 문명의 탄생을 기원하는 것은 이 때문이다.

> 소지처럼피렴 곱다랗게피렴
> 안타깝고 산란턴 온갖사연도
> 거짓많은 고약한도시(都市)와 총칼로쌓은제단(祭壇)도
> 모조리 고히고히 핥어버리렴
> 전쟁(戰爭)아 네 불타는 날랜 혀빠닥으로 ──
> 역사(歷史)는 가장 총명한예언자(豫言者)
> 그만은 속이지않으리라 다알고있으리라 ──
> 선약보다도 굳게 오직 그대를 믿으며 살아왔다
> 띠끌과 구렁과 끝없는 지평선(地平線)- 오- 초토(焦土)도 좋다
> 창세기(創世記)처럼 그우에 피어날 새로운산(山)과들
> 꽃피고 거리거리 노래하는 기계(機械)들
> 나의 불사조(不死鳥)는 기어코 새벽과함께
> 이재덤불속에서 떨치고 일어나리라[46]
>
> ―「전날밤」 부분[47]

---

46 김학동의 경우 이 구절을 '이제 덤불속에서 떨치고 일어나리라'로 풀이, 수록하고 있으나(『전집 · 1』(시), 162쪽 참조), 전후 맥락이나 철자의 상태로 보아 '이 재 덤불 속에서 떨치고 일어나리라'(현대식 표기법 및 띄어쓰기 기준)로 보는 것이 타당할 듯하다.

47 김기림, 앞의 책, 1946, 15-16쪽.

식은화산(火山) 밑바닥에서
히미하게 나부끼던 작은불낄
말발굽구루는 땅아래서
수은(水銀)처럼 떨리던샘물
인제는 목단(牧丹)같이 피어나라 어린공화국(共和國)이어

그늘에 감춰온 마음의재산(財產)
우리들의 오래인꿈 어린공화국(共和國)이어
음산한 「근대(近代)」의 장열(葬列)에서 빼앗은기적(奇蹟)
역사(歷史)의 귀동자 어린공화국(共和國)이여

—「어린공화국(共和國)이여」 부분[48]

요컨대 이 경우 전쟁, 즉 심판의 의미는 단순히 타락한 시대와 타락한 문명, 타락한 인간들에 대한 징벌적 차원에만 머물지 않는다. 그것은 하나의 문명이 붕괴된 이후에 도래할 새로운 문명에 대한 믿음과 유토피아적 신세계를 향한 강한 소망을 기초로 하고 있기 때문이다. 근대에 대한 미련을 버렸던 것과는 별개로, 그는 민족과 문명의 부활에 대한 믿음만큼은 일관되게 유지하였다. 대전으로 인해 그간 공들여 쌓아올린 모든 것들이 파괴되고 소멸되는 사태는 물론 비극일 터이다. 그러나 한편으로는 그런 과정이 있음으로 해서 제국의 폭압에 짓눌렸던 전 세계 약소민족의 해방과 더불어 과거와는 절연된 전혀 새로운 문명의 탄생, 새로운 역사의 창조를 기대하게 되는 것도 사실이다.

다시 말해서 그는 세계대전이 지금까지의 인류 문명사의 틀을 근본적으로 바꾸어줄 획기적인 전환점을 가져다줄 수도 있다고 생각했다. 김기림은

48 위의 책, 22쪽.

모든 것들을 불 살라버린 대전의 참화가 있은 이후에, '재덤불' 속에서 인류 문명은 마치 '불사조'와도 같이 새로운 생명력을 얻어 재탄생할 것임을 믿어 의심치 않았다. 그리고 그와 동시에 우리민족의 부활과 희망찬 새 나라의 건국도 같이 이루어질 수 있을 것으로 기대했다. 해방된 신생 조국의 출범[49]은 그에겐 역사가 낳은 하나의 '기적(奇蹟)'이었다. 그런 만큼 그는 대전 직후의 상황을 '창세기'에 비견되는 인류 역사의 신 '새벽'에 비유했다. 어쩌면 그것은 '미증유의 창조의 시기'[50]가 새로 열릴지도 모른다는, 이전의 그의 생각과도 통하는 면이 있다.

「기상도」의 마지막 부분, 〈쇠바퀴의 노래〉는 그런 인류 역사와 문명의 기적적인 부활을 겨냥한 새로운 출발의 의미, 새로운 출발을 위한 각오를 시적 상상력을 통해 다지며 형상화한 장이다.

> 허나
> 이윽고
> 태풍(颱風)이 짓밟고간 깨여진『메트로폴리스』에
> 어린태양(太陽)이 병아리처럼
> 홰를치며 일어날게다.
> 하로밤 그꿈을 건너단이든
> 수없는 놀램과 소름을 떨어버리고
> 이슬에 젖은날개를 한울로펼게다.
> 탄탄한대로(大路)가 희망(希望)처럼

49 위의 인용 시 「어린공화국이여」가 최초 발표된 것이 1946년 7월(『신문예』 2권 2호)임을 감안한다면, 여기서 김기림이 말하는 '어린공화국'이란 한때 그가 조직에 관여한 적도 있는, 여운형의 조선인민당과 건준(建準)이 주축이 되어 선포한 '조선인민공화국'의 출범(1945. 9. 6.)과 관계가 있는 것으로 이해된다.

50 김기림, 앞의 글, 1940. 10., 46쪽.

저머언 지평선(地平線)에 뻣이면
우리도 사륜마차(四輪馬車)에 내일(來日)을실고
유량한말밥굽소리를 울리면서
처음맞는 새길을 떠나갈게다.

밤인까닭에 더욱 마음달리는
저머언 태양(太陽)의고향(故鄕)
…… (중략) ……
나의생활(生活)은 나의장미(薔薇).
어디서 시작한줄도
언제 끝날줄도 모르는나는
꺼질줄이없이 불타는태양(太陽).
대지(大地)의 뿌리에서 지열(地熱)을마시고
떨치고 이러날 나는불사조(不死鳥).

— 제7부 〈쇠바퀴의 노래〉 부분

전쟁으로 모든 것이 파괴되고 타버린 상황에서 그나마 온전한 것이라곤 쇠밖에 없다. 쇠로 만든 바퀴를 굴리며 앞으로 나아가는 것은 말처럼 쉬운 일이 아니다. 찌그덕 소리를 내면서 심하게 흔들리거나 비틀거릴 수 있기 때문이다. 설령 그렇다 하더라도 쇠바퀴인 이상에는 완전히 못쓰게 되는 일은 일어나지 않는다. 찌그러진 것은 다시 펴면 된다. 그러면 완전치는 못해도 어쨌든 앞으로 나아갈 수는 있다. 그런 만큼 이 단어에는 중도에서 절대로 퍼지거나 주저앉지 않으려는 주체의 굳은 결의와 각오가 실려 있다.

요컨대 여기 등장하는 '쇠바퀴'는 대전 이후 다가올 미래 역사의 창조와 관계되는 시어이다. 구체적으로 미래 역사를 짊어질 새로운 문명사회의 건설을 향한 주체의 강철같은 집념과 의지가 담긴 말이다. 나아가 그는 이러한 주체의 의지가 공동체에로 확산되기를 바랐다.[51] 김기림에게 있어 역사의 수레바퀴를 굴리려는 노력은 어떤 경우에도 포기될 수가 없다. 마찬가지로 시인의 시 정신 역시 꿋꿋하게 앞으로 전진하며 나아가야만 할 것이다.[52] 그리하여 그런 집념과 의지는 모든 것이 파괴된 대지 위에서도 '불사조'처럼 되살아나 인류의 문명과 역사를 밝혀줄 '내일'의 '태양'이 되어 떠오를 것이다.

비록 전쟁으로 인해 모든 것이 파괴되어 잿더미로 화했다 하더라도, 그리하여 근대문명이 붕괴되어 파산했다고 하더라도, 살아남은 자들은 황폐해진 바로 그 땅에서 처음부터 다시 시작해야만 한다. 다시 시작하여 다음 세대의 문명을 일으켜 세우기 위해 노력해야 한다. 그리고 이때의 노력은 전대의 실패한 문명과는 단절된, 진정 참신하고 조화로운 문명 질서의 기틀을 마련하기 위한 노력이지 않으면 안 된다.

근대의 실패가 피할 수 없는 역사의 운명이라고 해서 이를 곧 역사 자체를 포기해야 한다는 의미로 받아들여서는 곤란하다. 역사를 포기하는 순간, 인간은 보다 나은 미래로서의 유토피아를 꿈꿀 권리마저 포기하는 것이 되기 때문이다. 도리어 역사 속에서 인간이 무수히 경험하게 되는 좌절과 절망의 계기들은 이상 세계를 향한 인간의 꿈과 노력, 유토피아에의 의지를 더욱 단단하게 단련시켜주는 요인이 되기도 한다.[53] 환언한다면, 유토피아적인 미래

---

51 주체의 의지와 함께 공동체의 노력과 협력을 최우선으로 강조한다는 점에서, 탈근대를 향한 김기림의 구상은 종말 이후 메시아의 출현과 구원을 근간으로 하는 묵시록의 종교적인 이해 방식과 거리를 둔다. 그는 이 모든 과정이 인간의 노력과 의지에 의해 추진되고 완성되어야 하며, 그러기 위해서는 인류 공동체의 이상과 화합이라는 가치가 무엇보다도 중요하다고 생각했다.

52 이러한 지적과 관련하여, 김기림은 해방이 된 이후 발표한 그의 글에서 동시대인들을 향해 다음과 같은 전언을 남긴 바 있다.
"시인의 정신은 현재 속에조차 안주할 수가 없다. 그것은 차라리 미래 속에 사는 것을 명예로 삼을 것이다. 하물며 과거 속에 살려함이랴. 정확히 말하자면 시인의 정신은 늘 현재와 미래가 나누이는 지점에 위치한다느니보다도 이동하는 것이다. …… (중략) …… 시인은 말할 것도 없이 늘 진보의 편이고 미래의 동반자일 것이다."
김기림, 「우리 시의 방향－전국문학자대회에서의 강연」, 1946. 2. 8(김기림, 『시론』, 백양당, 1947, 196-197쪽에서 재인용).

에 대한 희망을 간직하고 있는 한, 인간은 역사에 대한 근원적인 믿음 또한 잃지 않을 것이다.

밝고 희망찬 내일과 그 내일을 향해 비추어주는 찬란한 태양은 타락할 대로 타락한 작금의 세계가 철저하게 붕괴되고 파산한 이후에만 떠오를 수 있다.[54] 김기림이 말하는 묵시록이란 이처럼 종말 이후에 도래할 새로운 유토피아적 문명 세계의 탄생에 대한 강한 기대와 열망에 기초한다. 그런 묵시록적인 종말의 과정을 거쳐, 무질서의 극에 달한 근대문명은 타락한 현재와는 절연한 전혀 새로운 문명, 새로운 질서의 세계로 대체되어야 한다. 그리하여, 인류의 문명사는 이와 같은 과정을 거쳐 새롭게 갱신되지 않으면 안 된다는 것이 그 시절 김기림의 신념이었다.

5. 역사의 전진에 대한 믿음과 한 식민지 지식인의 염원

양식이나 기법적인 측면에서 볼 때 김기림의 「기상도」가 서구 모더니즘 문학의 영향권 내에 속한다는 것은 분명한 사실이다. 그러나 시야를 넓혀서

---

53 역사와 유토피아, 양자 간의 이러한 미묘한 상관성에 대한 보다 상세한 설명은 임철규, 『왜 유토피아인가』, 민음사, 1995, 26-30쪽 참조.

54 여기 등장하는 '어린태양'의 이미지를 문화의 영역에 있어서 새 출발을 위해 필요한 동력, 즉 원시적인 생명력의 회복과 연결시켜 이해할 수도 있을 것이다. (권영민, 「장시 「기상도」와 시적 모더니티」, 『분석과 해석』, 푸른사상, 2021, 338-342쪽.) 이런 해석은 일찍이 김기림이 그의 시론(편석촌, 「수첩속에서 (상): 현대 예술의 원시에 대한 욕구－현대시의 성격, 원시적 명랑성」, ≪조선일보≫, 1933. 8. 9.)에서 강조한 부분과도 일치하여 상당한 설득력을 지닌다.
다만, 필자는 김기림의 그런 원시적인 생명력에의 관심을 역사의 재생과 반복이라는 순환론적인 문명관의 틀 속에서 해석하는 것에 대해서는 경계하는 입장이다. 위의 인용 텍스트에서 재차 등장하는 '불사조'라는 단어에서 보듯, 그것은 원시적인 것으로의 단순 회귀보다도, 늙고 부패한 과거의 모든 것들을 불사르고 전면적으로 일소하는 과정을 겪은 뒤에 도출되는 시원과 신생의 의미, 새로운 역사 창조의 의미가 보다 강화되었다고 보기 때문이다.

내용과 주제 면에까지 확대해본다면 이야기는 조금 달라진다. 「기상도」가 담고 있는 세계는 모더니즘에서 흔히 거론되는 문명비판과 밀접한 관련을 지닌 듯 보이기도 하나, 좀 더 자세히 살펴보면 단순 문명비판의 차원을 멀찌감치 넘어선다는 사실을 깨닫게 된다. 그것은 타락한 문명에 대한 심판과, 나아가서는 그것의 청산과 궁극적인 초극의 필요성을 역설하고 있기 때문이다.[55]

그간 「기상도」의 시작과 끝부분은 문명의 흥망성쇠와 그것의 지속적인 반복, 재생을 통한 순환론적인 역사관을 반영[56]해주는 유력한 지표로 이해되어왔다. 역사는 끊임없이 반복되며, 그러한 반복을 통한 순환과 재생의 원리야말로 문명사 일반을 지배해온 법칙이라는 믿음을 바탕에 깔고 있다는 것이 이 해석의 요체이다. 한편으로 이러한 단순 재생과 순환의 논리는 「기상도」의 구성상의 허술함을 지적하는 근거로 제시되기도 하였다.

그러나 이런 해석이 어느 정도의 합리적인 근거를 확보하고 있는 것인지, 나아가 이런 해석에 바탕을 둔 기존의 「기상도」에 대한 평가가 과연 합당한 것인지에 대해서도 한번쯤은 숙고해볼 필요가 있다. 결정적으로 이 해석은

---

55 여기서 지적하고 싶은 것은 이러한 김기림의 태도가 동구의 모더니즘, 특히 러시아 미래주의의 특성과 어떤 면에서 유사한 점이 있다는 사실이다. 과거와의 의도적인 절연 및 유토피아적인 미래에 대한 희망, 공동체에 대한 관심과 사회주의와의 사상적 교류, 그리고 문명에 대한 심판으로서의 전쟁에 대한 기대감이라는 측면에서 김기림의 문학이 지닌 이러한 여러 특징적인 요소들은 미래주의의 주장과 일부 유사하다고 생각될 수 있다. 그러나 그런 유사성에도 불구하고 양자 사이의 직접적인 영향 관계를 논하기란 쉽지 않은 일이다. 그의 글에서 김기림이 마리네티(이태리)나 마야코프스키(러시아) 등 일부 미래주의자들의 이름과 활동에 대해 몇 차례 언급한 적은 있다. 그러나 내용을 검토해보면 피상적인 수준에 머물렀던 것이 사실이다. 그 시절 그가 러시아 미래주의의 사상과 활동에 대해 보인 관심이란 사실 일본의 『시와 시론』(詩と詩論)지 등을 통해 얻은 지식을 단편적으로 나열한 것에 불과하며, 따라서 미래주의 작품이나 이론 자체에 정통했다거나 비상한 관심을 보인 더 이상의 흔적을 발견하기란 쉽지 않은 일이다.

56 이러한 관점에서 「기상도」에 나타난 김기림의 역사관을 문명의 순환과 재생이라는 틀로 해석한 예로는 다음 사례들을 들 수 있다.
문덕수, 「김기림론」, 『한국 모더니즘 시 연구』, 시문학사, 1981, 153-248쪽.
김학동, 『김기림 연구』, 새문사, 1988, 37-54쪽.
김한성, 「『기상도』(1936)와 『황무지』(1922) 비교－쇠바퀴(Wheel)의 상호텍스트성을 중심으로」, 『한국현대문학연구』 제38호, 한국현대문학회, 2012, 147-178쪽.

당대적인 위기의 특수성과 이를 극복해보려는 시적 주체의 고뇌, 그리고 무엇보다도 보다 나은 미래를 향한 주체의 유토피아적인 열망과 의지를 상당부분 축소해버리는 단점을 지니고 있기 때문이다.

여기서의 문제의 초점은 순환과 재생이 아니라 초극이라는 데 있다.

근대가 무너진 이후의 세상을 가늠해본다는 것은 당대 지식인들에게는 초미의 관심사였다. 대공황 이후 전개되는 상황은 그만큼 절박했고 전면적이었던 것이다. 그리고 그와 함께 이러한 일련의 사태들을 바라보는 지식인들의 초조감과 위기의식 역시 고조되어 갔다. 그걸 정리해줄 무언가가 절실히 필요했고, 그런 움직임 가운데에는 점점 더 어두워가는 세계정세에 대한 비관론과 더불어 종말이라는 극단적인 상황을 가정한 논리 또한 한 자리를 차지하고 있었다.

근대의 몰락이 어차피 피할 수 없는 것이라면, 그 구체적인 원인에 대한 분석과 함께 이후의 세계를 앞장서서 선취해보려는 노력이 절대적으로 필요해 보였다. 이러한 그 나름의 판단과 감각이 김기림을 자극했을 것이거니와, 당시 그가 쓴 여러 편의 글들이 이런 문제의식과 관계된 것은 자연스러운 수순이라고 하겠다. 무엇보다도 그는 당대 현실에 대한 정확한 이해를 발판으로 사회의 변동과 역사적인 흐름을 추적하고 과학적인 방법론들을 통해 분석하려 시도했다. 이러한 접근을 위해서는 당연히도 인문학적인 이해 이외에 폭넓은 사회과학적인 지식과 원리가 필요했다.

그는 그런 다양한 시각들을 동원하여 앞서 지적된 문제들에 다가서기 위해 노력했다. 이 과정에서 당대 조선의 지식 사회에 큰 흔적을 남겼던 맑스주의 사회경제학의 제3기 자본주의론과 초제국주의 블록 지배 경제의 원리에 대해서 남다른 관심을 가졌다. 그가 이러한 사회과학의 논리들을 근대의 종언과 결부된 미래 사회에 대한 역사적 전망에로 연결시킬 수 있었던 데에는 약간의 환상성과 신비주의적인 요소의 추가가 필요했던 것도 사실이다. 보다 구체적으로는 묵시록적인 세계관과 결부된 종말론적 유토피아 의식에 대한 이해가 상당 부분 작용했던 것으로 보인다.

이 과정에서 대공황과 블록 체제의 성립으로 인한 열강들 간의 갈등이라는 '혼란'스런 상황은 필연적으로 세계대전이라는 종말론적인 '심판'에로 연결되리라는 것. 그리고 그 심판의 결과는 블록과 제국의 해체를 거쳐 새로운 문명의 탄생과 식민지 조선의 해방이라는 미래의 '구원'의 순간을 향해 다가서리라는 믿음을 김기림은 잃지 않았다. 이러한 구도는 당시 시대 상황과 국제 정세에 대한 김기림 나름의 안목을 말해주는 것이지만, 그와 동시에 그가 기대고자 했던 묵시록적인 상상력의 전형적인 특징이기도 하다. 묵시록이란 혼란으로 인한 종말과 심판, 구원의 상상력을 바탕으로 하는 진행 서사인 까닭이다.

실제로 타락한 문명에 대한 심판에 무게를 둔 묵시록적 종말의식과, 그것과 연계된 미래 세계에 대한 유토피아적인 전망과 구상은 그의 문학을 관류하는 핵심적인 요소라고 할 수 있다. 이 경우 김기림이 꿈꾸었던 미래란 타락한 근대와는 무관한, 전혀 새로운 가치 질서에 의해 창조되는 무한한 가능성의 세계다. 그것은 역사 자체에 대한 갱신과 쇄신[57]에의 의지를 강조하며, 새로 탄생된 문명은 이런 근본적인 개혁의 과정을 통해서만이 가능하다. 무엇보다도 중요한 것은 타락과 무질서에 찌든 과거와의 완전한 절연이다. 그가 바라는 유토피아적인 미래는 그런 가차 없는 절연과 함께, 모든 것을 원점에서 새롭게 기획하고 시작해보려는 공동체의 열망과 노력이 뒷받침되어야만 현실화될 수 있는 것이다.

그리하여, 이와 같은 종말과 갱신의 원리는 순환론적인 것이라기보다는 인간의 의지를 반영한 직선적인 시간관과 역사관의 부분적인 변형으로 이해하는 것이 옳다.[58] 시간의 연속성을 일부 정지시키고 무효화한다는 점에서 약

57 프랭크 커모드, 앞의 책, 23쪽.

58 조초희, 「역자 서문」, vii쪽(위의 책 수록).

간의 변형이 가해지는 것은 사실이지만, 이러한 시간적인 정지와 무효화는 어디까지나 인류 역사와 문명의 더 큰 전진을 목표로 하는 포석이라는 점에서 그것은 직선적인 역사관을 더욱 부각시키기 위한 밑그림으로 생각되기 때문이다.[59] 기본적으로 김기림은 역사의 전진을 믿었던 사람이다. 그런 점에서, 그 시절 그가 보여주었던 일련의 움직임과 노력들은 오늘날에도 여전히 많은 이들에게 하나의 시사점을 던져주고 있는 듯하다.

---

59 이 점과 관련하여, 김기림이 T. S. 엘리어트의 문학을 주요하게 참고했으면서도 그를 비판했던 사실, 특히 그의 「황무지」에 대해 비판적인 논조를 유지했던 사실에는 엘리어트가 보인 보수주의적인 성향과 더불어 문명과 역사를 대하는 태도 등에 대한 불만이 크게 작용했던 것으로 보인다. 엘리어트에 대한 김기림의 불만은 그가 기본적으로 문명사의 반복과 재생이라는 순환론적인 역사관에 의지하고 있다고 믿었던 데 있다. 이러한 김기림의 해석이 얼마나 정확한 것인지에 대해서는 좀 더 따져 보아야 하겠지만, 분명한 것은 김기림은 그런 엘리어트 식의 역사적 전망과 해석이 자신이 지향하고자 했던 역사의 전진에 대한 믿음과는 맞지 않다고 판단했다는 사실이다.

5장

김기림의 역사관, 문학관과 일본 근대 사상의 관련성

'근대의 초극'론의 극복을 위한 사상적 모색 과정에 대한 검토

1. 근대를 어떻게 넘어설 것인가

모더니스트로서의 김기림의 면모는 연구자들에게 비교적 친숙하다. 잘 알려져 있다시피 그는 최재서, 이양하 등과 더불어 서구의 모더니즘 문학 이론을 체계적으로 수입, 소개하였을 뿐 아니라, 직접 시작을 통해 이를 실천하기까지 했다. 한국 시단에서 모더니즘 문예 운동이 본 궤도에 오른 데에는 이와 같은 김기림의 역할이 절대적이었다고 해도 과언이 아니다. 따라서 그를 둘러싼 저간의 논의가 모더니즘과의 관련 부분에 집중되어온 것은 당연한 결과로 받아들일 수 있을 것이다.

그러나 모더니스트로서의 김기림의 이미지가 이처럼 워낙 강렬했던 탓에, 그가 지닌 이외의 면들이 상대적으로 소홀하게 취급되어왔던 것도 사실이다. 특히 일제 말기에서 해방기까지 이르는 동안 그의 행보에 대해서는 한층 세심한 검토와 정리가 필요하다는 것이 필자의 판단이다. 물론 이 시기에 펼쳐진 그의 활동에 대해서도 그간 몇몇 연구자들의 언급이 없지는 않았다. 그럼에도 그 전모가 만족스러울 만큼 소상하게 밝혀졌다고 단언하기에는 아직 이른 감이 있다고 생각된다.

이 장에서 필자는 공식적으로 모더니즘 문학과의 결별을 선언[1]한 이후 전개된 김기림의 활동에 대해 주목해보고자 한다. 당시 이 시기를 휩쓴 것은 태평양전쟁 기간 동안 일본 사회에서 확고하게 주류적인 담론의 위치에 올라서게 된 대동아공영권의 구호와 사상적으로 이를 뒷받침하였던 쿄토학파의 '근대의 초극'론이었다. 서구 근대문명은 이미 한계점에 이르렀으며, 그 뒤를 이을 새로운 세계의 지도 원리는 동양적인 가치와 질서에 기반을 둔 것이지 않으면 안 된다는 것이 바로 이러한 주장의 골자이거니와, 이와 같은 역사철학적 전망과 사유 방식은 당대 조선의 지식층들에게도 상당한 반향을 불러

1 김기림, 「『모더니즘』의 역사적 위치」, 『인문평론』 1권 1호, 인문사, 1939. 10. 참조.

일으켰다. 김기림 역시 당대 지성계를 풍미하던 이런 사상의 그늘에서 완전히 자유로울 수는 없었다. 다만 그는 그것을 전면적으로 수용하는 것에 대해서는 주저하였다. 근대의 초극이라는 큰 틀에 대해서는 대체적으로 공감하지만, 세부적인 부분에 있어서는 견해를 달리했던 것이다. 이와 같은 미세한 차이는 결과적으로 그가 친일적인 담론의 세계로 함몰되는 것을 막아주는 버팀목 구실을 하게 되었다.

일제 말기 태평양전쟁의 어려운 시기를 보내는 동안 그는 고향인 함북 경성(鏡城)으로 돌아가 자신만의 시간을 가지며 일체의 외부 활동을 삼간다. 해방이 되고나서야 그는 서울(京城)로 돌아와 비로소 문단과 학계의 전면에 복귀하게 된다. 그리고는 6 · 25 직전까지 다방면에 걸쳐 엄청난 작업량을 소화해내며 자신이 목표로 하는 무언가를 위해 최선을 다하는 모습을 보여준다.

이런 행로를 더듬어 가다보면 시대의 굴곡을 헤쳐 나가기 위한 한 지식인의 고민의 흔적들과 자연스럽게 마주하게 된다. 이 장에서는 그의 여러 글들에 흩어져 있는 그 사유의 파편들을 하나하나 찾아내어 당시 그가 지닌 고민의 구체적인 내용이 무엇인지, 그것에 대한 모색과 대응은 과연 어떤 방식으로 전개되었는지를 추적하여 복원해보고자 한다.

2. 세계사적 전환의 발상과 '근대의 초극'론의 대두

1) 일본 내에서의 논의 전개 과정

소화(昭和) 10년대, 일본 지성계를 뒤흔들었던 '근대의 초극'론이란 과연 무엇인가. 당시 김기림의 고민을 이해하기 위해서는 무엇보다도 이 문제를 먼저 짚고 넘어갈 필요가 있다.

제1차 세계대전 이후 근대문명에 대한 회의의 기운이 서구 학계 내부에서 불어 닥치기 시작한다. 슈펭글러 O. Spengler의 『서구의 몰락』 *Der Untergang des Abendlandes—Umrisse einer Morphologie der Weltgeschichte*(1918~1922)은 그러한 회의론을 대표하는 주장 가운데 하나로 당대 지식인들의 관심을 집중시켰던 책이다. 근대를 주도했던 서구 문명은 누적된 모순으로 인해 이제 막다른 골목에 다다랐으며, 다음 단계에서 세계를 이끌어나가는 것은 동양 사상이 되리라는 것이 이 책의 기본 입장이다. 이러한 논의들에 자극을 받은 일본의 지식인들, 특히 니시다 기타로[2]를 중심으로 한 소장 학자들은 근대 성립 이후 줄곧 보편적인 것으로 받아들여져 왔던 서구 중심의 세계관과 역사관에 대해 근본적인 의문을 제기하기에 이른다. 이들은 서구 중심의 역사관과 문명관이란 보편적인 것이 아닌 그들 나름의 발전 과정에 기초한 특수한 예에 불과하며, 이러한 특수성을 넘어서려는 데서 진정한 세계사적 질서가 성립될 수 있다고 주장한다.

이들 초극론자들은 일단 르네상스 이후 서구 문명이 그 연원적 특수성에

---

2 니시다 기타로 西田幾多郎(1870~1945)
교토제국대학 철학과 교수로 재직, 활동하면서 이른바 교토학파의 창시자로 알려졌다. 천황의 이념적 스승이기도 했다. 그의 사상을 담은 「세계 신질서의 원리」는 재래의 팔굉일우(八紘一宇)의 이념을 인용하여 세계 전체를 하나의 집으로, 일본을 이 집을 받치는 지붕으로 이해하고 일본의 지붕 아래 동아시아의 제 민족이 합심 단결하여 서구 중심의 근대적 질서를 극복하고 근대를 넘어선 새로운 세계사를 열 것을 역설한 바 있다. 이러한 그의 사상은 이후 교토학파가 주동이 된 '근대 초극론'의 이념적 기초를 제공했다.

사진 좌 : 1943년 2월에 촬영된 니시다 기타로의 사진. https://ja.wikipedia.org/wiki/西田幾多郎에서 재인용.
사진 우 : 『세계 신질서의 원리』 1966년판의 표지. https://www.cmoa.jp/title/1101136182/

도 불구하고 근대 성립과 함께 세계의 보편적 지배 질서가 되었다는 점을 인정한다. 다시 말해서 근대란 곧 서구적인 의미에서의 근대이며, 그런 점에서 서구의 근대를 충실히 따르고 수용하는 길만이 근대 세계에서 뒤처지지 않고 살아남을 수 있는 유일한 길이라는 점에 대해서는 별다른 이의를 달지 않는다.

그러나 이들은 제1차 세계대전을 고비로, 이제까지 세계를 이끌어왔던 서구 근대문명에 근본적인 변화와 위기가 닥쳤다고 주장한다. 이러한 위기는 내부에 잠재하는 모순들이 표면 위로 불거져 나온 결과로서, 근대문명 자체가 한계점에 이르렀음을 알리는 신호라는 것이다. 그러므로 더 이상 세계를 이끌어갈 지도 원리, 지배 질서로서의 기능을 상실한 근대문명은 이즈음에서 종말을 고하여야 할 것이며, 그 뒤를 이을 새로운 시대의 원리가 출현하는 것이 역사의 순리라는 것이 이들의 주장이다.

이처럼 근대의 '위기'론은 그 후 근대의 '파산'과 '종언'론으로, 그리고 다시 근대의 '초극'론으로 점차 확대되어 간다. 요컨대 자체 내의 모순과 위기를 극복하지 못하는 근대문명, 즉 서구 문명이란 조만간 파산하게 될 운명이며, 그 이후 다가올 새로운 시대에 대비하기 위해서라도 현 단계에서 근대 자체를 능동적으로 초극할 수 있는 가치와 원리를 서둘러 계발해야 한다는 것이다. 이 과정에서 노쇠한 서구 문명을 대신해줄 새로운 시대의 원리는 결국 동양에서 구할 수밖에 없으리라는 것이 이들의 주장이다.

문제는 제2차 세계대전 기간 동안, 이러한 근대 초극의 논리가 결과적으로 일본제국주의의 동아시아 침략을 이데올로기적으로 뒷받침하고 합리화해 주는 도구로 활용되었다는 점이다. 근대의 초극이라는 말은 사실상 전쟁 중 일본 지식인들을 사로잡은 '유행어'이자 '주문'[3]이었다. 근대라는 구(舊)질서

3 다케우치 요시미(竹內好)의 표현.
히로마쓰 와타루, 『근대 초극론』, 김항 역, 민음사, 2003, 159쪽에서 재인용.

를 타파하고 세계 전체를 위기에서 구해낼 수 있는 새로운 문명질서를 창조하여야 한다는 필연성과 당위론에 대한 호소는 당시의 지식층들을 들뜨게 만들었다. 더욱이 그러한 창조의 중심부에 일본이 놓여 있으며, 일본이 동아시아 제 민족들의 맹주로서 역사적 사명감을 가지고 서구 근대에 대항하여 그것을 넘어서는 과업을 수행하여야 한다는 논리는 거의 광적인 지지를 얻었다.

이와 같은 논리의 연장선에서, 이들은 또한 만주사변과 중일전쟁, 그리고 이어서 벌어진 제2차 세계대전은 지금까지 세계를 지배하여 왔던 서구의 구세력과 이러한 기존의 지배 질서에 맞서고자 한 신진 세력들 간의 충돌이라는 점에 그 의의를 찾을 수 있다고 보았다. 쿄토학파의 일원이었던 고오야마 이와오같은 이는 제2차 세계대전의 의의를 놓고, 이는 근대 내부에서 벌어진 전쟁이 아니라 근대 세계의 차원을 넘어서려는 의지에서 빚어진 전쟁이며, 그러므로 오늘날의 세계대전은 근대에 종언을 고하는 전쟁이어야 하며, 또한 마땅히 그래야 한다고 역설하기에 이른다.[4]

이러한 논리는 이후 러일전쟁은 물론, 청일전쟁이나 그 뒤를 이은 만주사변, 중일전쟁까지도 동양을 침탈하려는 서구의 세력에 맞서 동양의 유일한 문명국가인 일본이 동아시아 전체를 보호하기 위해 벌인 불가피한 선택이었다는 식의 합리화로 연결된다.[5] 또한 이어서 벌어진 태평양전쟁과 제2차 세계대전이야말로 동·서양의 신구 세력들 간의 정면충돌이라는 점에서 향후 근대를 넘어선 단계에서의 새로운 질서를 수립하기 위한 세계사적 명운을 건 전쟁이라는 논리가 대두하게 된다. 말하자면 이는 근대 이후 펼쳐질 세계 질서의 향배와 패권을 가늠하기 위한 전쟁으로, 동양과 서양 사이의 전쟁인 동시에, 황인종 대 백인종의 전쟁이며, 또한 근대문명으로 대변되는 구질서를 무너뜨리고 새로운 문명과 질서의 세계로 뻗어가기 위한 과정에서 빚어진 불

4 고오야마 이와오(高山岩石), 『세계사의 철학』의 〈서문〉(위의 책, 52쪽에서 재인용).

5 위의 책, 151쪽.

가피한 충돌이라는 믿음이 이들의 주장의 근거이다.

그런 까닭에, 이들은 이 전쟁에서 승리하는 것은 대화 민족에게 주어진 역사적 사명이며, 전쟁을 승리로 이끌기 위해서는 일본을 중심으로 동아시아의 모든 민족들이 대동단결하지 않으면 안 된다고 주장한다. 소위 '대동아공영권'의 논리는 바로 이러한 사상 배경 속에서 탄생된 것이다. 지금 일본이 벌이는 전쟁은 동양 각국을 침략하기 위해서 벌이는 전쟁이 아니라 서구의 침략에 맞서 동양을 방어하고 구해내기 위해서 벌이는 일종의 성전(聖戰)이라는 것, 그러므로 이 전쟁의 승리는 곧 동양 전체의 승리이며 동양적인 가치와 질서가 세계를 지배하는 결과를 가져다 줄 것이라는 것이 이 논리의 핵심이다.

2) 조선에서의 논의

역사철학에 기반을 둔 이러한 근대의 초극론은 일제 식민 지배하에 있던 당시 조선 지식인들에게도 비상한 관심의 대상이 되었다. 이러한 관심에는 특히 철학자들의 참여가 두드러졌는데, 이 문제를 심도 있게 논의한 이들로는 김오성, 박치우, 신남철, 서인식 등을 들 수 있다. 이들은 모두 대학에서 철학을 전공하였으며, 1930년대 중반을 전후하여 평단에 등장하였다는 데서 공통점을 지닌다.

그러므로 이들의 근대에 대한 이해와 비판의 방식은 주로 이데올로기적인 측면에 치우쳐 있는 것이 특징이다. 이들은 근대 이성중심주의가 낳은 폐해와 자본주의적 경제 질서가 가져온 자체 내의 모순으로 인해 근대문명은 위기의 국면에 돌입하게 되었으며, 이러한 위기는 그것을 지탱해온 서구 시민사회의 위기와 맥을 같이한다고 주장한다. 여기서도 알 수 있듯이 이들 논의의 출발점은 섣부른 전망보다는 근대에 대한 진지한 검토와 반성에 있다. 일례로 전체주의와 동양주의의 태도의 문제점을 지적하고 비판한 점은 당대 현실에 대한 이들의 이해가 비교적 정확했음을 드러내는 부분이기도 하다.

그러나 당시 전개된 이들의 논의는 세계사적 보편성의 주장에만 치우친 결과, 조선의 특수한 상황에 대한 고려를 결여하고 있다는 비판으로부터 자유롭지 못한 것도 사실이다. 또한 이들이 거론한 용어나 개념들이 기본적으로 미끼 기요시 三木清를 비롯한 당대 일본 사상가들의 개념을 그대로 차용하고 있으며, 논의의 기본 방향에 있어서도 고오야마 이와오 등의 영향권 내에 머물러 있다는 사실 등도 문제로 지적될 수 있다.[6] 그 결과 태평양전쟁의 본격화와 더불어 이 부분에 대한 일본 학계의 논조가 체제에 협력하는 방향으로 흐르게 되자 논의의 구심점을 잃고 더 이상의 생산적인 주장을 이어나가지 못하게 된다.

한편, 문학계에서도 이와 관련된 논의는 적지 않은 파장을 불러일으킨다. 대표적인 예가 바로 태평양전쟁을 전후하여 신체제 수립이라는 국책에의 적극 협력을 목표로 창간된 문예지 『국민문학』의 등장(1941. 11.)[7]이다. 비평가 최재서에 의해 창간된 이 문예지는 그 제목에서도 알 수 있듯이 철저하게

6 손정수, 「일제 말기 역사 철학자들의 문학 비평 연구」, 서울대학교 석사논문, 1996, 50쪽.

7 최재서 崔載瑞(1908~1964)와 『국민문학』(1941. 11.~1945. 2.)

사진 좌 : 해방 후의 최재서. 연세대학교 영문과 교수시절로 추정됨.
한민족대백과사전 http://encykorea.aks.ac.kr/Contents/Item/E0057618#
사진 우 : 최재서가 편집주간으로 발간한 대표적인 친일 문예지 『국민문학』 창간호 표지.
한민족대백과사전 http://encykorea.aks.ac.kr/Contents/Item/E0006298#

조선 민중을 일본 국민, 나아가 황국신민으로서 계도하고 양성하기 위한 목적에서 창간된 것이라고 할 수 있다.[8] 이러한 사실을 통해서도 드러나듯이, 이 시기 최재서를 비롯한 대다수의 조선 문인들과 지식인들은 일본 사상계의 주도 담론이었던 근대의 초극론과 대동아공영권의 논리에 속수무책으로 휩쓸려 들어 갔던 것이다.

이러한 현상이 표면화된 데에는 그 당시 국제 정세의 흐름에 대한 지식층의 이해도 한 몫 했던 것으로 판단된다. 중일전쟁 발발 이후로도 독립에 대한 일말의 기대감을 놓지 않았던 조선의 민중과 지식인들은 1938년 10월 무한 삼진이 일본군의 수중에 떨어지고, 이어서 1940년 3월 중국 국민당의 원로인 왕정위[9]가 중경전시정부에서 떨어져 나와 남경에 따로 친일 괴뢰정권을 수립하며 대일(對日) 공조와 협력을 천명하자,[10] 사실상 일본의 동아(東亞) 지배

8 구체적으로 여기서 말하는 '국민문학'이란 일제가 말하는 신체제에 합일되는 문학을 말하는 것인 바, ① 시민적 정서를 초극하여 국민적 감정을 대표하여 반영하는 문학일 것, ② 국민 전체가 그 신분, 계급의 제한 없이 독자가 되는 문학일 것, ③ 민족적 의식을 자각한, 국민 전부에 새로운 '소화(昭和)'의 이상과 도덕을 부여할 수 있는 지사적 사명을 지닌 '신민'의 문학일 것을 의미한다.
김윤식, 『한국 근대 문예비평사 연구』, 일지사, 1982, 410쪽.

9 왕정위 汪精衛(1884~1944)

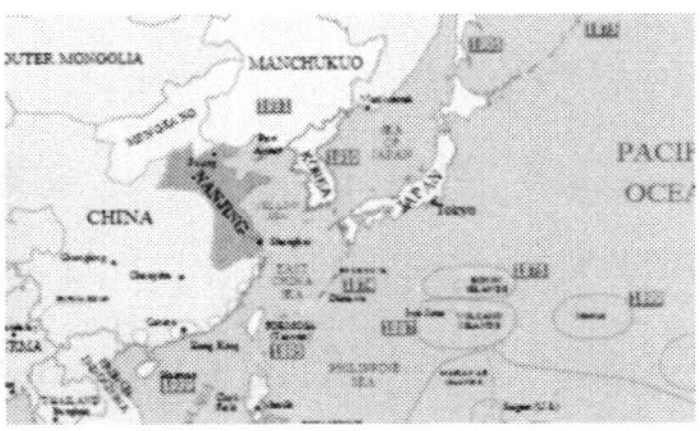

사진 좌 : 군 정복 차림의 왕정위.
https://www.chinatimes.com/newspapers/20190712000822-260115?chdtv
사진 중 : 왕정위를 수반으로 했던 난징괴뢰정부의 초창기(1940~1943) 깃발.
https://en.wikipedia.org/wiki/Wang_Jingwei_regime
사진 우 : 난징괴뢰정부의 명목상 영역도(짙은 색 표시 부분).
https://no.wikipedia.org/wiki/Wang_Jingweis_regjering

10 이 당시 왕정위의 입장을 알 수 있게 해주는 글로는 왕징웨이, 「중일 전쟁과 아시아주의」, 최원식·백영서 편, 『동아시아인의 '동양' 인식』, 문학과지성사, 1997 참조.

를 기정사실로 받아들이게 된다. 이와 함께 조선의 독립은 이제 물 건너간 것으로 이해하였다. 더군다나 그해 6월에 근대문명의 심장부라고 할 수 있는 프랑스 파리가 독일군에 맥없이 함락 당했다는 보도를 접하고 나서는 근대의 파산과 종언이라는 명제를 더 이상 의문의 여지조차 필요 없는, 바로 눈앞에서 전개되는 현실로 받아들이기 시작했다. 주어진 현실을 현실로서 인정할 수밖에 없다는 소위 '사실 수리론'이 득세하기 시작한 것이다.

독립 자체가 힘들어진 상황에서, 더 이상 비현실적인 희망에만 매달릴 것이 아니라 차라리 일제에 적극 협력함으로써 일본 국민의 일원으로 동등하게 대접받을 수 있도록 하여야 한다는 현실적인 주장이 보다 힘을 얻게 되었다. 동양이라는 더 큰 틀 속에서 본다면 일본이냐 조선이냐 하는 구분은 별로 중요치 않을 수 있으며, 이 기회에 동양의 맹주인 대일본제국의 신민으로 보다 확실하게 자리 잡음으로써 근대 이후의 세계를 짊어지고 나갈 신질서 건설에 동참하는 편이 낫다고 판단하였던 것이다. 한때 조선 독립과 민족 운동의 선봉에 서기도 했던 이광수(후에 '가야마 미쓰오' 香山光郎로 창씨개명)조차가 이 시기에 이르게 되면 자신의 과거 활동들을 부정하면서 '조선인은 전연 조선인인 것을 이저야'하며, '아조 피와 살과 뼈가 일본인이 되어버려야 한다'고 역설하기에 이른다.[11]

근대문명이 종말을 향해 치닫고 있는 것처럼 보였던 당시의 시대 상황에서 본다면, 이런 식의 주장은 일견 대중적인 설득력을 지니고 있다고도 볼 수 있다. 그러나 달리 이해할 때 논의 자체의 관념성과 편벽됨으로 인해 공소함을 면치 못하고 있으며, 해법 모색에 있어 감정적인 호소에 일정 부분 기댄 점이 있는 것도 사실이다. 세계사의 방향과 흐름을 단선적인 방식과 논법으로만 이해하고 정리하려는 이와 같은 시도는 결과적으로 이후 많은 지식인들이 현실 대응 방식을 결정하는 데 있어 잘못된 길로 인도하게 된다.

---

11 춘원, 「심적(心的) 신체제와 조선 문화의 진로」(8), ≪매일신보≫, 1940. 9. 12.

3. 전환기에 처한 김기림의 고민

1) 근대의 현명한 결산에 대한 강조

당시 활동하던 조선의 여러 문인들 가운데서도 김기림은 국제 정세의 흐름과 지식 사회의 동향 등에 대한 이해가 상당히 빠른 편에 속했다고 할 수 있다. 이러한 사정은 그가 일찍부터 일본 유학을 통해 신지식과 신문물을 경험한 바 있으며, 이를 통해 개방화된 감각을 소유할 수 있었던 개인적인 이력과도 무관치 않다. 게다가 귀국 이후에는 사회부 기자로 활동하면서 각 부분에 대한 보다 폭넓은 시야를 확보할 수 있는 입장이었던 점도 유리하게 작용한 것이 사실이다.

이렇듯 시대 현실에 유달리 민감한 김기림이기에, 그가 당대 사회와 역사의 흐름에 대해 관심을 가지게 된 것은 어쩌면 당연한 결과라고 하겠다. 애초에 그가 1930년대 초반, 이 땅에 처음 모더니즘을 수입, 소개한 것이나, 1940년대를 전후하여 그것과의 결별을 선언한 것도 따지고 본다면 시대 변화에 예민했던 평소 그의 성향을 반영한 것으로 이해할 수 있을 것이다. 이상 문학에 대한 그의 해석 역시 주로 이런 방면에서 이루어진 것 또한 우리의 눈길을 끄는 대목이다.[12] 문제는 그가 모더니즘으로부터의 탈피를 주장하며 근대 이후 우리 문단과 사회가 취해야 할 바람직한 방향성에 대해 관심을 가지면서부터 시작된다.

자신이 앞장서서 이 땅에 들여왔고, 그것의 정착을 위해 힘써왔던 모더니즘 문학의 용도 폐기를 선언하는 일은 김기림으로서도 간단치만은 않은 문제였을 것이다. 이러한 태도 변화는 그의 유명한 평문 「모더니즘의 역사적 위

---

12 이상 문학에 나타난 특징적인 양상을 근대가 직면한 문명적 위기의식과 더불어 이해하려 했던 최초의 인물이 바로 김기림이 아닌가 한다.

치」(1939. 10.)에서 공식화되며, 이후 「조선 문학에의 반성」(1940. 10.)을 거쳐 「동양에 관한 단장」(1941. 4.), 「시의 장래」(1941. 8.) 등에 이르는 동안 보다 구체화된 형태로 그 모습을 드러내게 된다.

> 그러나 『모더니즘』은 30년대의 중쯤에 와서 한 위기가 다닥쳤다.
>
> 그것은 안으로는 『모더니즘』의 말의 중시가 이윽고 그 말류의 손으로 언어의 말초화로 타락되어가는 경향이 어느새 발현되었고, 밖으로는 그들이 명랑한 전망 아래 감수하던 오늘의 문명이 점점 심각하게 어두워가고 이지러가는 데 대한 그들의 시적 태도의 재정비를 필요로 함에 이른 때문이다.[13]

> 사실 오늘에 와서 이이상 우리가 「근대」 또는 그것의 지역적 구현인 서양을 추구한다는 것은 아모리 보아도 우수워졌다. 「유토피아」는 뒤집어진 세음이 되였다. 구라파 자체도 또 그것을 추구하던 후열의 제국도 지금에 와서는 동등한 공허와 동요와 고민을 가지고 「근대」의 파산이라는 의외의 국면에 소집된 세음이다.[14]

위 인용문들을 통해서도 알 수 있듯이, 모더니즘을 그는 철저하게 근대 문명의 발전 과정에서 파생된 흐름이며, 따라서 그것은 근대 그 자체와 운명을 같이하는 것으로 이해하고 있다. 모더니즘의 토대가 되는 근대 자체가 파산의 지경에 처한 이상, 더 이상 그것에 집착한다는 것은 의미 없는 일로 생각된다. 그렇다면 이와 같은 역사적 전환기에 우리가 나아가야 할 길은 과연 어디에 있는가.

이러한 내용들로부터 우리가 당대 지식 사회 일각에서 서서히 고개를 들

---

13 김기림, 「모더니즘의 역사적 위치」, 『인문평론』 1권 1호, 인문사, 1939. 10., 85쪽.

14 김기림, 「조선문학에의 반성 – 현대 조선문학의 한 과제」, 『인문평론』 제2권 9호, 인문사, 1940. 10., 44쪽.

기 시작하던 '근대의 초극'론의 단초를 떠올리기란 그리 어려운 일이 아니다. 문제는 그가 당대 일본 지성계에서 대두되었던 이러한 방식의 논리 전개에 강렬한 매력을 느꼈으면서도, 한편으로는 그것과의 일정한 거리를 유지하기 위해 애썼다는 점이다. 그는 최재서를 비롯한 당대의 많은 지식인들과는 달리, 이러한 일본 지식층들의 주장과 논리를 그대로 받아들이려 하지는 않았다.

이 당시 그는 궁극적으로 근대가 지양 · 극복되어야 할 대상임을 인정한다. 앞서 살폈듯이, 근대문명이 이미 그 시효를 다 하고 말았다는 점은 그 역시 동의하는 바이기 때문이다. 그러나 그와 동시에 그는 근대 자체의 즉각적이고 전면적인 폐기 주장에 대해서는 시종일관 신중한 자세를 취한다. 섣부른 형세 판단만으로 미래의 방향성에 대해 조급한 결론을 내리려는 태도는 어느 모로 보나 위험천만한 일로 받아들여졌던 것이다. 그가 판단하기에 현 단계에서 조선문학을 위한, 또한 조선민족을 위한 바람직한 태도는 그것의 초극을 위한 노력이라기보다는 현명한 결산이어야 한다는 것이다.

> 이 순간에 우리는 「오늘」이라는 것의 성격에 대하여 확호(確乎)한 판단을 나리지는 못하고 있다. 그것을 벌써 새로운 시대의 진수식으로 보고 경이는 벌써 시작된 듯이 말하는 사람도 있다. 그러나 한편으로 보면 시작된 것은 실은 아직은 새로운 시대가 아니고 「근대」의 결산과정이나 아닐까. 새로운 시대는 오리려[15] 당분간은 먼 혼란과 파괴와 모색의 저편에 있는 것이나 아닐까? 그렇다고 하면 지금 이 순간에 우리에게 던어진 긴급한 과제는 새 세계의 구상이기 전에 먼저 현명하고 정확한 결산이 아닐까 한다. 우리가 깊이 생각해야할 중요한 점이 여기 숨어있다고 나는 생각한다.[16]

---

15 '오히려'의 오식.

16 김기림, 앞의 글, 1940. 10., 46쪽.

요컨대 그는 근대의 초극이 역사의 올바른 방향이라는 점에 대해서는 인정하지만, 이것에만 지나치게 집착하는 경우에는 엉뚱한 결과에 도달하게 될지도 모른다는 점을 우려했던 것이다.

그렇다면 여기서 그가 강조하는 근대의 결산이란 무엇인가. 그것은 일단 근대를 되돌아보며 그것의 장단점을 찾아내고 정리하는 것을 의미한다. 버릴 것은 버리고 추릴 것은 추려서 다가올 시대에 대비하여야 한다는 것이다. 이 점과 관련하여 특히 그가 주목한 것은 근대 서구 문명을 이끌어왔던 '과학정신'이다. 근대가 남긴 여러 가지 유산들 가운데 이러한 과학적 정신과 태도와 방법만큼은 다음 시대에도 지속적으로 유지시키고 발전시켜나가야 한다는 것이 그의 지론이다.[17]

단순하게 이해할 때 이러한 그의 주장은 역사의 진로가 다음 단계에서 어떤 모습으로 결정될 것인지 아직은 분명히 알 수 없다는 신중론의 입장에서 나온 것처럼 보인다. 그러나 우리는 바로 이러한 그의 신중한 태도 속에 역사 진로와 관련된 그 나름의 고민과 모색이 감추어져 있음을 예감하게 된다.

2) 침묵의 선택과 그 의미에 대한 의문

위의 논의를 통해서도 알 수 있듯이, 김기림이 강조하는 근대의 '결산'이란 초극 자체를 근원적으로 부정하기 위한 개념은 아니다. 어디까지나 그것은 초극을 전제로 한 것이며, 그런 의미에서 초극으로 가기 위해 거쳐야할 직전의 단계라고 할 수 있다. 그렇다면 그는 마땅히 다음 단계에서 초극을 위한 제언이나 그 구체적인 방향성 등을 제시했어야 옳다. 그러나 이 점에 관한 한 그는 어떤 지면을 통해서도 뚜렷하게 자신의 소신을 담은 발언을 내놓은

17 김기림, 「『동양』에 관한 단장(斷章)」, 『문장』 3권 4호, 문장사, 1941. 4., 215-216쪽.

바가 없다.

이런 그의 머뭇거림에는 분명 이유가 있을 것으로 짐작된다. 알려져 있다시피 그는 일제 말기, 비평가 최재서의 끈질긴 권유에도 불구하고 끝내『국민문학』지의 편집에 관여하지 않았다. 뿐만 아니라 태평양전쟁이 본격화된 1940년대 초반 이후로는 대외적인 활동도 삼간 채 고향 근처로 내려가 묵묵히 침묵의 시간들을 견뎌냈다. 물론 이러한 그의 침묵에 대해서는 이 방면 연구자들의 해석이 엇갈린다.

김재용은 김기림이 애초부터 조선의 특수성을 자각함으로써 일본 학계의 신체제론에 동조하지 않을 수 있었으며, 결과적으로 식민주의에의 함몰 위험으로부터 벗어날 수 있었다고 주장한다. 나아가 이러한 그의 자각적 태도는 결국 그를 최재서와는 다른 길로 걷게 만들었다고 기술함으로써 이러한 침묵을 그 나름의 저항의 방식으로 인정하는 태도를 취한다.[18]

반면에 구모룡은 근대문명을 대하는 그의 태도가 결국에는 일본이라는 필터를 거친 것으로, 근대와 그 너머의 세계를 바라보는 김기림의 시선 또한 이러한 현상으로부터 자유로울 수가 없었다고 말하며 비판적 입장을 취한다. 또한 일제 말기 그의 침묵 역시 구체적으로 확인된 바가 없다는 점을 강조한다.[19]

이런 주장들에 대해 몇몇 연구자들의 추가적인 논의가 이어졌다. 먼저 고봉준은 이 시기 김기림의 평문들이 친일적 양상을 보인 지식인들의 담론과 유사성을 보인다는 점을 지적하고 '침묵의 저항'설을 주장한 김재용의 해석이 재고될 필요가 있다는 견해를 피력한다. 이러한 주장의 근거로 그는 김기림이 이 당시 조선에 머물렀던 시기가 불과 5~6년에 지나지 않았던 만큼 조선적 특수성을 파악하기에는 한계가 있었을 것이라는 점을 지적한다. 결국 그가

18 김재용, 「동시성의 비동시성과 침묵의 저항」, 『협력과 저항』, 소명출판, 2004, 207-210쪽.

19 구모룡, 「식민성 근대주의의 한 양상」, 『문학수첩』, 문학수첩사, 2005. 봄.

시대와 역사를 이해했던 기준은 일본이라는 타자의 시선에 의한 것일 수밖에 없으며, 그에 따른 분열의 경험이 40년 이후 그를 침묵으로 몰고 갔던 것이라고 주장한다.[20]

반면 홍기돈은 구모룡의 글에는 김기림의 평문에 나타난 민족의 중요성에 대한 강조 부분이 누락되어 있음을 지적하며 반박하는 태도를 취한다. 나아가 그는 김기림의 주장이 미끼 기요시와 같은 일부 일본 학자들의 주장과 유사성을 지니고 있는 것은 사실이지만, 이러한 유사성만으로 식민주의적 사고방식에 사로잡혔다고 평가하는 것은 과도한 해석일 수 있다고 주장한다. 그의 이러한 지적은 미끼 기요시가 아시아 각국에 대한 일본의 침략 정책에 동조하지 않았던 반전주의적 성향의 학자였다는 사실의 확인과 함께, 일제 말기 김기림의 침묵은 결국 그가 지닌 민족의식의 우회적인 표출일 수 있다는 주장으로 연결된다.[21]

한편, 조영복의 경우는 이 당시 김기림의 침묵이 시대를 관통하는 행위의 근거로 이해될 수 있다는 점을 지적하며 그 정확한 의미를 이해하기 위해서는 당시 그가 남긴 시와 수필 등의 내용을 참조할 필요가 있음을 역설한다. 이런 과정을 통해 그는 침묵이야말로 김기림이 지닌 예언자적 인식의 한 단면을 드러낸 것으로, 이를 통해 일제 말기의 지루한 시간을 통과하고자 하는 의지를 반영한 것으로 평가한다. 이런 해석에 따른다면 김기림의 침묵은 소극적인 저항이나 분열의 경험에 의한 것이라기보다는 일제 말기의 시대적 조건을 헤쳐 나가고자 하는 일종의 선택 행위라고 규정될 수 있다.[22]

이처럼 논자들에 따라 일제 말기 그의 침묵에 대한 평가는 각기 다른 양

---

20 고봉준, 「모더니즘의 초극과 동양 인식」, 『한국시학연구』 13호, 한국시학회, 2005. 8.

21 홍기돈, 「식민지 시대 김기림의 의식 변모 양상」, 『어문연구』 48호, 한국어문교육연구회, 2005. 8.

22 조영복, 「김기림의 예언자적 인식과 침묵의 수사」, 『한국시학연구』 15호, 한국시학회, 2006. 4.

상을 보인다. 여기서 필자는 그의 침묵이 지닌 성격에 대해 미리부터 성급하게 어떤 결론을 내리지는 않고자 한다. 다만 그의 침묵에는 그만의 말 못할 고민이 내재해 있음이 분명하며, 침묵 직전의 글들에서는 그가 자신의 그러한 고민을 충분히 제시하고 있지는 못하다는 점만을 우선 지적해두고자 한다. 그러한 의도를 숨김없이 드러내기에는 당시의 시대 상황이 너무도 열악했기 때문일 것이다.

따라서 일제 말기 역사적 전환기에 처하여 그가 했던 침묵의 구상에 대한 추측은 어차피 부분적일 수밖에 없다. 다만 남아있는 그의 글들과 여러 가지 주변 자료들을 통해 그런 그의 구상이 어떤 방향성을 지니고 있는지를 대략 짐작해볼 수 있을 것이다.

4. 근대의 초극을 위한 김기림의 모색과 구상

1) 동양주의에 대한 비판

이 당시 대다수 조선의 지식인들과 마찬가지로, 김기림의 머릿속에 자리잡은 근대란 어디까지나 르네상스 이후 성립된 서구 문명과 동일한 개념이었다. 그가 모더니즘 도입의 필요성을 주장하는 경우에도, 그리고 장시 「기상도」에서 근대의 파산과 문명의 갱신을 노래할 때에도 이러한 근대에 대한 이해는 처음과 별반 달라진 바가 없다.

이런 사실을 놓고 본다면 모더니즘으로부터의 공식적인 탈피를 선언한 이후 그가 당시 일본 지성계를 휩쓸었던 동아협동체론, 그리고 그것의 사상적 근거로서 제시되었던 동양주의적 사고방식에 흥미를 지녔을 법도 하다. 근대가 어차피 서구적인 기원을 지닌 것인 이상, 그리고 당시 그것의 한계점이 명백한 것처럼 느껴지는 이상, 그의 관심이 동양에로 향하기를 예상하는 것도 무리가 아니기 때문이다.

물론 그 역시 일본 지성계에서 유행하던 담론들에 대해 충분한 지식을 가지고 있긴 하였다. 그러나 그는 이러한 사상에 무비판적으로 빠져 들어가는 것을 스스로 경계하며, 그것의 논리적인 문제점을 지적한다.

> 또 하나의 다른 감상주의가 있다. 오늘 와서는 서양은 돌아볼 여지조차 없는 것이라 속단하고 그 반동으로 실로 손쉽게 동양 문화에 귀의하고 몰입하려는 태도가 그것이다. 그것은 관념적으로는 매우 하기 쉬운 일이고 또 경솔한 사색 속에 즉흥적으로 떠오르기 쉬운 아름다운 포말(泡沫)이기는 하다. 이러함으로써 동양 문화는 그 진가(眞價)있는 부면이 오히려 희미하게 보혀지고 우리가 그중에서 청산하여야할 가치 없는 부분마저를 아름다운 감상의 연막으로 휩싸버릴 염려가 있는 때문이다. 서양문화가 일정한 거리에까지 물러선 것처럼 동양 문화도 한번은 어느 거리밖에 물러가서 우리들의 새로운 관찰과 평가에 견디어야 할 것이다. 그래서 그것은 우리들의 새로운 태도와 방법으로써 다시 발견되어야 할 것이다.[23]

서구적인 의미에서의 근대가 파산 직전에 이르렀다고 해서 그것이 곧 동양 문화의 세계화를 보장하는 것은 아니라는 취지의 말이다. 위 인용문에서 보듯 김기림은 동양주의의 주장 속에 내포된 위험성을 또 다른 '감상주의'로 일축하고 있다. 서구 근대에 대한 열렬한 부정이 하나의 감상주의적 태도를 낳았다고 한다면, 그 대척점에 있는 동양 문화에 대한 광적인 찬양 역시 또 하나의 감상주의적 태도일 뿐이라는 것이 그의 주장이다.

당대의 시대적 상황 속에서 동양 문화에 대한 일방적인 경도는 일본제국주의의 정책에 사상적으로 협력하는 결과를 초래할 수 있다는 점에서 이러한

23 김기림, 앞의 글, 1941. 4., 214쪽.

그의 주장과 태도는 상당한 의미를 지닌다. 동양주의 담론에서 강조하는 동양 문화란 일본 중심의 아시아적 문화 질서를 뜻하는 것으로, 중국이나 여타 아시아 제국(諸國)들의 문화적 특성은 이와 같은 구도 속에서 다만 주변적인 의미 밖에 지니지 못하기 때문이다.[24] 그러므로 이 때 '동양'이란 사실상 일본의 중심성을 승인하는 바탕 위에서만 성립될 수 있는 개념인 셈이다.[25]

사실 일본 학계에서 이 용어('동양')가 처음 통용되기 시작했을 때, 이 말의 의미는 서구에서의 관점이나 용법과는 큰 차이가 있었다. 그것은 단순히 서양을 타자화하는 것에 그치지 않고, 마치 서양이 그랬던 것처럼 문명과 야만이라는 이분법을 통해 일본 이외의 다른 아시아 국가들을 차별화하고 타자화하는 개념으로 통용되었던 것이다. 그런 의미에서 이 용어는 '오리엔탈리즘의 일본적 재구성'[26]의 결과물인 것이다. 그것은 당시 동양에서는 유일하게 근대화에 성공하여 서구 열강과 더불어 제국주의 국가로 성장할 수 있었던 일본이, 정신적 외상인 서구의 지리적 폭력으로부터 벗어나 다른 아시아 국가에 대해 오리엔탈리즘의 주도권을 행사하기 위해서는 어떻게 하면 좋을까라는 동기에 의해 지탱되는 개념인 까닭이다.[27]

물론 당시 김기림이 이러한 심층적 사실에 대해 정확히 파악하였을 리는 없다. 그러나 그는 동양주의를 강조하는 일본의 의도에 대해 어느 정도 눈치챘던 것이 분명하다. 위 인용문에서도 알 수 있듯이 김기림은 동양주의의 문제점을 명시적으로 지적하고 있지는 않지만, 그것이 지닌 위험성을 결코 간과

24 이러한 사실은 중일전쟁을 전후하여 일본 내에서 세계의 중심국을 의미하는 '중국'이라는 용어 대신 '지나'라는 지역적인 용어가 일반화되었다는 사실을 통해서도 감지된다.

25 역사철학적 인식으로 포장되어 있음에도 불구하고, 대동아공영권의 논리는 사실상 일본을 동아의 중심에 두고 그것을 특권화하려는 의도에서 제출된 것이다.
이 점에 대해서는 허우성, 『근대 일본의 두 얼굴: 니시다 철학』, 문학과지성사, 2000, 451쪽 참조.

26 강상중, 『오리엔탈리즘을 넘어서』, 이경덕 · 임성모 역, 이산, 1997, 80쪽.

27 위의 책, 81쪽.

하지 않았다. 그렇기 때문에 그는 무턱대고 동양 문화에로의 몰입을 서두를 것이 아니라 그것에 대해 일정 정도의 거리를 두고 물러서서 객관적인 관찰과 평가를 하여야 하며, 그런 연후에야 진정으로 재발견될 수 있으리라는 견해를 피력했던 것이다. 따라서 이러한 그의 신중론은 당대 유행하였던 동양주의에 대한 완곡한 거리두기로 이해하여도 좋을 것이다.

2) 민족문화에 대한 강조

단순하게 이해한다면 대동아공영권이란 아시아 각 민족들의 조화와 협력을 통해 위기에 빠진 근대문명을 새롭게 갱신하고 세계 전체를 이끌어나갈 신질서를 창조하자는 것이다. 그리고 이러한 구상이 당시 동아시아 지식층에게 상당히 매력적으로 다가왔음도 사실이다. 만주국 수립과 더불어 표방한 '오족협화(五族協和)'의 사상은 적어도 이념적으로는 그러한 구상의 구체적인 실천이었다고 할 수 있다. 이는 지역의 경계 내부에 속한 한족과 만주족, 몽골족, 조선족과 대화족(일본인)들이 함께 협력하여 이상 국가를 건설하자는 생각을 표방한 것인 바,[28] 이러한 협력 관계를 통해 민족적 차이에 구애받지 않는 동아의 신질서를 확립하자는 취지를 담고 있기 때문이다.[29]

---

28 여기서 주목할 것은 당시 만주 지역에 진출해 있던 상당수 백계 러시아인들에 대한 언급이 없다는 점이다. 이러한 사실은 결국 만주국의 건국이념인 이러한 '오족협화'의 사상이 서구의 진출에 맞서 동양의 각 민족들이 화합하고 뭉쳐야 한다는 논리에 근거를 둔 것임을 의미한다. 이러한 논리화는 당시 러시아를 지배하고 있던 소련 공산주의에 대한 견제의 의미를 내포한 것으로, 공산주의 역시 서구적 근대의 변종에 불과하므로 새로운 시대의 질서를 개척해나가는 데 별 도움이 되지 못한다는 인식을 반영한 것으로 생각된다.

29 이러한 만주국의 건국 이념과 국가 이상은 당대 일본의 진보적인 지식인들에게도 상당한 반향을 불러 일으켰다. 이 점과 관련하여, 맑스주의 문예론자의 한 사람이었던 야쓰다 요주로(保田與重郎)는 후일 "이 새로운 세계관(만주국의 건국 이념인 '오족협화'의 사상 - 인용자 주)의 표현에 마음을 빼앗겼다."라고 술회할 정도로 강렬한 인상을 받았었음을 고백하고 있는 것을 볼 수 있다.

그러나 이러한 타 지역에서의 선전과는 별도로, 당시 조선에 대한 일본의 지배 정책은 내선일체의 강조를 통한 민족의식의 억압과 제거에 그 초점이 모아졌던 것이 사실이다. 일본에게 있어 식민지 조선은 협력의 대상이 아니라 지배와 동화(?)의 대상일 뿐이었던 것이다. 창씨개명과 국어(일본어) 상용의 강조, 그리고 학병 지원제와 연이은 징용, 징병제의 도입 등은 표면적으로는 조선인을 일본인과 동등하게 대우한다는 명분과 더불어 시행되었으나, 현실에 있어 내지(일본)인과 조선인 사이의 민족적인 차별은 엄연히 존재했다. 태평양전쟁이 격화되자 식민 당국은 조선 내에서 황국신민화 정책을 강화함과 동시에 조선인들을 대상으로 독자적인 민족의식을 포기하게 하는 대신, 일본인으로서의 투철한 국가관과 국민의식을 주입하는 데 주력하게 된다.

사실 '국민'이란 말이 일본 내에서 실체적인 함의를 지니게 된 것은 청일전쟁을 기점으로 한 시기부터였다.[30] 그런데 이 경우 천황 아래 모두가 평등하고 동등한 신민, 즉 대일본제국의 국민으로서 재탄생하여야 한다는 당위적 명제는 다른 면에서는 비국민으로 낙인찍힐지도 모른다는 불안감을 조장하는 일이기도 했다. 그리고 이러한 사정은 조선 내에서도 마찬가지로 작용하였다. 요컨대 '국민'의식의 강조는 이때까지만 해도 여전히 민족적인 이질감을 유지하고 있었던 조선인들에게는 심리적인 포섭의 원리인 동시에 자칫하면 '비국민'으로 낙인찍혀 사회 전체로부터 퇴출될지도 모른다는 공포심을 유발하는

히로마쓰 와타루, 앞의 책, 179쪽에서 재인용.

30 이효덕, 『표상 공간의 근대』, 박성관 역, 소명출판, 2002, 282쪽.
청일전쟁 이전까지 일본인들은 국민으로서의 의식보다는 각 지방의 번(藩)에 소속된 번민으로서의 인식이 더 강했다. 말하자면 근대 국가로 발돋움하던 메이지시대 초창기까지도 일본 내에서는 각 지방의 고유한 지역성과 독자성이 그대로 인정되는 분위기였던 것이다. 그러나 청일전쟁에서의 국가적 승리는 이러한 지역 정서를 탈색시키고, 근대 국가인 일본 국민으로서의 일체감과 자의식을 심어주는 계기가 되었다. 다시 말해서 청일전쟁은 일본이 비로소 자신의 힘에 의해 견제할 수 있는 '외부'를 발견함으로써 그 전까지 정리되지 않았던 '내부'의 경계를 청산하는 계기를 만들어주었다고 할 수 있다(이 문제에 대해서는 위의 책, 286쪽 참조.).

강력한 배제의 원리로 작용하였던 셈이다.[31]

이러한 이중성, 즉 비국민으로 분류될지도 모른다는 위기감은 당시 조선인들의 의식 구조에 상당한 영향력을 미쳤다. 퇴로가 사실상 봉쇄되어버린 상황에서, 진정한 일본 국민의 일원으로 거듭나느냐, 아니면 비국민으로서 사회로부터 배척당하고 유리되느냐의 문제는 그만큼 생존과도 직결되는 문제였던 것이다. 이런 위기감은 지식층일수록 더욱 심각하게 받아들일 수밖에 없었는데, 왜냐 하면 당시의 전환기적 시대 감각에서 본다면 이는 곧 개인과 민족 모두의 생존 문제와 직결되는 문제였기 때문이다. 현실적인 민족 차별의 벽을 넘어서기 위해서라도, 제국의 충실한 신민으로서 더욱 더 힘을 모아 새로운 문명질서의 창조에 협력하고 앞장서는 것이 바람직할 수도 있겠다는 생각이 이들 지식인들의 내면에 고개를 들기 시작했다.

가령 『국민문학』의 주간이기도 했던 비평가 최재서는 좌익 출신의 전향 사상가인 하야시 후사오 林房雄가 "조선의 작가는 전향해도 돌아갈 조국이 없다."라고 말한 데 대해 커다란 충격을 받았다고 술회한 바 있다. 그러나 달리 볼 때 그가 받았다는 충격은 어쩌면 그의 내면에 드리워진 비국민이라는 낙인이 몰고 오는 공포감과 함께, 대일본제국의 국민의 일원으로 거듭나게 되었을 때의 위와 같은 계산법이 한꺼번에 작용한 결과라고 풀이될 수도 있을 것이다. 그가 지면을 통해 이 발언을 '잘못된 동정'이라고 꼬집은 것은 이와 같은 양가성의 맥락에서 이해가 가능하다. 더불어, 진정한 '국민' 문화의 건설 과정에 있어 조선인을 '제외'한다면 이는 결코 바람직한 일이 아니라는 점을 힘주어 강조한 점도 눈여겨 볼 대목이다. 나아가 그는 '내선일체'란 신 민족 창성과 신 문화의 창조에까지 연결될 사안이라는 점을 거듭 강조하기까지 한다.[32]

---

31 창씨개명이나 학병 지원제의 경우를 예로 든다면 표면적으로 자발적인 의사 결정의 형식을 내세우고 있으나, 그 이면에는 하지 않고서는 버틸 수 없게끔 만드는 총독부 차원의 은밀한 독려와 강요가 작용하였음을 부인하기는 어렵다. 이러한 '자발성의 강요'는 이 당시 식민 정책의 기조인 조선인들에 대한 포섭과 배제의 원리의 발현으로 이해된다. 미즈노 나오키, 『창씨개명』, 정선태 역, 산처럼, 2008, 311-312쪽.

이러한 당시 지식 사회의 분위기와 비교해볼 때 김기림의 반응은 어땠을까. 결론부터 먼저 말한다면 그는 조선민족에 대한 이러한 식민 정책의 이중성을 어느 정도 파악하고 있었던 것으로 짐작된다. 근대의 초극이라는 당면 과제의 중요성에 대해서는 그 역시 동의하지만, 그것이 민족의 정체성 자체를 훼손하는 빌미가 되어서는 곤란하다고 생각했던 것이다.

> 그런데 구주에있어서 혹은 건결산기[33] 뒤에 앞으로 기대하는 신질서의 건설에는 제 민족이 민족의 자격으로 참가할 것으로 보이는데 이 민족을 내포하면서도 민족을 초월해야할 신질서에 있어서 민족 상호 간의 정신적 이해와 융합을 가능하게 할 유력한 수단은 무엇일까? 수백의 조문이나 규약이 달할 수 있는 형식의 한계를 너머서 그것의 저편에 다시 깊이 맺어질 수 있는 것은 서로서로의 문화의 접촉과 포용와 존경이라는 노력이다. …… (중략) …… 한 민족의 문화는 늘 그 자신의 존엄과 독창성과 의욕을 가지는 것이고 따라서 거기로 통하는 길은 오직 애(愛)와 존경을 거처서만 뚤려진다. 한 민족이 세계에 향해서 실로 그 자신이 이해되기를 원한다면 그것은 자신의 문화를 버림으로써 얻어질 리는 만무하다. 보다도 그 전통 밑 생리와 보편성과의 충격과 조화와 충격의 끈임 없는 운동을 따라 그 자신의 문화를 더 확충하고 심화하고 진전시킴으로써 이루워질 수 있을 뿐이다.[34]

그는 근대의 초극이란 근본적으로 민족들 간의 다양한 문화적 접촉과 융합을 통해 이루어져야 하며, 이를 위해서는 우선 상호간의 이해와 존중에 대한 노력이 필수적이라고 보았다. 그리고 이를 위해서는 무엇보다도 어떤 민족

32 최재서, 「조선 문학의 현 단계」, 『전환기의 조선 문학』, 노상래 역, 영남대 출판부, 2006, 75쪽.

33 '건'은 오식인 듯.

34 김기림, 앞의 글, 1940. 10., 46쪽.

이든 그 민족 자체 내의 고유한 문화적 정체성의 확보 없이는 이루어질 수 없는 과제라고 생각했던 것이다. 여기서 그가 말하는 문화의 고유성은 고정되어 있다거나 정체되어 있는 개념은 아니다. 한 민족의 문화가 발전하기 위해서라도 타 문화와의 교류가 필요하며, 그것을 통한 문화적 자극이 절대적으로 필요하기 때문이다. 말하자면 문화의 교류와 융합이란 각각의 민족문화를 더욱 풍성하고 다채롭게 만들기 위한 과정과 일치한다.

그러므로 그는 국민과 비국민을 가르며 대동아공영의 논리를 앞세우는 식민 정책은 일제에 의해 그들의 침략 전쟁을 정당화하고 그런 침략의 최 일선에 조선인들을 강제 동원하기 위한 구실에 불과하다고 이해하였다.[35] 동아 신질서 건설을 통해 근대를 초극하려는 일본 지성계의 움직임은 교묘하게 포장된 허울 좋은 구호일 뿐이다. 그것은 아시아 제 민족의 문화적 정체성과 다양성을 고려하지 않은 채 자행되는 이데올로기적 강압이기 때문이다. 그가 보기에 서로 간의 문화적 존중의 노력이 없이 민족들 간의 공존과 번영을 논하는 일이란 가당치도 않은 착각이다. 진정한 상호 협력과 융화가 이루어지기 위해서는 문화적 다양성에 대한 인정과 더불어 상호 문화 교류의 정당한 장이 성립되어야 한다는 것이 그의 지론이다. 그리고 그는 이러한 내용이 당시 일제의 식민 지배하에 놓여 있던 조선의 경우에도 예외 없이 적용되어야 한다고 생각했다.

물론 당시 일본이 조선에서 취했던 정책은 이와는 정확히 반대되는 것이었다. 전쟁이 격화되자 조선인들에 대한 황국신민화 작업은 무차별적으로 강

35 내선일체를 위한 정책과 대동아공영의 논리는 이런 의도에서 진행되었다고 할 수 있다. 그것은 식민지 조선이 가지고 있었던 민족적 정체성을 일본이라는 근대 국민국가 내부의 일개 지방성으로 재배치하고, 피차별 상태에 놓여 있던 식민지민들을 천황의 신민으로 새롭게 호명함으로써 그들을 일본이 벌여나간 범죄적 전쟁에 동원하는 데 그 목적을 두고 있다고 보겠다.
방민호, 「김기림 비평의 문명 비평론적 성격에 관한 고찰」, 『우리말글』 34호, 우리말글학회, 2005. 9., 15쪽.

요되었으며, 이를 통해 식민 당국은 민족적 수탈과 억압의 분위기를 한층 강화해나갔던 것이다. 민족 자체의 존립을 기약할 수 없었던 당시의 사정에 대해 김기림은 후에 다음과 같이 술회한다.

> 1930년대는 날로 심해가는 일제의 정치적 공세 아래서 조선의 지식인들이 그들의 최후의 것을 잃지 않기 위하야 비통한 수세로 들어간 것을 특징으로 한 시기였다. 정치와 경제에서 잃어버린 모든 손실 뒤에 민족문화에 있어서도 날로 존망의 위기가 다닥치고 있었던 것이다.[36]

민족문화가 문제가 된다고 했을 때 그것을 뒷받침해주는 가장 핵심적인 개념은 언어이다. 언어가 없이는 문화도 있을 수 없으며, 문화가 없다면 민족의 존립도 기대하기 어렵기 때문이다. 일본의 식민 지배를 받고 있는 당시 조선의 상황에서 본다면 고유의 문화를 유지해나간다는 것, 언어를 유지해나간다는 것은 곧 근대 이후 펼쳐질 세계에 대비하기 위한 필수적인 준비 작업이라고 김기림은 판단했다.

그런 그의 생각을 비교적 명확하게 정리해놓은 글로는 다음과 같은 것이 있다.

> 얼마 전부터 내 가슴에 걸려서 아직까지도 잘 나려가지 안는 것은『민족과 언어』의 문제다.
>
> 또 여러 제국의 그 식민지에 대한 언어 정책이 각각 어떠케 다르고 가튼가 한 점도 알고 십다.
>
> 『옷토 · 바우엘』인가 민족을 가르처 언어공동체라고 하엿다. 민족의 본질을 밝히는데 정치적 경제적 요점을 쑥 빼노흔 것은 매우 관념적이나 여하

---

36 김기림, 「서」, 『시론』, 백양당, 1947. 11., 1쪽.

> 간에 민족과 그 언어는 실로 긴밀 이상의 관계가 잇는 것 갓다. 그것은 지금 형편으로는 거의 그 존멸을 함끼 할 것 갓다.
>
> 이 점에서 늘 문제는 혼란을 일으키기 쉽다. 즉 원리와 정책(이상과 현실)의 혼동이 그것이다. 나는 역사의 마지막 날까지도 어느 민족이 그 언어를 끌고 가야만 된다고까지는 말하지 안는다. 그런 고집하고 어리석은 생각이 어대 잇슬라고.
>
> 다만 현실의 문제로서는 일의 성질이 매우 다르다. 즉 현 단계에서는 한 민족이 그 민족의 말을 내던지는 것은 역사의 진전에 대한 봉사가 아니고 도리혀 그 배반이라는 것을 깨닷는 것은 실로 중요한 일이다.
>
> 민족어의 소멸 민족문화의 소멸, 그래서 단일문화의 실현은 역시 민족들 사히의 물적 경외(境外)가 업서지고도 훨신 뒤에 올 일이 아닐가? 암만해도 그게 을흔[37] 생각이다.[38]

김기림에게 민족어의 소멸은 민족문화의 소멸이며, 이는 결국 민족 자체의 소멸을 의미하는 것이다. 그에게 민족이란 무엇보다도 '언어 공동체'이기 때문이다. 국어(일어) 사용의 의무화(1936년)와 각급 학교 수업에서 조선어 과목의 폐지(1938년)를 목전에 둔 시점에서, 그는 깊은 시름에 잠긴 듯한 태도로 위 발언을 남긴다. 물론 그가 민족어의 항구적인 존립만을 외치는 것은 아니다. 위에서도 보듯이 그는 마지막 단계에서는 민족어와 민족 문화의 소멸을 통한 단일 문화의 실현마저도 가능한 것으로 이해하고 있다. 그러나 그는 그것을 먼 미래의 일로 치부했다. 적어도 현 단계에서는 민족이 그 언어를 잃는 것은 역사의 진전에 대한 '배반'이라고 보았던 것이다. 이런 그의 발언 속에서 우리는 당대 현실에 대한 그의 우려와 비판적 인식을 한꺼번에 읽을

37 '올흔(옳은)'의 오식인 듯.

38 김기림, 「민족과 언어」, ≪조선일보≫, 1936. 8. 28.

수 있다.

위의 내용을 통해서도 드러나듯이, 김기림은 일본의'근대의 초극'론에 내재된 제국주의적 식민 정책의 의도와 그 방향성을 비교적 일찍부터 꿰뚫고 있었던 것으로 보인다. 그러므로 그가 일제 말기 끝내『국민문학』지에의 참여를 거부하고 고향으로 돌아가 종전 때까지 침묵의 시간을 견딜 수 있었던 것은 그의 민족의식의 발로로 이해하는 편이 타당할 것이다.

그렇다면 이와 같은 문화의식, 민족의식을 지닌 김기림에게 있어 진정한 의미에서의 근대의 초극이란 궁극적으로 어떤 의미를 지니는 것이었을까. 단순하게 해석할 때 그것은 그에게 근대문명이 낳은 모든 부정적인 요소와 병폐를 치유하고 문화적 건강성을 회복하기 위한 피할 수 없는 갱신 과정으로 이해된다. 그런 점에서 그것은 세계사적인 의의를 지닌 사건일 수 있다. 그러나 그것은 동시에 그에게 그 이상의 의미를 지닌 것으로 다가왔다.

이 점과 관련하여, 해방 이후 그가 다음과 같이 강조한 점은 특별히 눈여겨볼 대목이다.

> 문화의 건강을 회복하기 위하여도 근대는 이번 전쟁을 통하여 스스로의 처형의 하수인이 되었던 것으로 알았다. 우리들의 신념은 물론 오늘에 있어서도 그것을 수정할 아모 필요도 느끼지 안는다. 오늘 전후의 세계는 물론『근대』의 결정적 청산을 가저오지 못하고 있다. 또 이 나라 안에서만 해도 8 · 15 이후 오늘까지 이르는 동안의 혼란한 정치적 정세는 우리들이 기대하는 새로운 세계의 탄생의 진통으로만 보기에는 너무나 병적인 데가 있다. 그러함에도 불구하고 우리는 주장한다. 우리는 이 땅에서 실패한 근대의 반복을 보아서는 아니 될 것이다. 새로운 시대가, 근대를 부정하는 새로운 시대가 지구상의 어느 지점에 시작되어도 상관이 없을 것이다. 세계사의 한 새로운 시대는 이 땅에서부터 출발하려 한다. 또 출발시켜야 할 것이다.[39]

다소 흥분된 어조이긴 하지만, 그는 위 글에서 자신이 생각하는 근대의 초극에 대한 입장을 밝혀놓고 있다. 제2차 세계대전이 연합국의 승리로 막을 내리고, 우리민족은 마침내 해방의 날을 맞았다. 그러나 그 시점에서 근대가 아직까지 완전히 극복된 것은 아니었다. 그런 점에서 옳은 의미에서의 근대의 초극 역시 아직은 우리 앞에 남아 있는 과제였다.

그는 지난날 세계를 제패하였던 근대는 이번 전쟁을 통해 그 결정적인 한계를 드러냈다고 보았다. 근대가 이처럼 실패한 이상, 우리가 이 땅에서 그것을 반복할 이유는 없어졌으며, 이제 우리에게 남은 과제는 근대를 넘어서는 새로운 사상, 새로운 문명의 싹을 틔우는 일이 될 것이라는 게 그의 생각이었다. 그리고 그 과제를 풀어나가는 과정에서 우리민족은 뒤처졌던 근대 진입에 대한 콤플렉스를 털어버리고, 세계의 다른 민족과 동등한 위치에서, 동등한 조건 속에서 역사의 다음 단계를 위한 노력을 펼쳐나갈 수 있으리라 보았던 것이다. '종점에서는 선후의 구별 없이 한데 모여 서게 되는 것이고 동시에 새로운 출발점에서는 한 열(列)에 설 수 있는 때문'[40]이다. 근대의 종언이라는 역사적 사건은 이처럼 우리민족에게 다시없는 호기로 다가올 수 있으리라는 것이 그의 생각이었다.

이런 그의 생각은 물론 관념적이며 과장된 측면이 없지 않다. 그러나 그런 과장됨에도 불구하고 여기서 그의 의도는 다시 한 번 분명히 드러난다고 하겠다. 그가 생각하는 진정한 근대의 초극이란 어디까지나 민족의 발전과 미래 세계에 대한 역사적 전망과 그 궤를 같이한다. 그리고 그것은 또한 당시까지만 하더라도 별 실감이 나지 않았던 동서양 제 민족들 간의 상호 포용과 이해를 통해 문화의 세계적 융합이라는 최종적인 목표를 향해 한 걸음씩 다가서는 것을 뜻한다.

---

39 김기림, 「우리 시의 방향－전국문학자대회에서의 강연」, 1946. 2. 8(김기림, 앞의 책, 1947. 11., 201-202쪽에서 재인용).

40 김기림, 앞의 글, 1940. 10., 44쪽.

5. 유토피아적 미래의 창조를 위하여

지금까지 필자는 김기림의 역사 이해 방식에 나타난 특징적인 국면들을 중심으로 논의를 전개하여 왔다. 이상의 논의에서도 드러났듯이, 근대의 초극이란 명제는 김기림에게 희망의 원천이면서 동시에 위기감의 근원으로 작용하였다. 그것은 근대문명이 가져온 모든 병폐들을 한꺼번에 청산할 수 있는 기회의 장이면서, 또한 일본 지성계에 의해 제출된 동양주의의 함정, 대동아공영권 사상의 논리적 위험성에 빠져들지 모른다는 긴장감을 던져주는 이중적인 모습으로 그에게 다가왔던 까닭이다. 그의 모색과 고민은 때론 침묵의 형태로, 때론 우회적인 표출 방식으로 우리들에게 전달된다.

당시 그의 구상은 완성된 형태의 것이 아니다. 더군다나 그는 이 과제를 추진하는 과정에서 중도에 북으로 피랍되고 만다. 그러나 완성을 논하기 이전에, 우리는 일제 말기와 해방기의 어수선한 상황 속에서 그가 이러한 자신의 구상을 구체적인 실천에 옮기기란 현실적으로 불가능한 조건이었음을 감안할 필요가 있다. 특히 일제 말기, 그에게 더욱 절박하고 시급하게 다가왔던 것은 민족문화의 보존과 민족적 정체성의 유지였다. 이것이 불가능하다면 다음 단계에서 근대를 초극한다는 것 역시 그에게는 의미가 없는 일처럼 보였기 때문이다.

'근대의 종언', '근대의 초극'이라는 개념 자체가 중일전쟁과 태평양전쟁을 계기로 당시 일본 민족주의의 심층 심리를 자기기만적으로 로고스화한 것[41]인 이상, 그것은 어차피 관념적 추상론에 불과하다고 치부할 수도 있다. 냉정하게 본다면 당시 조선의 경우에는 초극은커녕 청산하여야 할 근대조차 확고하게 뿌리를 내리지 못한 상태였다. 그리고 이러한 상황은 해방이 되고나서도 크게 달라지지 않았다. 그러므로 그의 구상이 현실의 벽에 부딪치게 된

41 히로마쓰 와타루, 앞의 책, 167쪽.

것은 당연한 귀결이라고 하겠다.

아무튼 중요한 것은 그에게서 이러한 민족문화의 건설과 그것을 통한 국가의 발전이 그가 생각했던 역사에 대한 최종적인 구상이나 목표는 아니라는 점이다. 김기림의 시선은 훨씬 먼 지점을 향해 있다. 궁극적으로 그는 모든 국가와 민족이 근대가 낳은 부정적인 요소들, 근대적 모순과 병폐 등을 슬기롭게 극복하고 공존 공영하는 세계가 현실화될 수 있기를 갈망했다. 그런 논리에 따르면 민족문화의 창달이나 국가의 발전이란 어차피 이러한 세계화된 유토피아적 미래 질서의 창조를 위한 한 과정일 뿐이다. 그러나 분명한 사실은 애초 김기림이 말했던 '민족을 내포하면서도 민족을 초월해야할 신질서'의 건설은 이와 같이 민족문화의 올바른 자립이 선행될 때에만, 그리고 그것을 통해 우리민족이 여타의 다른 민족들과 대등한 자격과 위치에 올라설 수 있을 때에만 가능한 주문이라는 점이다.

6장

해방기 김기림의 문학 활동과 이념 노선

김기림과 여운형

1. 해방기 김기림의 활동에 대한 의문점

일제 강점기인 1920~1930년대 한국의 대표적인 모더니스트였던 편석촌 김기림의 해방 후 행적과 문학 활동에 대해서는 아직까지도 여러 가지 의문점들이 남아 있다. 사회 현실의 변화에 따른 문학인들의 급격한 사상 전환과 문학적 변신이야 어느 시대고 있어왔던 터이지만, 그의 경우에는 유독 그 이유가 뚜렷하게 잘 잡히지 않기 때문이다. 특히 좌익적 색채가 짙은 조선문학가동맹에의 가담 경위와 그 이후의 활동들에 대해서는 실로 구구한 억측과 해석들이 난무하고 있는 실정이다.

물론 이 시기 사상 선택이나 이념적 노선의 수정에 따른 혼란상은 비단 김기림 한 사람에 해당하는 문제는 아닐지 모른다. 사실상 우리민족 전체, 사회 전체가 미처 준비되지 않은 상태에서 맞은 예기치 못했던 상황 전개에 우왕좌왕하는 모습을 보였기 때문이다. 문인이나 지식인들의 경우가 특히 심했다. 많은 문인들, 지식인들이 평소 그 자신의 성향이나 기질과는 무관한 듯 생각되는 행보를 보였던 것은 엄연한 사실이다.

그러나 김기림의 경우 그렇게 단순하게 이해하고 넘어가버리기에도 한계가 있다. 한때나마 그가 좌파의 노선을 맹목적으로 추종했다는 확신을 갖기는 어렵다. 무엇보다도 해방 후 가족들과 더불어 은밀하게, 자발적으로 월남한 점, 미군정기 다수의 동료 지식인들과 문인들이 그랬던 것처럼 전쟁 전에 북행길에 오르지 않았던 점, 납북 이후 북에서의 행적이 묘연한 점, 그리고 한국전쟁 직전 미국에 교환교수로 가기로 예정되어 있었다는 미확인 정보[1]까지를 종합해본다면 더욱 그런 느낌이 든다.

해석상의 이런 어려움은 '중간파'[2]라는 제3의 시각이 제출됨으로써 어느

---

1 강유일, 「김기림 미망인 김원자 여사 대담 기사」, 『주간조선』, 조선일보사, 1987. 8., 67쪽.

2 정치 세력으로서의 '중간파' 내지 '중도파'라는 명칭은 해방기부터 각 언론 등을 중심으로 자주 언급되었던 용어이다. 한편 당대 문단에 있어 좌우의 이념 대립에 휩쓸리지 않

정도 해소가 되는 듯 보인다. 다시 말해서 해방기 좌우파 간의 치열한 주도권 경쟁과 이념적 갈등 속에서 극단적인 대결 양상을 지양하고, 양자 간의 절충과 조화 위에 균형 감각을 중시하는 제3의 입장에 서려는 이들 중간파의 존재는 당대 문인과 지식인들에게 적지 않은 호응을 얻었던 것이 사실이다.[3] 김기림의 경우 역시 이러한 중간파적인 시각에서 이해할 필요가 있다는 것이 몇몇 이들의 기본 시각인 바, 해방 직후 형식상 범 문단적인 조직으로 출범한 문학가동맹에의 참여 경위 역시 이런 맥락에서 바라봐야 한다는 것이다.

이와 같은 논리는 애초 역사의 흐름과 현실 변화에 민감하게 반응했으며, 그러한 변화의 한가운데에서 항상 나아갈 바 최선의 길을 모색하려 했던 김기림의 사상적 행로를 비교적 일관되게 설명해줄 수 있다는 점에서 강점을 가진다. 그러나 문제는 중간파라고 했을 경우에도 아직 그 개념의 범위나 한계가 여전히 불분명하다는 점이다. 어찌 보면 적당한 절충주의로 해석될 수도 있는 이들의 태도는 그 타당성에도 불구하고 당대적인 맥락에서 볼 때 현실의 추이에 따라 좌든 우든 균형추가 쏠리는 쪽으로 언제든 변신을 꾀할 수 있는 얄팍한 기회주의적 행태로 매도될 가능성[4] 또한 다분히 있기 때문이다.

고 이와 같이 제3의 중립적인 입장에 서는 문인들의 존재에 대해서는 백철, 김동석, 임긍재 등에 의해 그 실체가 부각되면서 한동안 주목을 끈 바 있다(자세한 내용은 박연희, 「해방기 '중간자' 문학의 이념과 표상」, 『상허학보』 26호, 상허학회, 2009, 310-311쪽 참조). 이후 한동안 잊혀지다시피 했던 이들의 존재는 납, 월북 문인들에 대한 해금을 기점으로, 학계에서 권영민, 「해방 공간의 문단과 중간파의 입장」, 『한국 민족문학론 연구』, 민음사, 1988과 신형기, 「해방 직후의 문학운동 연구」, 연세대대학원 박사논문, 1988 중 Ⅳ장 '중간파 문학론' 등에 의해 본격 언급되기 시작하면서 다수 연구자들의 호응을 불러일으킨 바 있다.

3 이들 중간파에는 김기림 외에도 백철, 염상섭, 김광균, 계용묵, 박계주, 서항석, 박영준, 김영수, 손소희 등이 거론되고 있는 형편이다.

4 물론 이들 중간파가 당시 좌우 양진영으로부터 기회주의로 매도당한 것은 엄연한 사실이다. 그러나 이러한 이들의 시각은 다소 일방적인 것으로, 다른 각도에서의 분석도 일정 부분 고려되어야 한다고 본다. 이 부분에 대해서는 다음의 설명을 참고할 만하다. "세칭 중간파 중에는 기회주의자들이 적지 않았다. 그렇지만 그러한 기회주의자들은 군소 정치인들로서 중도파 지도자들한테 영향력이 없었다. 기회주의자 회색분자는 극좌와 극우에 많았다. 일제강점기에 친일 행위를 한 사람이 해방이 되니까 극좌가 되고 극우가

중간파의 지식인과 문인들 가운데 일부는 그런 요소가 전혀 없었다고 말할 수 없을지 모른다. 그렇다면 김기림의 경우도 여기에 해당된다고 볼 수 있는지가 궁금해진다. 그 시점에 그는 과연 시류에 적당히 편승하고 영합하려 했던 기회주의자였던가? 아니면 자기 나름의 논리와 소신 위에 좌우의 합작과 민족의 바람직한 미래를 꿈꾼 이상주의자였던가? 이러한 의문에 답하는 올바른 길은 그가 과연 어떤 계보에 속하는지를 추적하여 보다 면밀하게 밝히는 데 있다고 하겠다.

2. 좌파적 관점에서 본 김기림

많은 연구자들이 지적하고 있듯이, 당시 김기림의 행적에 석연치 못한 부분들이 발견되는 것도 사실이다. 주지하다시피 해방이 되자 그는 임화가 주도한 좌익 계열의 문예 단체인 문학건설본부(1945. 8. 16. 발족)와 그 뒤를 이은 조선문학가동맹(1945. 12. 6. 발족)에 가담하여 그 핵심 맹원으로 활동한다.[5] 물론 당시의 사정상 조직 결성 단계에서 좌우의 구분이 그리 선명치 않았던 점도 일부 감안될 필요는 있겠으나[6], 김기림의 경우에는 문학가동맹의 시분과위원장 및 서울시위원장으로 선임되면서 그에 걸맞을 정도로 내외의 활동에 적극 참여한 점들이 확인된다.

된 사람이 많았다. 뿐만 아니라 해방 후 극좌는 강력한 대중 조직을 가졌고 극우는 미군정에 기댔기 때문에 막강한 파워가 있어서 기회주의자들이 기대고자 했다." 서중석, 「해방정국의 중도파 정치세력을 어떻게 볼 것인가」, 『한국민족운동사연구』 39호, 한국민족운동사학회, 2004, 39쪽.

5 해방기 좌우파 문학 단체의 성립, 구성과 김기림의 좌파 단체 가담 경위 등에 대해서는 김용직, 『해방기 한국 시문학사』, 민음사, 1989, 22-58쪽 참조.

6 실제로 문학가동맹의 중앙집행위원만 하더라도 좌파 성향과는 일정 정도 거리가 있는 김광균이나 정지용, 이병기, 이태준 등이 대거 포함되어 있다.

구체적으로 그는 이들 단체에서 주최한 전국 순회 강연회의 단골 출연진 가운데 한 사람이었다.[7] 문학가동맹 주최의 전국문학자대회(1946. 2. 8.~2. 9. ; 서울 종로 기독교청년회관)에 참석하여 「우리 시의 방향」이라는 제목으로 강연을 하기도 한다. 그리고 좀 더 나아가 미군정에 의한 남로당 탄압이 본격화된 1946년 9월 이후에도 좌파의 소위 신전술에 따른 문화 공작 사업에 적극 호응하는 모습을 보인다. 문학가동맹이 주최하는 문화옹호궐기대회(1947. 2. 13.; 시천교(侍天敎) 강당)에 참가하여 개회사를 하는 한편, 지역 주민들을 의식화하고 선동하기 위한 목적에서 결성된 문화공작대의 일원으로 대구 지역에 파견되어 활동한 적도 있다.[8]

언론계에서의 활동 또한 이에 못지않은 것이었다. 대표적인 좌익 매체라고 할 수 있는 ≪현대일보≫가 창간되자 동지(同紙) 편집국장으로 발탁되어 한동안 근무하는가 하면[9], 이후로도 역시 좌익적 성향이 강했던 공립통신사

---

7 김기림은 제1회 강연회(1945. 9. 29.; 서울 종로 기독교청년회관)에서 「문학과 정치」, 제3회 강연회(1945. 10. 9.; 개성 고려청년회관)에서 「민주주의와 문학」, 제5회 강연회(1946. 3. 5.; 춘천 춘천극장)에서 「현대시의 건설」 등의 제목으로 강연한 것으로 알려져 있다. 이들 강연 내용은 전해지지 않고 있으나, 청중의 수가 적게는 400명에서 많은 경우 900명에 달할 정도로 대성황을 이룬 것으로 기록되어 있다.
조선문학가동맹 편, 「조선문학가동맹 운동 사업 개황 보고」, 『문학』 1호, 조선문학가동맹 중앙위원회 서기국, 1946. 7., 147-153쪽.

8 당시 김기림은 좌파 예술인인 심영, 문예봉 등과 더불어 대구 키네마 구락부에서 일주일 예정(1947. 7. 21.~7. 27.)으로 종합예술제를 열기로 한다. 그러나 소요 사태를 우려한 대구경찰서의 중지 명령과 우파 테러단에 의한 심영 폭행 등의 여파로 공연은 예정대로 열리지 못한다. 이러한 총체적 어려움에도 불구하고 공작대는 결국 8월 1일 동 장소에서 예술제 개최를 강행한다.
이상의 내용은 김용직, 앞의 책, 137-139쪽 참조.

9 1946년 5월 15일 미군정에 의해 발각된 조선정판사 위폐 사건 당시 일부 위폐(900만원 중 28만원 가량)가 ≪현대일보≫측에 제공된 것으로 알려졌다(≪동아일보≫, 1946. 5. 26. 보도 참조.). 이 소식으로 인해 ≪현대일보≫를 비롯한 좌파 신문들의 이미지가 결정적으로 타격을 받았으며, 이후 미군정은 이 사건과 더불어 미군 철수를 선동했다는 등의 이유로 ≪현대일보≫, ≪조선인민보≫, ≪중앙신문≫ 등 좌익 신문들의 정간을 명령(1946. 9. 6.)한다. 한편, 위폐 사건 보도 직후 김기림은 편집국장 자리에서 물러나고(1946. 6. 15., 후임은 이원조), 정간 조치 이후 ≪현대일보≫는 1948년 1월 29일 속간되기는 하나 얼마 못가서(8월말) 다시 휴간 상태가 되고 만다.

의 편집국장을 지내기도 한다.[10]

이러한 경력들은 해방기 그의 좌익에 대한 경사를 입증해주는 유력한 자료로 활용될 수 있을 것이다. 요컨대 그가 이 시기 좌우 균형의 감각 위에 일부 절충주의적인 요소를 가지고 있다고 하더라도, 의식상의 무게 중심은 현저히 왼편으로 기울어 있었던 것이 아닌가 하는 의구심을 가지기에 충분하다. 그가 '특히 「공위(共委)」 휴회 중의 약 1년간은 조선인민에게 말로만 경계하던 이른바 「반동」이 그 실체를 남김없이 적나라하게 들추어내놓은 점에서 「반동」에 대한 집약적인 실물 교훈의 시간이었다. **중립적 위치에 선 편에서조차 모-든 「선의의 해석」을 철회**하지 안흐면 안되었다.(강조-인용자)'[11]라고 했을 때, 이 말은 사실상 그의 속내를 숨김없이 드러낸 발언으로 보아 크게 틀리지 않을 것이다.

그러므로 이와 같은 김기림의 돌연한 변신(?)을 두고 과거 일제 강점 하 모더니스트로서의 활동과 비교하여 그 이유에 대한 해석이 분분해지는 것은 어쩔 수 없는 일인지 모른다. 어쨌건 '그가 「보련」에 들기까지 좌 쪽에 위치하였던 것만은 사실'[12]이라는 이상로의 지적은 상당한 설득력을 지닌 것으로 생각된다.

그렇다면 남는 문제는 그의 이러한 좌파 선회의 실질적인 내용을 과연 어떻게 해석하는가이다. 일단 이 시기(보도연맹 가입 전까지) 그의 활동을 '기림이 저지른 가장 침통한 시대 착오'로 보고 '좌익보다도 더 앞장선 시'[13]

정진석, 「광복 직후 언론계를 장악한 좌파 신문과 좌익 기자들(하)」, 『신문과방송』 473호, 한국언론진흥재단, 2010. 5., 104-105쪽 참조.

10 시기는 정확하지 않지만, 1946년(≪현대일보≫ 퇴사 직후인 듯)에서 1947년까지 김기림의 근무 사실이 확인된다.
정진석, 『돌아오지 못한 언론인들』, 대한언론인협회, 2003, 266쪽.

11 김기림, 「공위 휴회 중의 남조선 현실-민주주의의 위기」, 『문학』 4호, 조선문학가동맹 중앙위원회 서기국, 1947. 7., 14쪽.

12 이상로, 「운성(隕星)의 무덤 위의 김기림」, 『동아춘추』 2권 3호, 희망사, 1963. 4., 340쪽.

13 이활, 『정지용, 김기림의 세계』, 명문당, 1991, 382쪽.

를 써낸 시기로 규정하는 태도는 상당 부분 과장된 것으로 보인다. 무엇보다도 그의 당시 활동이 실제 좌파 지식인과 문인들에게 그다지 크게 환영을 받은 것 같지 않기 때문이다.[14] 특히 당시 좌파의 떠오르는 신진들이었던 김동석이나 김광현의 경우 김기림의 활동을 다분히 뜨뜻미지근한 것으로 보고 이에 대해 비판의 어조를 곧추세운다.[15]

또한 일부에서의 주장처럼 스펜더 S. Spender의 절대적인 영향 아래 벌어진 일[16]이라고 보기에도 무리가 따른다. 스펜더가 당대 영국의 대표적인 좌파 문인이며, 이 당시 김기림이 일정 정도 스펜더에 경사된 것이 사실이라고 하더라도 그런 계기만으로 그가 문학가동맹 측의 주의 주장에 적극적으로 공감하고 동조했다고 판단하기는 어려울 것이기 때문이다. 무엇보다도 당시 김기림은 이미 그 자신이 추구했던 모더니즘적인 문학 활동으로부터 공식적인 탈피를 선언한 상태였다는 점에서 좌파이면서도 또한 모더니스트로 분류되는 스펜더의 경우와는 뚜렷한 차별성을 보인다.

이상의 사실들을 종합해볼 때, 해방기 김기림의 좌파 경사의 실질적인 내용을 분석하고 해명하는 일은 실로 녹록치 않은 다차원적인 문제의식들을 내포하고 있는 것처럼 보인다.

---

14 이 시기 김기림이 처한 상황에 대해 그의 제자였던 이활은 다음과 같이 설명한다.
"우익에서 바라볼 때엔 문자 그대로 빨간 공산주의자였고, 좌익에서 볼 땐 그야말로 행동은 하지 않고 머릿속에서 좌익을 하는 사람이었다."
위의 책, 294쪽.

15 김동석, 「금단의 과실, 김기림론」, 『예술과 생활』, 박문출판사, 1947.
김광현, 「김기림 씨에 관한 일고」, 『신인』, 청년사, 1948. 3.

16 김용직, 앞의 책, 193-194쪽.

3. 중도 좌파 노선에 경사하게 된 배경과 그 전후의 사정

1) 본격 논의에 앞서: 김기림의 절충주의적 세계관과 그 특징

시대 현실에 대응해나가는 김기림의 태도에는 하나의 뚜렷한 특징이 있다. 그것은 대립적인 양극 사이의 긴장을 해소해나가는 과정에서 그들 각자가 지닌 장점을 취하고 약점을 보강하는 절충적인 방식으로 문제를 풀어나가고자 한 점이다. 이는 고전주의와 낭만주의를 종합하는 과정이나 모더니즘과 경향파의 종합 과정에 있어 그가 일관되게 견지한 태도라고 할 수 있다.

> 예술은 육체의 참가 —— 다시 말하면 『휴매니즘』의 조력에 의하야 비로소 생명성을 획득한다는 것은 어떠한 고전주의자도 부정할 수 없을 것이다. 『로맨티시즘』은 질서 속에 조직되므로써 고전주의에 접근해가고 고전주의는 또한 그 속에 육체의 소리를 끌어드리므로써 『로맨티시즘』에 가까워간다. 이 두 선이 연결되는 그 일점(一點)에서 위대한 예술은 탄생되는 것이라고 상각[17]한다.
>
> …… (중략) ……
>
> 고전주의에 의하야 대표되는 지성을 시의 골격이라고 하면 육체로써 대표되는 『휴매니즘』은 근육이요 혈액일 것이다. 완전한 시란 결국은 골격과 근육과 혈액이 한 개의 전체로 통일된 건강한 체격을 연상시킨다.
>
> …… (중략) ……
>
> 내일의 문명은 『르네쌍스』에 의하야 부과된 『휴매니즘』과 고전주의가 종합된 세계를 가져와야 할 것이다. 너무나 기계적인 것으로 달아나고 만 문명이 인간과 육체의 협동에 의하야 생명적인 것에로 앙양되어야 할 것이라고

17 '생각'의 오식.

> 생각한다. 그것은 고전주의나 『로맨티시즘』의 일방적 고조(高調)나 부정이 아니고 그것들의 종합에 의하야 도달할 것이나 아닌가고 생각한다.[18]

먼저, 고전주의와 낭만주의의 종합을 주장하는 그의 발언부터 훑어보도록 하자. 새로운 시대의 문명에 대응하기 위한 시와 시인의 태도로 그는 고전주의적인 것도 낭만주의적인 것도 그것 자체만으로는 일정한 한계 속에 갇힐 수밖에 없다는 점을 강조한다. 그들 각자가 지닌 장점, 즉 고전주의가 주장하는 지성과 질서에 대한 감각, 그리고 낭만주의에서 말하는 육체에 대한 관심과 휴머니즘적 태도가 적절하게 융합하여 조화를 이룰 때 시의 새로운 지평이 열리리라 전망한 것이다.

이러한 태도는 이후 등장하는 모더니즘과 경향파의 종합에 관한 주장에 있어서도 동일하게 적용된다.

> 전(全)시단(詩壇)적으로 보면 그것은 그 전대(前代)의 경향파와 『모더니즘』의 종합이였다. 사실로 『모더니즘』의 말경에 와서는 경향파 계통의 시인 사이에도 말의 가치의 발견에 의한 자기반성이 『모더니즘』의 자기비판과 거이 때를 같이하야 일어났다고 보인다. 그것은 물론 『모더니즘』의 자극에 의한 것이라고 보여질 근거가 많다. 그래서 시단의 새 진로는 『모더니즘』과 사회성의 종합이라는 뚜렷한 방향을 찾었다. 그것은 나아가야할 오직 하나인 바른 길이였다.[19]

> 1930년대 직전의 경향시는 암만해도 내용 편중에 빠졌든 것 같고 그것이 기교를 의식하고 내용과 기교를 통일한 한 전체로서의 시에 도달하는 것은

18 김기림, 「고전주의와 낭만주의」, 『시론』, 백양당, 1947, 230-233쪽.

19 「『모더니즘』의 역사적 위치」, 위의 책, 77쪽.

> 오히려 그 뒤의 과제가 아니었던가 생각한다. 나는 물론 우(右)로부터 기우러지는 전체성의 선을 그려보았다. 경향시가 만약에 금후 전체성의 선을 쫓아서 발전을 꾀한다고 하면 그것은 물론 좌(左)로부터의 선일 것이다. 이 두 선이 어떠한 지점에서 서로 만날까, 또는 반발할까는 그 뒤의 과제다.[20]

위 인용문에서도 알 수 있듯이, 그 발상이나 처리 방식이 고전주의와 낭만주의를 종합할 때와 상당히 유사하다. 한쪽의 약점을 보완하기 위해 다른 한쪽의 장점을 따와서 양자를 종합해야 한다는 주장이 여기서도 반복되고 있는 것이다.

경우는 조금 다를 수 있겠지만, 이러한 그의 태도는 이후 동양 문화와 서양 문화의 결합을 통해 근대 이후의 세계에서 신문화 창조를 엿보려 한 것이나[21], 시의 심리학과 시의 사회학을 종합하여 시의 과학을 수립하고자 하는 시도에 있어서도[22] 일관되게 적용된다고 하겠다. 때로는 이와 같은 판에 박힌 틀로 인해 형식 논리적 종합[23]이요 무원칙한 절충[24]이 아니냐는 비판을 불러오기도 하였으나, 어쨌든 그의 시도들이 급변하는 당대의 상황 전개 속에서 우리 사회와 시단이 처한 난관을 효과적으로 돌파해보려는 순수한 의도에서 도출된 내적 모색의 산물임을 부인할 필요까지는 없을 듯하다.

---

20 「시와 현실」, 위의 책, 144쪽.

21 김기림, 「『동양』에 관한 단장(斷章)」, 『문장』 3권 4호, 1941. 4., 211-217쪽.

22 김기림, 『시의 이해』, 을유문화사, 1950.

23 김윤식, 『한국 근대문학 사상사』, 한길사, 1984, 476쪽.

24 서준섭, 「한국 현대비평사에 있어서의 시 비평 이론의 체계화 작업의 한 양상」, 『비교문학』 5호, 한국비교문학회, 1980, 128쪽.

2) 김기림과 여운형, 그 사상적 접근 가능성에 대하여

이러한 평소의 성향으로 보아 김기림이 해방기 격화된 좌우 대립의 와중에서 한번쯤 양측의 절충과 통합을 시도하여 보았으리라는 것쯤은 어렵지 않게 짐작해볼 수 있다. 실제로 이 과정에서 그가 보인 자세에는 그런 추측에 힘을 실어주는 것들이 상당수 발견된다. 만일 이 당시 김기림이 좌우 합작을 통한 통일 민족국가 수립에 기대를 걸었다고 한다면 구체적으로 어떤 정치 세력에 사상적으로 유대 관계를 맺고 있었는지가 궁금해진다. 일개 문인이기 이전에 시대와 역사의 흐름을 읽을 줄 아는 지식인이요 당대 현실에 예리한 촉수를 드리운 언론인이었던 그가 그저 막연히 머릿속으로만 이런 구상들을 떠올렸을 것 같지는 않기 때문이다. 그의 성향 상 적극적으로 앞서 나서지는 않았을지 몰라도, 적어도 심정적으로나마 특정 정치인이나 정치 집단의 주의 주장에 기울었을 가능성은 배제할 수가 없다.

서둘러 말해버린다면 아마도 그것은 몽양 여운형[25]이 주축이 된 중도 좌파의 노선이었을 가능성이 가장 커 보인다.[26] 이런 생각을 떠올리게 된 데에는

25 여운형 呂運亨(1885~1947)

사진 : 해방 직전의 여운형(몽양여운형선생기념사업회 소장)
https://www.kyeonggi.com/article/20190425105826 8에서 재인용.

26 김기림과 여운형의 사상적 친연성에 대한 최초의 구체적인 논의는 홍지석에 의해 제기된 바 있다. 그는 해방기 김기림과 설정식, 이쾌대(화가), 이여성(언론인, 이쾌대의 형)의 행보가 모두 여운형이 주도한 중간파(혹은 좌우 합작파)의 노선과 유사하다는 점을 들어 이들의 존재를 비판적 성향의 '문화적 중간파'로 지칭하며 같은 범주에 묶는다.

물론 그만한 직, 간접적인 이유들이 그의 주변에 산재해 있었기 때문이다. 그러나 무엇보다도 그 자신에게 그럴만한 내적 요인이 있었기에 가능한 일이 아닌가 한다.

당시 여운형은 일반 대중과 지식인들에게 두루 추앙받는 인물이었다. 일제의 회유와 강압에도 불구하고 끝까지 변절하지 않았으며, 국내외에서 항일 활동을 지속했던 경력이 있는데다가, 탁월한 연설 능력과 인격적인 매력 등으로 인해 해방 초기에 광범위한 지지층을 확보하고 있었다.[27] 좌파임에도 불구하고 그는 공산주의와는 차별화된 정책을 추진하여 우파와도 소통할 수 있는 유연성을 보여줌으로써[28], 진보적 민족주의자로서 자신의 입지를 마련하는데 성공한다. 세련되면서도 강직한 인상과 더불어 원칙보다는 현실을 중시하는 합리성, 능수능란한 언변 등으로 말미암아 심지어는 미군정 내에까지 지지자를 두었던 것으로 알려졌다.[29]

홍지석, 「해방기 중간파 예술인들의 세계관 – 이쾌대 〈군상〉 연작을 중심으로」, 『한민족문화연구』 46집, 한민족문화학회, 2014, 417-422쪽.

27 잡지 『선구』에 의해 실시된, 해방 후 처음 행해진 설문 조사(『선구』 1945년 12월호, 조사는 11월 중에 이루어짐)에서 여운형은 이승만과 김구 등을 제치고 민족 지도자 가운데 지지도 1위로 선정된다. 당시의 설문은 각계 인사들을 대상으로 ① 앞으로 조선을 이끌어갈 지도자와 ② 일제시대 최고의 혁명가가 누구인지에 대해 묻는 것으로 복수의 응답이 가능하도록 기획된 것인데, 그 결과 ①의 경우 응답자 중 여운형 33%, 이승만 21%, 김구 18%, 박헌영 16%, 김일성 9%, 김규식 5% 등의 지지를 얻었으며, ②의 경우에는 여운형 20%, 이승만 18%, 박헌영 17%, 김구 16%, 김일성 7%, 김규식 5% 등의 지지를 확보한 것으로 알려져 있다.
김삼웅, 「해방 초기 여론 조사 1위」, 『진보적 민족주의자 여운형 평전』 제83회(김삼웅의 인물 열전 블로그 http://blog.ohmynews.com/kimsamwoong/category/25052, 2013. 10. 26.).

28 우파와의 타협이나 통합을 거부했던 공산당(노동당)에 비해, 여운형은 독립을 완성하기 위해서라면 '땅의 남북과 사상의 좌우를 가릴 필요가 어디 있는가?'라고 주장한다.
여운형, 「민전 의장으로서의 연설」, 몽양전집발간위원회, 『몽양 여운형 전집』(1), 한울, 1991, 278쪽.

29 이 점에 대해서는 언론인 박권상의 다음과 같은 발언을 눈여겨 볼 필요가 있다.
"미군정 때 공보장교 한 사람이 여운형의 열렬한 숭배자였다. 리처드 로빈슨이라고 하는 사람인데, 이 사람이 47년 미국에 가서 『어떤 국가의 배반』 *Betrayal of a Nation*이라는 책을 써서 …… (중략) …… 그가 여운형을 얼마나 숭배하느냐 하면 책 맨 앞에 「이 좌우 합작을 위한 시도 역시 여운형이 있었기에 가능한 일이다.[30] 미군정에 의해 남로당 활동이 불법화되고 미 · 소공위가 공전을 거듭하는 와중에서 그는 중도 우파를 이끈 김규식, 원세훈 등과 여러 차례 회동한 끝에 어렵사리 양 진영의 절충안인 '합작 7원칙'[31]을 이끌어낸다.

중요한 점은 이런 여운형의 노선과 그 인물됨에 대해 김기림이 일찍부터 신뢰와 공감을 피력했다는 사실이다. 일제 말기 낙향하여 고향 근처 경성고보(鏡城高普)의 교사로 지낼 당시 학생들에게 여운형에 대한 이야기를 자주 했던 것으로 전해진다.[32] 자신의 월남 직후인 1948년 무렵, 서울에서 만난 스승

책을 한국의 진정한 자유민주주의자요 미국의 그릇된 정책에 희생되어 쓰러진 여운형 씨에게 바친다」고 쓸 정도다."
신일철 외, 「반외세 민족자존 의식 컸다.-'해방 후 문화와 이데올로기' 제1분과 토론 내용」, 『광복 42주년 기념 대토론-현대사를 어떻게 볼 것인가 III』, ≪동아일보≫, 1987. 8. 13.

30 신당동에 있었던 미 군정청 정보장교 버치 중위의 집. 제1차 좌우 합작위원회가 열린 곳으로 알려져 있다.

사진 : 하버드 옌칭도서관 소장(박태균, 『버치 문서와 해방 정국』, 역사비평사, 2021, 67쪽에서 재인용).

31 좌우 합작의 추진 과정과 '합작 7원칙'에 대한 구체적인 내용은 이완범, 「해방 직후 남한 좌우 합작 평가 - 국제적 제약 요인과 관련하여, 1946~1947」, 『국제정치논총』 47권 4호, 한국국제정치학회, 2007. 12. 참조.

32 당시 경성고보 재학생이던 김규동과 김철의 훗날 회고가 이를 뒷받침한다.
"서울에 가면 여운형 선생 웅변을 한번쯤 들을 기회를 가지라 했고, 대성하기 위해서는 결혼을 늦게 하라는 당부도 했으나 …… (하략) ……"
김규동, 「시인 김기림 해금을 보면서」, ≪일간스포츠≫, 1988. 4. 11.
"그(김철-인용자 주)는 당시 경성고보의 영어 교사로 있던 시인 김기림의 영향을 받아

김기림의 정치 성향에 대해 '여운형에 기울었다.'[33]고 한 제자 김규동의 회고 또한 눈여겨볼 부분이다. 뿐만 아니라 그와 오래 전부터 막역한 관계였던 이태준[34]과 언론인 이여성[35] 등이 모두 여운형과 가까운 사이였으며, 해방기에 특히 이들이 함께 어울릴 기회가 잦았던 점을 고려해본다면[36] 김기림과 여운형의 관계는 좀 더 뚜렷하게 짚이는 바가 있다. 덧붙여서, 김기림이 해방기에 좌우의 이념 대결에서 한발 벗어나, 소위 진보적 지식인의 역할에 주목했던 점[37]은 시사하는 바가 크다. 이런 전후 사정들로 미루어 해방기에 김기림이

몽양 여운형에 대해 관심을 갖게 된다. 그 무렵 「몽양을 뵈러 서울에 가겠다」는 말을 자주 하였다 한다."
김한길, 「인기작가 김한길이 말하는 나의 아버지 김철 – "아버지는 내게 영원한 타인이었다."」, 『신동아』 37권 11호, 동아일보사, 1994. 10., 506쪽.
"기림 선생은 서울에 가면 여운형 연설을 들어보라. 조선에서 말 잘 하는 사람은 여운형이다고 했는데, 1948년 서울에 오니 이미 돌아가셨더라."
조영복, 「일제 말기와 해방공간 6. 25 전후의 김기림 – 김규동 인터뷰 및 보유」, 『어문연구』 35권 1호, 어문연구학회, 2007, 246쪽.

33 "당시(1948년 초 – 인용자 주) 그(김규동 – 인용자 주)는 모더니즘 문학에 매료된 지식인이었고, 정치적으로는 김기림 시인과 함께 여운형 노선에 기울고 있었다."
손석춘, 「김규동, 민중을 노래한 백발의 젊은 시인」, ≪한겨레신문≫, 1993. 1. 6.

34 김기림과 함께 1930년대 이 땅의 대표적인 모더니즘 문학 단체인 구인회의 회원이기도 했던 이태준은 여운형이 사장으로 있었던 시기(1933~1936)에 ≪조선중앙일보≫의 학예부장으로 재직한 바가 있다. 그런 인연으로 인해 당시 사장인 여운형과 접촉할 기회가 잦았으며, 또한 그가 여운형의 승낙에 힘입어 동 지면에 이상의 「오감도」 시편들을 연재하기 시작했던 것은 널리 알려진 사실이다.

35 김기림이 ≪조선일보≫에 공채 1기로 처음 입사했을 당시 사회부에 배치되는데, 이 때 사회부장을 맡았던 이가 바로 이여성이다. 해방기에 여운형의 최측근 가운데 한 사람이었던 그는 일찍이 김기림으로부터 '나의 2년 동안의 서울 살림 중에서 얻은 최대의 우정'이라는 찬사를 들은 바 있다.
김기림, 「붉은 울금향(鬱金香)과 로이드 안경」, 『신동아』 2권 4호, 동아일보사, 1932. 4 (『전집 · 5』(소설, 희곡, 수필), 346쪽에서 재인용).

36 이들이 모두 여운형이 중심이 된 민주주의민족전선(약칭 민전, 1946. 2. 15.)과 조선인민당(1945. 11. 12.)의 결성과 이후 조직 활동에 가담하였던 사실이 그것을 증명한다.

37 "우익적 좌익적은 일종의 계급당이지만 현단계는 민주주의 혁명 단계니까 좌우 양익의 통일이 절대로 필요하다는 것은 말할 필요도 없을 것입니다. 조선에 정당이 있다면 좌익정당 우익정당 이외에 진보적인 지식인 정당 같은 것도 필요치 않을까요?" (김기림의 발언 중에서)
김기림 · 백철 · 박치우 · 정근양, 「건국 동원과 지식 계급」(좌담), 『대조』 1권 2호, 대조

여운형의 이념 노선에 보조를 맞추었을 개연성은 상당히 높다고 하겠다.[38]

3) 좌우 대립의 해소를 위한 김기림의 모색: 여운형과의 관련성

그러나 이와 같은 주변적인 정황 증거들만으로 김기림과 여운형 양자 간의 관계를 단정적으로 연결시키기는 아직 조금 부족해 보이는 것이 사실이다. 김기림이 구체적으로 어떤 점에서 여운형의 사상적 영향을 받았는지를 밝히기 위해서는 좀 더 확실한 근거 자료들이 필요하다. 그러기 위해서는 무엇보다도 이 시기 그가 남긴 글에서 당시 여운형의 주장과 닮아 있는 점들이 있는지, 그리고 닮았으면 그것이 과연 어떻게, 얼마만큼 닮았는지를 살피는 일이 뒤따라야 할 것이다.

당시의 시대적 상황은 애초 김기림의 바람대로 순조롭게 흘러가지 않았다. 미 · 소공동위원회의 공전과 신탁통치에 대한 의견 대립 등을 기점으로 남한 내 좌우파간의 대립이 격화되고, 이미 반도의 북쪽을 장악하고 있던 북로당이 이를 노골적으로 부추기며 이용하려드는 과정에서 상호간의 갈등과 불신의 골을 깊어져만 갔다. 게다가 각 정파나 정치인들은 민족의 앞날을 걱정하기보다는 자파 세력의 확장에만 골몰하거나 개인의 사리사욕을 채우는 데 급급한 모습을 보이는 등 실망스런 장면들을 곧잘 노출하였다. 따라서 좌우 양측의 반목과 충돌은 피할 수 없는 결과였다.

사, 1946. 7(송기한 · 김외곤 편, 앞의 책, 123쪽에서 재인용).

38 이외에도 기질적으로도 김기림이 여운형에게 매력을 느낄만한 요소는 적지 않았다. 그 가운데 하나가 육체의 건강함에 대한 강조이다. 김기림이 아침마다 체조를 하면서 건강의 중요성에 대해 자주 언급한 점은 잘 알려져 있거니와, 여운형 역시 정신의 건강함에 앞서 육체적인 단련과 강건함이 무엇보다도 중요하다고 역설하면서 스스로의 건강 및 체력 관리에 철저한 모습을 보여주었다. 그런 이유 때문인지 여운형은 1933년 무렵부터 1937년(단체 해산 시)까지 조선체육회장을 역임하기도 했다.

이런 와중에서도 양 진영으로부터 공분을 산 사건이 발생하였으니, 그것이 바로 소위 '학병동맹사건'(1946. 1. 19.)으로 알려진, 경찰의 습격에 의해 희생당한 학병 출신 세 젊은이의 안타까운 죽음이었다.[39] "왜(倭)놈도 죽이지 못하든 / 내사랑하는 이놈들을 / 기어히 죽인것은 우리였구나. / 아! 이래야만 우리가 / 잘살수있다는 이유(理由)는 어데있느냐. / 형제여! / 좌익(左翼)도, 우익(右翼)도, / 모자(帽子)를 벗어라! / 이귀(貴)한 체온(體溫)이 얼기전(前), / 다만 묵묵(默默)히 둘러앉어라."[40]라고 부르짖었던 어느 시인의 추도시는 그래서 더욱 절절하게 다가왔다. 김기림 또한 이들의 장례식에 참석하여 조시[41]를 낭송하였거니와, 이후 좌우의 극한 대결에 대한 그의 부정적인 시각은 더욱 심화되는 계기를 맞는다.

더욱이 이어지는 객관적인 정세의 악화는 다수의 좌파 정치가들과 지식인들로 하여금 우파와의 소통이나 연합을 근본적으로 회의하게 만드는 계기로 작용하였던 것이 사실이다. 무엇보다도 이들로서는 미군정을 등에 업은 친일파와 보수 특권층들이 공권력을 장악하고 있는 현실 자체를 받아들이는데 어려움이 있었다. 그러나 이런 남쪽의 현실에 대해 비분강개하면서도 김기

---

39 당시 좌익적 성격의 학병동맹의 총기 소지를 의심하던 경찰은 경기도 경찰국장 장택상의 지휘 하에 1946년 1월 19일 새벽 한밤중에 학병동맹 본부가 있던 삼청동 건물을 습격, 합숙 중이던 140여명의 동맹원을 연행한다. 이 과정에서 3명의 학생(박진동, 김성익, 김명근(일명 이달삼))에 총격을 가해 죽이게 된다. 이 사건은 일본군에 끌려갔다 살아 돌아온 학병 출신자가 해방된 조국에서 공권력에 의해 희생되었다는 점에서 당시 우리 사회에 엄청난 충격을 몰고 왔다. 사건 직후 사고 발생의 정확한 진상 조사와 대책 수립을 위해 좌우를 망라한 범사회적인 위원회가 구성('학병사건대책위원회')되었으며, 익일 거행된 이들의 장례 역시 50여 단체가 참여하여 사회단체 연합장의 형태로 치러졌다. 아울러 서울시변호사회에서 조직된 법조단이 진상 규명을 위해 나섰고, 조선신문기자회 역시 진상 규명을 위한 별도의 조사위원회를 구성하기에 이른다.
이에 대해서는 이혜령, 「해방(기): 총 든 청년의 나날들」, 『상허학보』 27호, 상허학회, 2009, 24-33쪽 참조.

40 동영(東嶺), 「모자(帽子)를 벗자 - 희생(犧牲)된 학병(學兵)의 영전(靈前)에」, 『신천지』 1권 2호, 서울신문사, 1946. 3., 175쪽.

41 김기림, 「두견새 - 세 학병의 영전에 드림」, 『학병』 1권 2호, 학병동맹본부, 1946. 2(김기림, 『바다와 나비』, 신문화연구소, 1946, 27-29쪽에서 재인용).

림은 한편으로 좌우 합작과 통일에 대한 기대감을 완전히 접지 않았다. 오히려 현실의 열악함은 그로 하여금 역으로 더욱 더 좌우 대립의 해소를 향한 열망을 부추기는 결과를 가져왔던 것으로 보인다. '통일은 여전히 현 단계의 역사적 요청이며 민중의 절규'[42]라는 그의 언급은 특히 주목해볼 필요가 있다. 극좌, 극우의 정치 노선을 배제하고 남한만의 단정에 반대하는 한편, 남북협상을 통한 자주적 통일국가 수립에의 염원을 강력하게 천명한 문화인들의 성명[43]에 연달아 이름을 올린 것도 그런 의식 구조의 연장선상에 놓인 것으로 보인다.

여기서 우리는 과거 김기림이 자신의 전매특허처럼 인식했던 절충주의적 태도를 이 시기에 어떤 방식으로 적용하려 하였는지에 대해 눈길을 던질 필요가 있다. 실제로 그가 좌우 양측의 극단적인 입장을 배제하고 특유의 균형 감각 위에 이들 양자의 절충 내지 합작을 모색하려 했던 흔적들은 찾아보면 꽤 발견되기 때문이다. 이 경우 얼른 시야에 들어오는 것은 당대를 '민주주의 혁명 단계'로 규정하고 이 시기에 있어서는 '좌우 양익의 통일이 절대로 필요하다'[44]고 했던 해방 초기의 발언이다. 말하자면 이는 전후의 세계 질서 속에서 신생국인 우리민족의 나아갈 바른 방향은 내부의 균열을 경계하고 단합된 통일(통합) 민족국가 수립에 힘써야 한다는 일종의 선(先) 민족국가 건설론[45]인 셈이다.

---

42 김기림, 「통일과 건국 외교」, ≪중앙신문≫, 1946. 1. 16.

43 「108인 문화인 성명」(1948. 4. 14.)과 「문화언론인 330명 선언문」(1948. 7.)을 말한다.

44 김기림 · 백철 · 박치우 · 정근양, 앞의 글(송기한 · 김외곤 편, 앞의 책, 123쪽에서 재인용). 여기서 그가 말한 '민주주의 혁명'을 박헌영이 8월 테제(1945. 8. 20.)에서 말한 '부르조아 민주주의 혁명'의 의미로 좁혀 이해할 필요는 없을 것으로 본다. 결정적으로 이 테제에서 박헌영이 강조한 토지 문제의 혁명적 해결과 프롤레타리아 영도론에 대해 김기림의 성향 상 동의를 기대하기는 어렵기 때문이다. 따라서 이 용어에 담긴 그의 의도를 우리는 아직 해방된 지 얼마 되지 않은 시점에서 과거의 봉건 체제, 일제 파쇼 체제의 잔재들을 털어내는 것이 시급하다는 의미로 받아들이는 것이 보다 합리적이다.

45 유병용 · 김인식 · 남광규, 「해방 전후 중간파 민족주의의 성격」, 『한국정치외교사논총』, 한국정치외교사학회, 2007, 7쪽.

문학가동맹에의 참여 역시 이런 맥락에서 이해가 가능하다. 일제의 압제를 벗어나 이미 해방이 된 마당에 좌익이니 우익이니 하는 구분은 더 이상 큰 의미를 지니지 못하며, 문단 내의 골수 친일파들만을 배제하는 선에서 정파의 한계를 초월하여 새 나라 건설에 이바지할 범 문단적인 조직이 필요하다는 임화의 주장에 적극 공감한 인상이 짙다.[46] 더구나 동 단체에 이원조, 백철, 이태준, 정지용 등 우파 성향의 대표적 문인들까지 대거 가세한 것을 보면 이러한 설명은 설득력을 지닌다고 할 수 있다.

이러한 일련의 움직임은 좌우 합작을 통해 궁극적으로 통일 민족국가 수립을 위해 애썼던 여운형의 행보와 상당히 닮아 있다. 알려져 있다시피 여운형은 대다수의 좌우 정파들이 참여를 거부하거나 미온적으로 참여하는 시늉만 하는 와중에도 김규식, 안재홍 등과 함께 좌우 합작위원회를 구성하여 양측의 합작을 끝까지 성사시키기 위해 백방으로 노력하였다. 뿐만 아니라 남북 분단이 사실상 기정사실화되고 있는 상황 속에서도 북쪽의 김일성, 김두봉과의 협상을 통한 해법을 모색해보기 위해 수차 방북을 결행하는 등 남북 통합과 통일 문제에 남다른 열정을 보인 바 있다. 또한 문학가동맹의 출범과 관련하여서도 좌우를 망라한 범 문단적인 조직의 필요성을 인식하고 동 단체가 주최하는 제1회 전국문학자 대회에 참석하여 축사[47]를 남기는 등, 문화계와의 연대 또한 중시하는 태도를 취한다.

현실적인 문제를 바라보는 안목에 있어서도 남달랐다. 여타의 좌파 세력

---

46 이러한 좌우 합작의 명분은 1946년 3월 무렵 우파 문인 위주의 전조선문필가협회 결성에 즈음하여 조선문화단체총연맹 명의로 발표된 「문화영역에 대두하는 분열주의자들에 권고」라는 제목의 성명서 내용에도 그대로 제시되어 있다.
"해방 이후 우리 문화의 재건 운동이 좌우의 편향을 경계하면서 일로(一路) 유린되엿든 민족 문화를 재(건 - 탈자됨, 인용자 주)하고 조국의 민주주의적 건설을 위하여 노력하여왓슴은 이미 천하의 주지하는 사실이요 ……"
「문화영역의 분열에 권고 - 문화총련 성명」, ≪자유신문≫, 1946. 3. 10.

47 축사의 세부적인 내용은 몽양전집발간위원회, 「제1회 전국 문학자대회 축사」, 앞의 책, 271-274쪽 참조.

들과는 달리, 여운형은 마지막까지 미군정과 대립하지 않으려 애쓰면서 비교적 온건한 중도 좌파의 노선을 유지하고자 했다. 그의 강령들은 때로는 좌우 양측의 합작과 절충이라는 대의를 위해 세부적인 부분에 있어 조금씩 수정되거나 변질되기도 했지만, 통일을 위한 대 전제로 내걸었던 미 · 소와의 협의 중시라는 기본 전략만큼은 거의 그대로 일관되게 유지하였다고 해도 그리 잘못된 말은 아니다.[48]

그의 영향을 받았음인지, 김기림은 해방기라는 특수 상황 속에서 민족의 자주 독립 선결 노력도 중요하지만, 더욱 중요한 것은 제2차 세계대전 이후 초강대국으로 부상한 미 · 소 양국과의 유대 관계를 강화하여 한반도 문제 해결을 위한 이들의 협조를 최대한 이끌어내는 것이라고 생각했다. 즉, 좌우 합작이 성공하기 위해서라도 이들 양 대국의 이해와 지지가 절대적으로 필요하다는 것이 그의 판단이었다. 그럴 때 비로소 남북 분단 문제의 해결과 통일도 현실화될 수 있으리라 보았다. 미 · 소 양국과의 관계에 있어 '균등한 협조'[49], 즉 균형 외교의 중요성에 대한 강조는 그런 그의 객관적인 정세 판단에 근거한 것이다. 이는 그가 조소문화협회(1945. 12. 27.)[50]와 조미문화협회(1946. 6. 23.)[51]의 창립에 주도적인 역할을 담당하며 이들 단체에 모두 관여한 것을 통해서도 간접적인 유추가 가능하다.

여기서 주목되는 것은 미국을 대하는 그의 태도다. 주지하다시피 조선정

---

48 여운형이 미 · 소공동위원회의 속개를 강력하게 염원했던 이유도 이와 관련이 있다. 그는 만일 공위가 실패로 끝난다면 조선 문제는 10년, 20년이 걸리더라도 해결되지 않을 것으로 예견하였다. 나아가 이 일을 기화로 미 · 소 사이에, 혹은 남 · 북 사이에 전쟁이 발발할 수 있으며, 그럴 경우 제3차 세계대전으로 비화될 가능성도 있다고 판단하였다. 이완범, 앞의 글, 130쪽.

49 김기림, 앞의 글, 1946. 1. 16.

50 경성(서울)에서 결성됨. 1945년 11월 11일 평양에서 결성된 조소문화협회와는 별개의 단체임.

51 동 협회의 위원장은 해방기 중도 좌파 정치인 가운데 대표적인 여운형 지지자인 장건상이다. 그는 여운형 암살 이후 근민당을 한동안 이끈 인물이다.

판사 위폐사건(1946. 5.)을 계기로 미군정은 남로당 간부들에 대한 검거령을 내리는 등 좌파 세력에 대한 이제까지의 유화 정책에서 벗어나 탄압을 강화한다. 이에 대한 좌익 측의 대응 또한 강경한 것이어서, 탄압에 맞서 이른바 '신전술'(1946. 7.)을 채택하면서 반미 투쟁을 노골화하게 된다. 문학가동맹에 소속된 좌파 문인들 역시 남로당의 지령에 따라 반미로 선회하게 되고, 그 결과 동 단체에 대한 미군정의 감시와 탄압 또한 본격화하게 된다. 그러나 이러한 상황 변화에 애로를 느끼면서도, 김기림은 한동안 미국에 대한 그의 태도만큼은 바꾸지 않는다. 조미문화협회 간부(이사)로 계속 활동하는 한편, 위폐 사건으로 된서리를 맞고 있는 와중에도 좌익계 신문인 ≪현대일보≫ 지면을 통해 미국 독립기념일을 맞아 「자유로운 아메리카」(1946. 7. 4.)[52]라는 축시를 발표하기도 한다. 이런 그의 활동은 '미군이 실질적으로 남한을 점령하고 있는 이상 미국과 협의해 나가지 않으면 안 된다.'[53]는 여운형의 주장과 상통하는 것으로서, 이후 남로당 계열의 문학가동맹원이었던 임화나 김남천 등이 보인 행보와는 상당 부분 차이를 보이는 것이다.[54]

그러나 무엇보다도 김기림이 여운형의 사상적 영향을 받은 결정적인 증거는 신탁통치를 대하는 그의 태도에서 찾아야 할 것으로 보인다.

> 신탁 통치 문제를 계기로 하여 테러가 속발하는 모양인데 반탁이니 지탁(支託)이니 하고 크게 떠들며 동족 살상을 하지 말고 현하 국제 정세를 냉철

---

52 후에 「아메리카」라는 제목으로 시집 『새노래』(1948)에 수록됨.

53 이정식, 「여운형의 이상과 선택-냉전의 희생양」, 몽양 여운형 선생 60주기 학술심포지움 발표문, 2007. 7. 19., 18쪽.

54 남로당 탄압이 본격화된 1946년 9월 이후, 임화와 김남천 등 문학가동맹 내 남로당 계열 문인의 미국과 미군정에 대한 반감은 노골적으로 표면화된다. 반면, 김기림의 경우에는 이후에도 특별히 반미 감정을 드러낸 바가 없다. 다만 여운형 사후, 남한의 단독 정부가 수립되고 미군정이 물러간 이후 발표된 글(「아메리카니즘 여담(餘談)」, ≪국제신문≫, 1948. 9. 7.)에서 미국식 민주주의에 대해 약간의 조소적인 뉘앙스의 내용을 부가한 적은 있다.

히 판단해서 왜 신탁 문제가 일어났느냐, 왜 최고 5개년이라는 조건이 붙는가를 생각하면서 동시에 어떻거면 하루라도 속히 독립을 가져올 수 있을가를 고찰하지 않으면 안될 것입니다.[55]

이러한 김기림의 발언은 신탁 문제에 관해 현실적인 이해의 관점에서 유연한 입장에 선 것으로, 사실상의 조건부 찬탁이라고 보아도 좋을 것이다. 이 점에 있어 그는 우파의 주장과는 차별화를 시도하면서 당시 박헌영 등의 남로당 계열이 주장했던 찬탁 주장과도 일정 정도 거리를 유지하였다고 하겠다. 이는 그가 당시 여운형이 주장했던 중도 좌파의 노선에 이념적으로 동조했기 때문으로 풀이된다.

신탁통치에 대한 여운형의 주장은 다음과 같다. 즉 모스크바 3상 회의의 결정이란 단순히 한반도 문제 뿐 아니라 전 세계적인 문제에 대해 전승 3개국이 협력하여 처리하기로 합의한 것으로, 무조건적으로 지지하거나 배척하는 것은 옳지 않으며 사안에 따라 지지할 점도 배척할 점도 있다는 것. 그런데 한반도 신탁통치에 관한 한 이들 전승국이 조선의 독립과 통일을 '돕는다'는 입장이므로 이 문제에 대한 오해가 없어야 하며, 특히 지도층들이 이를 이용하여 민족을 재 분열시키는 것은 절대 용납되어서는 안 될 일이라는 것.[56] 이로써 그는 신탁통치 자체를 반대하지는 않지만, 찬탁과 반탁 운동에 나서는 박헌영 중심의 남로당이나 우파 한민당 등의 입장에 대해서는 양측 모두 정확한 현황 파악 없이 자파의 이해관계에 따라 민족을 분열의 길로 이끄는 책동으로 보고 경계하는 태도를 취한다. 다만 반탁 운동이 지속될수록 ① 국제적 고립과 ② 민족 분열 ③ 독립 지연 등의 문제가 초래될 수 있다는 점을 들어 자제해줄 것을 요청한 바 있다.[57]

55 김기림 · 백철 · 박치우 · 정근양, 앞의 글(송기한 · 김외곤 편, 앞의 책, 115쪽에서 재인용).

56 「탁치를 정시하라」, ≪조선인민보≫, 1946. 1. 16(몽양전집발간위원회, 앞의 책, 267-268쪽에서 재인용).

4. 해방기 김기림의 문단 활동과 정치적 상상력

1) 예비적 고찰: '민족' 개념을 둘러싼 좌우 양진영의 혼란상

여기서 한 가지, 우리가 반드시 짚고 넘어가야 할 문제가 있다. 그것은 '민족'의 개념 규정과 관련된 김기림의 의식 성향이다.

해방기에 있어 이 문제란 실로 좌우를 막론하고 절대적인 관심사라 해도 과언이 아니다. 식민 지배를 막 벗어나 새로이 민족국가를 건설해야 하는 시점에서 우리민족의 개념과 범위를 어떻게 확정하느냐보다 시급한 과제는 없기 때문이다. 그리고 적어도 해방 초기에 관한 한, 좌우 양측에 있어 이 문제에 대한 큰 이견은 없었던 것으로 판단된다. 내부의 '반민족'적인 요소를 제거하고 공동체적인 가치를 공유할 수 있는 최대공약수로서 '민족'의 개념을 설정하는 데 대부분 동의하였기 때문이다. 여기서 말하는 반민족적인 요소란 주로 봉건 잔재 및 친일 잔재와 연관된 것으로, 반제 반봉건 및 반파쇼를 앞세운 새로운 민주 국가 건설에 걸림돌이 되는 일체의 구세력과 구악(舊惡)들을 지칭한다고 보면 된다.

그러나 미 · 소 양국군이 각기 남과 북 양 방향에서 한반도에 진주하고, 연이어 이 땅을 각자의 세력 범위를 확장하기 위한 동북아 전초 기지로 삼으려 하면서부터 이러한 공감대는 미묘한 방향으로 틀어지기 시작한다. 이와 같은 미 · 소의 이해관계 대립이 해방 정국에서 당시 국내 정치 세력들 간의 주도권 경쟁과 맞물리게 되면서 상황은 한층 복잡한 양상을 띠게 된다. 더욱이 모스크바 3상회의(1945. 12. 16.~12. 27.)의 결과로 제출된 한반도에 대한 전승국들의 신탁통치 논의가 국내에 알려지게 되고, 이후 좌우 양 진영은 이 문제에 대한 각자의 의사 표시와 민의 대변을 놓고 근본적으로 서로 다른

57 「반탁 운동 말라-침묵 깨트리고 여씨 담화 발표」, ≪독립신보≫, 1947. 1. 28.

입장에 서게 됨으로써 갈라지고 만다.

요는 이 과정에서 양측이 바라보는 '민족'과 '반민족'의 개념마저 엉뚱한 방향으로 흐르게 된다는 점이다. 우파의 경우 신탁 통치에 찬성하는 모든 집단을 자주적인 민족국가 수립을 방해하는 반대 세력으로 규정하고 이들을 배척하기 시작한다.[58] 반면 좌파는 좌파대로 엄연한 국제 정치 질서 속에서 무조건적인 반탁이란 민족의 앞날을 위해 별 도움이 될 수 없으며, 오히려 순진한 대중들의 정서를 이용하여 남한만의 단독 정부 수립을 획책하는 자들이야말로 진정한 의미에서 민족 반역 집단이라고 매도한다. 말하자면 이때부터는 반탁이냐 찬탁이냐가 민족과 반민족을 가르는 유력한 기준으로 급부상하게 되는 셈인데, 이는 결과적으로 우파는 좌파를, 좌파는 우파를 반민족적이라 바라보는 계기로 작용하였던 것이다. 참으로 어이없게도 이 와중에 앞서의 봉건, 친일 잔재의 청산이라는 대의명분은 수면 아래로 가라앉아버리다시피 한다는 점이 주목된다.

2) 김기림의 경우: 민족적 주체로서의 '인민'에 대한 강조

해방기라는 특수 상황 속에서 별 논란의 여지가 없을 줄로만 알았던 '민족' 개념은 이처럼 미 · 소 양국과 국내 정치 세력들의 이해관계에 따라 심각한 부침을 겪게 된다. 이런 틈바구니에서 당시 이 문제에 대한 김기림의 이해는 어떤 이념적 좌표 위에 놓여 있었는지가 궁금해진다.

---

58 이러한 인식 내지 태도는 우파 문학 단체인 전조선문필가협회가 창립되었을 당시 좌파 문화 조직인 문화단체총연맹 측에 보내는 성명서 내용에서도 선명하게 드러나 있다.
"민주주의 민족문화 건설의 기만 강령을 붓치고서도 막사과(莫斯科) 삼상회의를 맹목 지지하며 신탁 통치를 원조니 후견이니 하는 괴 해석을 하는 민족적 반역을 감행하엿음은 ……"
「문화단체총연맹에 보내는 성명서」, ≪한성일보≫, 1946. 3. 12.

이 점에 대한 김기림의 입장은 비교적 명확하다고 하겠는데, 그가 말하는 민족 개념은 좌우파의 갈등에서 보듯 반탁이냐 찬탁이냐에 달려있지 않았다. 그런 것들은 어디까지나 민족의 완전 독립과 자주 통일을 성사시키기 위한 하나의 중간 과정이자 방법론으로서의 성격이 강하다고 생각했기 때문이다. 실체로서의 민족 개념에 다가서기 위해 그는 별도의 범주화가 필요하다고 생각하였는데, 여기서 그는 민족 구성원의 절대 다수를 차지하는 '인민대중' 이야말로 새 시대를 열어갈 우리 민족의 중추이며 공동체 의식의 유지자로 지목했던 것이다.

> 이 민족과 그 공동체 의식을 지니고나가며 나아가야하던 또 나갈 수 있는 것은 다름 아닌 인민대중이며 인민대중이야말로 역사적 사회적 현실적인 민족의 중추며 공동체 의식의 유지자였던 것이다. 반민족적인 요소를 제외한 연후에 민족 전체의 유루(遺漏)없는 복리 우에 세울 민족의 공동의식과 연대감의 연면(連綿)한 응결로서의 우리민족의 실체였던 것이다. 사회적으로는 자연발생적인 민족에의 확대로부터 인민에의 재결정이었으며 민족에 대한 파악이 현실의 시련을 거처서 막연한 관념으로부터 실체에로 순화(醇化) 앙양되는 과정이었다. 이것이 8 · 15 이후 시인의 세계에 이러난 제2단의 변화요 발전이었다.[59]

제2차 세계대전을 서구 근대의 파산과 종언을 알리는 세계사적인 전환기의 사건으로 인식했던 그는 근대 서구 사회의 주축이었던 이성적, 교양적 존재로서의 시민, 개인주의적 사고방식을 가진 시민이 더 이상 주도적인 위치를 차지할 근거를 잃었다고 보았다. 새로운 시대를 열어갈 민족은 이러한 개인으로서의 시민의 집합이 아닌 공동체적인 집단이 되어야 하리라고 전망하였으

59 김기림, 「시와 민족」, 『신문화』, 1947. ?(김기림, 앞의 책, 1947, 213쪽에서 재인용).

며, 이와 더불어 당대 우리 사회를 이끌어갈 바람직한 공동체 집단으로 인민 대중의 출현에 상당한 희망과 기대를 건다. 정리하자면 김기림에게 있어 해방된 조국을 이끌어나갈 바람직한 민족이란 집단적 개념으로서의 공동체의식에 바탕을 두어야하며 이 때 공동체란 곧 당시 우리 사회의 절대 다수인 인민을 의미한다고 보았다. '민족=공동체(집단)=인민'의 삼각구도야말로 당시 그가 지닌 민족 개념의 핵심 축이자 원리임이 드러난다.

그렇다면 여기서의 초점은 김기림이 '인민'이라는 말을 썼을 때, 이 용어 속에 내재하는 의미의 내포와 외연을 어디까지로 확정지을 수 있을 것인가에 모아져야 할 것이다. 이 문제에 관한 한 그가 정확하게 용어의 개념을 정의해 놓고 사용한 흔적은 발견되지 않는다. 그러므로 우리로서는 다만 그가 남긴 기존의 글들을 통해 그 의미를 간접적인 방식으로 유추해볼 수밖에 없다.[60] 범박하게 말한다면 일단 그것은 공동체의 균열을 야기하는 일체의 반민족적인 요소들을 제거한 개념을 뜻하는 것으로 풀이된다. 이러한 반민족적인 제반 요소들을 김기림은 '반동'이라고 지칭하고 있거니와, 여기서 그가 말하고자 하는 반동은 구체적으로 일제하 매국 매족을 일삼은 친일파들과 인민들을 대상으로 지배와 착취를 일삼는 소수의 특권층을 대상으로 한 것임을 알 수 있다.

민족 공동의 복리보다 먼저 특권의 유지와 옹호가 앞설 적에 금은 깊이 패우기 시작한 것이다. 그것은 다름 아닌 민족에 대한 반민족적 음모요 소수

60 이에 비해 여운형의 경우는 농민과 노동자 등 근로 대중 외에 진보적이고 양심적인 자본가와 지주, 도시의 지식층과 소시민층까지를 포함하여 그 범위를 설정한다. (이상 여운형, 「인민당의 신념」, 몽양전집발간위원회, 앞의 책, 248쪽 및 여운형, 「인민을 토대로 하는 정치」, 앞의 책, 259쪽 참조.) 또한 이에 대비되는 '반동'의 경우 박헌영의 남로당은 공산당에 반대하는 부류를 비판하는 데 적극적으로 사용했는가 하면, 여운형의 경우에는 공산당 혹은 좌파에 대한 반대만으로 반동으로 몰아붙여서는 곤란하며, 이는 반동과 무관하다는 점을 분명히 하고자 하였다. (정병준, 앞의 책, 225쪽.)

> 자의 대다수에 대한 반역이었다. 그리하야 특권적인 소수에 대한 인민 대중의 권리와 이익은 자못 굳세게 옹호되어야 했다.[61]

> 민족이라는 개념이 다른 민족의 침략의 도구로 씨어질 때와 또 민족 내부의 지배와 피지배 착취와 피착취의 관계를 호도하기 위하여 이용될 때 그것은 물론 반동성을 띠어오는 것으로 준열한 비판과 폭로 앞에 내세워저야 할 것이다.[62]

우리 사회에 반동이 위해로운 점은 자신에게 부여된 특권을 바탕으로 '인민의 기본 권리'라 할 수 있는 '민주주의'를 위협하는 행동들을 아무런 거리낌 없이 저지른다는 데 있다.[63] 따라서 그가 말하는 인민이란 이런 반민주, 반민족적인 반동의 존재를 제외한 다수 대중을 의미하는 것으로, 단순히 좌우의 이념이나 계급, 계층 개념에 국한된 것이라기보다는 민족적 통합과 화합을 방해하는 위해 요소만을 제거한 포괄적인 개념으로 이해하는 편이 타당하다.[64] 그리하여 이러한 인민은 결국 그가 꿈꾼 '전(全)인민적인 민주 국가의 건설'[65]의 실질적인 주도 세력이 되어야 한다는 것이 그의 생각이다.

아래의 인용 시편들은 민족과 인민에 대한 그런 김기림 자신의 견해를 잘 담고 있는 것으로 생각된다. 여기 텍스트 중간 중간에 등장하는 '백성'과 '민중'이란 '인민'의 다른 호칭이리라는 것을 어렵지 않게 짐작할 수 있다.

---

61 김기림, 앞의 글, 1947. ?(김기림, 앞의 책, 1947, 212-213쪽에서 재인용).

62 위의 글(위의 책, 214쪽에서 재인용).

63 김기림, 앞의 글, 1947. 7., 14쪽.

64 따라서 김기림이 생각한 이러한 인민의 테두리에는 좌파가 말한 노동자나 농민 외에, 도시의 소시민이나 문화인, 그리고 진보적이고 양심적인 지식인까지도 두루 포함된다.
'따라서 노동자 농민 소시민 문화인할 것 없이 이러한 전(全)인민의 넓고도 튼튼한 단결만이 ……'
같은 책, 같은 쪽.

65 김기림, 앞의 글, 1947. ?(김기림, 앞의 책, 1947, 214쪽에서 재인용).

오늘은 네줄씩 각지낀 인민(人民)의 행렬(行列)이 온다
이마가 그스러 뼈대굵은 노동자의 행진(行進)이다
그 옆에 가는 것은 메투리 행견 친 농군(農軍)이 아니냐
사무원(事務員)과 교원(教員)과 기자(記者)도 그곁에 있고나

오늘은 뚫어진 몬지길이나
내일(來日)은『아스팔트』고루다저 물 뿌려두고
백성의 행렬(行列)을 모두들 기다리리
—「부푸러 오른 오월(五月)달 아스팔트는」 부분[66]

나라를 판것은 언제고 백성이 아니라
벼스라치오 세도(勢道)댁이었다

사천년(四千年) 오랜 세월을 두고
이겨본일이없는 백성이다
떳떳이 말해본 적이 없어
참고 견디기에 소처럼 목만 부었다

지금백성은 무엔가 말하고싶다
백성의입을 막아서는 아니된다
백성의 소리는 구수하고 진심(眞心)이 들어 좋다

그들의 머리우에서 한울과 태양(太陽)을 가리지마러라
삼한(三韓) 신라(新羅)적 부터도 남의것아닌

66 김기림,『새노래』, 아문각, 1948, 23-24쪽.

본시 이나라 백성의 별이오 한울이 아니냐

인제사 그들의 역사가 시작하려는것이다
이번은 백성들이 이겨야 하겠다
백성을 이기게 해야 하겠다

—「데모크라시에 부치는 노래」 전문[67]

그러나 엄밀히 말해서 민족적 주체로서의 이러한 인민 개념이 이 시기 그만의 독자적인 관점에 근거한 것이라고 보기는 어렵다. 이미 살폈던 여운형의 영향 이외에도, 당대의 대다수 좌파 정치 지도자와 지식인들, 문인들 또한 신 민족국가 건설의 핵심 주체로 인민을 지목하고 있음은 부인할 수 없는 사실이기 때문이다. 단적인 예로, 이 시기 문학가동맹의 지도급 문인이었던 임화 역시 반제 반봉건의 주력을 담당해야 할 주체인 인민이야말로 시대가 요청하는 민족의 정의에 부합하는 것이라고 자신의 견해를 피력한 바 있다.[68] 다만 여기서 필자는 그가 말하는 민족이 결국은 포괄적인 의미에서의 인민민주주의의 개념에 부합된다는 점만을 일차 확인하는 선에서 넘어가고자 한다.

3) 좌우파 간의 갈등과 반목을 바라보는 김기림의 인식과 태도

기본적으로 그에겐 어떤 형태로건 민족 내부의 분열이란 있을 수 없는 일이었다. 좌우의 대립이나 남북의 분열을 바라보는 그의 시선 역시 이런 인식의 기초 위에 놓여 있었던 것이다. 당시 그가 얼마나 좌우의 통합과 남북

67 위의 책, 47-48쪽.

68 임화, 「민족 문학의 이념과 문학 운동의 사상적 통일을 위하야」, 『문학』 3호, 조선문학가동맹 중앙위원회 서기국, 1947. 4., 8-16쪽.

간의 통일을 열망하였는지는 아래의 시들에서 잘 드러난다.

> 벽(壁)을 헐자
> 그대들과 우리들 사이의
> 그대들속의 작은 그대들과 또 다른 그대들 사이의
> 우리들속의 작은 우리들과 또 다른 우리들 사이의
>
> 아마도 그것은
> 금(金)과 은(銀)과 상아(象牙)로 쌓은 치욕(恥辱)의성(城)일지도
> 모른다 그러면 더욱 헐자
>
> 낡은 장벽을 뚫어버린우에 거기
> 새날의 대로(大路)를 뽑자
> 그대들과 우리 다
> 함께 갈 대로(大路)를 뽑자
>
> —「벽(壁)을 헐자」 부분[69]

> 피 묻은 기(旗)빨인데
> 갈래갈래 등지고 가는 행렬(行列)은 웬 일이냐.
>
> 너무나 급(急)한 걸음
> 주저할줄 모르는 매몰한 발길아.
> 골수에 매친 사슬 자욱 아직도 아물지않었건만 ——

69 김기림, 앞의 책, 1948, 57-58쪽.

…… (중략) ……

상(傷)하고 지친 나라와 백성이어늘
도라와 피 묻은 한 기(旗)빨
껴안고 울지않으려니.
함께 바뜰고 가지않으려니.

—「한 기(旗)ㅅ발 받들고」 부분[70]

그러나 미군정에 의한 좌파 탄압이 본격화되고, 이어서 남한만의 단독 정부 수립 구상이 구체화되면서부터 이러한 그의 바람은 현실과 어긋나기 시작하였다. 특히 그가 믿고 따랐던 여운형의 암살이 해방 정국에 몰고 온 충격파는 엄청났다. 그의 암살(1947. 7. 19.)과 더불어 좌우 합작의 꿈은 사실상 물 건너간 셈이 되고 말았다. 이는 그가 좌우 대립을 중재할 수 있고, 또 합작에 의한 통일 정부가 들어섰을 때 양측이 받아들일 수 있는 사실상의 유일한 인물이었기에 미군정으로서도 다른 마땅한 대안을 생각하기 어려웠던 까닭이다.[71]

이념적으로 크게 의지했던 민족 지도자의 죽음 앞에 김기림은 적지 않은 충격을 받은 듯하다. 추도식장에서 김기림이 낭송했다는 추도시에는 지도자를 잃었다는 안타까움과 더불어 그 자신의 이념적 버팀목을 떠나보내야 했던 당시 그의 참담한 내면 심경이 그대로 표현되어 있다.

70 김기림, 「한 기(旗)ㅅ발 받들고」, 『인민평론』, 1권 2호, 인민평론사, 1946. 7., 118-119쪽.

71 박태균, 『우방과 제국, 한미관계의 두 신화 8. 15에서 5. 18까지』, 창비, 2006, 63-64쪽. 한편, 이런 평가와는 별개로, 당시 동경에 주둔하고 있던 맥아더 사령부의 경우에는 여운형에 대해 상당히 부정적인 이미지를 가지고 있었다. 단적으로 국무장관에게 보낸 전문에서 맥아더는 '여운형은 공개적으로 자기의 신분을 공산주의자라고 밝혔으며 …… (중략) …… 음흉한 공산주의자로서의 진면목을 최초로 드러낸 셈'이라고 기술한다. (이완범, 앞의 글, 120쪽.)

언제고 군중(群衆)의환호(歡呼) 속에 나타나던당신 성낸사자(獅子)처럼 단상(壇上)에서 노호(怒號)하실적에도 우리는 서산(西山)을처다보며 빽빽 담배를 빨수가 있었다

야단맞고 벌벌 떠는것은 팟쇼의대장(大將)들과 인민(人民)의적(敵)들이고

우리가 아니었기때문이다

시달리는 백성을 등에돌리고 반동(反動)앞에 당신이 가로막아섰을때
우리는 참말이지 싱이 났었다
그러기에 당신의 일홈과함께 인민(人民)이 부르는 만세(萬歲)소리는
가슴과 뱃장에서 아니발톱에서 머리끝 까지 울려나왔다
당신은 벌써 당신자신(自身)이 아니오
모-든 인민(人民)의 당신이었다

…… (중략) ……

지금 전에없이사나운 반동(反動)의 회호리 속에서 아우성치는 인민(人民)의 곁에 아모리도라보아야 당신이 안게시다

오늘은 웅변(雄辯)대신에 무거운침묵(沈默)으로써 가르키시는

승리(勝利)로가는 싸움의 길이 만(萬)사람의 눈앞에 눈물에어려 빛날뿐

피로써 당신이 헤치신 인민공화국(人民共和國)의 길이횃불처럼 별처럼 떨리고있을뿐

—「백만(百萬)의 편을 잃고」 부분[72]

72 김기림, 「백만의 편을 잃고」, ≪조선중앙일보≫, 1947. 8. 7.
이 시는 몽양의 피살 소식을 듣고 김기림이 쓴 것으로 몽양의 추도식장에서 최초 발표된 것이다. 일부에서는 이 시가 ≪조선중앙일보≫ 게재 이전에 당시 북한의 당 기관지인 ≪로

여운형의 죽음은 이 땅에서 더 이상 중간파가 설 자리가 없다는 것을 의미하는 일이기도 하다. 실제로 중국 내에서 국공 내전이 격화되고 한반도에서도 남북한에 각기 단독 정부가 들어서자 중간파의 입지는 크게 좁아져버린다. 그리고 마침내 한 신문은 사설을 통해 대한민국 정부가 진정한 민족진영의 총본영이 되어 있는 이상 중간파란 존재할 수 없으며, 따라서 민족주의자라면 대한민국을 지지하고 계급주의자라면 인공국을 지지할 수밖에 없다면서, 중간파에게 대한민국에 귀의할 것을 촉구한다.[73]

이후 김기림은 결국 자신의 신념이나 의지와는 상관없이 선택 아닌 선택을 강요받는다. 북의 고향으로 돌아가지도 못하고[74], 가족들과 더불어 남쪽에 남아 보도연맹에 가입하게 된다. 그렇다고 해서 그가 완전히 전향하여 우익 편에 가담했느냐 하면 그런 것 같지도 않다. 앞장서서 활동한 흔적이 보이지 않기 때문이다.[75] 한때 월북한 이원조를 향해 쓴 소리를 담은 글을 발표한

동신문≫ 1947년 7월 23일자에 먼저 게재되었다고 주장하나, 현재 미국 하버드대학교 도서관에 소장된 북한 ≪로동신문≫ 해당 일자 자료에서는 찾아볼 수가 없다. 다만 당일 신문 지면에 시 한편 분량(?)의 하얗게 지워진 부분이 등장하는 바, 만일 이 시가 실렸다면 이 부분에 실렸을 것으로 짐작되며, 김기림의 숙청 직후 의도적으로 삭제된 것으로 추정된다. 한편, 조영암은 그의 일기에서 북한 체류 당시 이 시가 ≪로동신문≫에 전격 발표된 것을 보고 새삼 김기림과 공산 측과의 연결 증거로 받아들이기도 한다.
조영암, 「김기림의 몽양 여운형 추도시 북로당 기관지에 나다」, 『북한일기』, 삼팔사, 1950, 139-140쪽.

73 「사설-중간파의 갈 길」, ≪조선일보≫, 1949. 12. 21.

74 지주 계급인 그가 북의 고향에 돌아가지 못하는 처지였던 것은 어쩔 수 없는 일이다. 북한에서 토지 개혁이 실시된 이후인 1947년 6월, 그는 고향인 임명(臨溟)에 들러 본인 소유의 과수원(당시 과수원은 토지 개혁 대상에서 당분간 제외됨)을 처분하려 하였으나, 이마저도 실패하고 자본주의적 사고방식을 가졌다하여 보안서에 끌려가 2주간 유치장 신세를 진 적이 있다.
당시의 사정에 대해서는 이활, 앞의 책, 288-290쪽.

75 사실 이 시기 보도연맹 자체가 좌익 측에 이름만 걸어둔 인사들은 물론이고 비판적 성향의 진보적 지식인들까지도 마구잡이로 가입시킨 단체였다는 점을 감안한다면, 명단 자체에 큰 의미를 두기는 어렵다. 문화 예술계에서도 양주동, 이병기, 박계주, 백철, 황순원 등이 포함되어 있었는가 하면 정계의 김준연(국회의원)마저도 그 대상이었던 점이 이를 입증한다.

적은 있으나[76], 여기서 그가 언급하고 있는 것도 민족과 자유의 가치에 대한 원론적인 강조일 뿐이다. 오히려 그는 보도연맹 측의 강압적인 처사에 대해 상당한 거부감을 가졌던 것[77]으로 알려져 있다.

내면에 있어 그는 건전한 좌우 합작을 통해 궁극적으로 남북이 하나가 되는 통일 민족국가 수립에 대한 열망을 끝까지 포기하려 들지 않았던 것으로 보인다. 6. 25 사변이 발발하기 약 1년여 전, 새해 벽두에 발표된 그의 시 「새해 앞에 잔을 들고」에는 그런 그의 내면의 모습이 고스란히 간직되어 있다.

첫 잔은
금이 간
자꾸만 금이 가려는 민족(民族)을 위하여 들자

다음 잔은
속임 많던 고약한 어저께를 잊기 위하야-!

---

76 김기림, 「평론가 이원조군」, 『이북통신』, 1950. 1(『전집 · 6』(문명비평, 시론, 설문답, 과학개론), 139-140쪽 수록).
이 글은 당시 보도연맹 문화예술 분야 가입자들에게 강제되었던 '이북 문화인에게 보내는 경고문' 방송을 위한 사전 원고 성격의 글이다. 방송 당사자로 지목된 사람들로서는 탐탁지 않은 일이었을 것임을 짐작하기는 어렵지 않다.

77 이 부분에 대해서는 이상로의 다음과 같은 회고를 참조할 만하다.
"…… (상략) …… 그 자리에서 김기림씨의 말이 「내가 그동안 문학가동맹 쪽에 속하여 온 일에 있어서 나의 책임을 모면하려는 것은 아니지만 공산당적 지령문학을 할 수가 없었오. 그런데 보련에서 또 그런 식으로 글을 쓰라니 곤란한 일이 아니겠오.」 그 무렵 보련에서는 공산당의 침입적 위기에 처한 마당에 그 방패적인 글을 쓰라 하였다고 한다. - 하는 것이었다."
이상로, 앞의 글, 337쪽.
덧붙여서 보도연맹원들에 대한 끊임없는 이념적 전향 증명과 체제 선전원으로서의 역할 강요에 대한 거부감 또한 상당하였다. 이 점과 관련하여 보도연맹의 요청에 의해 반공 자작시를 낭송하고 나서 "「남한에 남아 있으면 그만이지 뭘 더 증명을 하라고 이런 짓을 시키는지…… 이거 어디 성가셔서 살 수가 있나……」"라고 불평했던 정지용의 일화(백철, 『문학 자서전』(후편), 박영사, 1976, 372쪽.)가 저간의 심적 고충을 잘 말해주고 있다.

그 다음 잔은
우리들
뭉어져 가는 아름다운 생각을 위하여

피는 과연 물 보다도 진한 것인가
아- 그러나『도그마』는 피 보다도 진하였다

…… (중략) ……

철 철 철
넘치는 잔은
다시 아플 민족(民族)의 이름으로 들자

또 한잔 은
지혜롭고 싱싱할 내일과 또 인류에게—

마지막 잔은—
그렇다
우리 모두의 한결 같은 옛꿈의 소생을위하여 들자

—「새해 앞에 잔을 들고」 부분[78]

그는 '국토가 두 조각에 나누인 대로 있는 동안은 우리민족의 진정한 행복은 오지 않으리라'[79]고 믿은 인물이다. 위 텍스트에 제시된 대로 우리민족

78 김기림, 「새해앞에 잔을들고」, ≪주간서울≫ 21호, 서울신문사, 1949. 1. 10.

79 김기림, 앞의 글, 1950. 1(『전집 · 6』(문명비평, 시론, 설문답, 과학개론), 139쪽에서 재인용).

은 이미 이 시기에 좌우로, 그리고 다시 남북으로 갈라져 이미 수습할 수 없을 정도로 '금이 간' 것인지 모른다. 그럼에도 불구하고, 김기림은 마지막까지 '우리 모두의 한결같은 옛 꿈의 소생'에 대한 미련을 버릴 수가 없었다. 이러한 그의 내면적 순수성은 이후 격동기 불행한 시대를 거치는 동안 그 자신이 감당해야 했던 처절한 비극의 예고편이었던 것이다.

5. 이상과 현실 사이: 좌절된 꿈의 흔적을 좇아서

1920~1930년대 이 땅의 대표적인 모더니즘 시인이며 이론가였던 김기림의 해방기 행적은 그간 많은 연구자들에게 곤혹감을 안겨주었다. 좌파 문인 단체인 조선문학가동맹의 핵심 회원으로 활동하면서 좌경화된 시와 산문을 작성하는 등, 그간의 자신의 문학 활동을 전면적으로 부인하는 듯한 태도를 보였기 때문이다. 그러나 그의 글에 나타난 세부적인 활동 내용들을 검토해보면 당시 박헌영 등의 남로당 계열의 정책 방향과는 미묘하게 차이가 있음을 알게 된다.

일부에서는 이러한 차이를 들어 그를 좌우의 이념을 초월한 중간파 문인의 한 사람으로 분류하기도 한다. 그러나 중간파라고 규정했을 경우에도 문제가 없는 것은 아니다. 중간파 자체가 여운형 등이 중심이 된 중간 좌파에서 김규식, 안재홍 등의 중간 우파에 이르기까지 그 이념 성향이나 범위가 지나치게 포괄적이고 광범위하기 때문이다. 이 가운데 그가 구체적으로 어떤 특정 정파의 노선과 유사한 길을 걸었는지를 밝히는 것은 그래서 더욱 중요한 것처럼 보인다.

필자는 해방기 그가 추구한 정치적 이념과 사상은 당대의 중간 좌파 정치 지도자 여운형과 보조를 맞추려 한 것으로 해석하고자 한다. 이는 그가 오래 전부터 주위의 여러 사람에게 여운형에 대한 호감을 표한 바 있으며, 실제

해방 이후 취한 정치적, 문학적 태도에 있어서도 여운형의 노선을 추종한 흔적들이 강하게 남아 있다는 사실에 근거한다. 구체적으로 해방된 조국의 민족적 주체를 인민으로 보고 인민에 기초한 나라, 인민에 기초한 문학을 추구한 점, 그리고 좌우의 극한 대립을 지양하고 상호 간의 신뢰를 통한 합작 노력으로 궁극적으로 남북통일을 달성하려 한 점, 미 · 소 양 대국과의 관계를 중시하여 이들과의 등거리 균등 외교를 강조한 점 등이 지적될 수 있다. 여운형 암살과 남북 양측에서의 단독 정부 수립으로 비록 이러한 이들의 희망은 현실적으로 사라져버리고 말았지만, 그럼에도 불구하고 김기림은 마지막까지 좌우 합작을 통한 통일 민족국가 수립에의 희망을 포기하지 않았다. 그리고 그 꿈을 현실화시키지 못한 채 전쟁 중 북한 기관원들에 의해 피랍되는 비운의 주인공이 되었던 것이다.

돌이켜 보면 이러한 김기림의 비극은 시대와 현실의 변화에 능동적으로 대처하지 못한, 지나치게 이상에 치우친 결과였다고 해석될 수도 있다. 그러나 다른 한편으로 생각해볼 때 그러한 그의 이념 선택과 그것에 대한 열망이 단지 하나의 이상에 불과하다고 주장하는 것은 어쩌면 사후에 연구자들의 편의에 따라 덧씌워진 편견이며 결과론인지도 모른다. 얼마 뒤의 일이지만, 오스트리아의 예에서 보듯 2차 세계대전 이후 좌우 각 정파의 지도자들이 조국의 미래를 위해 머리를 맞대고 논의에 논의를 거듭한 끝에 전승국들에 의한 신탁통치 기간(1945~1955)을 슬기롭게 극복하고 분단의 위기를 넘겨 마침내 하나의 통일된 국가로 재출발하게 되는 사례[80]도 있기 때문이다. 이와 같은 양국 간의 대비는 우리로 하여금 김기림과 여운형을 비롯한 당대 중간파 지식인과 문인, 정치인들의 못다 이룬 꿈과 좌절에 새겨진 의미를 다시 한 번 둘러보게 만드는 계기로 작용한다.

---

80 좌우 합작의 성공과 실패 사례로 오스트리아와 한국의 경우를 비교, 분석한 논의로는 황의서, 「해방 후 좌우 합작의 실패 원인 분석」, 『대한정치학보』 17집 1호, 대한정치학회, 2009. 6., 335-338쪽 참조.

보론: 여운형의 친일 전력 시비에 대한 짧은 고찰

일제강점기 여운형의 친일 여부에 대한 평가는 종종 논란이 되어온 것이 사실이다. 대표적인 것이 언론인이었던 이종형[81]의 주장과 조병옥이 그의 회고록[82]에서 밝힌 내용들이다. 그러나 이종형의 주장은 과거 대표적인 친일파였던 그가 하는 주장이라 별 신빙성이 없으며, 도리어 근거 자체가 조작된 것이라는 설이 지배적이다. 조병옥의 회고 역시 해방기에 여운형이 주동이 된 '건준'과 '인공'의 철저한 반대파였음을 감안한다면 이를 액면 그대로 받아들이기는 어렵다.

여운형이 부분적으로라도 친일에 가까운 행동을 했는지 현재로서는 정확히 밝혀낼 길은 없다. 일제 강점 하 민족의 생존과 자치를 위해 동분서주하는 과정에서 일본 정부 및 총독부 측과 일부 타협적인 자세를 취하는 듯한 모습을 보인 바 있기 때문이다. 그러나 그의 이런 행동들을 곧수 친일파들의 행위와 동일선상에서 해석하려는 태도는 분명히 문제가 있어 보인다.

실제로 해방이 된 이후, 미군정이 1946년 여운형의 약점을 잡기 위해 그의 친일 가담 여부를 조사한 적이 있다.[83] 이때 일본에까지 군정청 요원[84]을 파견하여 과거 조선총독부 관리와 관헌 등을 탐문한 결과 사실무근임을 밝힌 바 있다.[85] 또한 김구 주석의 지시에 의해 임시정부 국무위원을 지낸 김승학 선생이 중심이 되어 작성한 보고서 『친일파군상』[86]의 친일파 명단에도 그의

---

81 이종형(1985~1954). 해방 후에 ≪대동신문≫ 발행인으로 활동하면서 여운형에 대해 많은 비난을 가했으며, 심지어는 암살을 종용하는 듯한 기사를 싣기도 한다.

82 조병옥, 『나의 회고록』, 선진, 2003.

83 이른바 '버치 문서'로 알려진 해방정국 미군정의 한국 정계 조사보고서들에 대한 주요 작성자 겸 수집자인 레너드 버치 Leonard M. Bertsch(1910~1976)의 정장 차림 모습. 그는 하버드 로스쿨 출신의 변호사로 한국 파견 당시 30대 중후반의 나이로 계급은 중위에 불과했으나, 미군정의 한국 정치 분야 담당 장교로 활동하면서 정계에 심대한 영향력을 미쳤다.

이름은 빠져있다. 그의 경우는 다만 '신문기자(주로 경일(京日)[87]) 회견 등에서 시비를 드러내지 않고 큰 지장이 없을 정도의 기술적 담화 발표를 한 것이 지상에는 자기 의사와 다르게 발표되였으나 정정을 요구할 수 없어서 그대로 방임한 자. 예 여운형, 안재홍 등'[88]으로 분류, 거명되고 있을 뿐이다.

물론 부인할 수 없는 자료가 있기는 하다. 여운형이 2번째로 투옥된 대전형무소에서 형 집행유예로 풀려날 당시 일제에 제출한 전향문이 그것이다. 일본인 담당 검사의 수차 전향문 요구에도 불응하였던 그는 심신이 극도로 허약해진 상태에서 이를 걱정한 조선인 판사 백윤화의 권유에 의해 전향문[89]을 제출하고 풀려나기에 이른다. 그러나 출옥 직후 경성요양원에서 안정을 꾀하는 동안에 그는 일제 말 국내 최대의 항일 조직이라 할 수 있는 '건국동

사진 : 「박태균의 버치보고서 ①」, ≪경향신문≫, 2018. 4. 1. 인터넷판에서 재인용. https://n.news.naver.com/mnews/article/032/0002861330

84 오리오던 Charles O'Riordan 소령 등.

85 자세한 내용은 박태균, 「부록: 버치 문서 Box의 자료」, 앞의 책, 2021, 288-320쪽 참조. 아울러 이 문서에 대한 추가 해설은 「몽양 포섭 실패하자 미, 친일 행적 조사」, ≪경향신문≫, 1995. 2. 16 및 정병준, 「해방 이후 여운형의 통일 · 독립 운동과 사상적 지향」, 『한국민족운동사연구』 39호, 한국민족운동사학회, 2004, 110-112쪽 참조.

86 민족정경문화연구소, 『친일파 군상』, 1948.

87 총독부 기관지인 ≪경성일보≫를 뜻함.

88 민족정경문화연구소, 앞의 책, 16쪽 참조. 이와는 대조적으로 그의 동생 '여운홍'의 경우는 언론계 친일파 명단에 기록되어 있다.

89 구체적인 내용은 백윤화가 작성한 것으로 알려져 있다.

맹'의 전신 '조선민족해방연맹'의 결성을 위해 힘을 쏟는다.

이외에 그가 가입한 것으로 알려진 각종 친일단체의 명단이나 일제 말기 그가 쓴 것으로 되어 있는 학병 권유 담화(≪경성일보≫), 그리고 전향문과 더불어 직접 쓴 것으로 지면상에 소개된 친일 한시(≪대동신문≫) 등은 사실상 조작되었거나 그 출처가 의심스러운 것[90]으로 평가받고 있다.[91]

---

90 이 점에 대해서는 「여운형씨 학병 권장은 만무(萬無) 경일(京日-경성일보를 뜻함, 인용자 주) 왜인 기자의 날조 기사-인민당 선전부서 성명 발표」, ≪민주중보≫, 1946. 2. 13. 참조.

91 정병준, 『몽양 여운형 평전』, 한울, 1995, 71-78쪽.

7장

해방기 김기림의 공동체 의식과 신질서 수립을 위한 구상의 의의 및 한계

1. 해방의 소용돌이와 한 시인의 변신, 그 이면의 문제의식

제2차 세계대전이 연합국의 승리로 막을 내림에 따라 조선은 미처 준비되지 않은 상태에서 급작스레 해방을 맞게 되었다. 이 시기 이 땅의 지식인들에게 해방이란 모든 가능성들이 눈앞에 펼쳐진 광활한 자유의 공간인 동시에 무엇을 어디서부터 어떻게 손대야 할지 모를, 난감하기 그지없는 일대 혼란의 공간이었다.

분명한 것은 이제까지 우리를 짓눌러왔던 전대의 모순과 질곡을 떨치고 일어나 새로운 마음으로 민족 전체가 하나가 되어 출발해야 한다는 것이었다. 요컨대 새롭게 도래하는 시대는 이전과는 전혀 다른 시대여야 한다는 당위에의 요청이 우리의 내면을 관통하고 있었던 것이다. 구체적으로 그것은 구시대의 유산이라고 할 수 있는 반제와 반봉건의 과제 외에, 민족적 자립의 기반을 마련함으로써 전후 재편된 국제 질서 속에 세계 공동체의 일원으로 참여하기 위한 내적 역량을 확보하는 과제와도 연결된 것이라고 볼 수 있다.

김기림에게 있어 해방이란 과연 무엇이었던가. 이에 대해 그는 '대전 이전에 좀채로 상상할 수 없었던 새로운 세계가 탄생'되려는 시점이며, 그런 점에서 또한 '위대한 『낭만』(로망틱)의 시대'라고 요약한 바 있다.[1] 그러한 진술이 각별한 의미를 지니는 것은 해방기 그가 보인 노선이 이전과는 질적으로 다른 궤도 위에 머물러 있다는 점을 염두에 둘 때에만 유효하다. 1920년대 중후반 식민지 조선 문단에 앞장서서 서구 모더니즘 문학 이론을 수입, 소개하였고, 일제 말기 불어 닥친 군국주의 파시즘의 광풍을 묵묵히 견뎌내었던 그는 해방과 더불어 문단 전면에 화려하게 복귀한다. 그러나 오랜 침묵을 깨고 등장한 그는 더 이상 예전과 같은 서구적인 스타일의 모더니스트가 아니었

---

1 김기림, 「머리ㅅ말」, 『바다와 나비』, 신문화연구소, 1946, 2쪽.
(원문에는 '좀채(체)로'의 가운데 글자가 탈자된 상태로 인쇄됨).

다. 다수의 연구자들이 지적하듯이, 이 시기 그는 오히려 과거 자신의 활동에 대한 비판적 자각과 반성, 연이은 자기 부정의 노력 등을 통해 근대를 넘어 민족이 나아갈 바람직한 방향과 새로운 세계 질서에 대한 전망을 꿈꾸며 기획하는 실천적인 모습을 보여주고 있다.

이러한 변화의 근본 동인과 함께, 그 속에 가로놓인 그의 숨은 의도가 무엇이었는지를 밝히는 것이 이 장의 목표다. 이는 결국 김기림의 시대 흐름에 대한 거시적 안목과 더불어 그가 구상했던 궁극적인 이상 사회의 모델을 들여다봄으로써, 그의 문학 활동의 사상적 기반을 재구해내는 일과 동궤에 놓인다는 것이 필자의 진단이다.

2. 일제 말기의 상황 인식: 근대 극복의 과제와 그 해법

이와 같은 해방기 김기림의 입장 변화가 지닌 의미를 제대로 이해하기 위해서는 무엇보다도 소위 일제 말 암흑기에 접어들기 직전, 그가 썼던 글들부터 한번 면밀하게 훑어볼 필요가 있다. 해방이라는 시대 상황에 휩쓸려 그가 전혀 예상치 못했던 방향으로 튕겨져 나갔다고 한다면 모르겠으나, 평소 꼼꼼하고 철저하기로 소문난 그의 성향 상 그런 우발적인 모습을 기대하기는 어렵기 때문이다. 만일 그의 변신에 그 나름의 어떤 내외의 요인이 작용하였다고 한다면, 필시 그 이전에 거기에 대한 어떤 단서를 남겨놓지 않았을까 추측된다.

이 점에 관한 한, 우리는 그가 이미 일제 말 침묵의 시기로 넘어가기 직전, 모더니스트로서의 자신의 활동에 대해 비판적 거리를 두고 몇 차례 반성적 성찰을 시도한 적이 있음을 기억한다. 「『모더니즘』의 역사적 위치」(1939. 10.)와 「조선 문학에의 반성」(1940. 10.)에서 그가 보여주었던 태도가 바로 그것이다. 이 장에서는 이 글들 속에 감추어진 그의 진의를 다시 한 번 추적하여 짚어보도록 한다.

1) '근대의 결산'에 대한 강조

김기림이 '영구한 모더니즘이란 듣기만 해도 몸서리치는 말이다.'[2]라고 했을 때, 궁극적으로 이 말은 그가 앞장서서 들여왔던 서구 근대가 막다른 골목에 다다르고 말았다는 자기 인식[3]을 드러낸 것으로 생각된다. 이 시점에서 근대는 적체된 내부 모순으로 인해서 더 이상 우리민족이 지향하여야 할 바람직한 추구 대상이 될 수 없으며[4], 아울러 그것이 한계를 드러낸 이상 하루 빨리 극복의 대상으로 재설정되지 않으면 안 된다는 것이 그의 냉철한 판단이었다.

요는 근대를 극복해야 한다는 것이 새로운 시대적 요망이라고 했을 때 이를 과연 어떤 방식으로 수행할 것인가 하는 점에 있다. 극복을 위한 이념과 구체적인 방법론이 문제가 될 것인데, 이 점과 관련하여 그가 의식하지 않을 수 없었던 것이 바로 당시 일본 지성계를 주름잡았던 소위 '근대 초극론'이었던 것이다. 서구적 연원과 그 지역적인 한계를 고스란히 쓸어 담고 있는 근대의 제 모순점들을 극복하기 위해서는 필연적으로 동양에서 그 대안을 찾을

---

2 김기림, 「『모더니즘』의 역사적 위치」, 『인문평론』, 1권 1호, 인문사, 1939. 10., 81쪽.

3 이 점은 이미 장시 「기상도」(1936)를 통해 어느 정도 드러낸 바 있다. 여기서 김기림은 서구적인 근대의 제반 모순이 극에 달한 상태를 태풍에 비유하고 있으며, 태풍이 휩쓸고 간 이후 폐허의 거리 위에 새로운 태양이 떠오르는 장면을 배치함으로써 근대적 질서가 자체 내의 모순에 의해 붕괴되고 난 이후 도래할 새로운 문명 세계에 대한 밝은 희망을 드러낸 바 있다.

4 "사실 오늘에 와서 이이상 우리가 「근대」 또는 그것의 지역적 구현인 서양을 추구한다는 것은 아모리 보아도 우스워젓다. 「유토피아」는 뒤집어진 세음이 되엿다."
김기림, 「조선문학에의 반성－현대 조선문학의 한 과제」, 『인문평론』 2권 9호, 인문사, 1940. 10., 44쪽.

수밖에 없으며, 이 경우 당대에 서구와 맞설 수 있는 동양의 유일한 역량이란 결국 일본이기에, 일본을 중심으로 동양의 제 민족들이 일심 단결하여 맞서 싸워서 서구 근대를 넘어서야 한다는 이들 초극론자들의 논리는 당시 일본뿐 아니라 조선이나 만주, 중국 등 동아시아 각지의 지식 사회 내부에서 상당한 파장과 반향을 불러일으켰다.[5]

서구 근대를 넘어서야 한다는 필요성과 당위성을 승인한다는 전제 하에, 현실적인 측면까지를 두루 고려한다면 이러한 근대 초극론의 논리는 거부하기 어려운 유혹임에 틀림없다. 일제 말기, 적지 않은 문인과 지식인들이 일제에 협력하여 친일의 길로 들어서게 된 배경에는 조선 독립의 희망은 사실상 불가능한 꿈이 되고 말았다는 사실 수리론 이외에도, 이 논리가 지닌 강력한 사상적 흡입력에 그 한 원인을 찾을 수 있다.

그러나 이 문제를 대하는 당시 김기림의 입장은 상당히 신중하고도 조심스러운 것이었다. 궁극적으로 근대가 극복 대상이 되어야 한다는 점에 있어서는 동의하지만, 그렇다고 해서 섣불리 이러한 근대 초극론의 논리를 전면적으로 수용하기를 거부한다. 대신 그는 현 시점에서 더욱 중요한 것이 근대 자체에 대한 현명한 결산임을 주장한다.

> 이 순간에 우리는 「오늘」이라는 것의 성격에 대하여 확호(確乎)한 판단을 나리지는 못하고 있다. 그것은 벌써 새로운 시대의 진수식으로 보고 경이는 벌써 시작된 듯이 말하는 사람도 있다. 그러나 한편으로 보면 시작된 것은 실은 아직은 새로운 시대가 아니고 「근대」의 결산 과정이나 아닐까. 새로운 시대는 오리려[6] 당분간은 먼 혼란과 파괴와 모색의 저편에 있는 것이나 아닐까. 그렇다고 하면 지금 이 순간에 우리에게 던어진 긴급한 과제는 새 세

5 본서 5장 참조.

6 '오히려'의 오식인 듯.

계의 구상이기 전에 먼저 현명하고 정확한 결산이 아닐까 한다. 우리가 깊이 생각해야할 중요한 점이 여기 숨어 있다고 나는 생각한다.[7]

이 지점에서 제기될 수 있는 의문은 왜 근대의 극복을 당연한 것으로 받아들였으면서도 동시대의 다수 문인, 지식인들과는 달리 근대 초극론의 논리를 수용하는 데 있어서는 이처럼 주저하였는가 하는 점이다. 아울러 여기서 그가 주장한 근대에 대한 '현명하고 정확한 결산'에 담겨 있는 숨은 의미는 무엇인가 하는 점이다.

2) '근대 초극론'의 논리적 모순과 함정에 대한 인식

위에서 제기된 두 가지 의문은 결국 하나의 논리적 연결점 위에 수렴될 수 있다는 것이 필자의 판단이다.

일단 주목해보아야 할 내용은 위 인용문에서 그가 '새로운 시대는 오리려 당분간은 먼 혼란과 파괴와 모색의 저편에 있는 것이나 아닐까.'라고 진술한 점이다. 직접적으로 지칭한 것은 아니나, 이는 당시 근대 초극론에서 제시된 전망조차가 새롭게 펼쳐질 시대의 구상으로서는 적합하지 못함을 우회적으로 비판한 내용으로 해석된다. 다시 말해서, 이러한 진술을 통해 김기림은 근대 초극론이 그 명시적 선언 효과에도 불구하고 근대의 경계선을 실질적으로 돌파하는 데 유효한 좌표가 될 수 없음을 천명한 셈이다.

김기림이 그렇게 판단할 수 있었던 근거는 무엇일까. 이미 사후적인 관점에서 모더니즘의 역사적 위치를 거론한 바 있으며, 나아가 서구 근대에 대한 추구가 철지난 것임을 공식적으로 선언한 마당에 근대 초극론을 대하는

---

7 김기림, 앞의 글, 1940. 10., 45쪽.

그의 이런 태도는 어떻게 바라봐야 하는가. 문제는 그가 근대 초극론에 내재되어 있는 내적 모순과 자기 기만적 합리화의 양상을 일찌감치 꿰뚫어보았다는 데 있다.

당초 이들이 내세운 근대 초극의 명분은 이러하다. 이제까지의 근대가 이민족에 대한 서구 각국의 식민 침탈과 지배를 통해 형성되고 팽창되어 왔다고 한다면, 근대를 넘어서 펼쳐지는 시대는 이와 같은 서구 중심의 지배 체제, 즉 민족에 의한 민족의 지배를 끝장내고 동아시아 제 민족들 간의 상호 존중과 융화를 통해 공존과 공영이 보장되는 세계여야 한다는 것이다. 소위 '대동아공영권'의 논리란 바로 이런 맥락에서 파생된 것으로서, 이는 결국 동아시아 제 민족들의 해방과 항구적인 평화를 꾀하기 위해 마련된 시금석이라는 것이 이들의 주장이다.

그러나 이러한 근대 초극론자들의 주장은 역내 지배 체제를 강화하고 나아가 확장하기 위해 위장된 교묘한 술책에 지나지 않는다. 여기서 특별히 문제가 되는 것은 이 논리가 결국 동아시아에 있어 여타의 민족들에 대한 일본의 절대적인 우위를 인정하는 한에서만 유효하다는 점이다. 당시의 정세로 볼 때 동아시아에서 서구 각국의 제국주의적 침탈에 대항하여 이러한 막중한 역할을 감당할 민족은 일본밖에 없으므로, 이 역사적 임무를 수행하기 위해서는 동아시아의 제 민족들이 일본을 중심으로 합심 단결하여 서구 세력에 맞서 싸워야 한다는 것이 이들의 주장이다. 뒤집어본다면 이는 동아시아 지역 내에서 대화(大和)족의 지도적 위치, 즉 일본을 맹주로 하는 새로운 지배 질서를 구축하기 위한 방법적인 전략에 불과하다고 해도 과언이 아니다.[8]

---

8 따라서 대동아공영의 이념이란 그 표면적인 구호에도 불구하고 일본을 중심으로 한 아시아 각국, 각 민족 간의 민족적 인종적 위계화와 배타적인 서열화의 음모를 지니고 있는 것으로, 유럽 및 서구 각국의 해외 진출 과정에서 빚어진 근대 기획의 식민주의적 성격과 사실상 동궤에 놓인다고 볼 수 있다.
이상에 대한 자세한 논의는 권명아, 「'대동아 공영'의 이념과 가족 국가주의」, 『동방학지』 124호, 연세대학교 국학연구원, 2004, 750-759쪽 관련 내용 참조.

김기림은 근대 초극론에 내재해 있는 이러한 논리적 함정을 거의 정확하게 인지하고 있었던 듯하다. 그가 보기에 근대 초극의 논리란 그 표면적인 상이점에도 불구하고 이민족에 대한 지배를 합리화, 공고화하기 위한 수단이라는 점에서 전연 근대적인 사고방식에서 벗어난 것이 아니다. 그는 그것이 서구 근대가 낳은 사생아로서, 근대 자체의 일본식 변종에 불과한 것이라는 점을 예리하게 간파하고 있었다.

일제 말기라는 시대적인 상황을 고려할 때, 설령 그가 이러한 사실을 정확히 인지하고 있었다 할지라도 자신의 생각을 공개적으로 드러낸다거나 할 수는 없었으리라는 것은 자명하다. 다만 다음과 같은 방식으로 유럽의 사례에 빗대어 당대의 국제 정세에 대한 스스로의 판단을 우회적으로 표출할 수밖에 없었다.

> 오늘에 와서는 한 민족만을 구할 수 있는 원리라는 것은 벌써 있을 수 없다. 한 민족을 건질 수 있는 것인 동시에 그것은 세계적인 원리여야 한다. 그것은 한 민족의 창조적 의욕을 제 민족의 지지 우에 실현할 수 있는 보편적인 원리여야 한다. 가령 「로-젠베르크」의 신화설은 분명히 한 민족의 체험에 뿌리를 박은 것일 터이나 그것은 그대로 타민족에게 무리 없이 통용될 수 있을까? 딴은 「베르사이유」의 질곡을 께트리기 위한 전선을 조직하는 데는 민중의 절호한 흥분제였다. 그러나 「나치스」의 앞에 제출된 것은 벌써 한낫 독일만의 문제가 아니고 구라파 전체의 문제인 오늘에 와서는 「로-젠베르크」는 독일 민족만의 신화 대신에 구라파 전체의 신화를 고안해야 하게 되였다.[9]

로젠베르크[10]가 누구던가. 일찍이 「20세기의 신화」 *Der Mythus des 20.*

9 김기림, 앞의 글, 1940. 10., 46쪽.

Jahrhunderts (1930)를 써서 독일 민족의 혈통적 순수성과 인종적 우월성을 역설함으로써 나치 독일의 유럽 침략을 합리화하고 그것에 이론적 토대를 제공한 민족차별주의자의 전형이 아니던가. 이후 나치스가 유럽 제 민족에 대한 독일 민족의 우위와 선도적 역할을 주장하게 된 배경에 그의 이론이 동원된 것은 어쩌면 당연한 결과였는지 모른다. 다시 말해서 김기림은 로젠베르크에 대한 이와 같은 비판을 통해 당시 동아시아 제 민족들에 대한 일본의 우월적 지위와 지배를 합리화하고자 했던 근대 초극론과 대동아공영권의 논리를 우회적으로나마 비판, 부정하고자 했던 것으로 보인다.[11]

이로써 김기림이 근대의 초극 대신 그것의 결산을 강조했던 이유 또한 자연스럽게 드러난 셈이다. 그는 당대에 벌써 근대 초극론이 여전히 근대적 사고방식의 연장 내지 변종에 불과한 것임을 누구보다도 명확하게 인지하고 있었다. 그러기에 그는 초극론자들의 주장에 섣불리 동조할 수가 없었던 것이

10 로젠베르크 Alfred Rosenberg(1893~1946)

사진 좌 : 나치 정복 차림의 로젠베르크. 독일연방기록보관소.
https://commons.wikimedia.org/wiki/File:Bundesarchiv_Bild_183-1985-0723-500,_Alfred_Rosenberg_headcrop.jpg에서 재인용.
사진 우 : 독일인의 혈통적 우월성과 순수성에 대한 강조, 그리고 이를 바탕으로 독일의 유럽에 대한 지배권을 정당화한 그의 저작 *Der Mythus des 20. Jahrhunderts*의 1933년판 저자 서명 화보란과 속표지.
https://www.catawiki.com/en/l/6600766-propaganda-alfred-rosenberg-der-mythus-des-20-jahrhunderts-1933에서 재인용.

11 이러한 김기림의 논리를 따라가다 보면 그가 나치즘이나 파시즘, 일본의 군국주의 또한 서구 근대 자본주의의 말기적 증상이자 변형이며, 따라서 그 모든 것들은 결국 '청산되어야 할 근대'에 속하는 유물로 판단하고 있음을 알 수 있다.

다. 그의 말마따나 그 시점에서 근대적 모순과 '혼란', '파괴'의 양상들은 당분간 지속되지 않으면 안 된다. 진정한 의미에서의 근대의 초극이 이루어지는 시점은 그 모든 혼란과 파괴의 시간이 충분히 지나고 난 뒤, 그 모든 사태들이 완전히 종식되고 수습된 이후에라야 가능하리라고 믿었기 때문이다. 그가 강조했던 근대에 대한 '현명하고 정확한 결산'의 숨은 의미가 바로 여기에 있지 않을까 한다.

3) 민족을 내포하면서도 민족을 초월하는 세계: 문화적 다양성과 보편성에 대한 강조

이제까지의 논의를 통해 어느 정도 드러났듯이, 일제 말기 김기림 앞에 놓인 과제는 단순히 그가 앞장서서 도입하였던 서구 근대, 서구 모더니즘의 극복에만 초점을 맞춘 것이 아님을 알게 된다. 요컨대 그의 앞에는 근대 자본주의와 민족주의의 말류인 서구 제국주의와 그것의 일본식 변종인 근대 초극론을 동시에 극복해야만 하는 과제가 함께 놓여 있었던 것이다.

이 과제는 물론 혼자의 힘과 노력만으로 감당할 수 있는 것은 아니었다. 그러기에 그로서도 고심할 수밖에 없었다. 태평양전쟁이 한창인 일제 말기, 그가 보여주었던 오랜 침묵의 시간 속에 감추어진 의미가 바로 여기에 있다. 다만 그 시점에서 그가 할 수 있는 것이라고는 자신이 기대했던 바람직한 근대 너머의 세계의 모습을 막연하게 그려보고, 그 편린 따위를 부분적으로나마 제시해보는 정도였을 것이다.

이 점과 연관된 김기림의 진술은 다음과 같다.

> 그런데 구주에있어서 혹은 건결산기 뒤에 앞으로 기대하는 신질서의 건설에는 제 민족이 민족의 자격으로 참가할 것으로 보이는데 이 민족을 내포하

면서도 민족을 초월해야할 신질서에 있어서 민족 상호 간의 정신적 이해와 융합을 가능하게 할 유력한 수단은 무엇일까? 수백의 조문이나 규약이 달할 수 있는 형식의 한계를 너머서 그것의 저 편에 다시 깊이 맺어질 수 있는 것은 서로서로의 문화의 접촉과 포용와 존경이라는 노력이다. …… (중략) …… 한 민족의 문화는 늘 그 자신의 존엄과 독창성과 의욕을 가지는 것이고 따라서 거기로 통하는 길은 오직 애(愛)와 존경을 거처서만 뚫려진다. 한 민족이 세계에 향해서 실로 그 자신이 이해되기를 원한다면 그것은 자신의 문화를 버림으로써 얻어질 리는 만무하다. 보다도 그 전통 밑 생리와 보편성과의 충격과 조화와 충격의 끈임 없는 운동을 따라 그 자신의 문화를 더 확충하고 심화하고 진전시킴으로써 이루워질 수 있을 뿐이다.[12]

위 인용문을 통해 우리는 당시 김기림이 그려본바 모든 근대적 모순과 한계를 말끔히 일소한 세계의 윤곽을 어렴풋이나마 떠올려볼 수 있을 것이다. 한 마디로 그것은 제 민족들이 상호 동등한 입장에서 서로서로를 이해, 존중하고 포용하려고 노력하는 세계라고 하겠다. 궁극에 있어 그의 시선은 '민족을 내포하면서도 민족을 초월'하는 새로운 세계를 향해 있다. 그리고 그것이 바로 그가 꿈꾸는 근대 이후의 새로운 세계를 이끌어나갈 '신질서'인 셈이다.

유의해서 보아야 할 점은 이러한 세계가 성립하기 위해서는 종래와 같은 형식적인 면, 즉 '조문이나 규약'과 같은 기계적이고 일률적인 방식 대신, 또한 경제력이나 군사력을 앞세운 강압적인 힘의 논리[13] 대신, 한층 부드럽고 유연한 '문화'적인 감각과 감수성의 역할이 증대되어야 한다고 주문한 점이

---

12 김기림, 앞의 글, 1940. 10., 46쪽.

13 후의 일이긴 하지만, 이 점에 대해 김기림은 다음과 같이 자신의 생각을 밝혀놓은 바 있다. "자본이 가는 곳에 필경에는 군대가 따라가고 마는 것이 근세사의 변치 안는 풍습이 되어잇다."
김기림, 「일일 일제-어머니와 자본」, ≪문화일보≫, 1947. 4. 11.

다. 이 경우 서로 다른 문화 간의 접촉과 이를 통한 한 문화의 다른 문화권으로의 확산은 상대에 대한 일방적인 강요나 통제를 통해 이루어질 일이 아니다.

여기서 김기림의 논점은 사실상 드러난다. 이제까지 이(異)문화 간의 접촉은 어느 일방의 침략과 다른 일방의 희생이라는 대가를 치르고서야 이루어지는 경우가 많았다. 그런 점에서 문화적 보편성이란 특히 근대에 있어 식민지배와 침탈의 도구인 동시에 그 결과이기도 했다. 문화적인 관점에서 봤을 때 근대가 이제까지 서구라는(혹은 우리 입장에서 보면 그 연장으로서 일본이라는) 특수자를 일방적으로 한 시대의 보편자로 밀어 올리려 함으로써 적지 않은 문제점을 노출하고 말았다고 한다면, 앞으로 다가올 시대는 문화적 상호 존중과 포용의 노력 위에 개별적인 것들을 개별적인 것대로 인정하는 한편, 그러한 개별적인 것들과 보편적인 것들 사이의 자연스런 접촉과 상호 교류를 통해 훨씬 평화적이고 생산적인 방향으로 진화해 나아갈 수 있다고 믿었던 것이다.[14]

이러한 그의 구상은 현대의 문화 이론가들이 주장하는 문화적 다원주의나 다문화주의의 원리와도 유사한 듯 느껴지기도 한다. 어찌 되었건 김기림은 이러한 그의 구상을 세부적으로 정교화하거나 실천에 옮겨보지 못한 채 나날이 열악해지는 시대 상황 속에서 긴 침묵의 터널로 빠져들게 된다. 그가 이러한 자신의 구상을 다시 한 번 펼칠 기회를 얻게 된 것은 해방을 맞이하고 나서의 일이다.

---

14 비슷한 시기 김기림이 주장했던 '동양 문화와 서양 문화의 결혼'(김기림, 「『동양』에 대한 단장」, 『문장』 3권 4호, 문장사, 1941. 4., 217쪽)이라는 말의 의미 또한 이런 맥락에서 이해될 필요가 있다.

3. 근대 이후의 신질서 수립을 위한 해방기 김기림의 구상

제2차 세계대전은 김기림에게 곪아 터져버린 근대의 내적 모순으로 인해 필연적으로 벌어질 수밖에 없었던 사건으로 규정된다. 여기서 중요한 사실은 그가 이 전쟁을 근대의 청산을 위한 마지막 이벤트라고 보았다는 점이다. 말하자면 대전 이후의 세계는 근대와는 전혀 다른 시대이며, 따라서 전혀 다른 질서에 의해 움직이는 세계여야 한다는 것이 그의 지론이었던 것이다.

해방이란 김기림에게 있어 진정한 의미에서의 근대에 대한 '초극'을—일본 쿄토학파 등이 주장했던 그런 사이비 초극의 논리가 아니라—시도해볼 수 있는 외적 조건이 드디어 눈앞에 펼쳐진 순간이었다고 정의내릴 수 있을 것이다. 말하자면 그 무엇에도 거리낄 것이 없이, 그만의 방식으로 새로이 전개되는 세계에 대한 이상을 마음껏 펼쳐도 되는 그런 기회를 얻게 되었다는 것을 의미한다.

물론 그는 자신의 생각이 종전과 더불어 곧바로 실현될 거라고는 생각지 않았다. 그 시점에서 전후 세계의 모습이 근대적 모순과 질곡을 완전하게 청산하였다고는 말하기 어렵다는 것쯤은 그도 잘 안다.[15] 그러나 중요한 것은 그가 근대의 초극이라는 역사의 도도한 물결을 더 이상 잠재울 수는 없으리라고 굳게 믿고 있었다는 사실이다.

---

15 "오늘 전후의 세계는 물론 『근대』의 결정적 청산을 가져오지 못하고 있다. 또 이 나라 안에서만 해도 8·15 이후 오늘까지 이르는 동안의 혼란한 정치적 정세는 우리들이 기대하는 새로운 세계의 탄생의 진통으로 보기에는 너무나 병적인 데가 있다."
김기림, 「우리 시의 방향－전국문학자대회에서의 강연」, 1946. 2. 8(김기림, 『시론』, 백양당, 1947, 201-202쪽에서 재인용).

1) 공동체 의식의 발견과 확장: '인민 대중'과 '초근대인'

이 경우 무엇보다도 중요한 것은 근대의 실패와 한계를 반복해서는 안 된다는 것이다. 그러기 위해서는 근대가 남긴 제반 모순들, 그리고 그것으로 인한 폐해들이 무엇에서부터 연유했는지에 대한 정확한 진단과 반성이 필요하다. 여기서 김기림이 핵심적으로 지목하고 있는 사실은 지금껏 서구 중심의 근대는 지배와 피지배, 착취와 피착취의 구조를 기반으로 발전하여 왔다는 점이다. 근대가 남겨놓은 갖가지 폐해와 문제점들, 즉 민족 내부에 있어서나 민족 간의 관계에 있어서 항상 문제가 되어온 것은 바로 이 점이었다. 그러므로 근대를 넘어서서 다가올 세계에 대한 김기림의 구상은 이러한 구조적 모순을 어떤 방식으로 극복할 것인가에 초점이 맞추어져 있다고 보아 크게 틀림이 없다. 그리고 그 중심에는 '공동체'에 대한 그 자신의 새로운 이해가 자리 잡고 있다.

김기림에 따르면 8 · 15 이후 커다란 수확의 하나는 우리 사회 내부에 공동체 의식에 대한 자각이 싹트기 시작했다는 점이다.[16] 이는 우선 일제하 민족의 수난과 저항 정신, 그리고 그것들과 떼려야 뗄 수 없는 민족적 양심의 문제와 연결된다. 말하자면 민족 전체가 공동의 운명 속에 놓인 험한 시기를 거치면서 자연스럽게 발아하여 형성된 것이 바로 민족적 연대감으로서의 공동체 정신이다.

주목해서 보아야 할 점은 이 경우 그의 민족 개념은 근대 서구의 민족주의에서 논하는 민족의 성격과는 다소 차이가 있다는 사실이다. 그러한 차이는 다음과 같은 두 가지 점에서 뚜렷한 차별성을 드러낸다.

첫째, 그가 구상하는 공동체로서의 민족이란 해방된 조국에서 '민족 공

---

16 김기림, 「시와 민족」, 『신문화』, 1947. ?(김기림, 『시론』, 백양당, 1947, 212쪽에서 재인용).

동의 복리의 실현을 위한 지배와 피지배, 착취와 피착취 없는 전 인민적인 민주국가의 건설'[17]을 위해 이바지하는 존재로 정의된다. 여기서 그는 새로 해방된 민족국가 건설의 공동체적 주체를 다수 대중인 '인민'으로 규정하는데, 이러한 그의 태도는 당대 좌파 이론가나 지식인들이 주장하는 계급주의적인 시각과 일정 부분 통하는 것으로 보인다.[18]

주목되는 점은 김기림의 경우 생각하는 바람직한 공동체의 구성과 유지를 위해서는 사전에 반드시 정리되어야 할 것이 있다고 믿었다는 사실이다. 무엇보다도 공동체적 연대감과 화합에 장애가 되는 일부 장애 세력의 존재가 문제가 된다. 대표적인 부류가 우리민족의 수난기에 모두의 아픔과 설움을 외면한 채 일제와 야합하여 자신과 일족의 영달만을 꾀하였던 친일파 및 일부 특권층들이다. 김기림은 이 시기 한국 사회의 공동체적 정신과 질서가 바로 서기 위해서는 이들 친일파와 특권층을 배제한 다수의 인민 대중들이 주축이 되어 민족 공동체를 구성하여야 한다고 믿었다.[19]

둘째, 그가 지향하는 민족이란 이미 근대 이후의 세계를 겨냥한, 이른바 '초근대인'[20]의 성격을 지닌 민족이다. 여기서 그가 말하는 '초근대인'이란 보다 넓은 의미에서 근대적 모순과 폐해를 극복한, 새로운 시대에 적합한 인간형을 뜻한다. 그러한 인간은 개인적인 사리사욕에만 치우치는 '이익인'이 아니며, 그 상태를 과감하게 탈피한 '집단인, 과학인, 세계인, 문화인'이다. 동시에 '개인의 껍질 속으로 옴크리고 들지 않고 민족과 세계를 이중으로 개성의 주위에 포용하며 높고 넓은 역사적 시야에로 개성을 개방하는 끊임없는 확충

17 위의 글(위의 책, 214쪽에서 재인용).

18 남로당계 정치 지도자인 박헌영과 그 영향력 아래 있던 임화, 김남천 등 좌파 문인들의 '인민'에 대한 논의와의 유사점을 말한다.

19 이러한 민족 공동체적인 주체로서의 인민 개념에 대한 자세한 이해는 본서 6장의 내용 참조.

20 김기림, 앞의 글, 1946. 2. 8 (김기림, 앞의 책, 1947, 201쪽에서 재인용).

과 발전의 선상을 움직이는 정신의 소유자'[21]이기도 하다.

이 대목에서 김기림은 민족을 '전(全)지구적인 공동체'[22]의 이념과 결부시킨다. 이때 공동체의 이념은 근대적 모순 구조에 갇힌 자민족 중심의 과거 편협한 민족 개념을 벗어나, 자유로운 교류와 접촉의 바탕 위에 제 민족이 동등한 지위에서 서로를 존중하고 배려하는 세계 공동체의 개념으로까지 대폭 확장된다. 제2차 세계대전의 결과 민족 차별적인 파시즘과 제국주의 세력은 결정적인 타격을 입고 패퇴하게 된다. 식민 지배와 같은 무차별적인 침탈은 더 이상 허용될 수 없으며, 앞으로의 세계는 해방된 모든 민족들이 민주적인 절차와 질서에 의해 상호 동등한 자격으로 참여하고 협조하는 공동체가 되어야 한다는 것이 그의 구상이었던 것이다.

2) 웬델 윌키와 '하나의 세계'를 위한 제언

이러한 세계는 과연 실현 가능할까. 어쩌면 지나치게 이상에만 치우쳤던 것은 아닐까. 냉정하게만 말한다면 그럴는지 모른다. 그러나 이상을 지닌다고 해서 그것이 결정적인 흠이 될 수는 없다. 보다 나은 미래로서의 유토피아를 꿈꿀 권리는 누구에게나 있기 때문이다. 여기서 우리는 당시 이러한 이상을 품은 이가 단지 김기림 혼자만이 아니었다는 사실에 좀 더 주목할 필요가 있다.

공동체 논의를 중심으로 형성된 이와 같은 전후 신질서 수립을 위한 김기림의 구상에는 하나의 전제가 따라붙는다. 전쟁에서 승리한 연합국, 그 중에서도 민주 진영의 대표라 할 수 있는 미국과 소련의 역할이 절대적으로 중요

---

21 위의 글, (위의 책, 199쪽에서 재인용).

22 박연희, 「해방기 '중간자' 문학의 이념과 표상」, 『상허학보』 26호, 상허학회, 2009. 6., 326쪽.

시된다는 것이다.[23] 2차 세계대전의 와중에서, 그리고 종전 직후 얼마간, 이런 그의 구상이 현실화될 수 있는 여건들이 무르익은 것처럼 보였던 것이 사실이다. 신흥 파시즘과 구 제국주의 세력의 침략에 맞서 대응하는 과정에서, 자본주의의 대표 주자인 미국과 공산 진영의 주축국인 소련 간의 관계가 전에 없이 긴밀해졌던 까닭이다.[24]

특히 이 시기 미국의 대통령이던 루즈벨트는 소련이 독일과 일본의 팽창주의를 저지할 수 있는 유용한 지렛대일 뿐만 아니라[25], 전후 질서의 회복을 위해서도 소련과의 협력은 필수적이라고 생각했다.[26] 전후 세계는 과거와 같이 특정 국가를 중심으로 한 블록화나 세력권의 형성을 배제하는, 자유롭고 개방적인 세계가 되어야 한다는 것이 그의 지론이었다. 아울러 식민 지배하에

23 미국은 물론이고 소련까지도 일제로부터 우리민족을 해방시켜준 민주 세력으로 간주하려는 태도는 좌우를 막론하고 미 · 소 공위가 결렬되기 이전까지의 해방 초기에는 당연시되었다. 여기서 민주 세력이라는 표현 속에 담긴 함의는 제국주의적 침략과 지배의 요소를 배제한 것으로, 이들 두 나라가 순수하게 전후 세계 질서의 관리 및 유지자이며 신생 독립국과 해방 민족의 후원자이리라는 당대 지식 사회의 내면적 희망을 담고 있다.

24 제2차 세계대전 당시, 독일 침략에 맞서 싸운 소련에 대한 미국의 군사 협력과 군수 지원 강화는 소련 내 미국에 대한 호감을 급상승시키는 결과를 가져왔다. 이 시절 루즈벨트는 소련 국민들에게 가장 인기 있는 외국 지도자였다. 소련을 바라보는 미국인들의 호감도 역시 마찬가지로 증대되었는데, 당시 대독 전선의 열악한 조건 속에서 엄청난 피해와 희생을 무릅쓰면서도 굴하지 않고 처절하게 항전하는 소련 인민들의 모습은 미국인들에게 커다란 감명을 주기에 충분한 것이었다.
이 점과 관련하여, 당시 소련을 바라보는 미국 내 시각과 여론의 동향을 알려주는 다음과 같은 사실은 충분히 주목될 필요가 있다.
"소련에 대한 미국인의 감정은 극적인 변화를 보였는데, 볼셰비키 혁명 이후에는 극도로 나빴으며 특히 1939년 8월 독 · 소 불가침조약 이후 대다수 미국인은 공산주의와 파시즘은 다를 바 없다고 생각했다. 그러나 소련이 대독전에 참가하면서 그러한 분위기는 크게 달라졌다. 대다수 지식인들은 소련이 이데올로기를 바꾼 것으로 생각하기조차 했다. 그들은 명목상은 아니더라도 사실상 공산주의 이념을 포기하는 과정에 있는 것으로 보았다. 1943년 여름 코민테른의 해체는 그러한 판단을 뒷받침하기에 충분했다."
김정배, 「루즈벨트 행정부의 원대한 구상」, 『역사와세계』 22호, 효원사학회, 1998. 9., 737쪽.

25 이주천, 「1930년대 프랭클린 루즈벨트의 대소(對蘇)관」, 『미국사연구』 3호, 한국미국사학회, 1995. 12., 96쪽.

26 김정배, 앞의 글, 737쪽.

놓여 있던 피식민 국가들을 독립시켜줌으로써 이들을 구 제국주의 국가들의 지배로부터 자유로이 이탈할 수 있게 하는 계획도 세웠는데[27], 이를 실현시키기 위해서는 소련의 절대적인 협조와 지지가 필요했다.

소련에 대한 미국 내의 전반적인 우호 협력 분위기와 전후 세계 질서의 재편 과정에서 기대되는 소련의 조력자 역할에 대한 필요성 등으로 인해 전쟁기간 중 한때 미 · 소 간에는 전례 없이 끈끈한 동반자적인 관계가 형성되었다. 제2차 세계대전에서 연합국을 이끈 이들 양대 강국의 협력이 공고해지고, 체제나 이념의 차이가 전후 질서 및 평화 유지를 위한 공조에 걸림돌이 될 수는 없다는 인식이 널리 확산되면서 국제 질서의 변화가 가속화되는 양상을 보였다. 그것은 과거 식민 본국을 중심으로 한 지배 세력권, 즉 배타적 블록화를 넘어서 세계가 아무런 제한 없이 서로 자유로이 왕래하며 교류할 수 있는 시대가 열릴 것이라는 희망 섞인 관측과 관련이 있다.

제국주의적인 지배와 착취로부터 벗어난 세계, 제 민족들 간의 상호 존중과 협력의 바탕 위에 공존하는 새로운 세계의 도래가 멀지 않았다는 낙관적인 전망이 사람들 사이에 싹트기 시작한 것도 이 무렵이었다. 실제로 이러한 세계에 대한 구상은 당시 몇몇 사람들에 의해 상당히 구체적으로, 진지하게 거론된 적이 있었다. 그 가운데 대표적인 것이 바로 웬델 윌키[28]의 저작으로 널리 알려진 『하나의 세계』 *One World*[29]였다.

이 책에서 윌키는 소련을 미국의 진정한 동료이자 우방으로 인정하였다.[30] 미국과 소련은 타 민족을 지배하고 수탈하려는 당대의 제국주의와 파시즘 세력에 맞서 싸우는 전 세계 민주 진영의 대표이자 약소국가들의 대변자라

---

27 이러한 전후 계획은 물론 미국의 국가 이익을 고려한 것이기도 하다. 민족 자결을 지지한다는 명분 하에 신생국들을 독립시킴으로써 식민 본국의 경제적 통제에서 벗어나게 하고, 이들을 미국의 잉여 생산물을 흡수할 수 있는 새로운 시장으로 편입하는 계획을 실현하기 위한 의도를 담고 있었던 것이다.
위의 글, 741쪽.

28 웬델 윌키 Wendell Lewis Wilkie(1892~1944)

는 공통점을 지니고 있다는 것이다. 뿐만 아니라 양국은 전후의 세계 평화를 이끌어나갈 공동의 목표와 공동선의 추구를 위해 함께 협력해나가야 할 파트너라고 보았다. 그 연장선상에서 그는 또한 제2차 세계대전의 성격을 스탈린의 제안에 화답하여 '해방 전쟁'[31]으로 규정하였다. '이번 전쟁은 일국이 타국

사진 좌 : 웬델 윌키
https://en.wikipedia.org/wiki/Wendell_Willkie에서 재인용.
사진 중 : 민주당에서 공화당 소속으로 당적을 옮긴 직후 『타임』지 1939년 7월 31일판 표지를 장식한 웬델 윌키.
https://en.wikipedia.org/wiki/Wendell_Willkie에서 재인용.
사진 우 : 루즈벨트 대통령의 특사로 소련을 방문하여 스탈린을 면담했을 당시 윌키(우측에서 두 번째)와 그의 일행.
https://en.wikipedia.org/wiki/Gardner_Cowles_Jr.에서 재인용.
1940년 미국 대선에서 현역인 루즈벨트(민주당) 대통령의 대항마로 공화당 후보 자격으로 출마한 바 있는 웬델 윌키는 이후 1942년 가을, 루즈벨트의 특사 자격으로 당시 추축국들과 교전 중에 있던 영국과 소련, 중국 등을 차례로 방문한다. 이때 자신이 받았던 인상과 국제 정치, 외교적 감각을 동원하여 저술한 책이 바로 세계적으로 엄청난 반향을 불러일으킨 『하나의 세계』 *One World* 이다.

29 웬델 윌키의 저작인 *One World*(1943) 보급판 원본 표지.

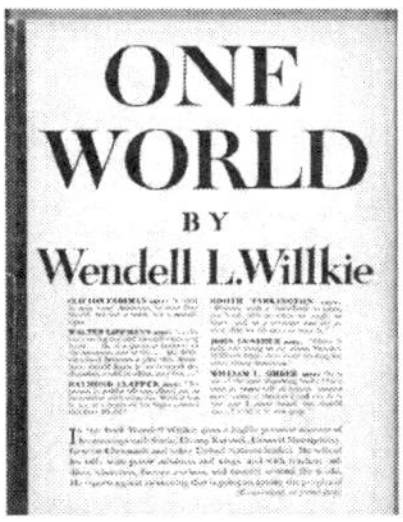

사진 : https://www.goodreads.com/book/show/7714148-one-world

30 웬델 L. 우윌키, 『하나의 세계』, 옥명찬 역, 서울신문사 출판부, 1947, 60쪽.

을 제패하고 있는 상태에 대한 종결을 의미하지 않으면 안 된다고 우리는 믿고 있다.'[32]라고 밝혀놓고 있는 것이다.

이러한 내용이 당시 제3세계 여러 민족들에게 대전 전과는 다른, 새로운 세계의 도래에 대한 기대감으로 작용하였을 것임은 자명하다.[33] 더욱이 고무적인 것은 이 책에서 그가 서구 근대의 제국주의적 침략과 차별의 근거 내지 빌미라 할 수 있는 인종적, 민족적 편견마저 과감히 떨쳐버리라고 주문하고 나선 점이다.

> 인종이나 피부색은 이 쟁투에 있어서 어떤 민족이 동맹이냐 또 어떤 민족이 적이냐를 결정하는 것이 아니라고 나는 한 번 더 강조하노라. 동양에 있어 우리는 한 명백한 예를 가진다. 일본이 우리 적이라는 것은 약소 국민에 대한 그 방일(放逸)하고 야만한 침략을 감행하며 또 세계를 지배하고 노예화할려는데 사용하는 제국주의적 이론을 가졌다는 이유에 있다. 일본이 적이라는 것은 그 정복의 계획을 실행하는데 살육을 축차(逐次)로 진행시키는 음모적이고 전쟁의 이유를 안 가진 공격을 하기 때문이다. 중국은 우리와 같이 정복의 꿈을 꾸지 않으며 자유를 존중하는 이유로 우리의 동무다. 중국은 어느 국가보다도 제일 먼저 침략과 노예화에 저항한 이유로 우리의 동맹이다. 여기 두 동양 민족이 있다. 하나는 우리의 적이고 하나는 우리의 동무다. 민족과 색깔은 오늘날 우리가 싸우는 목적과는 아무런 관계도 없다. 이러한 것이 백인종이 이번 전쟁을 통하여 배우고 있는 일이다. 또 우리가 배

---

31 위의 책, 215-224쪽(제12장 〈이 전쟁은 해방의 전쟁〉 부분 참조).

32 위의 책, 219쪽.

33 그런 이유 때문에 그의 저작(『하나의 세계』)은 미국 이외에도 특히 제3세계 국가를 중심으로 널리 명성을 얻게 된다. 실제로 이 저작은 1943년 처음 출간된 이후, 종전 시까지 미국 내 판매 부수만 포켓판까지 포함하여 총 200만부 가량 되는 당시로서는 초 베스트셀러였다. 더불어 무려 16개 국어로 번역되었으며, 한국어 번역판 역시 서울신문사를 통해 출간된 바 있다.
이임자, 『베스트셀러의 진실』, 경인문화사, 1998, 315-316쪽.

움을 요하는 일이다.[34]

여기서 그는 이번 대전이 미국민들에게 새로운 지리적, 정신적 시야를 열어주었노라고 역설한다. 인종이나 피부색은 동료로서의 관계를 형성하는 데 아무런 고려 사항이 될 수 없다는 사실이 그것이다. 다른 민족을 노예화하려는 제국주의적 침략에 맞서 싸운다는 공동의 목적만이 그 관계를 가늠하는 기준이 된다. 세계의 모든 나라와 민족은 이러한 깃발 아래 하나가 될 수 있다. 나아가 그는 전후 미국의 역할에 대해 각 민족과 국가에 기회 균등을 제공하는 세계의 탄생을 위해 애써야 하며, 이는 곧 세계가 하나가 되는 지름길이라고 결론짓는다.

'하나의 세계'를 향한 이와 같은 전망이란 실상 태평양전쟁 직전 김기림이 꿈꾸었던 전후의 이상적인 세계상과 그다지 멀리 떨어져 보이지 않는다. 그가 말했던 초(超)근대를 향한 세계 공동체의 전망 역시 이러한 틀 속에서 이해 가능하다. 그러기에 그가 윌키의 주장에 비상한 관심을 보인 것은 어쩌면 자연스런 결과였는지 모른다. 실제로 김기림이 그것을 진지하게 받아들였던 흔적들이 그의 글 곳곳에서 발견된다.[35] 다시 말해서 그는 윌키의 저작 『하나의 세계』를 진작부터 인지하고 있었으며, 그 속에 담긴 전후 세계에 대한 구상이 대전 전 자신이 꿈꾸었던 이상 사회, 이상 세계의 모습과 상당히 흡사하다는 점 또한 잘 알고 있었다. 특히 세계의 모든 민족들이 인종적, 이념적, 사회문화적 편견과 선입관을 뛰어넘어 궁극적으로 세계가 하나로 연결되어야

34 웬델 L. 우윌키, 앞의 책, 227쪽.

35 "『윌키-』 씨의 말을 빌지 않어도 세계에는 인제야 정치적으로나 경제적으로나 다시 문화적으로나 고립을 허락하지 않는 『한 세계』가 되고 있다."
김기림, 「세계 문학의 분포 (하)」, 『문학개론』, 문우인서관, 1946, 64쪽.
"지금은 고인이 되었지만 일찌기 고(故) 『로-즈벨트 』씨의 대통령 선거전의 적수였고 또 『로』씨의 특사로 동양에도 왔던 『윌키』씨의 저서에 『한 세계』라는 책이 있었다."
김기림, 「하나 또는 두 세계」, 『신문평론』, 창간호, 신문평론사, 1947. 4., 45쪽.

한다는 윌키의 주장에 전폭적으로 공감했다.

3) 「세계에 웨치노라」: 세계 공동체를 향한 열망

김기림은 종전과 더불어 그런 세계가 하루 빨리 우리 앞에 도래하기를 고대했다. 그는 이런 자신의 바람을 창작 면에서도 그대로 반영하였는데, 여기서 눈여겨보아야 할 작품이 해방된 바로 그 해에 썼다는 시 「세계에웨치노라」[36]이다. 이 시에 담긴 김기림의 의도는 해방기 우리 문단 내외에서 제대로 이해되지 못한 면이 있다. 한 예로 그가 경성고보에 재직했을 당시의 제자였던 김규동이 해방 이후 북에서 직접 겪었던 에피소드가 그것을 증언한다.[37]

물론 냉정하게 평가를 내린다면 정제되지 못한 발성과 어조를 담고 있어

---

36 유의할 점은 이 시가 발표된 시점이다. 이에 대해 김기림은 시집(『바다와 나비』, 1946.) 머리말에서 '지난해 연말 저 정치적 선풍 속에서 쓴 것이다.'라고 밝혀놓고 있다. 이러한 사항은 고려해볼 때, 이 시는 모스크바 삼상 회의에서 한국에 대한 신탁통치가 결정(1945. 12. 27.)된 직후 쓰인 것으로 보인다. 한편, 김한성의 경우는 이 시가 발표된 것이 8·15 광복 직후라고 주장한다(김한성, 「김기림 문학 연구」, 서울대대학원 박사논문, 2014. 2., 233쪽.). 그러나 이러한 주장의 근거나 출전은 명확하게 제시되어 있지 않다. 어느 쪽이 맞든, 이 시는 해방 초기, 그것도 해방된 해인 1945년을 넘지 않은 시점에서 발표된 것으로 보인다.

37 "나는 평양에서 겪은 몇 가지 웃지 못할 실패담을 선생께 이야기했다. 문학동맹을 찾아가 시인 박세영의 심사를 받던 중에 너무 고지식하게 대답하는 바람에 보기좋게 낙제한 그 이야기말이다.
시 분과 위원장인 박세영은 시를 누구에게서 배웠느냐고 물었는데, 나는 자랑스럽게 김기림 선생한테 배웠다고 대답한 것이다. 그랬더니 마침 옆에 앉았던 젊은 시인 한 녀석이 이렇게 한마디 하는 것이었다.
"김기림이 목이 한번 메어본 적 있나요? 그리고 김기림이 남조선 잡지에 「세계에 외치노라」라는 시를 발표했던데, 기림이 도대체 외치기는 뭘 외친다는 겁니까?"
하고 빙긋 웃는 것이었다.
나는 일면식도 없는 작가가 이런 허풍을 떠는 것이 불쾌하였으나 머리가 허연 「산제비」의 작가 박세영 영감만은 무슨 신통한 소리 한 마디 해줄까 싶어 앉았는 중에
"나중에 통지해드릴 것이니 가 계시지요."
하는 것이 고작이었다."
김규동, 「모더니즘을 넘어 공동체 의식으로」, 『시인의 빈 손』, 소담출판사, 1994, 95쪽.

작품성은 그다지 높아 보이지 않은 것이 사실이다. 그러나 이 텍스트가 발표된 시기가 해방 직후임을 감안한다면, 격정에 찬 그의 목소리는 어느 정도 이해되는 면이 있다. 그 목소리는 1930년대 말부터 품어왔던 그의 내면적 구상을 이제야 마음껏 드러낼 수 있다는 사실로 말미암은 감격과, 세계에 외칠 만큼의 자신감이 한꺼번에 뒤섞인 채로 전달되고 있는 것이다.

이 시에서 김기림은 '하나의 세계'에 대한 열망과 함께, 근대의 유물이라 할 수 있는 제국주의 세력의 퇴조에 대한 전망을 시대의 거역할 수 없는 흐름이자 대세인 양 웅변조로 표출하고 있다.

> 저동(東)으로뻐친 살진동맥(動脈)
> 여러세기(世紀)를두고 한제국(帝國)을키어간 탐욕(貪慾)한 피ㅅ줄을보아라.
> 『쫀 · 뿔』씨의 사치한신경(神經)이 거기얽혀 떨리지안느냐.
> 저도 르는[38] 사이에 부억에서 부억으로 끌려댕기는
> 사자(獅子)의염통 『아쯔리카』를보아라
> 구라파(歐羅巴)의 『호텔』을부지하는 수입(收入)맞는영양(榮養)을 ——
>
> 『힌두스타니』는 얼골검은종족(種族)에게주라.
> 여왕(女王)님. 진주(眞珠)목도리는 독목주(獨木舟)선수(選手)들의것입니다.
> 사막(沙漠)과 금강석(金剛石)은 말 달리는주민(住民)에게돌리라.
> 분주한 문명(文明)이라는시장(市場)에 그들은 지각(遲刻)한죄(罪)밖에 없었으니 ——
> 지구(地球)에 휘감긴 삭은사슬을 아직도 지키려는자(者)누구냐.

38 '모르는'에서 '모'가 탈자됨.

착한 늙은나라나라에서 황홀한야시(夜市)일랑 벌리지말어라.
지혜(知慧)와 일과 우숨만이있으면 그만이다.
분(粉)과비단은 『사탄』의얼골을 감추는데만 소용이되리라.
오-오래인신전(神殿) 거륵한대륙(大陸)에서
장 치[39]와 『마캬-벨리』의 후(後)예를 쓸어버릴
성낸 『헤부라이』 젊은사나이는 어디없느냐.

―「세계에웨치노라」[40] 부분

인용된 부분에서 김기림은 영국('『쫀 · 뿔』'[41])을 위시한 유럽 제국주의 세력의 탐욕을 고발하고 제3세계 민족들의 자유와 해방이 더 이상 미룰 수 없는 시대적 요청이며 대세임을 선언한다. 이와 함께 아프리카와 인도 등의 식민 지배로 수탈한 부를 통해 온갖 사치와 향락을 일삼았던 유럽 국가들의 번영도 이제 막을 내릴 시점이 되었음을 지적하는 한편, 이전과 같은 물질과 황금만능의 사상('장(사)치')이나 권모술수 형의 무자비한 통치 성향('『마캬벨리』') 또한 이번 기회에 한꺼번에 청산되지 않으면 안 된다고 주장한다. 바

39 '장사치'에서 '사'자가 탈자된 듯함.

40 김기림, 「세계에웨치노라」, 앞의 책, 1946, 103-104쪽.

41 여기 등장하는 '쫀 · 뿔(John Bull)'은 영국의 별칭이다. 흔히 미국을 '엉클 샘(Uncle Sam)'으로 지칭하듯이, 영국을 중절모를 쓴 배불뚝이 중년 신사의 모습으로 인격화, 희화화시킨 것이다. 이러한 존 불의 이미지는 1712년 아버스넛 J. Arbuthnot에 의해 처음 고안되어 사용된 이래로 일반 대중들에게 널리 보급되어 전해 내려오고 있다.

사진 : 존 불(John Bull)의 여러 가지 이미지들.

야흐로 근대 자본주의를 지탱하여왔던 탐욕스럽고도 철저한 자(自) 민족 중심의 민족주의와 타 민족에 대한 철저한 지배와 수탈 위에 서 있는 제국주의의 시대를 종식시킬 때가 왔음을 준엄하게 환기시켜주고 있는 것이다.

이어지는 다음 대목에서 그러한 김기림의 기대감은 좀 더 강도 높은 어조로 전개되고 있다.

> 중천에사모치는 화토불 피우자.
> 제국(帝國)을 떠바치던 해골(骸骨)의 석가래도 기둥도
> 호사와 음난을 길러가던 무지(無知)와 부덕(不德)도
> 화토 예 라 어서살위버려라.[42]
> 세계(世界)에 금을그은 저요새선(要塞線)들과
> 대포(大砲)와 조병창(造兵廠)과 투구들도 ——
> 전쟁(戰爭)은 벌서 끝나지않었느냐.
> 제국(帝國)도 강국(强國)도 다 역사(歷史)의가슴에달린
> 부질없는 사치한장식이아니냐.
>
> 여러오해(誤解)와 적의(敵意)의 가시덤불에쌓여
> 한갈래 좁고가는 이해(理解)와 지혜(知慧)의길은
> 아직도 어둔밤 『푸라리나』[43]머리칼처럼 히미하게 떨릴뿐.
> 나의 아름다운 세계(世界) 현란히 열릴날언제냐.
> 오직 하나뿐인세계(世界) 금가지않은 세계(世界)로 향해
> 『사라센』의휘장처럼

---

42 일부 오탈자가 보인다. 김학동은 이 구절을 "화토불에 날라 어서 살워버려라"로 수정하여 전집에 수록한 바 있다.
『전집 · 1』(시), 212쪽 참조.

43 '『푸라티나』'의 오식인 듯.

아츰안개 눈부시게 걷힐날은언제냐.

—「세계에웨치노라」[44] 부분

대전이 막을 내린 이상, 역사의 수레바퀴를 거꾸로 돌리려는 어떠한 협잡이나 음모도 다 부질없는 행위에 불과할 뿐이라는 점을 강조한다. 이에 덧붙여, 아직 전후의 처리조차 완전히 매듭지어지지 않은 상태임에도 불구하고 '세계에 금을그은' 제국주의의 흔적이라 할 수 있는 '저요새선들'을 넘어, 그의 시선은 곧장 '오직 하나뿐인세계'로, '금가지않은 세계'로 향하고 있는 것이다. 요컨대 새로 펼쳐지는 세계는 경제력이나 군사력과 같은 힘의 논리에 의해 좌우되지 않는 국제 관계가 펼쳐지는, 서로서로의 이해와 존중, 포용의 미덕 위에 건설된 세계 공동체의 길로 나아가야 한다는 점을 천명한 셈인데, 이러한 그의 사고는 앞서 검토해보았던 웬델 윌키 식의 주장과 정확히 겹치는 것이라고 할 수 있다.

'하나의 세계'에 대한 구상이란 당대 한국의 지식층에게 상당히 매력적인 이미지로 비쳤을 것이다. 특히 해방의 감격이 채 가라앉지 않았던 해방 초기의 경우라면 더더욱 그랬을 가능성이 크다. 위의 인용 텍스트에서 김기림의 희망 섞인, 동시에 자신감에 찬 발성과 어조는 그런 맥락에서 해석될 필요가 있다.

44 김기림, 앞의 책, 1946, 105-106쪽.

4. 공동체 이념의 좌절과 그 미련의 양상

1) 역사의 배반과 미·소 냉전시대의 개막

그러나 해방의 흥분이 가라앉고 어느덧 냉정을 되찾게 되었을 무렵, 우리는 그토록 확신에 차있던 김기림의 전망이 갑자기 어두워지는 것을 목격하게 된다.

이는 무엇보다도 전후 세계 질서를 담당해야 할 두 주축인 미·소 양 대국들 사이의 힘겨루기가 제2차 세계대전의 종전과 더불어 사실상 이미 시작되었다는 사실에서 비롯된다. 특히 양국이 실질적으로 한반도를 분할 점령하고 있던 당시 사정을 고려한다면, 이러한 상황 전개는 우리민족에게는 재앙과도 같은 사태가 아닐 수 없다. 그런 까닭에 한국의 정치인과 지식인들에게 미·소공위의 성패란 비단 한반도에만 국한된 문제가 아니며, 전후 위태롭게나마 지탱되어오던 세계 평화의 무드에 결정적인 영향을 끼칠 수 있는 중대한 사안으로 인식되었던 것이다.[45]

물론 이런 분위기 속에서도 이 시기 지식 사회 내부에서는 '하나의 세계'에 대한 관심과 논의가 조심스럽게나마 이어졌다.[46] 그러나 그런 관심의 배경

---

45 단적인 예로 해방기 민족 지도자 중의 한 사람인 여운형은 미·소 공위가 실패로 끝난다면 미국과 소련 사이에, 혹은 남북 간에 전쟁이 발발할 수 있으며, 만일 전쟁이 발발한다면 이는 곧 제3차 세계대전으로 발전할 가능성이 있다고 주장했다.
레베제브가 쉬뜨꼬브 동지에게 보낸 남조선 정세에 대한 정보 자료, 1947년 1월 24일, 러시아 국방성 중앙문서보관소 문서군 172, 목록 614632, 문서철 33, 38-41쪽, 『러시아연방 국방성 중앙문서보관소 소련군정문서, 남조선 정세 보고서, 1946~1947』, 국사편찬위원회, 2003, 221쪽 (이완범, 「해방 직후 남한 좌우 합작 평가 : 국제적 제약 요인과 관련하여, 1946~1947」, 『국제정치논총』 47호, 한국국제정치학회, 2007. 12., 130쪽에서 재인용).

46 '하나의 세계'론에 대한 당시 한국 지성계의 관심과 그것이 우리 지식 사회와 문단 등에 미친 전반적인 영향 등에 대해서는 권보드래·천정환, 『1960년을 묻다』, 천년의상상, 2012의 제2부 5장 2절 〈'하나의 세계'는 불가능했나〉 부분 참조.

에는 이미 사태의 추이를 지켜보는 초조한 시선과 불안한 심리가 자리 잡고 있었던 것이 사실이다. 그리고 이 점에 있어서 김기림 또한 예외가 아니었다.

> **국제연합기구도 말하자면 이러한 한 세계로 향하는 현재의 세계 각 국민의 의식적 또는 무의식적인 의욕의 발현이라 할 수 있겠다. 지상의 모든 국민과 민족이 각각 압제 없고 침략 없는 국제 관계 아래서 전쟁의 악몽을 잊어버린 채 평화와 자유와 번영을 누릴 수 있는 한 세계** --- 그리고 그 세계에서는 한 국가나 민족의 각 성원이 빈궁과 압제와 혹사와 박해의 염려 없이, 자유와 행복을 골고루 누릴 수 있는 그러한 세계는 이윽고 전 인류의 것으로서 실현될 날이 아니 오리라고 누가 말하랴.
>
> 그러나 세계가 최단거리를 거쳐서 곧 그리로 가리라고는 물론 생각되지는 않는다. 저 두 차례의 세계대전을 생각해보기만 해도 한번 뚜렷해진 역사의 방향이면서도 그것을 방해하고 혼란케 하는 수없는 요소가 얼마나 복잡 거대한 모양으로 뒤볶이는가를 알 수 있을 것이다. 그래서 역사의 방향을 따라 세계를 추진시키려는 노력과 그 반대의 노력 사이에는 당분간 충격과 마찰의 여러 파란이 중첩 기복할 것을 면치 못할 것 같다.
>
> …… (중략) …… **적어도 세계를 두 세계로 가르려는 계획은 오늘 분명히 우리 눈앞에 현실적으로 육박하고 있다.**[47] (강조 – 인용자)

하나의 세계를 향한 변함없는 관심과 열의를 표명하고 있으면서도, 한편으로 김기림은 '세계를 두 세계로 가르려는 계획은 오늘 분명히 우리 눈앞에 현실적으로 육박하고 있다.'는 점에 깊은 유감과 우려를 표명한다. 무엇보다도 염려가 되는 것은 우리가 이러한 상황을 주도적으로 반전시킬 수 있는 여지가 거의 없다는 점이다.

---

47 김기림, 앞의 글, 1947. 4., 46쪽.

미 · 소의 패권 경쟁이 본격화하면서, '하나의 세계'를 둘러싼 루즈벨트 대통령과 윌키 식의 구상은 급속하게 세를 잃게 되었다. 만일 이대로 양국이 서로 등을 돌린다면 세계는 자본 진영과 공산 진영으로 갈라져 다시 블록화의 과정을 겪을 수밖에 없으며, 이 와중에서 우리민족의 앞날은 한치 앞도 내다보지 못할 상황으로 변해버리고 만다. 그런 일이 벌어질 경우 그가 생각했던 전후 세계의 신질서에 대한 구상 역시 밑바닥에서부터 와해되는 지경에 처하게 되는 것이다.

결국 우려했던 일이 터지고야 말았다. 전후의 세계 평화와 유지를 위해 노력하자던 전쟁 중의, 그리고 종전 직후의 굳은 약속과 다짐에도 불구하고, 미 · 소 양 대국은 끝내 서로에게 등을 돌리고 만 것이다. 1946년 7월 10일, 국내외의 각종 언론들은 일제히 '하나의 세계' 구상이 완전히 사멸하고 말았음을 타전했다.[48] 이를 계기로 세계는 미국과 소련을 중심으로 동서 양 진영으로 나뉘어 패권을 다투는 소위 양극화의 시대로 돌입했다. 이와 함께 남북통일을 통해 한반도의 완전한 자주 독립을 이룩하려던 우리민족의 열망 역시 기약 없는 일이 되고 말았다.

2) 좌절과 미련, 혹은 포기할 수 없는 꿈의 기록들

민족 내부에서 그리고 외부에서, 모든 지배와 착취의 요소를 제거한 완전하고 평등한 공동체 정신을 바탕으로 한 김기림 식의 근대 초극의 기획과 이상이란 어찌 보면 현실 속에서는 이루어질 수 없는 환상에 불과한 것일는지

48 「'마'씨 안, 소(蘇) 반대로 미 · 소 간 투쟁 심각 – 하나의 세계 '루'씨 이념은 수포」, ≪동아일보≫, 1946. 7. 10.
「하나의 세계 구상 사멸」, ≪자유신문≫, 1946. 7. 10.
「고 '루'씨의 하나의 세계 구상은 환희(幻戲) – 소(蘇), '마' 제안 거절로 미(美)의 대소 정책 일층 강화」, ≪민중일보≫, 1946. 7. 10.

도 모른다. 그럼에도 불구하고 그는 끝까지 그러한 자신의 희망이 현실화될 수 있는 길을 찾기 위해 모색을 거듭하였던 것으로 보인다. 비록 그 과정이 그리 희망적으로 보이지 않았다 할지라도, 그는 쉽사리 자신의 꿈과 이상을 포기하려들지 않았다.

역사(歷史)의 복(復)수 아직도 끗나지 안엇슴인가?
먼데서 가까운데서 민족(民族)과민족(民族)의 아우성소리
어둔밤 파(波)도일른 소린가? 별 무수히 문허짐인가?

노픈 구름사이에 앨써마음을 부처살리라한들
저자에 사모치는 저 웅어림 닷지안흘가보냐?

아름다운꿈 지님은 언제고 무거운짐이리라.
아름다운꿈 버리지못함은 분명 형벌(刑罰)보다 아픈 슬품이리라

『이스라엘』헤매이던이천년(二千年) 꿈속의고향
『시온』은 오늘 도라드는발자곡 소리로 소연[49]코나.

꿈엔들 이저쓰랴? 우리들의 『시온』도
통일(統一)과 자주(自主)와 민주(民主)우에 설 빗나는조국(祖國)

우리들 낙엽(落葉)지는 한두살쯤이야 휴지통에 던지는 꾸겨진 쪼각일따름
사랑하는 나라의 테두리 새연륜(年輪)으로 한겹 더구더지라

49 '騷然(시끄럽고 어수선함)'의 의미인 듯.

새해와 희망(希望)은 몸부림치는 민족(民族)에게 주자
새해와 자유(自由)와 행복(幸福)은 괴로운민족(民族)끼리난우어 가지자.
—「새해의노래」[50] 전문

위에서 김기림은 '역사의 복수'로부터 이야기를 풀어나가려 한다. 제2차 세계대전이 마침내 민주 연합 세력의 승리로 종료되었음에도 불구하고, 세계는 여전히 근대가 낳은 모순과 한계 아래 신음하고 있다. 아직도 들리는 것이라고는 온통 '먼데서 가까운데서 민족과민족의 아우성소리'뿐이다. 새로운 세계가 열리리라고 기대했던 그의 믿음도 전후의 요동치는 국제 정치 질서 속에 여지없이 좌초되어 갔다. 공동체적인 이상에 기초하는 민족 내부의, 민족들 간의 상호 존중과 포용의 정신이 모두의 앞날을 밝게 비추어 주리라는 확신 또한 당분간 접어두지 않으면 안 될 지경에 처한 듯이 보인다.

한민족의 머리 위엔 다시 먹구름이 드리워지고, 이런 상황에서 언제 벗어날지조차 가늠하기 어려운 처지에 놓이게 되었다. 진정한 근대의 초극을 위해 마련되었던 그의 모든 기획들은 이 시점에서 사실상 수포로 돌아간 듯이 보인다. 그러나 그는 끝까지 자신의 이상을 포기할 수가 없었다. 마치 '『이스라엘』' 민족이 '이천년' 동안이나 학수고대 '꿈속의고향'을 그려왔듯이, 그리고 마침내 그 오랜 꿈이 현실로 다가왔듯이, 어려운 가운데서도 꿈과 이상에 대한 믿음을 유지해나간다면 언젠가는 그것이 현실이 될 수 있다고 굳게 믿었던 까닭이다.

그런 꿈을 지닌다는 것은 물론 당장에 있어서는 '무거운짐'이요, '형벌'이요, 그것보다도 더 '아픈 슬픔'이 될 수도 있으리라. 그러나 한번 되찾은 조국을 포기할 수 없는 것과 마찬가지로, 우리민족과 나아가 세계의 모든 민족의 장래를 위한 꿈과 희망 역시 포기할 수가 없었다. 꿈 때문에 '몸부림'치

50 김기림, 「새해의노래」, ≪자유신문≫, 1948. 1. 4.

며, 꿈으로 인해 '괴로운민족'이지만, 그런 민족에게는 희망이 살아 있다는 사실을 위 텍스트는 일러주고 있는 것이다.

> 나기전(前)부터도 시(詩)의맥(脈)으로 이낀 어리석은종족(種族)
> 피아닌계보(系譜)가 보석(寶石)처럼빛나서 더욱영롱(玲瓏)타
> 도연명(陶淵明)과 한용운(韓龍雲)과 노신(魯迅)과 『타골』
> 『단테』와 『뽀들레르』와 『고리키』와 『오닐』
>
> 포대(砲臺)와 국경(國境)을 비웃으며 마음마음의 고집은 뚜껑을 녹이며
> 강(江)처럼 계절(季節)처럼 퍼저오는 거부(拒否)할수없는 물리(物理)
> 메마른 사막(沙漠)을 추기는 샘 어둠속에 차오는 빛
> 세계(世界)와 고금(古今) 에 넘처흘으는것 아-시(詩)여 문화(文化)여
>
> —「시(詩)와 문화(文化)에 부치는 노래」[51] 부분

김기림은 근대 이후의 세계란 궁극적으로 문화의 시대가 되어야 한다고 믿었다. 수차 논의되었던 바와 같이, 여기서의 문화란 그 확산 정도나 수준의 높고 낮음에 상관없이 상호 존중과 포용의 정신에 기초한 지구적인 공동체 질서 확립의 초석이 되는 개념인 것이다. 상호간의 교류와 교섭을 통한 문화적 이해의 노력과 다양성의 존중은 1930년대 중반 이후 간직해왔던 그의 오랜 꿈이자 이상이었다. 제(諸) 민족의 문화들은 그런 가운데서 더욱 풍요롭게 발전할 수 있다는 것이 그의 철학이기도 했다.

위의 인용 텍스트에서 보듯이 한용운의 시가 세계인들로부터 동양의 도연명이나 노신, 타고르 등의 시와 나란히 암송될 때, 그리고 서양의 단테나 보들레르, 고리키, 오닐 등의 작품과 서로 영감을 주고받을 수 있을 때, 그런

---

51 김기림, 「시(詩)와 문화(文化)에 부치는 노래」, 『새노래』, 아문각, 1948, 111-112쪽.

세계의 모습이야말로 근대적 모순과 한계를 극복한 완벽한 이상 세계의 참 모습이었다고 할 수 있다. 당시로서는 그런 세계의 도래가 가능할지, 가능하다 하더라도 과연 언제쯤 이루어질지 쉽사리 예측하기가 어려웠던 것이 사실이다. 그러나 위의 텍스트에서 그는 그것이 언제가 되었건, 반드시 그런 시대가 열리리라는 자신만의 확신과 염원을 담아 우리에게 보여주고 있다.

5. 공동체적인 이상에 대한 믿음과 시대적 한계

흔히 해방기 김기림의 행적을 두고 좌 편향의 관점에서 논하는 경우가 많다.[52] 지금의 관점에서 본다면 당시 김기림의 활동이나 행적이 현저하게 좌측으로 기울어 있는 것처럼 보이는 것이 사실이기도 하다. 그러나 다시 그 시절로 돌아가 한번만이라도 제대로 김기림의 입장을 이해하려는 노력을 기울여본다면 그런 평가는 편협한 시각에서 나온 결과라는 점을 깨닫게 될 것이다.

좌익이니 우익이니를 떠나서, 그의 구상은 보다 크고 긴 안목 위에 놓여 있었다고 해야 옳을 것이다. 그것은 근대 이후의 세계에 대한 이상과 그 세계를 이끌어나갈 새로운 질서의 수립을 염원하는 지식인으로서의 충정에서 비롯되었다고 하겠다. 그런 관점에서 그는 제2차 세계대전의 발발과 그 향배에 대해 촉각을 곤두세웠으며, 그 이후의 세계를 고민했고, 마침내는 자신만의 관점에서 새로운 세계에 대한 구상 및 기획을 제시하기에 이른다. 그런 그의 고민과 노력은 물론 미래의 이상 세계에 대한 그 자신의 소망을 담고 있는

52 심지어는 그의 의중을 가장 잘 헤아릴 수 있는 위치에 있었던 제자들조차 이 시절 그의 활동에 대해 좌익적인 시각에서 해석하는 경우가 있다. 대표적인 예로 경성고보 시절 김기림의 제자였던 언론인 이활의 회고를 지적할 수 있을 것이다.
이활, 『정지용, 김기림의 세계』, 명문당, 1991, 382쪽 참조.

것으로, 시시각각으로 변하는 현실 속에서 현실의 변화에 능동적으로 대처하지 못하는 약점을 지니고 있는 것도 사실이다.

결과만 놓고 본다면 그런 그의 모습은 불행한 시대를 살다 간 약소민족, 약소국가의 한 불우했던 지식인의 전형처럼 보인다. 근대 초기 민족의식의 기원이 원래 공동체적인 '상상'[53]에서 비롯된 것이었듯이, 그가 기획했던 근대를 넘어선 완전한 이상 세계, 즉 인민 대중에 기반하는 민족 공동체의 개념과, 나아가 세계 공동체의 이념 또한 한갓 상상이자 꿈에 불과한 것이었는지도 모른다. 어찌 되었건, 현실 속에서 자신의 꿈과 이상을 다 드러내고 펼쳐보지도 못한 채 그는 우리민족 최대의 비극이라 할 6·25 전란의 와중에서 자신의 의사와는 상관없이 역사의 희생양이 되어 사라졌다. 남에서 외면 받고[54], 북에서 버림받은 그의 납북 이후 행적에 대해서는 아직까지 공식적으로 확인된 바가 없다.[55] 그와 더불어 우리 문학사와 지성사에 그가 남겼던 흔적들조차 한동안 찾아볼 길 없이 방치되어버렸던 적이 있다.

그러나 그 시절 그가 그 열악한 시대적 조건 속에서도 끝끝내 포기하지 않았던 역사와 민족의 미래에 대한 믿음과 공동체의 이상을 향한 열정만큼은 복잡다기한 현대를 살아가는 우리들로서도 깊이 새겨보아야 할 것으로 생각된다.

---

53 "마지막으로 민족은 공동체로 상상된다. 왜냐하면 각 민족에 보편화되어 있을지 모르는 실질적인 불평등과 수탈에도 불구하고 민족은 언제나 심오한 수평적 동료 의식으로 상상되기 때문이다."
베네딕트 앤더슨, 『상상의 공동체』, 윤형숙 역, 나남출판, 2002, 27쪽.

54 해방기 문학가동맹에 가입한 경력과 그에 따른 활동 등으로 김기림이 그 자신의 의사와는 무관하게 관변 단체인 보도연맹(1949년 4월 창립)에 가입해야 했던 사실에 대해서는 잘 알려져 있다. 그러나 그와 같은 보도연맹 가입 여부와는 별개로, 이후 김기림과 정지용의 시와 산문은 이 때 이미 월북한 박태원이나 김남천 등의 글과 더불어 남쪽의 중등교과서에서 삭제되는 수모를 겪게 된다.
「문교부, 국가이념에 배치되는 중등교과서 내용을 삭제하기로 결정」, ≪조선일보≫, 1949. 9. 15. 기사 참조.

55 이 점에 대해서는 다음 장에서 자세히 다룰 것이다.

8장

김기림의 말기 행적에 관한 조사 및 정리

1. 그가 남긴 마지막 발자취를 좇아

앞서 필자는 김기림의 후기 활동, 즉 해방 이후 김기림의 사상과 문단 활동 등에 대해 정리해보았다. 이 시기 김기림은 과거 그가 선구적으로 수입, 소개했던 서구 모더니즘의 영향으로부터 공식적인 탈피를 선언하였으며, 문학을 통해 새로운 시대에 걸맞은 공동체적인 인식의 수립을 위해 골몰하였음을 알 수 있다. 물론 당시의 상황이 그의 기대대로만 흘러가지는 않았는데, 시대 형편상 지식인의 바람이 현실화되기는 애초부터 난망한 일이었음을 감안할 때 결과만을 놓고 탓할 일은 아니다.

해방기에서의 활동에 대한 이해 외에, 아직까지 충분히 정리되지 못한 부분이 바로 보도연맹(1949. 4.) 가입을 전후한 시기와 납북된 이후 북쪽에서의 그의 행적이다. 사실 이 기간 중에 그가 주도적으로 할 수 있는 일은 거의 없었다. 그저 시대 상황의 흐름과 정치적, 이념적 역학 관계의 구도를 살펴서 이에 따라 몸을 맡기는 수밖에는 다른 도리가 없었던 것이다. 당연하게도 이 당시 그의 행적을 입증해줄 기록도 제한적이며, 있다 하더라도 간접적인 것들이 대부분이다.

특히 북행 이후 그의 말로가 어떠했는지에 대해서는 아직까지 공식적으로 확인된 바가 없다. 다만 북에서 간접적인 경로를 타고 전해오는 몇몇 소문들과 그의 소식을 들은 바 있는, 북쪽 생활을 경험한 극히 일부 인사의 증언들을 통해 미루어 짐작할 뿐이다. 이들 증언과 소문은 귀중한 것이긴 하지만, 때론 부정확하고 때론 서로 상충되는 면이 있어서 그대로 믿기는 어려운 점도 있다. 앞으로도 자료들 사이의 좀 더 면밀한 대조와 추가 확인 과정을 통해서 정확하게 정리되어야 할 점들이 남아 있긴 하나, 그걸 통해 모든 궁금증들이 말끔히 해소되길 기대하기는 역부족일 듯하다. 분단의 세월이 너무 많이 흘러버린 탓에 확실한 물증이 나오길 기대할 수도 없고, 그에 대해 증언해줄 사람 또한 찾기가 점점 더 어려워져버렸기 때문이다.

부족하나마 남은 자료와 증언들을 모아 누군가 한번쯤은 중간 정리라도 해둘 필요가 있다고 믿는다. 중간 정리인 만큼 작업 자체만으로는 큰 의미를 부여하기 어렵다. 그렇더라도 이는 어차피 김기림이라는 우리 문학사의 한 거목의 생애를 부분적으로나마 복원하는 일에 일조하는 것일 테니 추후의 진전된 논의를 위해서라도 반드시 필요한 작업이기는 하다. 이 장에서는 남겨진 자료와 증언들을 모아 새로 정리하는 한편, 그 허와 실을 둘러보고 앞으로 요구되는 추가적인 확인 작업들에 대해 짚어보고자 한다.[1]

2. 관계자들의 유형과 특성

우선 이들 자료의 필자를 유형에 따라 분류해보면 다음과 같다.

첫째, 가족[2]과 친지 등 그와 내밀한 관계에 있는 사람들의 경우를 꼽을 수 있겠다. 남쪽에 남아 있었던 부인과 아들[3], 그리고 비록 사정상 함께 지내지는 못했지만 혈육 관계에 있는 누이 등이 여기에 해당된다. 이들의 회고와 증언이 지니는 장점은 김기림과 한집안에서 직접 소통하던 사이였으므로 남들이 다 알지 못하는 내밀하고도 구체적인 내용의 진술이 포함되어 있다는 점이다. 반면에 한계도 있다. 가족이나 친지이기에 중립적인 입장에서의 객관

---

1 관련 자료와 증언들을 수집하는 과정에서 본의 아니게 많은 분들께 폐를 끼쳤다. 김기림의 장남 세환씨(1996년 인터뷰)와 함께 김영남(시인, 전 중앙대 교직원), 김춘식(동국대 국어국문문예창작학부 교수), 박철홍(서울대 본부 교무과 직원), 신경숙(연세대 영문과 교수), 신문봉(서울대 국어국문학과 박사과정 수료, 중국 중앙민족대 졸업), 심민석(서울대 본부 교무과 직원), 이두현(전 서울대 국어교육과 교수, 작고), 이승하(중앙대 문예창작전공 교수), 이원규(연세대 박물관 직원), 장은영(조선대 자유전공학부 교수), 최유정(서울대 국어국문학과 박사과정 수료, 중국 중앙민족대 졸업) 선생님과 익명의 한국문예학술저작권협회 직원을 비롯한 여러 관계자분들께 지면으로나마 고마움의 뜻을 전한다.

2 김기림의 가족사진(1940년대 초반 무렵).

적 진술을 기대하기 어려운 점, 그리고 전쟁 이후 북에서의 그의 행적은 어차피 모를 수밖에 없다는 점 등이다.

특히 해금을 전후하여 집중되었던 김기림의 부인인 김원자(본명 신보금) 여사와의 인터뷰[4], 장남인 세환 씨와의 인터뷰[5]에서 기술된 내용은 단연 주목된다고 하겠다. 김기림이 월북 문인의 한 사람으로 분류되어 그의 이름과 작품이 공식적으로 거론되지 못하는 동안 가족들이 겪어야 했던 고통과 아픔을 소상하게 알 수 있거니와, 납북 전후 가족들과의 사이에서 벌어진 일들까지 살펴볼 수 있는 기회를 제공해준다. 이밖에도 김기림과 비슷한 시기에 일본 유학을 다녀온 바 있는 연년생 누이 선덕 씨가 확인해준 내용[6] 등이 남아 있어서 그간의 사정을 재구성하는 데 큰 도움을 준다.

둘째, 문단 및 학계, 언론계의 지인들과 제자들의 경우도 주목된다. 수적

사진 : 『전집 · 6』(문명비평, 시론, 설문답, 과학개론), 339쪽에서 재인용.

3 김기림은 부인인 김원자와의 사이에 3남 2녀를 둔 것으로 알려졌다. 기록상 가족들의 인터뷰가 남아 있는 것은 부인과 장남의 경우만 해당된다.

4 강유일, 「납북 시인 김기림 미망인 김원자 여사－"남편 이름을 ○○으로 쓰는 37년의 고통을 상상해봐요"」, 『주간조선』 962호, 조선일보사, 1987. 8., 64－67쪽.
「기림의 부인 김원자 여사 인터뷰」, ≪일간스포츠≫, 중앙일보사, 1988. 3. 7.

5 「김기림 시인 장남 김세환씨(인터뷰)」, ≪동아일보≫, 1988. 2. 15.
고미석, 「30여 년 동안 피 말리는 심정, 명예 회복 당당히 요구할 터－김세환씨」, ≪동아일보≫, 1987. 7. 8.

6 김선덕, 「세환이 보아라」, 『김기림 선집』, 깊은샘, 1988.
김학동, 「김선덕 여사가 필자에게 보낸 설문 요지」, 『김기림 평전』, 새문사, 2001.

인 면에서 본다면 가장 많은 축에 속한다. 무엇보다도 김기림의 대외 활동을 가까이서 지켜보았던 이들인 만큼 평소 그가 어떤 생각을 하고 있었으며, 어떤 성향과 유형의 인물이었는지를 파악하는 데 도움을 준다. 반면 친소 관계에 따라 증언이 들쭉날쭉한 점이 있을 수 있고, 일부 직접 경험하거나 본 것도 있지만 간접적으로 접한 내용을 마치 본 것처럼 전하는 경우도 다수 있어서 어디까지가 사실이고 어디까지가 소문인지를 구분하기가 애매한 점이 있다.

지인들에 의한 회고의 경우 백철[7]과 송지영[8], 최태응[9], 서정주[10], 김윤경[11], 이숭녕[12], 김기진[13], 이상로[14] 등의 것을 찾아볼 수 있다. 단편적인 것부터 꽤 긴 내용에 이르기까지 개별 분량 면에서 편차가 있고 주변의 떠도는 소문들을 별다른 검증 없이 옮겨놓은 것도 많아서 일부 혼란스러운 점은 분명히 있으나, 주요한 내용들을 포함한 경우도 있어서 한 편 한 편 적극적인 검토가 요청된다. 제자들이 남긴 증언으로는 일제 말기 고향인 성진 근처 경성고보 근무 당시의 제자였던 김규동[15]과 이활[16]의 경우가 대표적이다. 다 합하면

---

7 백철, 「참 좋은 작가들이었는데」, 『월간중앙』, 중앙일보사, 1978. 5.
백철, 『문학 자서전』(후편), 박영사, 1976.

8 송지영, 「적류(赤流) 삼월」, 양주동 외, 『적화(赤禍) 삼삭(三朔) 구인(九人)집』, 국제보도연맹, 1951.

9 최태응, 「해방문단 20년사」 / 「북한 문단」, 한국문인협회 편, 『해방문학 20년』, 정음사, 1966.
최태응, 「속 대동강」, 『자유공론』, 자유공론사, 1970. 12.

10 서정주, 「광복 직후의 문단 – 시인 서정주 씨의 증언」(6)~(8), ≪조선일보≫, 1985. 8. 23.~8. 27.

11 김윤경, 「김윤경 교수 일기」(21), 필사본(연세대박물관 소장), 1949. 1. 1.~6. 25.

12 이숭녕, 「노교수와 캠퍼스와 학생」(11), ≪경향신문≫, 1973. 9. 11.

13 김팔봉, 「백조 동인과 종군 작가단」, 『현대문학』 105호, 현대문학사, 1963. 9.

14 이상로, 「운성(隕星)의 무덤 위의 김기림」, 『동아춘추』 2권 3호, 희망사, 1963. 4.

15 김규동, 『시인의 빈 손』, 소담출판사, 1994.
김규동, 「내가 만난 해방 무렵 문인들」, 한국문인협회 편, 『문단유사』, 월간문학출판부, 2002.
김규동, 『나는 시인이다』, 바이북스, 2011.
이외에도 김규동이 직접 쓴 글은 아니나, 연구자와의 개별 인터뷰를 통해 밝힌 내용이

꽤 되지만, 중복되는 내용들이 많은 관계로 이들이 쓴 몇 권의 책들 위주로 참조해도 크게 문제될 것은 없다.

셋째, 소수이긴 하지만 남파 후 체포된 간첩과 북파 요원, 월남 귀순자들의 기억과 증언에 의존한 예도 있다. 이들의 기억과 증언은 납북 당시의 상황과 북행 이후의 행방을 전혀 알 수 없었던 김기림의 안 알려진 행적들을 추적할 수 있는 주요한 단서들을 제공해준다는 점에서 귀중하게 다루어질 필요가 있다. 다만 때로 이들의 증언이 상호 엇갈리거나 논리적으로 모순된 점이 있어 세심한 검토가 요구되며, 그런 가운데 북에서도 김기림의 신상과 행적에 대한 이후 기록이 공개된 바가 없으므로 내용 검증에 따른 한계가 있다는 점은 염두에 둘 필요가 있다.

휴전 선언 이후 남파되었다 검거된 간첩 출신 인물들의 증언으로는 박영종[17], 황학현[18], 오기완[19] 등의 기록이 남아 있고, 북파 공작원 출신으로는 이

주목된다.
조영복, 「일제 말기와 해방 공간, 6. 25 전후의 김기림－김기림의 경성고보 교사 시절 제자 김규동 선생 인터뷰」, 『문인 기자 김기림과 1930년대 '활자－도서관'의 꿈』, 살림, 2007.

16 이활, 『정지용, 김기림의 세계』, 명문당, 1991.
참고로 이활은 필명이며, 그의 실명은 이명철이다.

17 북한군 최고사령부 정찰국 소속 대좌 출신으로 알려졌으며, 남파된 후 체포된 것으로 기록되어 있는 인물이다. 북행 이후 김기림에 대한 내용은 1955년 11월 19일자 ≪경향신문≫에 게재된 「무너져가는 붉은 문단」이라는 기사에서 기자가 그의 증언을 바탕으로 채록한 사항들이 소개된 바 있다.

18 1958년 1월 초순에 남파되었다가 그해 6월 초순에 체포된 거물급 간첩이다. 북한군 정치부 대좌 출신의 보위성 정치부사단장을 지낸 인물로, 국회 침투를 목적으로 남파된 것으로 알려졌다. 체포된 이후 1958년 9월 28일자 ≪한국일보≫ 기사에서 기자에게 북한 문화 예술계의 실상에 대해 인터뷰 형식의 증언을 한 바 있다. 이듬해인 1959년 8월 그는 간첩죄로 대법원에서 무기 징역을 언도받았으며, 1961년에는 형 집행정지로 풀려난 이후 월북을 기도하다 관계 기관에 다시 체포된 것으로 보도된 바 있다.

19 언제 남파되었고 체포되었는지는 알려져 있지 않다. 다만 김일성대학교 1회 졸업생으로 북한 농림상(김일)의 보좌관 출신으로 알려져 있으며, 남파된 뒤 전향하여 한동안 북한 문제 전문가로 활동하였다. 1980년 당시의 직책은 한국방송공사 전문위원으로 기록되어 있다. 1980년 7월 7일자 ≪농민신문≫에 「아오지의 한－납북인사, 월북자의 최후」라는 글을 통해 피랍 이후 북한에서 김기림의 행적에 대한 언급을 한 바 있다.

기봉[20]의 책에 기술된 내용이 유일하다. 귀순자에 의해 전해진 내용으로는 조철[21], 이철주[22] 등의 증언과 기록을 참조할 만하다. 다만 이 기록들은 그들이 북한에서 활동했을 당시 직접 목격했던 사실과 간접적으로 전해 들었던 내용이 뒤섞였을 가능성이 있고, 이 가운데 간접적인 내용의 신뢰성을 어느 정도로 판단할지의 여부는 전적으로 미지수다. 북행 이후 김기림의 공식적인 활동 기록을 찾기가 쉽지 않기에 교차 검증을 통해 대조해볼만한 자료를 확보하기도 어렵다. 게다가 이들이 남파되거나 월남해서 체포, 전향 혹은 관계 기관의 조사 과정을 통과하기까지는 엄연히 시차가 존재하므로,[23] 이전에 북에 있을 때 어느 정도의 관련 소식을 전해들은 바 있다손 치더라도 그 사이 혹은 이후에 발생한 일들에 대해서는 잘 모르는 경우가 발생할 수 있다.

넷째, 대공(對共) 수사나 정보기관 관련자 등에 의해 수집된 정보와 자료도 빠질 수 없다. 다만 이 경우에는 주로 대공 용의점과 관련된 사항들을 집중

---

20 한국전쟁 당시 소대장과 중대장으로 참전했다가 포로로 잡혀 북한의 포로수용소에 갇혔으나 탈출에 성공, 이후 신분 세탁 후 북한군 최고사령부 총정치국에 잠입하여 스파이 활동을 하다 월남, 귀환한 것으로 되어 있다. 단국대 국문과를 졸업하였으며, 북한에서 활동 당시 그가 취득한 고급 정보를 바탕으로 이후 북한 문학계와 예술계에 대한 한 권의 책을 저술하였다.
이기봉, 『북의 문학과 예술인』, 사사연, 1986.

21 광복군 간부 출신으로, 한국전쟁 당시 북한에 의해 납북된 인사 가운데 한 사람으로 알려져 있다. 조철이라는 이름은 가명으로 보인다. 북에서 납, 월북 유명 인사들르 구성된 '재북평화통일촉진협의회'의 총무부에 배치되어 활동하다가 이후 월남 귀순하여 1962년 ≪동아일보≫ 신문지상에 당시의 기억을 살려 납, 월북된 각계 유명 인사들의 북행 이후 행적에 대한 회고록을 집필한 바 있다. 이후 연재된 내용을 수정, 보완하여 한 권의 책으로 출간하였다.
조철, 『죽음의 세월 – 납북 인사들의 생활 실태』, 성봉각, 1963.

22 북한에서 활동 당시 민청(民靑) 산하 몇몇 기관을 거쳐 국립출판사 문학예술부장, 문화선전성 기관지 부주필 등의 전력을 지닌 월남 귀순자 출신으로 자신의 직위를 바탕으로 접한 북한 문화 예술인들의 동향 및 정보를 월남 이후 『사상계』 지에 1963년 7월호부터 1965년 8월호까지 장기간에 걸쳐 연재한 바 있다. 이때 연재된 내용을 일부 수정, 보완하여 낸 책이 있다.
이철주, 『북의 예술인』, 계몽사, 1966.

23 특히 남파 간첩으로 선발되어 일정 기간 동안 밀봉(密封) 교육을 받은 경우에는 더욱 시차의 문제가 크게 발생한다.

부각시키는 데 주목적이 있으므로, 같은 사실이라고 하더라도 용의선상에 있는 내용의 해석에 있어서는 심히 부정적인 쪽에 기우는 특징이 있음을 유념해야만 한다. 특히 해금 이전, 군사 정권 시절의 정보기관의 역할이라는 것이 단순히 대공 첩보 수집과 수사에만 있지 않았던 점을 감안한다면[24] 이들에 의해 작성된 자료를 그대로 믿는 것은 순진한 일이다. 다만 자료 수집 범위의 폭넓음과 축적 내용의 다양함에 대해서는 관심을 가질만하다.

대표적인 예로, 한민성의 경우를 들 수 있겠다.[25] 편자로 되어있는 '한민성(韓民聲)'이라는 이름 자체가 단순 필명을 넘어 의도적으로 지은 가명이라는 인상이 짙다. 뿐만 아니라 판권란에 발행처로 기재된 '갑자문화사'의 주소지 역시 실제 주소가 아닌 우체국 사서함 번호로 되어 있는 점[26]이 눈길을 끈다. 동 출판사에서 간행된 서적들의 저자나 편자 대부분이 특정인의 실명을 기재하고 있지 않은 점[27]도 시사해주는 바가 크다. 그리고 무엇보다도 출판된 책의 내용이 전부 북한 정권, 또는 공산주의 비판과 밀접한 관련이 있는 점[28]

---

24 '타공(打共)'이라는 용어가 관계 기관에서 공공연하게 사용되던 시기였다. 실제로 이 시절의 대공 업무는 무차별적인 용공 혐의 남발과 간첩 사건 조작 등으로 많이 얼룩졌던 것이 사실이다.

25 한민성, 『추적 김기림 – 공산분자냐, 기회분자냐』, 갑자문화사, 1987.

26 정상적인 출판사라면 자신의 소재지를 대외적으로 공표하지 않을 이유가 없다. 출판사 안내 및 홍보 면에서도 두루 유리하기 때문이다. 사서함을 쓰는 경우 언론사나 방송국 등 일부 기관의 업무 편의성 때문이 아니라면, 대개 주소를 대외적으로 드러내기 어려운 특별한 사정이 있는 경우에 한한다고 보는 것이 타당하다. 구체적으로 갑자문화사의 사서함 주소는 '서울 광화문우체국 사서함 1417호'로 되어 있으며, 이 주소지가 정보기관이나 특수기관의 것인지는 아직까지 밝혀진 바가 없다.

27 위의 '한민성' 외에 '국민방첩연구소', 혹은 '안보연구동인회' 등이 편자나 역자로 되어 있다. 이름으로 보아서는 순수 민간 연구기관이나 연구 동호인들의 모임이 아닐 가능성이 높다.

28 갑자문화사 명의로 『추적 김기림 – 공산분자냐, 기회분자냐』 이외에 『추적 여운형 – 전화 협박자에게 답한다』, 『추적 정지용 – 고오노 에이지 씨에게 경고한다』, 『추적 이태준』(이 책은 1987년 당시 '근간'으로 되어 있으나 이후 간행되지 못한 것으로 판단됨) 등의 제목을 단 책들이 기(旣) 간행, 혹은 간행 예정으로 되어 있으며, 아울러 『북괴 대남 스파이 전선』, 『방첩과 스파이전』, 『반역의 군상 – 조국을 소련에 판 36명의 일본인』 등의 책도 간행된 바 있다.

들이 이러한 심증을 굳히게 만드는 근거다.[29]

3. 전후의 상황 복원을 위한 내용 비교 및 검토

이 시기 김기림의 행적에 대해 알려주는 자료들은 부분적인 것까지를 포함하면 제법 되는 편이다. 그러나 대다수가 간접적인 소문을 전하는 수준이거나 단편적인 자료들이어서 이 시기 김기림의 행적에 대한 전체적인 복원에는 뚜렷한 한계가 있다. 앞서도 짚어보았듯이 구체적인 내용을 기술하고 있는 자료들조차도 신빙성 면에서 의문시되는 것이 대부분이기 때문이다. 직접적인 검증도 어려운 형편이고 보면 이들 자료의 내용을 어디까지 신뢰할 수 있을지 가늠하기는 더욱 힘들다.

현재로서는 주요 사안 별로 당시 행적을 상호 비교와 대조 과정을 거쳐 정리해보는 것이 가장 합리적인 방식인 듯하다. 이것만으로는 물론 완전한 접근 방법이 되기는 어렵겠지만, 자료들의 비교와 대조를 통해 논리적 인과관계 등을 추적해본다면 좀 더 실체적 진실에 가까운 내용들을 추려내는 데 도움이 되지 않을까해서이다.

29 이러한 사실들과 더불어 주목되는 점은 이 책의 판권란에 찍힌 "1982. 12. 16., 납본·판금된 후 1987. 11. 24., 금서 해제된 책"이라는 도장의 존재이다. 이 내용은 몇 가지 암시하는 바가 있다. 첫째, 이 책의 내용이 사실상 1982년 이전에 완성되었다는 점과 둘째, 납본 직후 판매 금지 처분을 받았다는 점. 이 두 가지 사실로 보아서 갑자문화사라는 곳이 군기관이나 정보기관 직속 산하가 아니었을 가능성이 크다. 이렇게 추정되는 이유는 1982년 당시의 시대 상황으로 미루어 군이나 정보기관이 무소불위의 권력을 휘두르고 있었던 점을 감안한다면, 이 출판사가 관계 기관에 의해 직접 설립, 운영되었을 가능성은 낮아 보이기 때문이다. 종합해볼 때, 갑자문화사라는 곳은 아마도 대공 정보기관이나 유관 부서 관련자들이 퇴직 후 설립한 방계 회사가 아니었나 하는 추정이 설득력을 얻는다.

1) 해방 후 좌익 단체 가입과 좌파 성향의 활동

일제하 조선 문단에서 선구적인 모더니스트로 널리 알려졌던 김기림이 해방과 더불어 좌익 계열의 여러 단체에서 활동하게 된 연유에 대해서는 구구한 억측들이 있는 것 같다. 이 시기의 활동 이력으로만 본다면 그는 당시 문화 예술계 좌파 인맥으로 분류되어도 지나치지 않을 정도로 왼쪽에 깊숙이 관여했던 것이 사실이다.[30]

그런데 그의 좌편향적인 활동 전력은 단지 문화 예술계 활동에만 국한되지 않는다. 이 시기 김기림의 행보 중 특이한 점은 도리어 언론계 활동에서 보다 명확하게 드러난다. 좌파 언론 매체인 『예술통신』[31]과 ≪문화일보≫[32], ≪현대일보≫[33]와 공립통신[34] 등에 근무하면서 여러 차례 좌익계 언론인으로

---

30 우선, 해방 직후 임화와 김남천 등에 의해 주도된 '조선문학건설본부'와 '조선문화건설중앙협의회'의 핵심 회원으로 참여한다. 후에 좌파 통합의 문예 단체인 '조선문학가동맹'에서는 중앙집행위원 겸 시(詩)부 위원장의 직책을 맡은 바 있으며, 동 단체에 의해 주최된 제1회 전국문학자대회에 참가하여 강연을 하기도 한다. 이와 더불어 좌파 문화 예술인들과 더불어 소위 문화공작대의 일원으로 각지를 돌며 활동하려 했던 흔적도 발견된다. 이에 대한 보다 상세한 설명은 본서 6장의 내용 참조.

31 1946년 7월 22일 창간, 1947년 3월 2일 412호까지 발행하고 이후 ≪문화일보≫로 제호를 바꾼다. 편집인은 이용악이며, 정진석(아래 필자와는 동명이인), 설정식, 김남천, 김기림, 김동석 등이 편집에 관여한다. 이들은 대개가 좌파 문인으로 한국전쟁기를 전후하여 거의 월북하였다.
정진석, 「해방기 문화 단체와 좌익 신문」, 『근대서지』 12호, 근대서지학회, 2015. 12., 171쪽.

32 『예술통신』의 지령(紙齡)을 이어받아서 1947년 3월 11일부터 발행되기 시작했으며, 이에 따라 발행인과 편집진 또한 『예술통신』 관련자들이 그대로 관계했다. 1947년 7월 15일 인쇄소가 우익청년단체의 테러로 파괴되자 한동안 휴간한 후 9월 1일(517호)에 속간된다. 현재 동년 9월 24일자 발행분까지 보존되어 있으며 그 이후 발행 여부는 확인되지 않고 있다.
국립중앙도서관, 신문해제(인터넷판) – ≪문화일보≫, 대한민국 신문 아카이브 참조.

33 1946년 3월 25일 창간되어 1948년 10월 24일까지 발행된 좌파 신문이다. 미군정을 반대하고 미군 축출을 선동했다는 이유로 한동안(1946. 9. 6.~1948. 1. 28.) 정간되었다가 1948년 1월 29일 속간되었다. 김기림은 창간과 함께 편집장으로 활동하다가 조선정판사 위폐사건 관련 보도 직후인 1946년 6월 15일 물러난 것으로 기록되어 있다. 참고로 그의 후임은 이원조(일부 연구물에는 이원조가 창간 당시부터 편집국장으로 활

서의 면모를 드러낸 바 있다.

뿐만이 아니다. 더욱 주목되는 사실은 좌익 계열의 사회단체 및 정당 활동에 있어서도 적극 뛰어든 것으로 나타난다는 점이다. 그는 여운형이 중심이 된 좌파 정당인 조선인민당(1945. 11. 12.~1946. 11. 12.)의 조직 활동에 일찍부터 관여한다. 당원 명단에 선전부 소속[35]으로 등장하는 것을 확인할 수 있다. 나아가 조선공산당을 비롯한 좌파 진영의 29단체가 모여 만든 소위 민주주의 민족전선(1946. 2. 15.~1949. 6. 27.)의 결성에도 주도적으로 참여한다. 출범에 앞서 조직된 준비위원회 사무국 선전부에 이름을 올림과 함께[36], 정식 출범한 민전 사무국의 상임위원[37] 및 선전부 차창[38], 교육문화대책연구위원[39]으로 등재되어 있는 것을 확인할 수 있다.[40]

동한 것으로 기록되어 있으나 이는 오류이다.)다.
「현대일보 창간」, ≪자유신문≫, 1946. 3. 25.
정진석, 「광복 직후 언론계를 장악한 좌파 신문과 좌익 기자들」(하), 『신문과방송』 473호, 한국언론진흥재단, 2010. 5., 104-105쪽.

34 1945년 11월 11일 설립(≪자유신문≫, 1945. 11. 11. 「공고」란 참조)된 종합통신사이다. 6. 25 직전까지 운영되었으나, 사주인 김승범이 한국전쟁 시 피랍됨으로써 자연 폐사되었다. 김기림은 현대일보사 퇴사(1946. 6. 15.) 직후 공립통신사에 이직하여 1948년 무렵까지 동사 편집국장을 지낸 바 있다. 1948년 1월 13일 남한만의 단정 수립을 반대하는 인민공화당의 성명서 보도 건으로 인해 3개 시내 일간지 편집국장과 함께 동 편집국장인 김기림이 수도경찰국에 소환, 불구속(일시 구금) 상태에서 조사당한 바 있다.
정진석, 『돌아오지 못한 언론인들』, 대한언론인협회, 2003, 266쪽.
「조선중앙일보의 유 편집국장 구금」, ≪독립신보≫, 1948. 1. 15.

35 민전사무국, 『조선해방연보 1946년판』, 문우인서관, 1946, 145쪽.

36 김남식, 『남로당 연구』, 돌베개, 1984, 194쪽.

37 민전사무국, 앞의 책, 130쪽.

38 위의 책, 131쪽.
선전부장은 김오성으로 되어 있다.

39 위의 책, 136쪽.

40 이와 함께 특기할만한 사실은 그가 민주주의 민족전선(이하 민전)의 발족을 널리 알리고 각계의 호응을 이끌어내기 위해 창작된 소위 '민전행진곡'의 공동 작사자로 되어 있는 점이다. 당시 그는 임화와 오장환, 김광균과 더불어 이 노래를 작사(작곡자는 이건우)한 것으로 나와 있다.

이러한 사실들은 그가 이 시기 좌파 진영의 핵심 인물로 조직 내 활동에 열성적으로 참여하였을 뿐 아니라, 그 노력을 인정받아 지도부로부터 중간 관리자 또는 중간 간부급 이상의 신임을 얻었다는 것을 뜻한다. 당연히도 그는 이때부터 세간에서 좌익계 인사로 분류, 인식되기 시작했다. 그가 좌익 쪽에 몸담게 된 것은 이 당시 중도 좌파 진영의 지도자인 여운형을 깊이 사숙하였던 바[41] 그가 당수로 있는 조선인민당에 심정적으로 기울었던 그의 의식 성향에서 비롯된 결과로 보인다. 물론 그러한 사실 외에도 주변 지식인과 문인들, 언론인들과의 인간적인 친분관계 역시 적잖이 작용했던 것 같다. 이 과정에서 그와 가까웠던 이태준, 이원조, 김태준, 임화, 김남천, 이여성 등[42]과 보조를 같이한 점이 주목된다.

어쨌든 자유주의자요 모더니스트로 생각되던 그가 해방기를 거치는 동안 좌익 쪽으로 기운 것은 주변 사람들에게도 꽤 인상적이었던 듯하다.[43] 그러

사진 : https://blog.naver.com/bookhunt/110146982238에서 재인용.

41 김기림과 여운형의 관계에 대해서는 본서 6장 참조.

42 이들 역시 상당수가 좌파 언론에 적을 두고 위 단체와 정당들에 관여하면서 이름을 간부 및 당원 명단에 올려놓은 것을 확인할 수 있다.

43 서구에서도 물론 오든 W. H. Auden 그룹의 뉴 컨트리 파처럼 좌파 모더니스트를 공언하고 등장한 세력이 있기는 하다. 그러나 당시 한국의 사정을 고도 산업자본주의 단계에 접어든 서구와 단순 비교하는 것은 별 의미가 없기도 하거니와, 일부 영향 관계가 입증되었다 하더라도 이는 참조 사항일 뿐, 김기림의 이 당시 행적이 뉴 컨트리 파 문인들이

나 그러한 행보에 대한 해석과 평가는 다소 엇갈린다. 이러한 전향(?)을 두고 틀림없는 좌경 성향으로 보는 쪽이 있는가 하면[44], 여러 정황상, 그리고 더하여 체질적으로 그는 골수 좌익이 되기에는 어울리지 않는 인물이었다고 회고하는 경우[45]도 적지 않다.

김기림의 좌익 가담에 대한 해석은 조금 신중할 필요가 있다. 이 시절 그가 남과 북 양쪽에서 모두 곤경에 처했던 것이 사실이므로, 어느 한쪽만을 보고 일방으로 모는 태도는 바람직스럽지 못한 것처럼 생각된다. 가령 그가 일부의 판단처럼 골수 좌익이었다면 가까운 동료와 지인들을 따라 여러 차례 북행의 기회가 있었음에도 전쟁 발발 직전까지 월북하지 않은 이유가 잘 설명이 되지 않는다.[46] 남쪽에서 수도권의 몇 대학에 적을 두고 있었다고는 하나,

---

내세운 문명 비판적 차원과는 결이 다르다는 점에서 직접적인 비교의 대상은 아니라고 판단된다.

44 위에서 이미 언급한 한민성의 경우가 대표적이다. 심지어 그는 이 시기 김기림이 이미 남로당에 입당한 당원 신분이었으며, 그 덕분에 각 좌경 단체와 정당 등의 요직을 차지할 수 있었다고 평가한다. 그러나 그가 인용한 자료들은 대부분 그 출처가 모호하거나 혹은 자료의 내용을 그가 자의적으로 왜곡하여 해석한 혐의가 짙다.
한민성, 앞의 책, 92-98쪽 참조.

45 백철의 경우가 대표적이다. 그는 김기림이 공산주의 의식이 있어서 좌익 단체에 가담한 것은 아니며, 그와 문단에서 같이 활동하였던 임화, 김남천 등의 정책상의 포섭에 말려 들어간 것임을 분명히 말할 수 있다고 공언한다. 그리고 그 증거로 그가 해방 후 가족들을 데리고 월남한 점과 주변의 많은 문인들이 몇 차례에 걸쳐 월북할 때에도 끝까지 남쪽에 남은 점 등을 지적한다. 결론적으로 말해서 그의 경우는 절대 월북이 될 수 없고 전쟁 통에 북한에 의해 강제 납치되어 행방불명된 것이 분명하다고 주장한다.
백철, 「참 좋은 작가들이었는데」, 『월간중앙』, 중앙일보사, 1978. 5., 299-300쪽.
한편, 경성고보 시절 그의 제자였던 언론인 이활 또한 이때 그의 모습에 대해 "우익에서 바라볼 때엔 문자 그대로 빨간 공산주의자였고, 좌익에서 볼 땐 그야말로 행동은 하지 않고 머릿속으로 좌익을 하는 시인이었다." "좌익으로 가자니 좌익은 집안에 들여놓지 않고 바깥에서 이용하려고 들 뿐이었고, 우익으로 가자니 우익은 「새 노래」를 쓴 그를 공산주의자로 간주하였으니 어디 갈 데가 있었겠는가."라고 반문하면서 그가 처한 애매한 입지에 대해 평한다(이활, 앞의 책, 294쪽.).

46 김규동의 증언에 따르면 그(김규동)가 월남했던 1948년 1월경, 김기림이 활동했던 문학가동맹은 이미 해체되었으며, 김기림 자신은 당국에 의해 요시찰 인물이 돼 있었다. 게다가 대다수의 동료 문인과 가까운 지인들이 월북해버린 상태에서 본인 또한 언제 테러를 당할지 몰라서 명동 쪽에 나가려면 항상 고향 후배인 덩치 큰 양병식(시인, 평론

북으로 올라가기만 하면 그곳에서 그 정도의 직위를 보장해줄만한 친분 관계에 있는 이들이 적지 않았다. 결정적으로 좌익이라면 보도연맹 가입과 각급학교 교재에서의 작품 삭제 등의 굴욕적인 상황들을 감수하면서까지 그가 남아 있어야 할 이유는 없었기 때문이다.

한 가지 풀어야 할 과제는 한국전쟁 당시 서울에서의 피랍 이후 그가 북한 당국으로부터 어떤 대접을 받았는가에 대한 진술이 엇갈린다는 점이다. 이 경우 눈에 띄는 것은 그가 전쟁 당시 자의반 타의반으로 북으로 넘어간 이후 1951년 한때 김일성대학 교원으로 등용되었다는 진술이다.[47] 또 다른 내용으로는 애초에 김억, 김동환 등과 더불어 체포되어 북으로 압송된 직후 한때 반동문화인으로 몰려 고초를 겪었으며, 그러다가 나중에는 남한 내에서 좌경적인 활동을 한 것이 참작되어 동료 압송 문인들보다 우선적으로 수용소를 벗어나 직장에 배치되는 혜택을 누렸다는 미확인 정보도 있다.[48]

전쟁 시 또는 그 직후에 북한에서 어떤 대우를 받았는지는 적어도 그의 사상적 동조 여부를 가릴 수 있는 하나의 주요한 단서처럼 보이기도 한다. 그러나 좀 더 따져 본다면 이러한 내용들만으로 그의 평소 좌경 의식 여부를 판가름하려는 것 자체가 어차피 설득력이 떨어지는 행위이다. 특별한 경우가 아니라면 전쟁 이후 속한 체제에 적응하고 살아남기 위해 노력하는 것은 생존을 위해서라도 어쩔 수 없는, 불가피한 선택이기 때문이다. 뿐만 아니라 북에서 직접 보고 들은 정보에 기초하였다고는 하지만 위 진술들의 신빙성 여부

가)을 보디가드 삼아 대동하고 다녔다고 한다.
조영복, 앞의 글, 381쪽.
김규동, 앞의 글, 2002, 31쪽.

47 이기봉, 앞의 책, 282쪽.

48 이 경우 역시 그와 친분이 있던 이원조, 김남천, 조일명 등이 나서서 그를 북한 문예총에서 일할 수 있도록 배려해주었다는 설이다. 전후 맥락으로 보아 그가 만일 문예총의 일에 관여했다면 그 곳에 배치된 것은 1950년 말에서 1951년 사이의 일로 짐작된다. 조철, 앞의 책, 140쪽 및 오기완, 앞의 글 참조.

역시 여전히 의문시된다. 피랍 이후 그의 북에서의 행적에 대한, 이와 다른 진술들의 존재에 대해서도 함께 참고하지 않으면 안 되는 이유가 여기에 있다.

2) 학계 활동과 강의 경력

알려진 바에 따르면 김기림은 전쟁 발발 이전까지 서울대와 연희대, 동국대, 중앙대, 국학대, 조선대 등에서 강의를 맡았던 것으로 되어 있다. 그러나 한국전쟁기를 거치는 동안 대부분의 인사 기록과 관련 자료들이 소실되는 바람에 정확한 재직 부서와 기간, 담당 강좌 등을 추적하기가 쉽지 않은 형편이다.[49] 몇몇 대학에서 그가 전임교수로 재임했던 것은 확실하나, 원본 인사 기록 자료가 보존되어 있는 경우는 전무하다. 근거 기록이 확실치 않은 부분은 아쉬운 대로 간접적인 자료들을 바탕으로 전후의 상황을 유추, 복원하는 도리 밖에 없다.

당시의 전임교수란 요즘처럼 소속 대학 1곳에만 적을 두는 것이 아니라 3, 4개교까지는 공공연하게 겸직이 허용되었다. 따라서 그가 비슷한 시기에 몇 군데 대학에 재직하면서 한꺼번에 이들 대학의 교수직을 유지하는 것도 가능했다.[50] 해방 후 고등교육을 담당할 교수 자원이 절대적으로 부족한 상태

49 김학동의 경우 김기림이 서울사대 교수로 있다가 중앙대로 옮겼고, 이후 다시 연희대로 옮겨 한국전쟁 직전까지 재직한 것으로 기술하고 있다. 그러나 그런 기술의 근거에 대해서는 따로 정리하고 있지 않다.
김학동, 앞의 책, 65쪽.

50 증언에 따르면 해방 이후 교수 숫자가 절대적으로 부족한 상태에서, 박봉에 따른 생활고의 여파로 교수들 중 상당수가 여러 대학에 전임교수로 적을 두고 이중 삼중으로 봉급을 수령하는 경우가 많았다고 한다. 그리고 이런 사정을 각 대학 역시 알면서도 묵인하는 경우가 일반적이었다. 전시에는 이와 같은 행태가 더욱 성행하여 한때 사회 문제화된 적도 있다. 1952년 6월 전국대학 총학장회의에서 2개교 이하로만 겸직을 허용한다는 합의 발표가 있기까지 이런 현상은 지속적으로 이어져왔고 이후로도 실제에 있어서는 상당 기간 동안 개선되지 않았던 것으로 보인다.

에서 학교와 교수들의 이해가 서로 맞아떨어지면서 동원된 편법인 셈이다. 게다가 이 시기는 좌파 신문사와 통신사에서 그가 기자로 활동했던 기간과도 일부 겹친다. 자신이 만든 사설 기관인 신문화연구소[51]의 소장 직까지를 유지했던 점을 고려한다면 그는 동시다발적으로 여러 직장과 직무를 한꺼번에 수행했던 것이다.

흥미로운 점은 그가 초창기 서울대에서 문리대 국문과와 사범대 국문과, 영문과에 동시에 관여했다는 사실이다. 특히 1946년 10월 22일부터 이듬해인 1947년 3월 31일까지 문리대 국문과와 사범대 영문과[52] 두 군데의 전임교수직을 동시에 겸했다. 같은 학교의 서로 다른 단과대학에서 동시에 교수직을 유지했다는 점도 이채롭지만[53], 국문과와 영문과의 전임교수를 같은 기간 동안 겸했었다는 사실은 더욱 생소한 일이다. 요즘처럼 전공 학위가 중요시되고 분과 학문이 고도로 세분화된 시대에는 상상하기 어려운 일이나, 이 당시의 학계 사정을 살펴보면 충분히 그럴 수 있는 일이었다. 다만 같은 시기에 임용된 동료 교수들과는 달리, 그는 두 군데 모두 1학기 만에 교수직을 그만둔 것으로 나와서 그 배경에 관심이 쏠린다. 한편, 이와는 별도로 그는 서울대 사범대 국문과에도 강사 신분으로 출강했다고 전해진다.[54]

서울대학교 60년사 편찬위원회 편, 『서울대학교 60년사』, 서울대학교 출판부, 2006, 289-290쪽 참조.

51 신문화연구소의 주소지는 서울 황금정 2정목 199번지로 되어 있다. 흥미로운 점은 이 주소지는 바로 그가 편집국장으로 있던 현대일보사와 공립통신사의 주소지와 일치한다는 점이다. 이러한 사실로 미루어 그는 언론사와 통신사 재직 당시 별도의 공간 확보 없이 직장 주소지에 연구소의 명의를 임의로 개설, 등록하고 운영하였을 가능성이 높다.

52 '사범대 영문과'란 이 당시(한국전쟁 발발 이전까지) 학교 차원의 공식 명칭이다. 서울대 문리대와 사범대에 동시에 국문과와 영문과가 있어서 소속 단과대학이 표기되지 않으면 곧잘 혼동을 빚었다.

53 비슷한 예로, 김기림 이외에 정형용의 경우도 일정 기간 동안 문리대 국문과와 사범대 국문과 양쪽에서 모두 전임교수로 기재되어 있다. 다만 김기림의 경우 더 특이한 사항은 문리대 국문과와 사범대 영문과에서 각각 다른 전공학과 소속의 전임교수로 동시에 취임한 것으로 되어 있는 점이다.

54 문리대 재직 당시 동료 교수였던 이숭녕은 한참 뒤 회고에서 김기림이 피랍 당시 서울사

비슷한 시기, 그는 동국대 문학과에서도 교수로 근무했다는 기록이 간접적으로나마 남아 있다. 당시만 하더라도 서울대의 경우와는 달리 아직 국문학이나 영문학과 같은 세부 학과와 전공이 뚜렷하게 구분이 되어 있지 않았던 까닭에 그는 문학 전반에 대한 강의들을 폭넓게 담당하였던 듯하다. 서울대 교수 임용 시기보다도 약간 앞선 1946년 9월에 동국대 교수로 취임[55]하여, 1948년 말까지 재직하였던 듯하다. 학생들의 연극 공연을 지원하기 위해 봉급을 털고[56], 강의를 위해 교재를 새로 집필하고 편집하기도 하는 등[57] 의욕적으로 활동하였으나, 모종의 학내 분규 사태로 사직서를 제출하고 만다.

한편, 그의 부인은 인민군의 서울 점령 이후 피랍되기 직전에 그가 연세대(당시는 연희대) 영문과 교수로 재직하고 있었음을 증언한다.[58] 학교 차원의 공식적인 인사 기록은 유실되고 없지만, 다행히도 전쟁 당시(1950년 5월 이후) 연희대 총장(대리)을 지냈던 김윤경 교수의 일기장에 이를 증명해줄 수 있는 관련 사실이 기록되어 있다.[59] 일기에 적힌 바로는 1949년 2월 7일 월요일, 당시 영문과[60] 신임교수 후보로 김기림과 임학수가 올라왔던 바, 문과대학장인 그가 김기림이 낫겠다는 의견을 표했다는 것이다. 임용 과정은 그 뒤 순조롭게 이루어졌던듯하다. 6·25 직전까지 연희대 교수로 재직하고 있었던 김기림은, 그러나 서울 수복 이후 열린 학내 교수직 심의 과정에서 전쟁 중 행방불명을 사유로 학교 측에 의해 면직 처리된 것으로 되어 있다. 1950년 10월

대 소속 교수인 것으로 기술한다. 아마도 이는 전쟁 발발 직전까지 이어졌던 그의 사범대 국문과 출강 사실을 염두에 둔 것이 아닌가 한다.
이숭녕, 앞의 글 참조.

55 동국대 국어국문문예창작학부 인터넷 홈페이지의 〈학부 소개 – 연혁〉란 참조.

56 김흥우, 「동대 연극 50년 (8) – 극회 회생」, ≪동대신문≫ 인터넷판.

57 백철, 앞의 책, 367쪽.

58 강유일, 앞의 글, 65쪽.

59 당시의 일을 기록한 김윤경 교수의 일기장 원본은 현재 연세대 박물관에 보존되어 있다.

60 일기에는 '영어 교수', 혹은 '영문학 교수' 등으로 표기됨.

13일의 일이다.[61]

그 외에 국학대의 경우는 정확히 언제부터 언제까지 재직하였는지, 그리고 어떤 과목을 담당하였는지에 대해 뚜렷하게 알려진 바가 없다. 다만 졸업앨범 속에 김기림의 사진이 실려 있는 것이 확인되며[62], 이를 통해 그가 국학대에서도 재직하였다는 사실이 밝혀지게 된 것이다.

또한 중앙대와 조선대에도 강의를 담당했던 것으로 나오지만, 전임교수인지 강사 신분인지는 아직 명확하게 규명되지 않고 있다. 그가 한국전쟁 직전까지 중앙대 영문과 교수로 재직하고 있었다는 증언을 제자인 김규동과 후배 시인 서정주가 한 적은 있다.[63] 그러나 관련 기록이 전무한 상태에서[64] 이

---

61 이 날짜의 일기에 따르면 기존 연희대 교수의 자격 인정 여부를 결정하는 심사회의가 열렸으며, 일차적인 목적은 인민군의 서울 점령 당시 교직원들 중 북한과 공산당 협조자, 동조자들을 가려내어 해임, 또는 파면처분하기 위한 절차였다. 김기림은 '보련, 괴뢰 피검'으로 적시되어 있으며, '행방불명'의 사유가 참작되어 면직 처리된 것으로 기록되어 있다.

62 김학동, 앞의 책, 399쪽 참조.
국학대학 제1회 졸업 앨범에 김기림의 사진이 실려 있는 것으로 확인된다. 당시 국학대 교수진은 김기림과 더불어 이희승, 조용만, 신석호, 이홍직 등으로 되어 있다. 이 대학 1회 졸업식이 열린 것이 1948년 6월 25일이므로, 그가 교수로 임용된 것은 시기 상 그 이전인 셈이다.

국학대학 졸업앨범(1948) 속의 김기림
사진 : https://blog.naver.com/bookhunt/110143468413에서 재인용

63 김규동과 서정주는 김기림이 중앙대 교수였다고 회고한다(조영복, 앞의 글, 390쪽 / 서정주, 「광복 직후의 문단(8) - 시인 서정주 씨의 증언」, 《조선일보》, 1985. 8. 27.). 월남 이후 김규동은 스승인 김기림의 청탁으로 흑석동에 있는 상공중학(현 중대부고의 전신) 교사로 취직하게 된다. 한편, 1949년 무렵 김기림은 중앙대 교수였던 김진섭의 주선으로 중앙대에 강의를 나오게 되었다고 한다(김규동, 앞의 책, 1994, 96쪽). 상공중학이 중앙대와 인접해 있었던 관계로, 김규동은 김기림이 강의하러 오는 날이면 그와

말을 섣불리 수용하기는 힘들다. 조선대 건 또한 김기림이 교가를 작사하는 등[65] 전임교수에 준하는 기여를 한 것은 맞으나, 재직이나 출강과 관련된 그 이상의 직, 간접적인 증거 자료들은 아직까지 보고된 바 없다. 다만 분명한 것은 전쟁을 앞둔 비교적 늦은 시기까지도 이들 양 대학에서 김기림이 강의를 담당하였다는 사실이다.[66]

학교, 학계와의 인연은 김기림 개인적으로도 의미가 적지 않았다. 주변 인들과 제자들에게 그는 말과 행동이 앞서기보다는 사려 깊고 흐트러짐이 없는 지적이고 학구적인 인간형으로 기억되고 있다. 한마디로 문인이나 기자라기보다도 학자, 교육자에 어울리는 풍모였던 것이다.[67] 그러나 이 시기에 그는

같이 한강변을 산책했다(조영복, 앞의 글, 380쪽 참조). 그러나 또 다른 글에서 김규동은 그가 중앙대 교수가 아닌 강사 신분이었다고 달리 기술한 바도 있다(김규동, 앞의 글, 2002, 30쪽.).

64 이를 확인할 방법은 현재로서는 없다. 중앙대 총무과 교원 인사팀에 문의하여 데이터베이스화가 완료된 과거의 교무, 인사 자료들을 일일이 뒤졌으나 현재 관련 인사 기록이 남아 있지 않은 것으로 되어 있다. 혼란기인 만큼 원본 자료가 유실되었을 가능성도 있지만, 강사로 나왔을 경우에는 해당 기록을 찾기 어려운 경우도 생각해볼 수 있다. 따라서 그의 중앙대 교수 경력에 대한 확인은 더욱 신중한 판단이 요구된다. 당시 중앙대는 문학부 내에 영문학 전공을 따로 두고 있었으나, 김기림이 정확히 영문학 전공 관련 강의만 담당했는지는 확실하지 않다. 앞서의 다른 대학들의 경우처럼 현대문학 분야의 전반적인 강의를 맡았을 수도 있다.

65 그가 특별한 연고가 없는 조선대의 교가를 작사하게 된 경위는 『조선대학교 50년사』에 자세하게 나와 있다.
조선대학교사 편찬위원회 편, 『조선대학교 50년사』, 조선대학교, 1997, 75-78쪽 참조.

66 김광균은 김기림이 중앙대에서 담당했던 강좌를 자신이 물려받아 1950년도 2학기에 맡기로 하고 강의 준비를 하다가 6. 25 동란이 나서 무산되었다고 회고한 바 있다(김학동, 앞의 책, 65쪽에서 재인용.). 만일 김광균의 기억이 정확하다면, 이는 김기림이 1950년 무렵에 미국에 교환 교수로 파견되기로 예정되어 있었다는 부인의 증언(강유일, 앞의 글, 67쪽.)과 관련하여, 그 사실을 간접적으로 뒷받침해주는 하나의 방증이 될 수도 있다.
또한 조선대의 경우 조선대 1회 졸업생들을 상대로 1주일간 강의를 한다는 것이 일간지상에 보도된 적이 있다(「조선대학 강의자 김기림 교수 등 내광(來光)」, ≪연합신문≫, 1949. 5. 10. 참조.).

67 김기림이 동북제대에 유학을 갈 당시 조선일보사 사주였던 방응모가 그는 기자보다는 학자가 어울리는 사람이라고 하며 유학을 후원하였다는 설이 있다.
김규동, 앞의 글, 2002, 31쪽.

좌파 사회단체나 정당, 언론계 활동 등으로 인해 크고 작은 불이익과 위험에 노출되어야 했다. 여운형의 죽음에 대한 아쉬움과 주변 인물들과의 인간관계가 작용한 결과이기는 했지만, 한편으로 그로서도 마음 한 구석이 편치 않았던 것이 사실이다. 그런 가운데 교육자로서의 지위와 학술 활동은 그에게는 잠시나마 그런 세속적인 이해관계를 잊고 지낼 수 있게 만들어준 심리적 탈출구였다.

이 기간 중에 그는 집중적으로 『문학개론』(1946), 『시의 이해』(1950), 『문장론 신강』(1950) 등의 저술을 펴냈다. 또한 영어사전과 불어사전의 편찬을 위한 준비 작업에 힘썼다는 증언[68]도 있다. 이들은 대개 그가 대학 강의를 해나가면서 텍스트의 필요성을 절감하고서 구상, 기획한 책들이다. 이러한 활동과 작업들을 수행하는 동안 그는 다른 곳에서는 경험하기 어려운 정신적인 만족감과 안정감을 유지할 수 있었다. 마지막에 그가 머물고자 한 곳은 결국 대학이었던 것이다.[69]

3) 피랍 전후의 상황

한국전쟁 초기, 북한의 기습 남침 이후 인민군이 서울을 점령하고 나서 김기림이 어떻게 되었는지에 대한 설들은 분분하다. 그러나 그 대부분의 진술

---

68 강유일, 앞의 글, 67쪽.

69 이 당시 그의 내면 풍경을 이해하기 위해서는 백철의 다음과 같은 회고를 참조할만하다.
"그게 뭐냐고 물었더니 그(김기림－인용자 주)는 웃으면서 「아무 것도 아닙니다.」하고 대답을 하더니 한참 있다가 자기가 동국대학(전신 중앙불교전문학교)에 나가게 되었다고 하면서 「학생들을 가르치려고 하니 적당한 텍스트가 있어야지요. 그래서 문학개론을 하나 쓰렵니다. 이것은 지금 오다가 헌책사에서 자료가 될 것 같아서 산 몇 권의 영서들이지요」하는 것이었다.
「나도 공연히 얼마동안 바람부는 거리를 헤매이면서 허송세월을 한 셈이예요. 이제부턴 대학에 들어앉아서 좀 더 착실하게 내게 알맞은 일에 마음을 담아봐야 하겠어요……」"
백철, 앞의 책, 367-368쪽.

이 직접 목격한 것으로 볼 수 없고, 남의 말을 듣고 간접적으로 옮긴 것이거나 출처 자체를 찾기 어려운 것들이 많아서 어디까지가 진실인지가 불분명하다.

우선 전쟁 발발 직후 그가 어떻게 대처했는지에 대한 증언은 주로 가족들의 입을 통해 나온 것들이다. 이때 당시의 상황에 대한 구체적인 내용은 그의 가족, 특히 부인과 그것을 전해들은 백철과 김규동의 글들[70]을 통해 재구성해 볼 수 있다.

6·25가 터지고서도 김기림 가족은 대부분의 서울시민들이 그랬던 것처럼 큰 위험은 없을 것이니 안심하라는 정부의 발표를 그대로 믿었다. 그러나 이틀이 지난 6월 27일, 사태가 급박하게 돌아가고 있음이 알려지자 시민들이 동요하게 되었고, 김기림의 가족들도 이즈음엔 피난을 가야겠다 생각했다고 한다. 학교 강의를 마치고 온 그가 뒤늦게 가족들을 데리고 집을 떠났을 때는 벌써 밤늦은 시각이었다. 갈월동쯤에 이르렀을 때 한강다리가 끊어졌다는 소식이 들려왔고, 아이들까지 데리고 강을 건널 엄두가 나지 않아 하는 수없이 집으로 되돌아와야 했다는 것이다.[71] 서울 시내가 이미 인민군의 수중에 떨어진 뒤였다.

그런데 여기서 다소 차이가 나는 부분이 있다. 부인에 따르면 6월 27일 밤(혹은 6월 28일 이른 새벽) 집으로 돌아오는 길에 회현동의 지인이 경영하는 여관에 들러 그날 밤을 거기서 보낸 후 28일 집으로 돌아왔다고 한다.[72] 그러나 김규동은 김기림이 한강다리가 막힌 것을 알고도 백사장 근처까지 내려갔지만 몰려든 인파를 뚫고 아이들을 배에 태워 강을 건너기란 거의 불가능하다는 사실을 깨닫고서 어쩔 수 없이 집으로 되돌아왔다고 기술한다. 한편, 백철의 회고록 내용은 또 다르다. 상당히 구체적인데다가 이채로운 내용까지

---

70 「기림의 부인 김원자 여사 인터뷰」, 앞의 글.
백철, 앞의 책, 410쪽.

71 이상의 사정에 대한 자세한 내용은 강유일, 앞의 글, 65쪽.

72 같은 글, 같은 쪽.

더해져있다.

> 바로 6월 27일 밤, 그러니까 서울이 점령되는 바로 전야의 일이었다고 한다. 김기림의 일가도 피난을 떠난다고 온 가족이 같이 나가다가 결국 난을 대피하는 곳이 지금 신세계백화점 건물의 지하실이었다는 것이다. 거기에는 많은 시민들이 대피해서 전전긍긍하는 심정으로 하회를 기다리고 있었는데 그 속에 몹시 경박하게 날뛰는 청년이 하나 있었다는 것이다. 그 청년이 자신의 말로선 김기림의 고향과 가까운 함경도 태생이라면서 평소부터 김기림을 잘 알고 존경해왔다 하더라는 것이다. 그런데 새벽녘이 되자 그 청년은 더욱 기세를 올리면서 이제 몇 시간만 더 있으면 자기들의 새 세상이 된다고 쉬지 않고 입을 놀려서 옆의 사람들의 빈축을 사고 있으면서도 다들 그의 정체가 무서워서 아무 말도 못하고 참고 있었다는 것이다. 그때 그 지하실의 창문 저쪽 맞은 편에 모 여류 인사의 집이 바라보였고 그 문 앞에 차가 한 대 있었다는 것이다. 그 청년이 그쪽을 가리키면서 「저 짚차는 내가 접수해서 타야지」하고 까불고 있는 것을 보다 못해서 옆에 있던 김기림이 한마디 핀잔 비슷한 이야길 던졌다는 것이다. 「왜. 뭣하면 그 집까지 접수해버리지……」하고. 그 말을 듣고 그 청년이 발끈하며 표정이 변하더라는 것이다.
>
> 그 현장의 일은 그것으로 끝난 셈인데 공교롭게도 그 청년이 알고 보니 정치보위부의 선발대처럼 서울에 잠입해 있던 사람이었던 모양이었다고 했다. 그리고 더 공교로웠던 것은 그 직후 김기림이 학교에 갔다가 나오는 길에 그 청년의 눈에 띄어서 그대로 차에 실려 간 뒤에 도무지 있는 곳을 몰라서 가족은 그저 답답하고 안타까울 뿐이라는 것이었다.[73]

백사장이나 갈월동까지 가기는커녕 명동의 신세계백화점 지하에서 가족

---

73 백철, 앞의 책, 410쪽.

들과 그날 밤을 보냈다는 것이다. 더욱 놀라운 점은 거기서 미리 시내에 잠입해 있던 북한 정치보위부 소속의 고향 청년을 만났고, 탈이 나려했던지 그게 빌미가 되어 며칠 뒤 그 청년이 시내에서 지나가던 김기림을 보고 그 자리에서 차에 태워 어디론가 붙들어갔다는 것이다.

내용으로 보아 이 정도의 이야기라면 김기림 본인이나 그의 가족들 외엔 알지 못할 사안이 아닐 수 없다. 실제로 백철도 이 이야기를 부인에게서 들은 것으로 기억하고 있다. 왜 이런 차이가 생겼는지는 당사자가 아닌 이상 알지 못할 것이나, 무언가 증언 과정에서 일부 각색된 내용이 섞여 들어갔던 것처럼 보이기도 한다.[74]

그 다음으로 정리해봐야 할 사안은 그가 어떤 식으로 피랍되었고, 이어서 가족들과 헤어져 북행길에 올랐느냐 하는 점이다. 서울이 점령된 이후로도 한동안(7월 초, 중순경까지) 그가 이화동 자택에 그대로 머물면서 시내를 돌아다녔다는 설도 있지만,[75] 전후 상황으로 미루어볼 때 그리 신뢰할만한 정보는 아닌 듯하다. 그도 나름 유명인인 이상 만일 그게 사실이라면 지인이나 제자들 중에 누군가가 그걸 본 사람이 있을 테고, 서울 수복 이후 이 사실이 일반에 널리 알려지지 않았을 턱이 없기 때문이다. 여러 가지 정황상 그는 집으로 되돌아온 이후 칩거하다가 며칠 뒤에 불려가거나 피랍된 것이 맞을 듯하다. 그런데 여기서 문제는 가족이나 가까운 지인 중에 그가 피랍되는 것을 현장에서 목격한 이가 없다는 것이다. 주변을 통해 전해들은 내용을 옮긴 것에 불과하며, 그 과정에서 사실과 다르거나 정확하지 못한 내용들이 가족과

---

74 아마도 이러한 부인의 엇갈린 진술은 남편이 납북이 아니라 월북으로 낙인찍힌 것에 대한 두려움이 만들어낸 자기 최면 효과와 그때그때 진술 과정에서의 일부 의도적 각색의 흔적이 보태져 나타난 결과가 아닐까 하고 조심스럽게나마 추측해본다.

75 한민성, 앞의 책, 139쪽, 180쪽.
위 책에서 한민성은 인민군의 1차 서울 점령 당시 김기림이 남반부자치위원회에 가담하여 활동하였다고 기술한다. 이런 설들은 그가 평소부터 좌익이었으며 공산당원이거나 적어도 공산당 동조자였다는 증거로 제시될 때 주로 등장한다.

문우들에게 전해져서 그러한 소문이 마치 사실인 것처럼 떠돌아다녔을 가능성을 배제하지 못한다.

이러한 사정은 피랍 장소에 대한 엇갈린 진술에서도 여실히 드러난다. 부인의 기억으로는 6월 30일인가 7월 1일쯤에 을지로에서 노트회사를 경영하던 지인을 만나기 위해 나갔다가 돌아오지 않았다고 한다.[76] 뒤에 그의 피랍 소식을 전해들은 부인과 백철, 김규동 등[77]은 그가 을지로 근처에서 보위부원에게 발견되어 끌려갔다고 진술한 반면, 최태응[78]은 혜화동 거리를 지나다가 납치당했다고 주장한다.[79]

그 직후의 상황에 대해 김기림의 부인은 다음과 같이 회고한다.

> 1주일 후에야 소식을 들었는데 을지로 쪽에서 인민복을 입은 두 청년에 의해 지프에 실려 어디론가 끌려가는 것을 봤다는 사람들이 있었어요. 마침 그이를 끌고 간 청년 중에 한 사람이 고향 사람이라 여러 번 찾아갔지만 '상부의 지시대로 체포한 죄밖에 없다. 김기림 선생은 이미 체포 대상 A급으로 명단이 내려와 있었고 나는 말단이라 아무 힘도 없다'는 말만 들었지요.[80]

그는 보위부 조사 과정을 거쳐 사회 저명인사들과 함께 서대문형무소로 압송되어 일정 기간 동안 수감되었다고 전해진다. 후에 이 사실을 수필가인 조경희로부터 전해 듣게 된 김기림의 가족들 증언은 다음과 같다.

---

76 「기림의 부인 김원자 여사 인터뷰」, 앞의 글.

77 백철, 앞의 글, 1978, 300쪽.
김규동, 앞의 책, 1994, 101쪽.

78 최태응, 앞의 글, 1970. 12., 123쪽.

79 경우는 좀 다르겠지만, 1978년 3월 24일자 ≪중앙일보≫의 「분수대」란과, 납, 월북 작가 해금 직전인 1987년 7월 8일자 ≪동아일보≫에 실린 고미석 기자의 장남과의 인터뷰 기사에서도 김기림은 혜화동에서 납치된 것으로 기재되어 있다. 물론 이들 기사의 경우는 기자들의 자체 수집 및 취재 활동을 통해 얻은 정보였을 것으로 생각된다.

80 「기림의 부인 김원자 여사 인터뷰」, 앞의 글.

그 당시 남편이 서대문형무소에 감금돼있었다는 것은 나중에 수필가 조경희 여사에 의해 확인되었다고 했다. 당시 조여사도 서대문형무소에 감금된 채 식사 당번 노릇을 하다 그 곳에 감금돼 있는 김기림 씨를 만났다는 것이었다. 조 여사를 만나자 그는 '배가 고프다'고 했고, 조여사는 남몰래 누른 밥 한 그릇을 갖다 주었다는 것이었다.[81]

김기림의 체포 소문이 돌자 친분 관계에 있던 몇몇 문인들이 그의 구명을 위해 나서기도 했다. 백철과 박태원 등이 그들이다. 당시의 사정을 백철은 다음과 같이 기록한다.

김기림이 잡혀 들어간 뒤에 혹시 그를 석방시킬 길이 없을까 하고 나와 박태원이 문련(文聯)의 임화를 찾아간 일이 있다. 어떻게 좀 정치보위부 쪽에 이야기해줄 수 없겠느냐 또는 한 방법으로서 문인들끼리 진정서라도 써내는 것이 도움이 될 수 있겠느냐는 등 힘이 되어줄 것을 청하는 것과 함께 석방운동의 방법을 상의하기 위해서 찾은 것이다. 임화는 해방 뒤에 와서 소위 심파의 입장에 있던 김기림과는 비교적 가까운 사이로 되어 있었던 것을 우리는 잘 알고 있었다. 그런데 임화는 첫마디에 머리부터 가로흔들었다. 자기의 힘으로선 어쩔 수가 없다는 것이었다. 아니 자기뿐이 아니요 어떤 세력을 쥐고 있는 딴 사람도 정치보위부가 하는 일들은 손을 붙일 수가 없다는 것이었다. 그리고 진정서 같은 것도 자극을 줄뿐이니까 그런 일도 하지 않는 것이 좋다고 조언을 하였다. 임화의 말을 듣고 우리도 새삼스럽게 그

---

81 강유일, 앞의 글, 65쪽.
김기림의 누이 김선덕 여사 역시 피랍 직후 김기림이 서대문형무소에 수감되어 있더라는 말을 부산 피난 시절 길거리에서 우연히 만난 수필가 조경희로부터 직접 전해 들었다고 증언한 바 있다(김선덕, 앞의 글, 13쪽). 또한, 김기진(팔봉) 역시 그의 글에서 김기림이 정지용, 정인택, 박영희 등과 서대문형무소에 수감되었던 것으로 기록하고 있다(김팔봉, 앞의 글, 30쪽.).

정치보위부라는 것이 얼마나 무서운 기관인가 하는 것을 알 수 있게 되었다.[82]

그런데 이러한 진술과는 전혀 다른 내용의 증언들도 있다.

첫째로 그가 북으로 이송된 것이 아니라 보위부에 체포된 이후 얼마 안가서 총살당했다는 설이다.

이때에 무시무시한 소식이 들려와 우리 몇몇 사람을 놀라게 하였다. 그것은 시인 김기림이 보위부에 붙들려가 총살을 당하였다는 듣기에도 소름끼치는 슬픈 소식이었다. 6. 25 이후 통 만날 수 없는 것을 자못 궁금히 여겨오던 터인데 우리의 시인 편석촌이 문필인 가운데서 가장 먼저 피의 세례를 받고 쓸어졌다는 것은 그 당시엔 아무리 생각하여도 알 수 없는 일이었다. 세상에서 그는 좌익으로 지목받아왔고 문화실에서도 그러한 경향이 농후한 사람이라고 말성되어 온 터인데 어찌해 문인 숙청의 첫 화살이 기림에게로 갔느냐 하는 것은 모를 일이라 하여 모두들 수근거렸으나 이유를 알바 없고 그로부터 지용 등의 공포의 그림자는 그의 눈방울에서 떠나지 않았던 것이다.[83]

그러나 송지영의 위의 증언은 여러 면에서 믿기 힘든 것이다. 앞서의 진술들과 배치되는 것은 둘째 치고, 북으로의 이송 과정과 그 이후에도 김기림이 살아있음을 보았다는 증언들이 속속 이어졌기 때문이다. 그의 총살설이 후방에서의 질서 유지를 위한 공포 분위기 조성에 이용됐으리라는 주장이 있기는 한데,[84] 이것 역시 그냥 받아들이기에는 어딘가 석연치 못한 구석이 있는

82 백철, 앞의 책, 409-410쪽.

83 송지영, 앞의 글, 198쪽.

84 한민성, 앞의 책, 140-141쪽.

것이 사실이다. 전쟁 당시 떠돌아다니는 피해 망상적 유언비어와 지식인 특유의 나약함, 그리고 내면의 집단 공포 심리가 결합하여 낳은 일종의 해프닝이었을 가능성이 없지 않다.

둘째는 그가 끌려가거나 수감된 것이 아니라 비밀리에 모 기관에 차출되어 전쟁 중 남한 내 물자 조달 및 동원을 위한 공작팀에 합류하였다는 주장이다. 그리고 업무의 성격상 철저히 보안을 요하기 때문에 북측에서 의도적으로 그의 총살설이나 수감설을 흘려보냈던 것이 아닌가 추정키도 한다. 상당히 흥미로운 내용으로, 조금 길기는 하지만 원문 그대로를 전재해보기로 한다.

> 1950년 7월 초순 김기림은 자기 집에서 북괴군의 이른바 「전선총사령부 동원국」의 소환을 알린 그 내무서원에 의해(그래서 김기림이 집에서 보위부에 끌려갔다는 설이 유포됐음.) 당시 내자호텔 3층에 자리잡고 있던 동원국으로 안내되었고, 그곳에서 월북했다가 남하한 윤행중(尹行重, 월북 전 민전의 중앙상임위원에 기획부장으로 김기림과 같이 놀아났음)을 만났으며 그와 함께 그 후 그 곳에서 소위 「남반부자원조사」라는 이름의 대한민국 재산(자원) 탈취공작에 종사하면서 공산당의 모략, 선전공작에도 동원되었다는 것이다.
>
> 이 동원국이라는 곳은 북괴군과 북괴의 소위 상업성과 국가계획위원회의 일부들로 구성된 곳으로 소위 국가계획위원회 위원장인 윤행중도 그 일원이었다는 것이다. 시인인 김기림이 누구의 추천(그들은 제기라고 했지만)으로 어떻게 해서 이 동원국(후에 노골적으로 서울시물자소개위원회로 변신했음)에 소환 배치됐는지는 모르겠으나 어쨌든 그 곳에서 특별임무라는 구실로 호텔에서(사실상 연금된 채) 남한의 모든 자원을, 심지어 고철과 지류 등까지의 그 소재와 양을 조사 확인하여 침략 전에 필요한 물자동원공작을 했는데 엉뚱하게도 김기림이 자기 집에서 보위부에 끌려갔다고 행방을 찾으며 일부 문인들의 구명운동이나 탄원서 제출설 등 잡음이 있자 이 기회를

재빠르게 포착한 공산당에서는,

첫째, 김기림의 임무에 대한 비밀을 보장해야 한다는 이유와,

둘째, 잡음의 근원을 제거한다는 구실,

셋째, 이 기회에 변절자(전향자)의 말로(김기림도 전향자이기 때문에)가 어떻다는 것을 본보기로 보여주어야 한다는 의도에서 『김기림은 정치보위부에 끌려가서 총살됐다.』는 헛소문을 퍼뜨려, 김기림을 적색 공포분위기 조성에까지 이용했다는 것이다.[85]

이 내용이 사실이라면 김기림의 피랍을 둘러싼 그간의 무성한 이야기들은 모두 허탈한 것이 되고 만다. 피랍이 아닌 소환이며,[86] 전시 주요 업무를 담당하는 기관에 배치되어 북으로 이송될 때까지 신변의 위험 없이 비교적 안전하게 지낸 것이 되기 때문이다. 가족과 떨어져 지내야 한다는 점을 제외한다면 이 기간 중 별 큰 어려움도 겪지 않았을 듯하다.

여기서 궁금해지는 것은 전시에, 그것도 북으로 봐서는 배신자나 다름없는 월남 지식인인데다 보도연맹에도 가입한 전력이 있는 그에게 그런 큰 은덕(?)을 베푼 이가 누구냐는 것이다. 위의 글에서는 윤행중과의 이전 인연 이외에 특별한 연결고리를 찾을 수 없는 것으로 묘사하고 있지만, 이 정도의 일이 가능하려면 그 이상의 결정적인 힘이 작용하지 않고서는 쉽지 않아 보인다.

이러한 의문은 그의 처남이 위원장인 윤행중과 더불어 당시 북한 국가계획위원회의 요직에 있었다는 복수의 진술들[87]에 의해 어느 정도 풀리는 듯하

---

85 한민성, 앞의 책, 139-140쪽.
이 내용은 위의 필자가 과거 민전 출신으로 남침 전 월북한 후 북한 정치 군관을 지내면서 한국전쟁 시 참가하였고 1951년 전방을 통해 귀순 월남한 조ＸＸ(실명 미공개)의 증언을 통해 알게 된 내용이라고 한다.

86 비밀 유지를 당부 받은 처지라면 김기림은 가족들에게도 정확한 내용을 알리지 못하고 소환에 응할 수밖에 없었을 것이고, 이후 모처에 머물면서 자신의 맡겨진 임무를 계속 수행해나갔을 것이다.

다. 그러나 그의 처남이 그처럼 힘 있는 자리에 있었다면[88] 왜 매부인 김기림만을 불러들이고 누이와 조카 등 나머지 가족들은 외면하였는지, 그리고 아무리 비밀 업무에 동원되었다고는 하지만 이후 북으로 이송될 무렵 김기림이 과연 잠깐만이라도 가족들과 대면할 기회조차 얻지 못하고 서둘러 떠나야했는지는 여전히 수수께끼다. 아무튼 이 진술들의 내용은 이후 그가 북으로 올라간 뒤에 잠시 동안이지만 그곳에서 받았던 묘한 대우에 관한 증언들에 비추어볼 때에 어느 정도 참고의 여지는 있지 않나 하는 생각이 든다.

다시 돌아가서, 북으로 올라간 것이 사실이라면[89] 이제 남는 문제는 전쟁 당시 김기림이 과연 자의에 의해 북행길에 나섰는가 하는 점이다. 물론 어떤 정보도 확실한 것은 없기에, 그가 과연 어떻게 되었는지는 아무도 알 수가 없다. 그러나 아무리 뒤죽박죽인 상황이었다 하더라도 그가 순전히 자의에 의해 북으로 갔다는 것은 믿기 어렵다. 물론 일부 주장처럼 처남의 호의에 의해 그가 인민군의 서울 점령 당시 비밀리에 특별 대우를 받았는지는 모르겠으나, 만일 그것이 사실이라고 하더라도 북쪽 체제를 전적으로 믿고 기대기에는 그는 너무 약점이 많은 인물이었다. 결국 그의 북행은 넉넉하게 양보하더라도 북으로 끌려간 적지 않은 수의 인사들이 그랬던 것처럼 '자의 반 타의 반'[90]으로 보는 것이 타당할 것 같다.

---

87 이철주, 앞의 책, 72쪽.
최태응, 앞의 글, 1966, 85쪽.
최태응, 앞의 글, 1970, 12쪽, 123쪽.

88 처남의 존재가 사실이라는 전제 하에 추리해본다면, 형식상 월북한 학자 출신 윤행중이 위원장이긴 하나, 조직 내의 실질적인 권한이나 위상은 정권적 차원에서 파견된 처남이 더 컸을 수도 있다. 말하자면 그의 처남이 사실상의 조직 내 실세였을 가능성을 염두에 두어야 한다는 뜻이다.

89 김기림의 가족, 특히 부인은 그가 1950년 8월 말쯤 북송되었을 것으로 추측한다.
「기림의 부인 김원자 여사 인터뷰」, 앞의 글 참조.

90 이기봉, 앞의 책, 278쪽.
김병익, 『한국문단사』, 일지사, 1980, 203쪽.
이러한 사실과는 별도로, 한국전쟁기인 1951년 월북 작가들의 저작물을 판금 조치하는

4) 그 이후 북에서의 행적

북으로 올라간 후 김기림의 행적에 대한 정보는 극히 제한적이다. 무엇보다도 이전에 월북했던 다른 문인, 지식인들과는 달리 그쪽 문단이나 학계에서 활동했던 흔적을 찾기가 쉽지 않다. 그나마 접할 수 있는 자료들이란 앞서 이야기했던 몇몇 특수 관계자나 관계 기관을 통해 수집된 증언과 자료들일 텐데, 더 이상의 추가 자료들이 기적적으로 발굴되지 않는 이상 아쉬운 대로 이들을 통해 추적해보는 방법밖에는 없다. 그러나 폐쇄 사회인 북한에서도 그가 사망 직전까지 활동에 제한을 받았던 듯 보여서, 한정된 정보만으로 얻어낸 이런 자료들을 어느 정도 신뢰할 수 있을지는 미지수이다.

그나마 이 시기의 일들을 비교적 소상하게 알려주는 자료로는 조철의 것을 들 수 있겠다. 그는 김기림이 북으로 이송될 때 '반동 문화인'[91]으로 분류되어 고초를 겪었던 것으로 묘사하고 있다. 이후 국군과 유엔군의 북진으로 전선이 올라감에 따라 평양을 거쳐 강계, 만포까지 끌려 다녔다는 것이다. 압송과 수용 과정에서 희생자와 중간 이탈자가 발생하고 더러는 추가되는 경우도 있어서 매번 그 수가 일정치는 않았지만, 이들은 김기림과 유자후, 방한준, 이백수, 김억, 이명우, 김형원, 김동환 등을 포함하여 약 80여 명이었던 것으로 알려져 있다.[92] 세밀한 신상 조사 및 사상 심사와 더불어 집중적인 세뇌 교육을 받아야 했던 처지였지만, 그래도 김기림은 이들 가운데는 비교적 나은 대우를 받았으며, 이후 남들보다 일찍 수용소를 벗어나 직장에 배치된 것으로

과정에서, 그의 경우는 '월북'이라고 단정 짓지 않고 정지용, 정인택 등과 함께 '내용 검토 중'인 작가군에 포함된 사실(「서적 단속을 강화－월북 작가 저서는 판금 처분」, ≪조선일보≫ 1951. 10. 7. 참조)에 대해서도 주목할 필요가 있다. 그러나 이후 더 이상의 추가적인 검토 작업은 이루어지지 않았고, 이후 그는 여타의 월북 작가들과 더불어 계속해서 월북자로 분류됨과 동시에 판금 대상자로 묶이고 말았다.

91 조철, 앞의 책, 59쪽.

92 위의 책, 37쪽.

알려졌다. 남쪽에서부터 그와 문단 활동을 같이했던 월북 동료 문인들의 보이지 않는 비호가 있었고, 월남한 이후 좌익 단체 가입과 활동 경력들이 참작된 결과라고는 하는데 그것이 어디까지 작용했던 것인지는 알 수가 없다.

어찌 되었건 북한 당국의 환심을 사는데 성공한 그는 그 후 잠시 문예총(문화예술총동맹)과 국악예술원 등지에서 일을 한 것으로 되어 있다. 이때의 일들을 조철은 다음과 같이 기록한다.

> 대동군 시속면 수용소에서 누구보다도 먼저 직장의 배치를 받고 그곳을 떠났던 시인 김기림은 괴뢰 문예총에서 일을 하고 있었다. 김기림을 특히 다른 문화인보다 비호해준 사람들은 이원조, 조일명, 김남천 등이었다. 이들은 우선 김기림이 남한에서 좌익에 동조했었다는 점과 그의 뛰어난 재능을 크게 평가했던 것이다. 문예총에서 일을 하게 된 김기림은 한때 「나의 회상」이란 장문의 시를 쓰게 되었었다. 그러나 일단 이 「나의 회상」이 발표되자 그는 맹렬한 비판을 받게 되었다. 즉 그의 시는 자유주의와 향락주의에 젖은 시라느니, 부르조아 사상을 탈피하지 못한 시라느니 하여 자자한 비평이 일어났던 것이다. 사실 김기림은 철두철미한 공산주의자는 될 수가 없었다. 그의 경력과 그의 시가 그것을 여실히 증명해주고 있는 것이다. 말하자면 그는 회색분자라는 평이 타당한 것이다. 김기림의 「나의 회상」을 들고 특별히 평을 가한 사람들은 주로 북로당계의 문화인이었다. 결과 김기림은 그 해 가을에 결국 문예총에서 국악예술원으로 물러나와 거기에서 일을 보게 되었었다.
>
> 이것은 완전한 몰락은 아니었다. 이 정도로 문제가 낙찬된 것은, 당시만해도 문예총에서 발언이 컸던 이원조, 김남천의 조언 덕분임은 두말할 나위도 없다.[93]

93 위의 책, 203-204쪽.

위의 내용은 우리에게 몇 가지 주요한 정보들을 제공해주고 있다. 먼저 짚어볼 것은 그가 월북한 동료 문인들의 호의와 배려에 힘입어 반동 문화인의 꼬리표를 떼고 문예총(조선문학예술총동맹)에 배치되어 북쪽 문단에서 본격적인 활동을 할 수 있는 기회를 얻었다는 점이다. 당시 문예총이라는 곳이 북한 내 웬만한 문화인들조차도 들어가기 힘든 곳이었다는 진술[94]도 있고 보면 이런 배치는 상당히 파격적인 혜택이었다고 해도 과언이 아니다. 이게 사실이라면 그가 한동안 다른 납북 문화인들의 부러움을 샀었다는 지적[95] 역시 그냥 나온 말은 아니다. 위의 인용문에는 그런 일이 의심의 여지없이 그가 알던 남로당계 문인들의 비호에 의한 것처럼 기술되어 있지만, 과연 그 정도의 배경만으로 가능했을까 하는 의구심이 생기는 것도 사실이다.[96]

이런 수준의 파격적인 발탁이라면 아마도 앞서 등장했던 그의 처남이 힘을 썼을지도 모를 일이다. 처남의 당시 위상이나 영향력이 알려진 바와 같다는 전제 하에, 김기림으로서는 북한 체제의 적응에 있어 이 처남의 존재가 가장 큰 힘이 되었을 법하다.[97] 그런 힘의 존재는 문예총에서 그 말썽이 나고도 일반적인 반동 문화인이라면 감히 기대하기도 힘든 관대한 처분에 그친 점에서도 어느 정도 감지된다.[98]

---

94 오기완, 앞의 글.

95 위의 글.

96 비슷한 처지에 있던 다른 납북 문화예술인들 가운데에도 전쟁 이전 이들 남로당 계열의 문인들과 가까운 사이에 있었던 이들이 꽤 있었던 점과, 앞서 북한군의 서울 점령 당시 김기림이 보위부에 체포, 피랍 당했다고 알려졌을 때 임화가 그의 구원에 난색을 표했던 점 등으로 미루어 이들이 김기림만을 따로 이렇게 특별 배려하기란 사실상 어려웠을 것이다.

97 이 점과 관련하여, 1951년 무렵 김기림이 잠시 김일성대학의 교원으로 등용되었다는 정보 역시 눈여겨볼 필요가 있다.

98 물론 이러한 추정과는 다른 진술도 존재한다. 최태응의 경우에는 북행 이후 김기림이 그의 처남의 보증으로 풀려나기는 했지만, 위의 진술과는 달리 냉혹한 감시 속에서 주변과의 관계를 단절당한 채 근근이 생활을 이어가다가 사망한 것으로 기술한다(최태응, 앞의 글, 1966, 85쪽. / 최태응, 앞의 글, 1970. 12., 123쪽.). 물론 그도 어디선가 전해들은 내용을 기초로 이렇게 기술한 것이겠으나 전후의 구체적인 맥락이 생략된 점과 진술의 근거가 명확히 제시되어 있지 못하다는 점이 아쉽다.

그러나 이러한 내용을 곧이곧대로 받아들이기에는 몇 가지 걸림돌들이 있다. 애당초 그가 남쪽에 있을 때부터 국가계획위원회와 동원국 사무에 관계했던 것이 맞다면, 왜 북행 당시에는 비록 잠시 동안이지만 이른바 반동 문화인들의 무리에 편입되어 그들과 함께 생활했어야 했는지가 불분명하다.[99] 또한 이 당시 그가 발표했다는 「나의 회상」이라는 시의 실존 여부도 아직까지 확인되지 않고 있다.[100] 전후 맥락이나 진술의 구체성으로 보아 꾸며낸 이야기 같지는 않지만 검증할 방법이 없는 이상, 의심 없이 받아들이기에는 다소 무리가 따른다. 모든 것은 이러한 내용들의 선후 관계 및 진실 여부가 깔끔하게 정리된 이후에나 가려질 것이다. 그런 가능성들이 원천적으로 봉쇄된 작금의 현실에서, 우리는 단지 주어진 증언의 개연성만을 염두에 두고 그의 행적에 대한 추론을 이어나갈 수밖에 없다.

이후 이어지는 증언 내용은 일반의 예상을 다소 뛰어넘는다. 내용 그대로를 수용하기에는 일부 미심쩍은 대목이 있어 보이기도 하지만, 생각하기에 따라서는 어느 사회에서든 벌어질 수 있는 일이기에 일단 옮겨 적어보고자 한다.

---

99 조철은 김기림과 김억, 김형원, 김동환 등 80여명이 수용소에서 당시 북한에 의해 철저하게 '반동'으로 규정되었으며, 사상 개조를 위해 자술서 이외에 남한에서의 미군의 만행에 대한 내용을 수필로 쓰라고 강요받았다고 술회한다.
조철, 앞의 책, 37쪽.

100 이 시기를 전후하여 당시 북한의 문예총과 그 주변에서 발간된 모든 자료들(주로 중국 연변 쪽을 통해 입수된 영인본들과 한국내 특수자료실 소장의 자료들)을 입수하여 조사해보았으나 이 시가 실린 지면의 존재를 발견하지 못했다. 다만 한 가지 가능성은 이 당시를 전후하여 문예총에서 발간된 『문화전선』, 『조선문학』, 『문학예술』 지면과 영인본들 가운데 일부 결호들이 있어, 혹시라도 거기에 실렸던 것이라면 찾지 못했을 가능성은 있다. 만일 그런 가능성 속에 포함되어 있는 경우 현재로서는 그것을 확인할 수 있는 유일한 길은 북한 내에 관련 자료가 남아 있길 기대해보는 것뿐이다. 그러나 이 시의 존재가 사실이라고 하더라도 그것에 접근할 방법이 없는 이상 근일 내에 그 존재 여부를 확인할 수 있는 방법은 사실상 없다고 해도 무리가 아니다.

이리하여 일단 국악예술원으로 하강한 김기림은 얼마 지나지 않아 이곳에서 또 커다란 물의를 일으키게 되었었다. 즉 그는 이 곳에서 예술극장(현 괴뢰 민족예술극장)의 전속 아나운서로 있는 윤정미(尹貞美)라는 여인과의 스캔들을 퍼뜨리게 되었던 것이다.

윤정미는 전라도가 고향인 여자로서 주근깨가 약간 낀 얼굴은 그래도 예쁘장하였다. 그들은 우선 다 같이 남쪽 출신이라는 데 서로의 마음이 끌렸고, 또한 피차 현재는 혼자 지낸다는 고독감이 그들을 부쩍 가까운 사이로 만들었다. 김기림은 월북했으니까 혼자지만, 윤정미는 기혼 여자였었다. 그러나 윤정미의 남편은 역시 남쪽 사람으로서, 예술극장의 총무과장으로 있었는데, 공금 50여만원의 횡령 혐의를 받아 형사피고로서 당시는 형무소에서 복역 중에 있었던 것이다.

두 사람의 염문은 마침내 소문으로 그치지 않았다. 그들은 외문 따위를 염두에 두지 않았다. 그래서 기어이 두 사람은 아기자기한 사랑의 보금자리를 꾸미기까지 사랑이 무르익었었다.

김기림과 윤정미, 시인과 아나운서의 사랑, 그것은 있음직한 일이었으나 그런 것이 묵인되고 용납되는 사회가 아니었다. 염문이 나돌 때부터 부당한 감시의 눈초리가 집중되었던 것이나 그래도 공공연한 간섭은 없었었다. 그랬던 것이 두 사람이 동거 생활로까지 발전하자 이번에는 그렇게 호기심 정도로 그만두지를 않게 되었었다.

김기림과 윤정미의 자자한 스캔들에 대한 시시비비는 마침내 당 회의 석상에까지 오르게 되었었다. 그러나 윤정미의 김기림에 대한 사랑은 열렬했었다. 그녀는 당당히 당 회의 석상에 나가서,

『우리나라 법률에는 남편이 국법에 걸려 실형을 받아 복역하게 되면, 그 아내는 마땅히 이혼할 권리가 보장되어 있는 줄 아오. 그러니 나의 처사가 무슨 잘못이란 말이오』

하고 변명까지 했었다. 그러나 당 회의에서는,

『정식 이혼 수속을 취하여 그것이 판결이 된 것도 아닌데, 다른 남자와 동거 생활이란 부당하다. 더우기 그 일로 해서 자신들은 맡은 바 직무에 태만했고, 또한 다른 동료들에게 미친 풍기 문란의 죄과가 적지 않으므로 부득이 딴 곳으로 이동을 시켜야겠다』는 결론을 내리고 말았다. 특히 당 위원장이라는 자는 두 사람을 불러,

『남에게 모범을 보여주어야 할 지성인이 남의 눈을 피해 가면서 윤락 행위를 자행하다니 이는 전체 문화인의 명예를 위해서도 도저히 용납할 수가 없다』고 하여, 결국 두 사람을 각각 분리시켜 다른 곳으로 이동하고 말았다. 김기림은 톡톡히 공박을 당한 끝에 평안북도의 어느 지방으로 쫓겨가게 되었다. 이 때가 1952년 3월경이었다.

그러나 문제의 여인 윤정미는 지금 현재도 괴뢰 방송국의 아나운서로서 활약하고 있음을 밝혀둔다.[101]

국악예술원에 내려간 김기림이 그곳에서 만난 남쪽 출신 여성과 사랑에 빠지게 되었고, 이윽고 남의 눈도 아랑곳하지 않고 동거까지 갔다가 크게 문제가 되어 몰락의 길을 걷게 되었다는 내용이다. 사정상 배우자와 떨어져 지냈다고는 하나, 어쨌건 둘 다 기혼인 만큼 언젠가는 말썽이 날 수밖에 없는 일이었다.

이것이 사실이라면 그는 이제껏 자신을 보호하고 돌봐주었던 처남의 눈 밖에 나는 행동을 저지른 셈이다. 처남으로서도 더 이상 무리수를 써가면서까지 김기림을 챙겨줄 이유가 사라져버렸으니 이 일을 기화로 그의 운명이 나락으로 떨어지는 것은 당연지사였는지 모를 일이다. 둘 다 공개적인 모욕과 처벌을 피할 수 없었다지만, 이후로도 파트너였던 윤정미가 계속 아나운서 직을 유지했던 것과는 달리, 그는 외따로 떨어져서 1952년 3월경에 평안북도의 어

101 조철, 앞의 책, 198–200쪽.

느 지방으로 쫓겨 가야만 했다.

위의 증언은 남녀 사이의 흔한 스캔들에 해당되는 것으로 내용 자체만을 놓고 봤을 때 상당히 그럴싸해 보인다. 어느 사회나 체제건 직장 내에서 벌어질 수 있는 일이기 때문이다. 그런데 여기서 정작 눈여겨볼 점은 따로 있다. 사실 여부에 대한 정확한 검증 문제와는 별도로, 전시에 폐쇄 사회인 북한에서 그런 소문이 바깥으로 퍼졌다는 것은 이 시기를 전후하여 김기림의 신상에 중대한 변화가 생겼다는 것을 암시한다. 그와 어느 정도 통하였던 남로당계의 숙청을 위한 물밑 작업이 시작된 것이 그 직후인 1952년 후반부터이고 보면, 시기적으로도 매우 불리한 때 벌어진 사건임이 분명하다. 그만큼 그가 재기할 수 있는 여지가 좁아져버린 것이다.

이후 그에 대한 소문은 구체적인 내용 없이 드문드문 단편적으로 전해지는 것이 대부분이다. 남로당계의 숙청을 위한 조사가 표면화되면서 이미 평안북도로 쫓겨 갔던 김기림에게도 후속적인 파장이 전해진다. 재차 소환되어 그들과의 관계를 집중적으로 추궁받았다는 설[102]이 있는가 하면, 남로당계의 1차 숙청 작업이 마무리된 이후 그 역시 함경남도 검덕광산의 노동자로 추방당했다는 설[103]도 있다. 그리고 얼마 뒤인 1955년경 10월경에는 그가 정지용, 김동석, 박태원 등 납, 월북 작가들과 함께 밀봉 가옥에서 사회안전부 제1과원들의 감시 하에 적화교양(세뇌교육)을 받고 있는 중이라는 소문[104]도 들려

102 위의 책, 206쪽.

103 이기봉, 앞의 책, 282쪽.
일각(안해균, 「북한 30년 – 정치 · 1인 독재를 향한 3단계적 특징」, 『세대』 151권, 세대사, 1976. 2., 112쪽)에서는 그가 1952년 가을의 남로당계 1차 숙청 시에 박헌영과 이승엽, 이강국, 박승원, 임화, 김남천 등과 함께 동반 체포되었다는 설을 제기하고 있으나, 그는 직접적인 남로당계 문인으로 볼 수도 없는데다가 나머지 인물들은 이후 행해진 공판 기록에 거명되어 있는 반면 그의 이름은 등장하지 않는다는 점에서 이런 주장을 그대로 받아들이기는 어렵다.

104 「무너져가는 붉은 문단」, ≪경향신문≫, 1955. 11. 19.
이 글의 내용은 당시 남파 간첩으로 내려왔다 체포된 박영종의 증언에 따른 것이다.

왔다. 마지막으로 그의 생존 소식이 전해진 것은 1958년 9월 무렵의 일이다. 그해 초에 남파되어 국회 주변에서 암약하다가 검거된 전 북한군 정치부사단장 출신의 거물간첩 황학현이 김기림과 정지용은 아직 살아있으며, 그가 아는 바로는 얼마 전까지 집필 정지 처분을 당하고 있는 중이라고 진술한 내용이 그것이다.[105] 그러나 이들 모두가 어느 것 하나 확실한 정보라고 할 것은 못된다.[106]

그렇다면 김기림은 과연 어떻게 된 것인가. 정확한 것은 누구도 알 수

---

105 "문 = 시인 정지용 · 김기림 양인(兩人)은 어떠한가?
답 = 둘 다 살아있다. 그간 집필 정지 처분을 당하고 있었다. 요즈음은 해제되었다고 하나 발표는 못하고 있고 지용은 모 기관에 있는 모양이다."
「북한 문화계를 폭로한다 – 대남 공작대원 황학현 단독 회견기」, ≪한국일보≫, 1958. 9. 28.

北韓文化界를 暴露한다
-對南工作隊員黃鶴鉉(前傀儡軍政治部師團長)單獨會見記-
서리맞은 越北派
力量보다 派閥따라 出世하는판
國民娛樂施設은 찾아볼수없고

사진 : 황학현의 한국일보 기자 인터뷰 당시의 신문 보도 기사.

106 증언 내용의 진정성 여부도 문제겠지만, 진정성이 있는 증언이라고 해서 반드시 모든 것이 확실한 것은 아니다. 앞서도 지적했지만 시차의 문제를 추가로 고려하지 않으면 안 되기 때문이다. 일례로 황학현의 경우 그가 남파된 것이 1958년 1월경이고, 또한 남파 직전에는 일정 기간 동안 집중적인 밀봉교육을 받았던 것으로 알려졌다. 따라서 이러한 그의 진술은 남파를 위한 교육에 들어가기 전까지 그가 전해들은 내용만을 토대로 증언한 것인 점을 감안해야 한다. 더욱이 그의 진술에는 1953년 이미 처형당한 것으로 알려진 임화가 당시까지 생존해 있다고 증언하는 등 일부 논란의 여지도 있다.

없다. 북으로 간 이후 그는 공식 석상에 한 번도 나타난 적이 없고, 활동 흔적도 없으며, 남겨진 기록조차도 찾을 수 없다. 일부의 주장처럼 전쟁 중이나 그 직후에 죽었다면 몰라도, 살아 있는 이상에는 어딘가에 그의 흔적이나 기록이 남아 있어야 마땅한 일이다. 일체의 흔적이나 기록을 찾아볼 수 없다는 사실은 거기서 그가 제대로 대접받지 못했음을 시사한다. 살아 있었다면 이는 북송 이후 이른 시기에 그의 몰락이 있었다는 것을 간접적으로 뒷받침한다.

김기림의 최후에 관한 정보를 얻게 된 것은 다소 뜻밖의 경로를 통해서였다. 2018년경에 한국문예학술저작권협회(현 한국문학예술저작권협회) 실무자를 통해 현재 그의 저작권이 공식적으로 말소되었다는 소식을 접하게 된 것이다. 오래전 김기림의 아들이 협회에 알려오기를, 별도의 경로로 북쪽에 알아본 결과 그가 북한에서 1958년 7월 27일 사망하였음을 확인하였다는 것이다.[107] 북에서의 그의 행적을 둘러싼 그간의 구구한 설과 억측에도 불구하고, 우리도 모르는 사이 어느 샌가 김기림은 이미 우리 곁을 떠났던 것이다. 정확히 어디서, 어떻게 그가 최후를 맞았는지는 아직까지도 여전히 베일에 싸여있다.

4. 후일담: 해금과 복권, 그리고 북한 학계에서의 평가, 기타

이 글은 김기림의 문학 활동과 직접 관계가 있는 것도, 본격적으로 그의 작품을 분석하고 평가하기 위한 것도 아니다. 다만 해방 직후, 그리고 전쟁

---

107 참고로 1963년 1월 1일 이전 사망자의 경우 사후 70년이라는 현행 법률(2016년 개정)상의 저작권 보호 규정이 적용되지 않는다. 만일 김기림이 1958년 사망한 것이 맞다면 그의 저작권은 2011년 개정된 법률에 따라야 하며, 이 경우 사후 50년인 2008년에 이미 만기가 된 것이다.
이러한 사실과 함께, 김기림의 가족은 그의 사망이 언젠가 일본 신문에 보도되었던 것으로 기억하고 있다.
강유일, 앞의 글, 66쪽 참조.

중 피랍당하기 직전에 이르기까지 벌어진 주변적인 일들을 통해 그가 처했던 상황들을 되짚어보고 다시 그것을 통해 그의 생애 말기의 전기적 이해를 얻는 데 일부 도움을 받고자 하는 소박한 목적에서 작성된 것이다. 그럼에도 불구하고 추진 과정에서 이 작업이 난항을 겪었던 이유는 그가 남과 북, 모두에서 버림받고 외면 받은 기간이 짧지 않았던 데 원인이 있다.

이제는 널리 알려져 있지만, 김기림은 한동안 정지용이나 임화, 김남천 등과 더불어 남북 양쪽에서 철저하게 금기시된 이름이었다. 자칫 문학사의 미아로 남을 뻔했던 이런 이름들이 우리 주변에서 재등장하게 된 것은 납, 월북 문인들에 대한 정부 차원의 전면적인 해금 조치가 발표된 1988년 이후의 일이다.[108] 이후 그의 시와 글은 제한 없이 중고등학교 교재에도 실리고 그에 대한 연구나 비평도 꽤 축적이 되어 이제는 여타의 주요 시인들과 견주어도 전혀 손색이 없을 정도로 활발하게 거론되고 있다. 그간 꾸준히 그와 그가 남긴 작품들을 잊지 않고 기억했던 많은 이들의 정성과, 문학사의 복원을 위해서는 그의 문학에 대한 체계적인 이해와 정리가 꼭 필요함을 절감한 후학들의 노력이 한데 어우러져 합쳐진 결과일 것이다.

이와는 대조적으로, 북한의 학계에서는 아직도 그에 대한 평가가 박하기 이를 데 없다. 애초에 모더니즘이란 공산주의 이데올로기에 반하는 자본주의 사회의 말기적이고 퇴폐적인 양상에 불과한 사조라는 인식이 강한 탓이다. 김기림이 반드시 모더니즘의 테두리 내에서만 머물렀는가에 대해서는 다분히 반론의 여지가 있지만, 아무래도 그를 논할 때에는 서구 모더니즘과의 관계부터 떠올리지 않을 수 없기 때문이기도 하다.

아마도 한국전쟁 이후 북한 학계에서 가장 먼저 김기림의 문학에 대해

108 연구 목적이라는 단서 조항이 붙기는 했지만, 남쪽 학계에서는 물론 그 이전에도 그와 그의 문학에 대한 논의가 일부 허용되었다. 그러나 1988년 공식 해금되기 이전, 일반인들 사이에서 그의 이름과 작품을 올리는 것은 여전히 금지되었으며, 그의 시집과 저서를 소지하거나 도서의 형태로 찍어내는 것도 공식적으로는 불법이었다.

거론하였을 것으로 짐작되는 박종식의 경우, 그의 모더니즘 활동이 지니는 의의를 다음과 같이 평가 절하한다.

> 이 시기 모더니즘의 기수로 등장한 첫 시인이 김기림이다. 하지만 그가 이 땅에서 모더니즘의 첫 기발을 올렸다고 말하기보다는 영미에서 리차즈나 엘리엇트 또는 에즈라 파운드의 주지주의적 모더니즘의 퇴색한 기발을 가져다가 잠간 신기성의 류행복 차림으로 한바탕 흔들었을 뿐이라고 함이 더 정확할 것이다. ……(중략)…… 그의 시 속에는 민족적 특성이란 것을 찾을 수 없을 뿐만 아니라 시인의 개성까지도 존재하지 않는다. 그야말로 ≪유리 제품≫의 시정신이 있을 뿐이다. 다만 그의 시속에 흩어져 병든 상처처럼 박혀있는 지성의 감각적인 언어들은 동시대의 정지용의 그것과 비교하여보면 대비가 되지 않을 정도로 하등품에 지나지 않았다. 이리하여 김기림의 모더니즘은 자기 시대와 인민들로부터 버림을 받았으며 후일 같은 모더니즘의 진영으로부터도 그 ≪감상적≫인 주지주의로 하여 특별한 환영을 받지 못하고 문학사의 뒤골목으로 사라져 버렸다.[109]

요컨대 북한 학계에서 보기에는 김기림이 중심이 된 모더니즘 시 운동이란 시대성과 사회성이 제거된 박제된 형식주의에 지나지 않는다. 김기림의 모더니즘에 대한 위 박종식의 평은 그런 그들의 시각을 반영한 것이라고 할 수 있다. 한마디로 그가 보기에 김기림은 '역사에 대한 방관자'이며 '시대와 현실을 외면한 순수 감각파'이자 '문학의 사회적 내용을 짓밟고 서 있는 극단의 형식주의자', '무의미하고 무내용한 언어 미장의 자아도취적인 개인 리기주의자'[110]일 뿐 그 이상도 이하도 아니다. 따라서 이후 문학사 기술에 있어서

109 박종식, 「모더니즘의 퇴페 타락상」, 『문학과 현대성』, 문학예술종합출판사, 2001, 263－264쪽(글의 제목 및 인용문은 원문의 표기법을 그대로 따름).
참고로 이 글은 1981년 처음 발표된 것으로, 그(박종식)의 평론집에 재수록된 것이다.

도 그와 그의 문학 활동은 철저하게 무시되고 부정된다.

과연 그는 우리 학계 일부의 주장처럼, 그리고 위에서 보듯 북한 학계가 공식적으로 규정한 것처럼, 첨단의 유행만을 쫓는 경박한 서구 추수주의자이며 시대 현실과는 무관하게 언어 미학과 형식미만을 강조한 극단의 형식주의자, 자아도취만을 추구했던 개인 이기주의자였던가? 그의 대표작인 『기상도』는 과연 철저하게 시대의 현실과 역사를 외면하고 민족을 도외시한 채 유행과 겉멋만을 좇은 무개념적이며 무사상적인 작품에 불과한가? 그들이 성토하는 것과는 달리, 그는 도리어 해방기에 좌익과의 관계로 인해 남쪽에 머물면서도 한동안 여러 가지 사회적 냉대와 불이익을 감수하며 지내야 하지 않았던가?

이런 질문들에 답하기 이전에 우리가 관심 깊게 보아야 할 것은 위와 같은 박종식의 해석은 그야말로 지나치게 일방적이며 독선적인 주장일 뿐이라는 사실이다. 김기림에 대한 그의 평가는 한마디로 그들 세계의 이데올로기적 가치 기준을 기계적, 교조적으로 적용한 결과다. 다시 말해서 이러한 평가는 김기림과 그가 활동했던 시기 모더니즘 문학의 역사적 의의를 조직적으로 축소하고 부정하기 위한, 미리 짜여진 각본에 따른 변명이자 핑계거리에 지나지 않는다.

어떤 의미에서 김기림의 문학사적 복권은 이러한 비정상의 정상화를 위해서도 불가피한 것이었다. 그가 지닌 문학사적 위상과 의의는 앞으로도 우리 지성사와 문학사에서 영원히 기억될 필요가 있다. 남북한 양쪽에서 문학사의 미아로 떠돌며 지내는 동안 그에 관한 적지 않은 기록과 관련 자료들이 사장되거나 아예 유실되어 현재는 그 소재조차 옳게 파악하지 못하고 있는 실정이다. 이런 현실을 바로 잡기 위해서는 이제부터라도 더 이상의 자료 유실을 막고 관련 기록들을 찾아내어 지속적으로 정리, 보존하는 조치가 이루어져야

110 위의 책, 264쪽.

만 한다. 그럼으로써 기존 연구의 미흡한 부분들을 끊임없이 보완하고 수정하는 작업이 이루어져야 한다.

최종적으로 이러한 작업들이 보태어져 그를 대상으로 하는 한 권의 완성된 평전이 등장하기를 기대해본다.[111] 그리고 그런 추모 작업이야말로 저 참혹하기 이를 데 없는 현대사의 깊은 수렁 속에서, 김기림이라는 이 땅에서 태어난 한 불우했던 천재가 남기고 간 좌절된 꿈의 기록들을 발굴하고 복원해내기 위한 최선의 방식이기도 하다.

보론: 김기림의 서울대와 동국대 재직 시절에 대한 몇 가지 추가 정리 사항

앞서 한 차례 간략하게 정리하였듯이, 김기림은 서울대학교 문리대 국문과와 사범대 영문과의 전임교수로 같은 시기 동시에 재직한 것으로 되어 있다. 당시에 서울대 문리대와 사범대는 각기 동숭동(문리대)와 을지로 5가(사범대) 쪽에 따로 건물이 있어서 같은 서울대학교라고는 하지만 사실상 별도의 학교처럼 인식되었다.

좀 더 구체적으로 살펴보면 인문대학 국어국문학과(구 문리대 국문과) 전직 교수 명단을 보면 김기림은 1946년 10월 이병기, 조윤제, 방종현, 이희승, 이숭녕, 정형용, 양주동 등과 같이 임용되어 이듬해인 1947년 3월까지 조교수로 재임한 것으로 기재되어 있다.[112] 그러나 이 경우 정확한 임용일과 퇴직일은 나타나 있지 않다.

---

111 물론 현재도 김학동의 『김기림 평전』을 비롯한 몇몇 평전 스타일의 연구서들이 있기는 하다. 그러나 양과 질에서 학계와 일반의 기대를 충족시키기에는 한계가 있는 것이 사실이다.

112 서울대학교 인문대학 편, 「전직 교수 명단」, 『교수편람』, 2008, 189쪽 참조.

이에 비해 사범대의 경우 김기림의 영문과[113] 재직 기간이 1946년 10월 22일부터 1947년 3월 31일까지로 날짜까지 정확하게 명기되어 있는 점이 눈길을 끈다. 그의 사범대 영문과 재직 사실이 기록된 것은 아마도 훗날, 같은 시기에 임용되어 근무했던 동료 교수들의 증언에 의한 것으로 보이는데, 같은 날짜에 서울사대 영문과 전임교수로 임용된 이는 김기림과 더불어 신기범, 이종수, 피천득, 강이홍, 우형규, 채관석 등 7명이다.[114]

특이한 점은 사범대 측 자료에는 그가 같은 시기에 문리대 영문과에서 발령을 받고 실제 근무는 사범대 영문과에서 하다 퇴직한 것으로 기록되어 있는 점이다. 이러한 이중 임용과 임시 발령의 사례들은 국립서울대학교 설립 초창기라는 어수선한 시기에 아직 정비되지 못한 제도적 허술함과 더불어, 문리대와 사범대 사이의 사적 협의 또는 암묵적인 공조 관계에 따른 결과로 보인다.

특히 몇몇 교수들의 경우 사범대 전임교수 신분임에도 문리대 소속 교수로 일단 발령을 받고 근무는 사범대에서 하였다는 회고로 보아서[115], 초창기 사범대는 단과대학 차원의 행정 조직과 결제 시스템이 아직 덜 정비되었던 것으로 보인다. 아무튼 김기림의 경우 사범대(영문과)에 관여는 하였으되 공식 발령은 문리대(국문과, 영문과)에서만 났고, 사범대(영문과)로의 전출명

113 초기에 사범대학 국문과, 영문과가 공식 학과 명칭이었으나, 한국전쟁기를 거치면서 문리대의 국문과, 영문과 등과의 차별화를 위한 조치로 사범대의 경우 국어과, 영어과로 학과명이 개칭되었다고 한다.
서울대학교 사범대학 국어교육과 60년사 편찬위원회 편, 『서울대학교 사범대학 국어교육과 60년사』, 한국문화사, 2010, 63쪽.

114 서울대학교 사범대학 50년사 편찬위원회 편, 『서울대학교 사범대학 50년사』, 서울대학교 사범대학, 1996, 22-23쪽 참조. 단, 이 자료는 본부 차원의 공식적인 기록으로 보기 어렵다. 덧붙여서 서울대 본부에는 그의 사범대학 교수 재직 기록이나 인사 기록 등이 남아 있지 않다.

115 이상의 사실에 대한 자세한 내용은 서울대학교 사범대학 50년사 편찬위원회 편, 앞의 책, 22-23쪽 참조. 아울러, 김기림과 정형용(문리대 국문과와 사범대 국문과 동시 임용) 이외에 다른 사범대 재직 교수들의 경우 이후에 원래 발령이 났던 문리대에서 사범대로 전출(1948. 3. 1일자) 형식으로 처리되었다.

령[116]이 있기 직전에 양쪽(문리대 국문과, 사범대 영문과)을 동시에 그만둔 것으로 되어 있다.

그러므로 같은 시기에 문리대 국문과와 사범대 영문과 양쪽에서 모두 전임교수 대우를 받았다고는 하지만, 형식상으로 그는 문리대 소속 전임교수(국문과, 영문과)로 되어 있어서 사범대학 차원에서 본다면 공식 발령은 나지 않은 셈이다. 오늘날 서울대 인문대 영어영문학과(구 문리대 영문과)와 사범대 영어교육과(구 사범대 영문과)에 공식적인 그의 인사 기록이 남아있지 않은 이유는 이런 복잡한 사연 때문인 것으로 생각된다.[117]

그가 왜 서울대 교수 임용 이후 한 학기 남짓 짧은 기간 동안의 근무를 마친 뒤 바로 퇴직을 했는가도 의문이다. 전후 사정을 미루어 추정해볼 수 있는 한 가지 단서는 그가 재직했던 동 기간(1946. 10.~1947. 3.)은 교내외에 한창 '국대안 반대 투쟁'이 들불처럼 격렬하게 타오르던 시기와 겹친다는 점이다. 짐작건대 당시 서울대 좌익계 교수와 학생들이 주동이 되어 벌인 국대안 반대 운동과 관련하여, 그가 동 대학의 교수직에 임용된 것에 대해 상당한 심적 부담을 느꼈을 가능성도 배제할 수 없다. 그러나 후술되는 사범대 국문과 출강 사례에서도 나타나듯이, 그가 교수직 사임 문제와는 별개로 이후에도 계속 서울대에서 강의를 담당하였음이 확인된다. 서울대와의 인연이 이후로도 완전히 단절된 것은 아니었던 셈이다.

김기림이 사범대 국문과에서도 강의를 담당하였다는 사실은 당시 학생 신분이었던 구인환(전 서울사대 국어교육과 교수)[118]과 한원영(전 주성전문

116 이 경우 문리대 영문과에서 사범대 영문과로 전출되는 형식이므로, 그가 별도로 재직하고 있었던 문리대 국문과의 교수직과는 별개다.

117 위에서 언급한 인문대학 국어국문학과의 기록 역시 동료 교수와 관계자의 기억에 의해 사후에 작성된 것으로 보인다. 따라서 그가 실제 근무하지 않았던 인문대학 영어영문학과에서 그의 공식 인사 기록을 찾을 수 없는 것은 어찌 보면 자연스러운 일이다.

118 구인환, 「험준한 삶의 역사적 뒤안길」, 서울대학교 사범대학 국어교육과 60년사 편찬위원회 편, 앞의 책, 208쪽.

대학교 학장)[119]의 회고에 의해 밝혀진 바 있다. 당시 사범대 국문과에는 현대문학 강의를 담당할만한 전임교수가 없었다. 한때 임시로 고정옥 교수가 〈현대국문학강독〉 강좌를 담당한 적도 있으나[120], 그는 원래 고전문학, 특히 고전시가 쪽이 주 전공인 까닭에 얼마만큼 내실 있는 강의가 이루어졌는지는 알 수 없다. 그래서 현대문학 강의는 주로 강사진들에 의해 이루어졌는데, 이 시기에 서울사대 국문과에 출강한 현대문학 전공 강사진은 김기림을 비롯하여 김억, 백철, 박영희였다고 한다.[121] 매 학기는 아니었던 듯하지만, 위 두 졸업생들의 회고에 따르면 이들 강사들의 사대 국문과 출강은 사변 직전까지 이어졌다.

김기림의 동국대학교 교수 재직 사실과 관련하여 현재까지 알아본바, 학교 본부나 문과대학 쪽에 김기림의 공식적인 인사 기록이나 재직 관련 기록들은 보존되어 있지 않다. 다만 동국대에서 공식 간행된 『동대 70년사』와 함께 2021년 현재 인터넷으로 검색 가능한 ≪동대신문≫의 관련 기사 등에서 과거 그가 동국대 문학과(얼마 후에 문학부로 개편)[122]에 재직했음을 입증해주는 자료들을 찾아볼 수 있다.

정확한 것은 더 조사를 해봐야겠지만, 대략 1946년 9월부터 1948년 말경까지 김기림은 동국대 문학과 교수로 재직한 것으로 알려졌다. 그 당시 동국대는 혜화전문학교에서 문교부의 승인을 받아 막 대학으로 승격, 개편된 상태였다.[123] 이병주의 회고에 따르면 초창기 문학과에는 국문과, 영문과 등

---

119 한원영, 「내세울 것이 없는 한 생」, 위의 책, 728-729쪽.

120 1946년도 2학기.

121 한원영, 앞의 글, 278쪽.

122 1946년 6월 19일자 ≪한성일보≫에 실린 학생 모집 공고란을 보면 '동국대학교(현 혜화전문학교)'로 명시된 교명으로 전문부와 학부에 불교과, 문학과, 사학과 1학년생 총원 각각 100명과 50명씩을 모집한다고 되어 있다.

123 동국대학교 홈페이지 대학 안내란에는 대학 승격 일자를 1946년 9월 20일로 기록하고 있다. 따라서 김기림이 동국대 교수로 정식 임용된 시기는 이 무렵을 전후해서라고 보는 것이 가장 합리적일 듯하다.

의 구분 없이 전반적인 문학 수업이 이루어졌으며, 그 결과 1회 졸업생의 경우에는 특이하게도 졸업 시에 학과를 부여하였다고 한다.[124] 김기림은 당시 문학과에서 〈문학개론〉, 〈시학〉, 〈현대문학〉 등의 강좌를 담당하였던 것으로 되어 있다.[125]

이 무렵 서울대가 국대안 반대 투쟁의 와중에서 동맹 휴학 등의 사건으로 시끄러웠던데 비해 사립대였던 동국대의 경우는 상대적으로 자유로운 분위기였다. 이런 상황에서 특히 문학 분야에 관심이 있는 비교적 우수한 자원들이 몰렸던 것으로 알려진다. 일이 제대로만 풀려나갔다면 김기림으로서도 안정적으로 계속 근무할만한 여건이 마련되었다고 판단했을 수도 있었을 것이다. 그러나 1948년 5월경에 일어난 학내 분규 사태는 그와 동국대와의 인연을 짧게 마무리짓게 만든 결정적인 사건이었다.

일부 자료에는 김기림이 한국전쟁 직전까지 동국대 교수직을 유지하였으며 전쟁 당시 피랍된 것으로 나오기도 하나[126], 여러 자료들을 교차 검증해 보면 1948년 말의 어느 무렵에 사임한 것으로 보는 것이 맞을 듯하다. 다만 그의 사직서가 대학 측에 의해 최종 승인되었는지 여부와, 승인되었다면 사직 이후에도 그가 동국대 문학과에서 일부 강의를 맡은 적이 있는지 등에 대해서는 아직 확인이 되지 않고 있다.

그가 동국대 교수직을 사임하게 된 계기는 백철의 회고에 의해 자세하게 알려져 있다. 학교의 운영 문제를 놓고 불교 종단과 교수 측의 견해가 엇갈리면서, 반대 입장을 강하게 표했던 김기림을 비롯한 27인의 교수[127]들은 항의의 뜻으로 학교 본부에 사직서를 제출한다. 이렇게 그가 동국대 전임교수직을

124 이병주, 「나의 재학생 시절」, ≪동대신문≫, 인터넷판 참조.

125 동대 70년사 간행위원회 편, 『동대 70년사(1906~1976)』, 동국대학교출판부, 1976, 83쪽, 324쪽 참조.

126 『동대 70년사』 및 이용범, 「6. 25 참화 속의 동대 캠퍼스」, ≪동대신문≫, 인터넷판.

127 『동대 70년사』를 비롯, 일각에서는 21인으로 기록하고 있기도 하다.

사직하고 나서 뒤를 이어 교수직을 제의받은 이가 바로 비평가 백철이다. 김기림과 잘 아는 사이였던 그는 처음에는 인간적인 도리 상 동국대 측의 문학과 교수 임용 제안을 선뜻 받아들이길 주저했다고 한다. 그러나 그 후 우연한 기회에 어느 자리에서 김기림을 만나고 나서 마음을 고쳐먹게 된다. 그 자리에서 김기림은 자신은 이미 되돌아갈 수 없는 처지이니 전혀 괘념치 말고, 오히려 학생들을 위해서라도 동국대 교수직을 맡아달라고 권하더라는 것이다. 백철은 그의 말을 듣고서 학교 측의 교수 임용 제안 건을 최종적으로 수용하게 되었노라고 회고한다. 1949년 초의 일이다.[128]

---

128 백철, 「노교수와 캠퍼스와 학생 (55) - 27 교수단 사건 뒤 다시 교단에」, ≪경향신문≫, 1973. 11. 12.

9장

「기상도」의 판본 비교와 정본 확정을 위한 시론

1. 판본 정리 및 비교 연구와 정본 확정의 필요성

자주 논의하여 왔으면서도, 아직 우리 학계는 김기림의 대표작인 「기상도」의 서로 다른 판본들에 대한 정확한 확인과 정리 작업에 소홀히 해온 감이 없지 않다. 잡지 『중앙』과 『삼천리』에 분재되어 최초로 활자화(1935년)된 이래로 「기상도」는 그 이듬해인 1936년과 해방 이후인 1948년, 2차례에 걸쳐 독립된 시집의 형태로 간행된 바 있다. 이들 세 판본 사이에는 철자, 맞춤법 및 띄어쓰기 등과 같은 기초적인 표기 방식 이외에, 각 판본들에 등장하는 단어와 문구 등의 수정이나 삽입, 혹은 삭제 등에 따른 차이점들이 적잖이 눈에 띈다. 그뿐만 아니라 보다 근본적인 문제, 즉 행과 연의 배열이나 구문 배치 등에 있어 가벼이 지나치기 어려운 중요한 차이점들도 확인된다. 이러한 점들은 단지 표기나 표현상의 차이에만 그치는 것이 아니라, 경우에 따라서는 시인 내면의 미묘한 의식의 변화와 주제적인 심화 과정을 뒷받침해주는 유력한 단서가 되기도 한다.

연구자들에 따라 조금씩 다를 수 있겠지만, 그간 「기상도」의 연구와 분석에 있어 자주 인용되었던 것은 정식으로 간행된 시집 수록본[1]의 내용들이다.

1 김기림, 『기상도』, 자가본, 1936.
김기림, 『기상도』, 산호장, 1948.

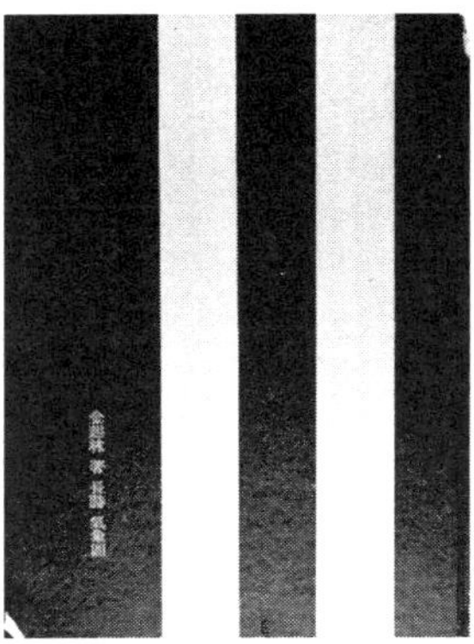

문학사적인 위치와 그 중요성으로 인해 학계 내부에서는 간간이 거론된 바 있으나, 김기림 연구가 본격화된 것은 소위 납, 월북 문인들에 대한 정부 차원의 공식적인 해금 조치가 단행된 1988년 이후의 일이다. 이전에도 물론 원본 시집을 복제한 복사판과 영인본들이 각 대학의 국문과 주변에 돌아다니기는 했지만, 자료 자체의 선명도가 떨어지는 단점으로 해서 여러 가지 어려움이 있었던 것이 사실이다. 연구 과정에서 오독되거나 잘못 인용된 텍스트의 내용들이 제대로 된 검토 과정 없이 후속 연구자에 의해 무분별하게 재인용되면서 부수적인 문제점들을 파생시키기도 했다. 후에 비공식적인 출판 자료[2]가 등장하기도 했으나, 이 또한 부분적으로 참조되는 정도에 그쳤던 듯하다.

이런 이유 등으로 해서 한동안 연구자들이 주로 참조하였던 텍스트는 해금 직전 출판된 김세환 · 김학동 편, 『김기림전집』 제1권 : 시(심설당, 1988)[3]에 수록된 것이다. 이 심설당 판본의 경우 1948년에 간행된 산호장본 『기상도』의 철자와 표기를 따르고 있으나, 실제에 있어 적지 않은 오류들이 산재해 있다는 점에서 문제가 된다. 무엇보다도 책의 목차란에 '기상도 (1936. 7.)'

『기상도』 시집의 겉표지. 은색을 사용한 점은 동일하나, 일제시기 발간된 자가본의 경우 검은색 바탕인데 반해, 해방 이후 발간된 산호장본의 경우 흰색 바탕을 사용한 점이 이채롭다.
사진 좌 : 자가본(1936)
사진 우 : 산호장본(1948)

2 김기림, 『기상도』, 기민사, 1987.

3 이 전집은 서지학자인 김학동 교수(서강대)와 유족인 김세환(김기림의 장남)씨가 공동으로 편집한 것으로 납, 월북 문인들에 대한 전면적인 해금 조치가 있기 직전인 1988년 1월 30일 발간되었다. 근현대문학사의 정상적인 복원을 위해서라도 몇몇 납, 월북 문인들에 대한 해금은 반드시 필요하다는 여론이 당시 문학계와 문화예술계 내부에서 본격화되자 정부의 고민도 깊어졌다. 그러나 이때만 하더라도 공식적인 해금 조치가 내려지기 이전이었으므로, 당연히 이 전집의 출간에 대한 정부의 대응에 사회의 이목이 쏠렸다. 다행히도 문공부에 의해 2월 15일, 이 책에 대한 납본 필증이 교부되었고, 얼마 뒤인 3월 31일 김기림과 정지용에 대한 문학적 해금이 공식 발표되면서 변화의 조짐이 일기 시작했다. 드디어 그해 10월 27일, 이적성 표현이나 이데올로기 문제와 무관한 것에 한정한다는 일부 제한 규정이 붙기는 했지만, 납, 월북 문인들이 남긴 해방 이전의 작품들에 대한 전면적인 해금 조치가 발표됨으로써 이후 이들 작가와 작품들에 대한 자유로운 논의와 인용, 나아가 공식 출판물에서의 작품 전재 및 수록이 가능하게 된 것이다.

이라고 표기함으로써 마치 1936년 발간된 자가본[4]의 내용을 수록한 듯한 오해를 불러일으켰으며, 덧붙여서 본문의 속 표지에는 다시 '기상도 (1936. 7.~1948. 9.)'라고 표기하면서 두 판본 가운데 과연 어떤 것을 근간으로 하였는지 혼란을 초래한 바 있다.

이러한 문제점들은 한참 뒤인 2014년, 박태상 주해, 『원본 김기림 시 전집』(깊은샘, 2014)이 발간되면서 어느 정도 해소된다. 이 책은 1936년 발간된 시집을 그대로 복제하여 주해를 단 것으로, 원문의 표기 방식과 인쇄 상태 등을 비교적 정확하게 전달해준다는 점에서 이후의 연구자들에게 많은 도움을 주었다. 그러나 물론 단점도 있다. 국판 지형에 맞추려다 보니 활자의 크기를 넉넉하게 키울 수 없었고, 그런 상태에서 선명도를 높이려다보니 일부 글자들이 검게 뭉개지는 현상이 발생했다.[5] 원본을 별도로 입수하여 비교해보지 않는 이상, 이런 글자들은 결국 전후의 문맥을 통해 간접적으로 유추하거나 다른 판본들과의 비교를 통해 추측하는 길밖에는 없다. 애초의 문제점이 완전히 해결되었다고 보기는 아직 이른 셈이다.

물론 원본 시집을 입수하여 원 텍스트를 직접 확인하고 인용하며 연구하는 경우도 없지는 않겠지만, 이 경우는 자료 자체에 대한 접근의 어려움과 연구 편의 등의 문제로 인해 제한적으로만 활용되고 있는 실정이다. 현재 많은 연구자들이 위에 거론된 두 판본(심설당판(1988)과 깊은샘판(2014))에 주로 의존하여 「기상도」 연구를 진행해나간다. 해당 판본들은 각기 1948년 발간된 산호장본(심설당판)과 1936년 자가본 시집(깊은샘판)에 근거한 것이니만큼 결국에는 이들 두 시집의 수록본이 많은 경우 「기상도」 연구의 기본

4 창문사본으로 거론되기도 하나, 뒤의 판권란에 저작 겸 발행인을 김기림으로, 인쇄소를 창문사로 표기하고 있기에 엄밀한 의미에서 보면 자가본으로 분류하는 것이 타당하다고 판단한다.

5 자료의 상태가 이전에 발간된 바 있는 영인본(윤여탁 편, 『한국 현대 시사 자료 집성 · 시집편』 24권, 태학사, 1988, 575-608쪽)의 것과 매우 흡사하다는 점에서, 시집 원본이 아닌 영인본의 내용을 전사한 것이 아닌가 하는 추측을 해보게 된다.

텍스트 역할을 해온 셈이다.

최초 발표지면의 수록본을 포함하여 세 가지 판본 모두 각각의 개별적인 특징과 의의는 분명히 있다. 따라서 어느 하나의 판본만을 놓고 분석한다는 것은 올바른 연구 태도라고 볼 수 없다. 이들 세 판본을 모두 함께 놓고 비교하며 접근하는 자세가 가장 바람직하다. 그리고 그런 가운데 「기상도」의 정본을 어느 것으로 정하느냐가 추가로 논의되어야 한다. 요컨대 「기상도」 판본의 세부적인 정리 작업과 정본 확정 문제는 더 이상 미룰 수 없는 학계의 당면 과제임을 깊이 인식할 필요가 있다. 철저한 고증과 판본들 사이의 비교를 통해 각각의 특징들을 살펴보고 그 차이 및 변화 과정을 추적하는 한편, 그런 특징과 차이, 변화가 암시하는 내적인 의미들을 추출해봄으로써 보다 정교한 텍스트 이해의 기본 틀을 마련하려는 것이 이번 시도의 목적이다.

2. 예비적 검토

1) 첫 발표 당시의 사정

「기상도」가 처음 발표, 게재된 지면은 잡지 『중앙』이다. 『중앙』은 조선중앙일보 산하의 월간 종합지로, 게재에 즈음하여 이 텍스트에 대해 색다른 언급을 가한 바 있다. 첫 연재분을 수록하면서, 그 후기에서 『중앙』의 편집진은 이것이 '신시의 새 경향을 보여주는 문제작'이며, '시단에 있어 파문이 생겨질 작으로 믿'[6]는다고 공언한다. 다시 말해서 이 같은 김기림의 새로운 시도에 어느 정도 기대와 우려가 반반씩 한데 뒤섞인 시선을 흘려보낸 것이다.

첫 발표 지면이 관심을 끈 것은 무엇보다도 연재를 시작할 당시 실린,

6 「편집여록(編輯餘錄)」, 『중앙』 3권 5호, 조선중앙일보사, 1935. 5., 150쪽.

시인 자신의 야심과 포부를 고스란히 드러낸 서언 성격의 글 때문이다. "한 개의 현대(現代)의 교향악을 계획(計劃)한다."라는 진술, 그리고 "현대문명(現代文明)의 모든 면(面)과 능각(稜角)은 여기서 발언(發言)의 권리(權利)를 거절당하는 일이 없을 것이다."라는 진술에서 시인은 일찍이 본 적이 없는 장대한 스케일로 현대문명의 제반 요소를 두루 담아 빠짐없이 표출해보고 싶다는 소망을 피력한다. 이로 볼 때 장시로의 기획은 이미 첫 발표 단계에서부터 어느 정도 의도된 것으로 보인다.

그러나 이후 『중앙』지에서의 연재는 미처 마무리가 덜된 채 단 2회로 중단되고 만다. 후반부는 파인 김동환이 주재하던 또 다른 월간 종합지 『삼천리』로 옮겨 게재된다. 왜 굳이 지면을 옮겼어야 했는지, 그리고 발표 시점들은 또 왜 그렇게 들쭉날쭉한지[7]에 대한 궁금증이 일기도 하나, 그 깊은 속사정에 대해서는 현재로선 정확히 알 길이 없다. 단지, 이 텍스트가 『중앙』지에 처음

7 분재 당시 각각의 발표 시점은 다음과 같다.
「기상도 · Ⅰ」, 『중앙』 3권 5호, 조선중앙일보사, 1935. 5.
「기상도 · Ⅱ」, 『중앙』 3권 7호, 조선중앙일보사, 1935. 7.
「기상도 · 종편(終篇)」, 『삼천리』 7권 11호, 삼천리사, 1935. 11.
「차륜(車輪)은듯는다」, 『삼천리』 7권 12호, 삼천리사, 1935. 12.

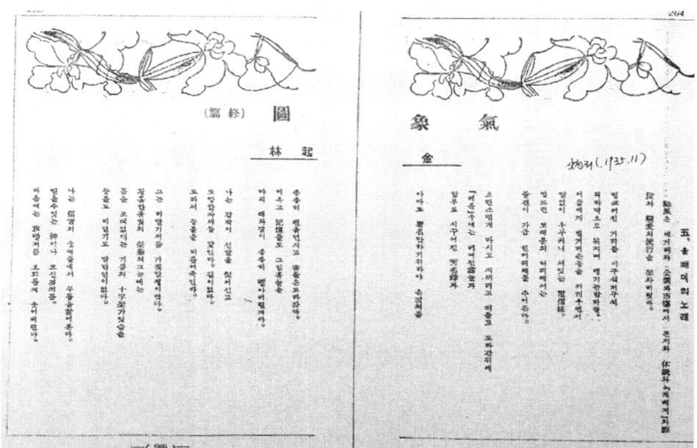

사진 : 『삼천리』지에 실린 「기상도」 연재분의 원문 일부.

게재되었을 무렵만 하더라도 후속 작업들과 관련된 구상이 완벽하게 정리된 형태로 김기림의 머릿속에 자리 잡고 있었던 것은 아니지 않은가 하는 의문을 던져보게 된다.

무엇보다도 Ⅱ편이 게재된 다음, 넉 달이나 지나서 지면을 옮겨 연재를 이어간 점이 어색하게 생각된다.[8] 여기 덧붙여서, 정상적인 경우라면 제목에서처럼 마무리 종결편이 되었어야 할 종편(「기상도 · 종편」)이 종편으로서의 주어진 소임을 다하지 못한 채 어설프게도 중간 연결편이 되고만 억지스러운 설정 또한 눈에 띈다. 김기림은 애초에는 「기상도 · 종편」으로써 텍스트 전체를 마무리 짓고 싶었던 것이 아닌가 한다. 그러나 다시 살펴보니 그렇게 마무리를 지어버리기에는 구조적으로 미진한 점들이 너무 많이 발견되었던 것은 아닐까? 그렇기에, 어쩔 수 없이 그것을 보완해줄 후속편을 다시 준비하였던 것은 아닐까? 그리하여 애초의 구상에는 없었던 마무리편을 서둘러 완성하여 다음호에 싣지 않았을까?

앞서의 발표분이 「기상도 · 종편」이라는 제목으로 지면에 게재되었던 만큼, 이 후속편의 제목에 '기상도'를 다시 넣는 것은 모순이요 자가당착인 결과를 초래한다. 그런 까닭에 내용상 명백히 이 「종편」의 뒤를 잇는 것임에도, 이 경우엔 '기상도'라는 단어를 제목에서 배제했을 가능성이 크다. 이런 추측은 물론 아직까지는 확인되지 않은 하나의 가설에 불과하다. 그렇다고 할지라도 이어서 발표된 「차륜은듯는다」의 경우, 누가 보더라도 종편 이후 연결되는 마무리 완결편의 내용을 담고 있는 것이 사실이다.

---

8 이 문제와 관련하여 김기림은 박귀송과의 대담에서 이러한 발표 지면 이동이 그의 의지가 아니었음을 분명하게 밝힌다. 즉 『중앙』지의 편집 사정으로 인해 부득이 연재를 중단하였으며 이후 『삼천리』로 옮겨 연재를 지속할 수밖에 없었다는 것이다. 그리고 이 문제에 대해서는 그로서도 매우 유감스럽게 생각한다는 진술이다. 이로 미루어 연재 당시 중간 과정에서 『중앙』지 편집진과 모종의 불편한 관계에 있었으며, 그것이 연재 중단의 직접적인 이유였던 것으로 짐작할 수 있다.
박귀송, 「문인들과의 잡담집 – 새 것을 찾는 김기림」, 『신인문학』, 1936. 2., 91쪽.

2) 초판 및 재판 시집 출간 전후의 특이점들

처음 발표 당시에는 준비가 부족했지만, 김기림은 곧 자신의 부족한 점을 보완할 방도를 찾아낸다. 「기상도」라는 큰 제목 아래 독립된 한 권의 시집으로 엮으면서, 전체의 체재와 내용, 기타 세부적인 사항들을 다듬고 정비하는 방식이다. 그리고 이를 곧장 실행에 옮긴다. 마침 든든한 친구인 이상과 구본웅이 나서서 자신의 일인 양 적극 거든다.[9] 그래서 탄생한 것이 1936년에 발간된 자가본 초판 시집 『기상도』이다.

이 시집에서 우선 김기림은 독립된 제목으로 발표되었던 「차륜은듯는다」를 문제가 되었던 『기상도』의 끝 부분에 배치, 삽입함으로써 작품의 완성도와 완결성을 높인다. 이와 더불어 텍스트 각 부분의 구성과 소제목들을 일부 정비한다. 그 결과 완성된 체재와 구성은 다음과 같다.[10]

<table>
<tr><th colspan="4">최초 발표당시(1935)</th><th>장시 『기상도』
(자가본, 1936. 7.)</th><th>장시 『기상도』
(산호장, 1948. 9.)</th></tr>
<tr><td rowspan="5">『중앙』
3권 5호
(1935. 5.)</td><td rowspan="5">기상도
(氣象圖)
·1</td><td rowspan="2">일
(一)</td><td>아침의표정
(表情)</td><td>세계(世界)의아츰</td><td>세계(世界)의아침</td></tr>
<tr><td>시민(市民)
행렬(行列)</td><td>시민(市民)행렬(行列)</td><td>시민(市民)행렬(行列)</td></tr>
<tr><td rowspan="3">이
(二)</td><td>태풍(颱風)
의기침(起寢)</td><td rowspan="3">태풍(颱風)의기침(起寢)시간(時間)</td><td rowspan="3">태풍(颱風)의기침(起寢)시간(時間)</td></tr>
<tr><td>손</td></tr>
<tr></tr>
<tr><td>『중앙』
3권 7호
(1935. 7.)</td><td>기상도
(氣象圖)
·Ⅱ</td><td>삼
(三)</td><td>만조(滿潮)로
향(向)하야</td><td>자최</td><td>자최</td></tr>
</table>

9 김기림이 이 시집을 인쇄, 제작한 창문사는 당시 구본웅의 아버지인 구자혁(具滋爀)이 1934년 9월 인수하여 경영하던 곳이었다. 구본웅은 자신의 친구인 이상에게 인쇄소에서 인쇄되는 지면들의 편집과 교열을 부탁함으로써 이상은 한동안 이곳에 출근하게 된다.

10 교정을 담당하던 이상이 시집 구성과 편집에 일부 관여한 듯하나, 그 비중은 그리 크지 않은 듯 보인다. 시집의 형식과 내용에 대한 전체적인 결정과 정리 작업은 역시 김기림에 의해 완성되었다고 보는 것이 타당하다.

최초 발표당시(1935)				장시 『기상도』 (자가본, 1936. 7.)	장시 『기상도』 (산호장, 1948. 9.)
		사(四)	병(病)든풍경(風景)	병(病)든풍경(風景)	병(病)든풍경(風景)
『삼천리』 7권 11호 (1935. 11.)	기상도(氣象圖) · 종편(終篇)	오(五)	올배미의노래	올배미의주문(呪文)	올배미의주문(呪文)
『삼천리』 7권 12호 (1935. 12.)	차륜(車輪)은듯는다			쇠바퀴의노래	쇠바퀴의노래

초판 자가본 시집의 체재와 구성, 소제목 등은 해방 이후 발간된 산호장본 시집에서도 거의 그대로 유지된다.[11] 오늘날 우리가 일반적으로 알고 있는 「기상도」의 기본 체재와 구성이 이때 완성된 것이다. 기억해둘 사실은 이 두 시집들의 경우에는 표지에서부터 유독 이 시가 갈래 상 '장시(長詩)'에 속한다는 것을 강조하고 있다는 점이다.[12]

김기림이 남긴 다른 시집들의 경우 시인 자신이 쓴 서문[13]이나 발문[14]이

---

11 제1부의 소제목이 〈세계의아츰〉에서 〈세계의아침〉으로 일부 철자만 바뀐 것을 제외하면 사실상 1936년 자가본의 체재와 소제목이 그대로 유지되고 있다. 산호장본의 경우 시집 뒤편에 붙은 목차에 7부의 소제목이 〈쇠바퀴의소래〉로 나오기는 하나, 본문에는 〈쇠바퀴의노래〉로 제대로 되어 있어서 이러한 차이는 단순 오식에 불과한 것이라고 판단한다.

12 표지와 속표지에 '장시(長詩) 기상도(氣象圖)'라고 표기해놓고 있다.
아래 사진 : 자가본(1936) 속표지의 제목 표기. 속표지에 두 줄 횡서 형태로 표기되어 있다. '장시'는 윗줄 왼쪽에서 오른쪽의 순서로 조금 작은 활자로, '기상도'는 아랫줄 오른쪽에서 왼쪽의 순서로 큰 글씨로 조판되어 있는 것이 특징적이다.

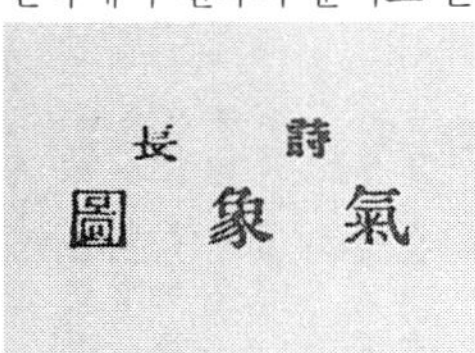

13 『태양의 풍속』(1939)과 『바다와 나비』(1946)의 경우.

14 『새노래』(1948)의 경우

붙어있는 반면에, 시집 『기상도』의 경우에는 텍스트 외에 다른 어떤 것도 찾아볼 수가 없다. 오직 작품만으로 독자들에게 다가서겠다는 의미일 텐데, 그런 그의 의도가 얼마만큼 효과를 거두었는지는 다소 의문이다. 장시라는 양식 자체와 구성 방식에 대한 생소함도 문제겠지만, 주제나 내용이 일반 독자들로서는 언뜻 이해하기 어려운 수준이기 때문이다.

이와 별도로 이들 시집의 출판 과정 또한 눈여겨볼만 하다. 1936년 자가본 시집의 경우에는 시집의 교정과 표지 장정을 구인회 동인이자 문우인 이상이 담당했다. 당시 이상이 재직하고 있던, 그리고 이상과 김기림의 또 다른 친구이자 동료인 화가 구본웅의 아버지가 인수하여 경영하던 창문사에서 인쇄한 까닭에, 자가본이기는 해도 김기림은 거의 실비 정도만을 부담하는 선에서 출판할 수 있었던 듯하다. 이와 관련된 전후의 사정들을 잘 드러내주는 것은 당시 『기상도』의 편집과 교정을 보던 이상이 동북제대 영문과 유학을 위해 일본에 가 있던 김기림에게 부친 몇 통의 편지에 담긴 내용이다.

> 기상도(氣象圖) 되었으니 보오. 교정(校正)은 내가 그럭저럭 잘 보았답시고 본 모양인데 틀린데는 고쳐보내오.
>
> 구군(具君)[15]은 한 천부(千部) 박아서 팔자고 그럽디다. 당신은 오십(五十)원(圓)만 내구 잠자코 있구려. 어떻소? 그 대답도 적어보내기 바라오.
>
> 참 체재(體裁)도 고치고 싶은대로 고치오.[16]

한편, 1948년 출간된 산호장본[17]의 경우에는 시단 후배들인 장만영과 김

---

15 구본웅을 말함.

16 「사신(私信) 삼(三)」의 내용 일부 (김주현 주해, 『정본 이상 문학 전집』(03-수필 기타), 소명출판, 2005, 242쪽.)
이외에도 「기상도」 교정과 관련된 내용은 이상이 김기림에게 부친 「사신(私信) 이(二)」의 말미에도 짤막하게 언급되고 있다.

17 사진 : 산호장본 『기상도』 시집 판권란에 찍힌 저자 직인

경린이 거들었다. 우선 장만영은 자신이 경영하던 출판사 산호장에서 이 시집의 재판을 찍도록 배려한다. 김경린은 구성에 관여한 것으로 되어 있는데, 여기서의 구성이란 지면상의 배치나 활자 배열, 시행 사이의 간격 등 시각적이고 외형적인 요소들을 의미하는 것으로 생각될 수 있다. 그러나 산호장본의 경우는 앞서의 자가본과는 편집 방식이나 표기법, 부호의 사용 등에 있어서 조금 차이가 난다는 점에서, 시집 구성을 맡은 김경린이 교정과 편집 작업에 일부 관여한 것은 아닐까하는 추측이 나돌기도 한다.[18] 뚜렷한 자료나 증언이 남아 있지 않아 더 이상의 상세한 추적은 어렵겠지만, 그랬을 가능성에 대해서도 충분히 염두에 둘 필요가 있어 보인다.

『기상도』 초판 자가본의 교정과 표지 장정을 위해 수고한 이상과 재판 산호장본의 구성을 담당한 김경린은 모두 김기림과 함께 우리 문학사상 모더니즘 계열의 문인으로 분류되는 이들이다. 뿐만 아니라 이 둘(이상, 김경린)은 또한 원래 이공 계열의 학문을 전공한 공학 전공자들[19]이기도 하다. 김기림이 이들 공학도 출신 문인에게 초판과 재판 『기상도』 시집의 출간 시 도움을 받았다는 사실은 우리 문학사의 특이한 장면 가운데 하나로 기억되어야 할 것이다.

18 흥미로운 점은 얼마 뒤에 발간된 김기림의 수필집 『바다와 육체』(1948)의 장정('장화(裝畵)'로 표기됨)도 김경린이 담당했다는 사실이다.

19 널리 알려져 있다시피 이상은 경성고공 건축과 출신이며, 김경린 역시 일본 유학을 거쳐 한양대 토목과에 편입, 졸업한 공학도이다.

3. 표기상의 특징 비교

오늘날과 같이 엄격한 규정의 적용을 기대할 수는 없기에, 이 시절에 간행된 지면들에서 표기법상의 편차와 진폭이 발견되는 것은 어쩌면 당연한 현상인 듯하다.「기상도」 역시 마찬가지다. 시집이 간행됨에 따라 표기법이 안정되고 차츰 자리가 잡혀가는 듯 보이기는 하나, 자세히 살펴보면 여전히 불안정한 경우들이 많이 검출된다. 이 말은 이 세 판본의 표기법상의 특징을 일률적인 시각에서 설명하거나 비교하기 어렵다는 것을 뜻한다.

게다가 선행 판본의 내용을 참조해가며 그때그때 수정하고 보완하는 형태로 후속 작업들을 진행하였던 때문인지, 이전에 보였던 표기법상의 특징이 후속 작업에서도 그대로 이어지는 경우들이 관찰된다. 변경된 사례들에서도 일률적인 기준에 따라 변경되었더라면 좋았겠으나, 대다수는 새로운 판본에서 수정되어 있는 가운데에도, 일부 표기들이 이전 판본의 예를 따른 경우들이 간혹 발견되니 더욱 문제가 된다.

어찌되었건「기상도」의 세 가지 판본은 혼란스러운 가운데서도 그들 나름의 표기법상 특징들을 가지고 있다. 이들 서로를 비교해가며 그 특징을 살펴보면 아래와 같은 사항들을 알게 된다.

단어와 어휘들의 표기법상 특징만을 놓고 본다면, 1935년 잡지『중앙』과『삼천리』에 최초 발표된 텍스트와 1936년 자가본의 텍스트는 유사한 점이 상당히 많다. 시기적으로 가까웠으니 이 당시의 조선어 규정이나 표기상의 관행을 공통적으로 적용받아 따랐던 결과라고 볼 수도 있겠다.[20]

예컨대 어미 표기에서 쌍자음 'ㅆ' 대신 자주 단자음 'ㅅ' 형태를 취한 것이나[21], 오늘날 '-르' 형태로 표기되어야 할 단어를 '-ㄹ르-'의 형태의 'ㄹ'

20 물론 이러한 규정에 따른 표기법이 오늘날처럼 엄격하게 일률적으로 지켜진 것은 아니다. 일부 예외가 발견되며, 이는 필자나 교정자, 편집인 등이 사안에 따라 자의적으로, 또는 관행적으로 적용한 경우로 추정된다.

음 연속으로 표기한 것[22] 등이 대표적인 경우다. 이중모음 '-져 / -쳐'로 표기되어야 할 것들이 단모음 형태의 '-저 / -처'로 표기된 점[23] 역시 눈길을 끈다. 두 판본에서 모두 분철 표기되어 있는 '집웅'이라는 단어의 사용 역시 눈여겨볼 부분이다.

물론 차이점도 발견된다. 'f' 원음의 외래어의 경우 최초 발표 당시의 지면에서는 'ㅍ'으로 표기하였으나, 자가본의 경우에는 'ㅇㅍ'으로 표기한 것[24]과, 최초 발표 당시에 간혹 어두에 'ㅺ', 'ㅽ' 형태의 'ㅅ'선행 이중자음이 사용되었으나[25], 자가본에서는 쌍자음 'ㄲ', 'ㅃ'의 형태로 수정된 점이 그것이다.

'-덦이고', '어르많이는', '비닭이'와 같은 오늘날에는 쓰이지 않는 받침 형태의 이중자음의 사용[26], '바다ㅅ가', '비ㅅ발', '불ㅅ길', '쇠ㅅ소리', '너머ㅅ장'에서 보이는 독립된 사이시옷의 사용은 특이하게도 1936년의 자가본에 주로 많이 등장한다. 다만 이 경우는 같은 판본 내에서도 조금씩 다른 표기방식의 사례들도 발견되기에[27] 일관되게 적용되었다고 보기는 어렵다.

---

21 '살아낫고'(초/자), '가로누엇다'(초/자), '바래보냇다'(초/자), '흐터젓다'(초/자), '언저두엇습니다'(초/자), '세웟스나'(초/자) 등. 이하 최초 발표지면의 경우는 '초'로, 1936년 자가본 시집의 경우는 '자'로, 1948년 산호장본 시집의 경우에는 '산'으로 각기 약자 형태로 괄호 속에 넣어 구분한다.

22 '둘른'(초/자/산), '굴르는'(초/자/산), '몰릅니다'(초/자), '갈르고'(초/자/산) 등.

23 '꼬부라저'(초/자), '자빠저'(초/자), '뒤저놓고'(초/자), '꺼저'(초/자/산), '소스라처'(초/자/산), '처다보는'(초/자) 등.

24 'ㅇ파씨스트'(자), 'ㅇ파우스트'(자/산) 등. 산호장본의 경우는 각기 '파씨스트', 'ㅇ파우스트'로 달리 표기되어 있는 것을 볼 수 있다.

25 'ᄭᅢ여진'(초), 'ᄭᅢ끗하게'(초), 'ᄲᅮ리'(초) 등.
단, 이 경우는 『삼천리』지에 연재된 부분에서만 등장한다. 『중앙』에 발표되었을 당시는 '떨리는', '깨여진'과 같은 표기가 나온다는 점에서 이러한 표기 상의 차이는 해당 발표지 편집진의 편집 방침과 연관이 있는 것이 아닌가 하는 추측을 해보게 된다.

26 몇 가지 예외는 있다. '간엷힌'(초/자/산)의 경우 세 판본 모두 동일한 표기의 이중자음 받침이 사용되고 있다. '슲은'(자/산)과 '슲읍니다'(자/산)의 경우 또한 산호장본에도 등장한다는 점에서 유의해서 살펴볼 필요가 있다.

27 '언저두엇습니다', '어르만지며', '비들기' '불낄', '기빨'등.
한편 산호장본의 경우에도 '불ㅅ길'과 '불낄'의 경우는 나란히 등장하고 있는 것이 확인

이에 비해, 산호장본의 경우는 대체로 해방 이후 정비된 규정에 따라 형태주의적 표기가 강화된 것이 사실이나 아직 완벽하게 정리된 것은 아니다. '흐터젓다', '어더맞으며', '부짧은' 등의 표기가 군데군데 남아있기 때문이다. 또 표기법의 문제와는 결이 다르지만, 「기상도」의 3부 〈태풍의기침시간〉과 7부 〈쇠바퀴의노래〉 마지막 부분에 등장하는 '부(府)의 게시판'이 해방 이후 출간된 산호장본에서는 '시(市)의 게시판'으로 바뀐 점도 새겨둘 부분이다. 행정구역 명칭의 정리와 더불어 시대에 맞게 변경한 것이라고 볼 수도 있겠으나, 더 중요한 것은 여기서 말하는 부(府)나 시(市)가 당시의 조선, 또는 해방된 한국의 중심인 경성(서울)을 염두에 둔 어휘임을 인식할 필요가 있다.

부호 표기에 있어 두드러진 점은 최초 발표지면과 자가본 시집에는 시행의 말미 등에 군데군데 적절하게 마침표[28]와 물음표, 느낌표 등이 활용되었지만, 산호장본의 경우 이들이 모두 삭제되어버렸다는 점이다. 의도적인 제거의 흔적이 아닐 수 없다. 이와 함께 앞서의 두 판본에서는 외래어와 대화를 겹낫표(『 』) 속에 묶어 표기하였으나[29], 산호장본의 경우에는 이것이 화살괄호(〈 〉)로 대체되어 있다. 산호장본에서 사용된 문장 부호는 간간이 보이는 말줄임표(……)와 가운뎃점(·), 줄표(—)[30] 정도다.

된다. 그러나 이 경우는 독립된 형태의 사이시옷이 등장하는 다른 용례가 없는 것으로 보아 교정 과정의 실수였을 가능성이 크다.

28 종서로 편집되었던 만큼, 마침표는 온점(。)의 형태로 표기되는 것이 원칙이다. 산호장본에서 마침표는 오직 한 군데 표기되어 있으나('성층권으로 소스라처 올라갔다.'), 이는 사실상 인쇄, 편집 및 교정 과정에서의 실수로 보는 것이 옳다.

29 특이한 점은 흔히 사투리로 알려진 '투레기'가 이들 외래어나 대화와 함께 겹낫표나 홑화살괄호와 같은 문장 부호 속에 들어있는 점이다. '따꼽쟁이'와 같은 다른 사투리가 동일한 문장 부호 사용에서 배제된 점을 보면 '투레기'의 경우는 예외적이고 특수한 예라고 하겠다.

30 자가본에서 느낌표가 사용된 곳은 산호장본에 이르면 최초 발표 지면에서처럼 다시 줄표로 되돌아가는 것을 볼 수 있다.

4. 구성과 배치 면의 특이점

흔히 「기상도」는 전체 7부 424행의 장시로 알려져 있다. 그러나 차분히 살펴보면 전체 7부 426행이라는 것을 확인하게 된다.[31] 선행 연구에서 범했던 오류를 별다른 확인 과정 없이 후속 연구자들이 답습하면서, 잘못된 정보가 계속 유포되어 내려온 결과 마치 정설처럼 굳어진 예다.

7부 426행이라는 숫자는 일단 1936년 발간된 자가본 시집의 수록 내용을 기준으로 한 것이다.[32] 이 시집의 경우는 원문의 소제목들이 다소 굵은 활자로 강조되어 있기는 하지만, 시 텍스트의 내용과 따로 분리되어 있지는 않으니 전체 행수에 포함시키는 데 별 이의가 없다. 그러나 해방 이후에 발간된 산호장본의 경우를 보면 이런 소제목들이 아예 별도의 독립된 한 장(페이지)으로 처리되어 있어서 텍스트의 내용과는 시각적으로 완전히 분리되어 있다.[33] 각 부별 개별성과 독립성을 강화하고자 한 편집자의 의중이 반영된 결과일 텐데, 이런 식의 편집은 전체의 행수를 세는 데 있어서도 다소간 혼란을 초래한다. 그러나 개인적인 판단으로는 소제목도 어차피 작품의 일부이니만큼 행수를 따지는 데 있어서는 기존처럼 포함시키는 것이 옳다고 본다.

산호장본의 경우도 전체적으로 보면 자가본과 같이 7부 426행으로 계산된다. 얼핏 자가본과 행수가 동일하니까 행의 배열 역시 일치한다고 생각하기

31 1936년 자가본 시집을 기준으로 한 것이다. 이 행수는 각 부의 소제목을 포함한 것이며, 시집의 맨 마지막에 부기된 '칠(七) · 칠(七)'이라는 행(발행일자가 1936년 7월 8일인 것으로 보아, 최종 교정을 완료한 날인 듯하다.)을 제외한 것이다.

32 최초 발표지면들에서는 「차륜은듯는다」의 경우 독립된 제목으로 제시되어 있고, 이를 포함시켜 보면 전체가 8부로 구성되어 있는 등 일률적으로 판단하기가 애매한 점이 있기 때문이다.

33 편집의 의도는 전체의 체계를 중시하되 각 부별로 내용 면에서 일단락을 짓고 다음 단계로 넘어가는 것을 부각시키고자 한 듯하다. 한편으로 이런 배치와 구성은 김기림이 강조했던 장시만의 특징, 즉 '극적 발전'(김기림, 「시와 현실」, 『시론』, 백양당, 1947, 141쪽.)의 요소를 강화한다는 취지에서 주목해볼 필요가 있다.

쉬우나 세부적인 내용으로 넘어가면 약간씩의 차이가 발견된다. 일례로 1936년 자가본에서는 "배추장사가 그들의 군소리를 담어가려오기를 어떻게 기다리는지몰릅니다."와 같이 1행으로 나온 대목이 1948년 산호장본에 이르러서는 "배추장사가 그들의 군소리를 담어갖어오기를 / 어떻게 기다리는지모릅니다"와 같이 2행으로 나뉘어져 처리된 것을 볼 수 있다. 그런가 하면 자가본에서 "선부(船夫)들은 그들의탄식(歎息)을 기적(汽笛)에게맡기고 / 자리로 돌아간다."와 같이 2행으로 배열된 대목이 산호장본에서는 1행으로 합쳐진 경우도 보게 된다.

다음은 소제목까지 포함한 자가본(1936)과 산호장본(1948) 「기상도」의 행수다.[34]

	자가본	산호장본
전체	426행	426행
제1부 : 세계의아츰(침)	33행	32행
제2부 : 시민행렬	36행	39행
제3부 : 태풍의기침시간	62행	62행
제4부 : 자최	111행	109행
제5부 : 병든풍경	41행	41행
제6부 : 올배미의주문	80행	80행
제7부 : 쇠바퀴의노래	63행	63행

행의 구성과 배치 면에서 주의해서 보아야 할 부분은 첫 발표지면에서와는 달리, 시집 수록본들에서 이들 일부가 조정되었다는 점이다.

34 유의할 점은 산호장본의 경우 한 행의 처리가 두 줄에 걸쳐 이어지는 부분이 있고, 인쇄 시 이런 부분들을 따로 구분하기 위한 별도의 들여쓰기나 내어쓰기 처리가 되어 있지 않은 까닭에 간혹 행수 계산에 있어 혼란을 불러일으키기 쉽다는 점이다.

제2부 〈시민행렬〉에 등장하는 "마님 한푼만 적선하세요. / 내얼골이 요로케 이즈러진것도 / 내팔이 이러케 부러진것도 / 「마님과니말이지 내어머니의 죄는 아니랍니다.」 / 「쉿 무명전사(無名戰士)의 기념제(記念祭)행렬(行列)이다.」 / 뚜걱뚜걱뚜걱……" 부분은 첫 발표지면에서는 중간에 배치되었으나, 이후 간행된 시집들에서는 종반부로 옮겨져 재배치되고 있는 것을 볼 수 있다.

이런 예는 또 있다. 제6부 〈올배미의주문〉에 등장하는 "너는 애급(埃及)에서 도라온 「씨-자」냐? / 너의주둥아리는 진정독수리냐? / 너는 날개도친 힌구름의종족(種族)이냐? / 너는도야지처름 기름지냐? / 너의숨소리는 바다와 같이 너그러우냐? / 너는과연(果然) 천사(天使)의가족(家族)이냐?"라는 시적 화자의 자기 자신에 대한 반문 부분 역시 이후 시집들에서 그 위치가 변경되었다.

반면에 아예 삭제된 부분도 있다. 제5부 〈병든풍경〉 중간에 등장하는 "그도 / 고향(故鄕)은 언제던지 / 바다의 저편에 잇다고 생각한 / 미련한 방랑자(放浪者)의 종족(種族)이엇다."라는 부분은 이후 시집들에서는 완전히 빠져있다.

연의 구분과 배치에는 더 많은 변화가 있다. 애초에 구분되었던 연들이 합쳐지기도 하고, 따로 분리되기도 한다. 아울러 특정 시행들은 판본에 따라 제각기 달리 분련되어서 위나 아래 연에 재배치되는 일도 심심치 않게 발견된다. 이런 사항들은 자세한 비교를 통해 확인이 가능하지만, 여기서 중요한 것은 변화가 유발하는 심리적 효과다. 한 연이 가지는 짜임새와 안정감을 좀 더 배려하는 방향으로 신경 쓴 흔적들이 보인다.

5. 정본 확정 문제와 관련된 몇 가지 첨언

김기림이 남긴 친필 원고가 남아 있지 않은 상태에서, 「기상도」의 면면을 살펴볼 수 있는 유일한 길은 활자화된 인쇄본들에 의존하는 것뿐이다. 다행히도 우리에겐 세 가지 판본이 존재한다. 각기 조금씩 미진한 점, 보완해야 할 점들이 보이긴 하지만, 이 세 판본은 한편으로 그들 나름의 독립된 의의와 특징들이 있다. 따라서 앞서 한차례 언급한 바 있듯이, 철저한 텍스트의 이해와 분석을 위해서는 이들 세 판본을 같이 놓고 비교하며 연구하려는 자세가 가장 바람직하다.

그러나 자료로서의 독립된 가치를 논하는 문제와는 별개로, 어떤 작품이든 정본을 확정짓는 일은 중요하다. 그리고 이 점은 이제까지 「기상도」 논의에 있어 학계가 미처 신경 쓰지 못했던 사안 가운데 하나라고 생각한다. 그러다보니 연구자들의 편의에 따라 가까이 접할 수 있는 범위 내에서 정해진 기준 없이 그때그때 적당히 인용된 감이 있다. 뒤늦은 느낌이 없지 않지만, 이제부터라도 교육 및 연구 현장에서의 표준이 되는 「기상도」의 텍스트 정본 확정 문제가 공식적으로 논의되어야 한다고 본다.

기본적으로 「기상도」는 1930년대 중반에 쓰인, 이 시기 한국 모더니즘 시를 대표하는 작품이다. 이 점은 정본을 확정짓는 데 있어서도 중요하게 고려되어야 할 사항이다. 해방 이후 발간된 산호장본보다 이 시기에 간행된 자가본의 인용이 우선적으로 채택되어야 할 이유가 바로 여기에 있다.[35] 독립된 시집의 형태로 처음 출간되었을 뿐만 아니라 내용 수정 및 보완에 있어서도 그 나름 신경 쓰고 공을 들인 흔적들이 발견되기 때문이다. 우리가 일반적으로 알고 있는 「기상도」의 기본적인 체재 및 구성의 근간이 사실상 이때 완성되었다고 해도 과언이 아니다.

그러나 1936년에 발간된 자가본 시집 역시 오자나 탈자, 띄어쓰기, 표기법 등에 있어서 일부 문제점들이 남아 있다. 그렇기에, 이런 부분에 있어서는 최초 발표지면과 산호장본을 참조하여 내용을 보완하고 바로잡을 필요가 있

35 이러한 필자의 생각과는 달리, 김학동 교수의 경우 그가 편한 『전집』에 산호장본을 근간으로 한 텍스트를 채택하고 있다. 이는 세 판본 가운데 상대적으로 보다 안정되고 정제된 표기법과 구성을 보이고 있는 산호장본에 후한 평가를 내린 결과라고 생각된다.

다. 다만 연구 목적의 인용 시에는 원칙적으로 자가본의 원문을 인용하되, 주석 처리 등을 통해 문제가 되는 사항들을 지적하고 보완하는 자세가 좀 더 바람직하지 않나 하는 의견을 제시해본다.

〈자료〉

〈1936년판 시집 초판본〉

일러두기

1. 원문의 종서는 횡서 형태로 바꾸어 정리한다.
2. 종서의 마침표(。)와 쉼표(、)는 횡서 표기법에 따라 마침표(.)와 쉼표(,)로 바꾼다.
3. 원문에 한자로 표기된 단어는 일단 한글로 바꾼 후 괄호 속에 원래의 한자를 병기토록 한다. 이때 한자가 일반적으로 쓰이는 것과 자형(字形)이 다른 경우에도 원문에 표기된 형태의 글자를 그대로 옮긴다.
4. 이외에는 최대한 원문의 표기와 내용을 그대로 옮기는 것을 목표로 한다. 오식이나 탈자의 경우, 띄어쓰기가 오늘날과 맞지 않아 어색한 경우나 잘못된 경우에도 원문의 표기를 그대로 따르도록 하고, 수정 등의 이유로 복자(■) 처리된 경우도 원문 그대로를 옮겨놓는다. 다른 글자들에 비해 굵은 글씨체로 인쇄된 부분, 들여쓰기가 되어 있는 부분도 원문대로 살려 옮겨놓도록 한다.

* 덧붙여서 자료 입수와 정리 과정에서 도움을 준 전세진(서울대 박사과정 수료) 양에게 지면으로 감사의 뜻을 전한다.

장시(長詩) 기상도(氣象圖)

세계(世界)의아츰

비눌
돛인
해협(海峽)은
배암의잔등
처럼 살아낫고
아롱진 『아라비아』의 의상(衣裳)을 둘른 젊은 산맥(山脈)들.

바람은 바다ㅅ가에 『사라센』의 비단폭(幅)처럼 미끄러웁고
오만(傲慢)한풍경(風景)은 바로 오전(午前)칠시(七時)의절정(絶頂)에 가로누엇다.

헐덕이는 들우에
늙은향수(香水)를 뿌리는
교당(敎堂)의 녹쓰른 종(鐘)소리.
송아지들은 들로 돌아가렴으나.
아가씨는 바다에밀려가는 윤선(輪船)을 오늘도바래보냇다.

국경(國境)가까운 정거장(停車場).
차장(車掌)의 신호(信號)를 재촉하며
발을 굴르는 국제열차(國際列車).
차창(車窓)마다

『잘있거라』를 삼키고느껴서우는
마님들의 이즈러진 얼골들.
여객기(旅客機)들은 대륙(大陸)의공중(空中)에서 띠끌처럼흐터젓다.

본국(本國)에서오는 장거리(長距離)『라디오』의 효과(效果)를 실험(實驗)하기위하야
『쥬네브』로 여행(旅行)하는 신사(紳士)의가족(家族)들.
『샴판』. 갑판(甲板) . 『안녕(安寧)히가세요』. 『단여오리다』.
선부(船夫)들은 그들의탄식(嘆息)을 기적(汽笛)에게맡기고
자리로 돌아간다.

부두(埠頭)에달려 팔락이는 오색(五色)외 『테잎』.
그여자(女子)의 머리의 오색(五色)의 『리본』.

전서구(傳書鳩)들은
선실(船室)의집웅에서
수도(首都)로 향(向)하야 떠낫다.
…… 『스마트라』의동(東)쪽. … 5 · 『킬로』의해상(海上) …… 일행(一行)감기(感氣)도없다.
적도(赤道) 가까웁다. …… 20일(日)오전(午前)열시(時). ……

시민행렬(市民行列)

『넥타이』를한 힌식인종(食人種)은
『니그로』의요리(料理)가 칠면조(七面鳥)보다도 좋답니다.

살갈을 히게하는 검은고기의위력(偉力).

의사(醫師)『콜베-르』씨(氏)의 처방(處方)입니다.

『헬메트』를쓴 피서객(避暑客)들은

난잡(亂雜)한 전쟁경기(戰爭競技)에 열중(熱中)햇습니다.

슲은독창가(獨唱家)인 심판(審判)의호각(號角)소리.

너무 흥분(興奮)하엿슴으로

내복(內服)만입은 『퐈씨스트』.

그러나 이태리(伊太利)에서는

설사제(泄瀉劑)는 일체 금물(禁物)이랍니다.

필경(畢竟) 양복(洋服)입는법(法)을 배워낸 송미령(宋美齡)여사(女史).

『아메리카』에서는

여자(女子)들은 모두해수욕(海水浴)을 갓스므로

빈집에서는 망향가(望鄕歌)를 불으는『니그로』와 생쥐가 둘도없는동무가 되엇습니다.

파리(巴里)의 남편(男便)들은 오늘도 차라리 자살(自殺)의위생(衛生)에 대(對)하야 생각하여야하고

옆집의 수만이는 석달만에야

아침부터 지배인(支配人)영감의 자동차(自動車)를 불으는 지리한직업(職業)에 취직(就職)하엿고

독재자(獨裁者)는 책상(冊床)을 따리며 오직

『단연(斷然)히- 단연(斷然)히』 한개의부사(副詞)만발음(發音)하면 그만입니다.

동양(東洋)의안해들은 사철을 불만(不滿)이니까

배추장사가 그들의 군소리를 담어가려오기를 어떻게 기다리는지몰릅니다.

공원(公園)은 수상(首相)『막도날드』가 세계(世界)에자랑하는

여전(如前)히 실업자(失業者)를위한 국가적(國家的)시설(施設)이되엇습니다.

교도(敎徒)들은 언제던지 치일수잇도록
가장간편(簡便)한곳에 성경(聖經)을 언저두엇습니다.
기도(祈禱)는 죄(罪)를지을수잇는 구실(口實)이 되엇습니다.
『감사합니다.
아-멘』
『감사함니다. 마님 한푼만 적선하세요.
내얼골이 요로케 이즈러진것도
내팔이이렇게부러진것도
마님과니말이지 내어머니의죄는 아니랍니다』
『쉬! 무명(無名)전사(戰士)의 기념제(紀念祭)행렬(行列)이다』
뚜걱 뚜걱 뚜걱 ……

태풍(颱風)의기침(起寢)시간(時間)

『바기오』의동(東)쪽
북위(北緯)십오도(十五度).

푸른바다의 침상(寢床)에서
힌물결의 이블을 차던이고
내리쏘는 태양(太陽)의 금(金)빛화살에 얼골을 어더맞어서
남해(南海)의 늦잠재기 적도(赤道)의 심술쟁이
태풍(颱風)이 눈을떳다.
악어(鰐魚)의 싸홈동무.

돌아올줄 몰르는 장거리(長距離)선수(選手).
화란(和蘭)선장(船長)의 붉은수염이 아무래도 싫다는
따꿉쟁이.
휘둘르는 검은모락에
찢기어 흐터지는 구름빨.
거츠른 숨소리에 소름치는
어족(魚族)들.
해만(海灣)을찾어숨어드는 물결의떼.
황망히 바다의장판을 구르며달른
비ㅅ발의 굵은다리.

『바시』의 어구에서 그는문득
바위에 걸터앉어 머리수그린
헐벗고 늙은 한 사공(沙工)과 마주첫다.
흥『옛날에 옛날에 파선(破船)한사공(沙工)』인가봐.
결혼식(結婚式)손님이 없어서 저런게지.
『오 ᅋᅡ우스트』
『어디를덤비고가나』
『응 북(北)으로』
『또 성이낫나?』
난 잠잫고 잇슬수가없어. 자넨 또 무엇땜에 예까지왓나?』
괴테를 찾어단이네』
『괴테는 자네를 내버리지않엇나?』
『하지만 그는 내게 생각하라고 ■■만 가르켜주엇지
행동(行動)할줄은 가르켜주지않엇다네.
나는지금 그게 가지고싶으네』

흠 막난이 빠우스트.
흠 막난이 빠우스트.

중앙기상대(中央氣象臺)의 기사(技師)의손은
세계(世界)의 일천(一千)오백여(五百餘)구석의 지소(支所)에서오는
전파(電波)를 번역하기에 분주하다.

(제일보(第一報))

저기압(低氣壓)의 중심(中心)은
『발칸』의동북(東北)
또는
남미(南米)의 고원(高原)에 있어서
690밀리
때때로
적은 비 뒤에
큰 비.
바람은
서북(西北)의방향(方向)으로
35미돌(米突).

(제이보(第二報) = 폭풍경보(暴風警報))

맹렬(猛烈)한 태풍(颱風)이
남태평양(南太平洋)상(上)에서
일어나서
바야흐로
북진(北進)중(中)이다.
풍우(風雨)강(强)할것이다.
아세아(亞細亞)의 연안(沿岸)을 경계(警戒)한다.

한사명(使命)에로 편성(編成)된 단파(短波) · 단파(短波) · 장파(長波) · 단파(短波) · 장파(長波) · 초단파(超短波) · 모-든 · 전파(電波)의 · 동원(動員) ·

(부(府)의게시판(揭示板))
『신사(紳士)들은 우기(雨器)와 현금(現金)을 휴대(携帶)함이좋을것이다』

자최

『대(大)중화민국(中華民國)의 번영(繁榮)을 위하야-』
슯으게 떨리는 유리『컵』의 쇠ㅅ소리.
거륵한「테-불」보재기우에
펴놓는 환담(歡談)의물구비속에서
늙은왕국(王國)의 운명(運命)은 흔들리운다.
『솔로몬』의 사자(使者)처럼
빨간술을 빠는 자못 점잔은 입술들
색깜안 옷깃에서
쌩그시 웃는 힌장미(薔薇)
『대(大)중화민국(中華民國)의 분열(分裂)을위하야-』

찢어지는 휘장의 저편에서
갑짝이 유리창(窓)이 투덜거린다 ……

『자려므나 자려므나
꽃속에누어서 별에게 안겨서-」
만국공원(萬國公園)의『라우드 · 스피-커』는

『쁘람-쓰』처럼 매우슲음니다.
꽃은커녕 별도 없는『벤취』에서는
꿈들이 바람에 흔들려 소스라처깨엇습니다.
『하이칼라』한 『쌘드윗취』의 꿈.
탐욕(貪慾)한 『삐-프스테잌』의 꿈
건방진 『햄 · 살라드』의 꿈.
비겁한 강낭죽의 꿈.
『나리사 내게는 꿈꾼죄밖에는 없읍니다.
식당(食堂)의 문전(門前)에는
천만에 천만에 간일이라곤 없읍니다」
『.........................』
『나리 저건 묵시록(默示錄)의기사(騎士) ㅂ니까?』

산빨이 소름 친다.
바다가 몸부림 친다.
휘청거리는 빌딩의 긴 허리.
비틀거리는 전주(電柱)의 미끈한다리.
여객기(旅客機)는 태풍(颱風)의 깃을피하야
성층권(成層圈)으로 소스라처 올라갓다.
경련(痙攣)하는 아세아(亞細亞)의 머리우에 흐터지는 전파(電波)의 분수(噴水). 분수(噴水).
고국(故國)으로 몰려가는 충실(忠實)한『에-텔』의 아들들.

국무경(國務卿)『양키-』씨는 수화기(受話器)를내던이고
창고(倉庫)의 층층계를 굴러떨어진다.
실로 한목음의 『쏘-다』수(水).

혹은 아모러치도 아니한『이늠』소리와 바꾼 증권(證券)들우에서
붉은 수염이 쓰게 웃엇다.
(『워싱톤』은 가르치기를『정직(正直)하여라』)

십자가(十字架)를 높이 들고
동란(動亂)에 향하야 귀를 틀어막든
교회당(敎會堂)에서는
『하느님이여 카나안으로 이르는길은
어느 불ㅅ길속으로 뚤렷습니까?』
기도(祈禱)의 중품에서 예배(禮拜)는 멈춰섯다.
아모도『아-멘』을 채 말하기전에
문(門)으로 문(門)으로 쏟아진다 ……

도서관(圖書館)에서는
사람들은 걱꾸로서는『쏘크라테쓰』를 박수(拍手)합니다.
생도(生徒)들은『헤-겔』의 서투른 산술(算術)에 아주탄복(歎服)합니다.
어저께의동지(同志)를 강변(江邊)으로 보내기위하야
자못변화자재(變化自在)한 형법(刑法)상(上)의조건(條件)이 조사(調査)됩니다.
교수(敎授)는 지전(紙錢)우에 인쇄(印刷)된 박사논문(博士論文)을 낭독(朗讀)합니다.

『녹크도 없는 손님은 누구냐?』
『…………』
『대답이없는 놈은 누구냐?』
『……………………』

『예의(禮儀)는 지켜야 할것이다』

떨리는 조계(租界)선(線)에서
하도심심한 보초(步哨)는 한 불란서(佛蘭西)부인(婦人)을 멈춰세웟스나
어느새 그는 그여자(女子)의 『스카-트』밑에 있었습니다.
『베레』그늘에서 취한입술이 박애주의자(博愛主義者)의
우슴을 웃엇습니다.

붕산(硼酸)냄새에 얼빠진 화류가(花柳街)에는
매약회사(賣藥會社)의 광고지(廣告紙)들.
이지러진 『알미늄』대야.
담배집 창고(倉庫)에서
썩은 고무냄새가 분향(焚香)을 피운다.
집웅을 베끼운 골목■어구에서
쫓껴난 공자(孔子)님이 잉잉 울고섯다.

자동차(自働車)가 돌을차고 너머진다.
전차(電車)가 개울에 쓸어진다.
『빌딍』의 숲속
네거리의 골짝에 몰켜든 검은 대가리들의 하수도(下水道).
멱처럼 허우적이는 가-느다란팔들.
구원(救援)대신에 허공(虛空)을 부짭는 지치인노력(努力).
흔들리우는 억개의 물결.

불자동차(自働車)의
날랜『싸이랜』의날이

선듯 무딘 동란(動亂)을 갈르고 지나갓다.
입마다 불낄을 뽑는
마천루(摩天樓)의 턱을 어르맍이는 분수(噴水)의 바알.

억개가 떨어진 『말코보로』의 동상(銅像)이 혼자
네거리의 복판에 가로 서서
군중(群衆)을 호령(號令)하고 싶으나
목아지가 없읍니다.

『라디오 · 삐-큰』에 걸린
비행기(飛行機)의 부러진 죽지.
골작을 거꾸로 자빠저 흘으는 비석(碑石)의 폭포(瀑布).
『소집령(召集令)도 끝나기전에 호적부(戶籍簿)를 어찐담』
『그보다도 필요(必要)한 납세부(納稅簿)』
『그보다도 봉급표(俸給表)를』
『그러치만 출근부(出勤簿)는 없어지는게좋아』

날마다 갈리는 공사(公使)의행렬(行列)
승마구락부(乘馬俱樂部)의 말발굽소리
『홀』에서 돌아오는 마지막 자동차(自動車)의 고무바퀴들
묵서가(墨西哥)행(行)의 『쿠리』들의 『투레기』
자못가벼운 두쌍의『키드』와『하이힐』
몇개의 세대(世代)가 뒤섞기어 밟고간 해안(海岸)의가도(街道)는
깨여진 벽돌쪼각과
부서진 유리쪼각에 어더맞어서
꼬부라저 자빠저 있다.

날마다 황혼(黃昏)이 채여주는
전등(電燈)의 훈장(勳章)을 번쩍이며
세기(世紀)의 밤중에 버티고 일어섯든
오만(傲慢)한 도시(都市)를 함부로 뒤저놓고
태풍(颱風)은 휘파람을 높이불며
황하(黃河)의 강변(江邊)으로 비꼬며간다 ……

병(病)든풍경(風景)

보라빛 구름으로 선을둘른
회색(灰色)의 『칸바쓰』를 둥지고
꾸겨진 빨래처럼
바다는
산맥(山脈)의 돌단(突端)에 걸려 퍼덕인다.

삐뚤어진 성벽(城壁)우에
부러진 소나무하나 ……

지치인 바람은 지금
표백(漂白)된 풍경(風景)속을
썩은 탄식(嘆息)처럼
부두(埠頭)를 넘어서
찢어진바다의 치마자락을 걷우면서
화석(化石)된벼래의 빰을 어르만지며
주린강아지 처럼 비틀거리고 지나간다.

바위틈에 엎디어
죽지를 들이운 물새한마리-
물결을 베고자는
꺼질줄 모르는 너의향수(鄕愁).

짓밟혀 느러진 백사장(白沙場)우에
매맞어 검푸른 『빠나나』껍질하나
부프러올은 구두한짝을
물결이 차던이고 도라갔다.
해만(海灣)은 또하나
슲은전설(傳說)을 삼켰나보다.

황혼(黃昏)이 잎여주는
회색(灰色)의 수의(襚衣)를 감고
물결은 바다가 타는 장송곡(葬送曲)에 마추어
병(病)든 하로의 임종(臨終)을 춘다……
섬을 부둥켜안는
안타까운 팔.
바위를 차는 날랜 발길.
모래를 스치는 조심스런 발꼬락.
부두(埠頭)에 엎드려서
축대(築臺)를 어르많이는
간엷힌 손길.

붉은 향기(香氣)를 떨어버린
해당화(海棠花)의 섬에서는

참새들의 이야기도 꺼저 버렷고
먼- 등대(燈臺) 부근에는
등불도 별들도 피지 않엇다 ……

올배미의주문(呪文)

태풍(颱風)은 네거리와 공원(公園)과 시장(市場)에서
몬지와 휴지(休紙)와『캐베지』와 연지(臙脂)와
연애(戀愛)의유행(流行)을 쫏차버렷나.

헝크러진 거리를 이구석 저구석
혀바닥으로 뒤지며 단이는 밤바람.
어둠에게 벌거버슨 등을 씨끼우면서
말없이 우두커니 서있는 전선주(電線柱).
엎드린 모래불의 허리에서는
물결이 가끔 힌머리채를 추어든다.

요란스럽게 마시고 지꺼리고 떠들고 도라간뒤에
『테불』우에는 깨여진잔(盞)들과
함부로 지꾸어진 방명록(芳名錄)과 ……
아마도 서명(署名)만하기위하야 온것처럼
총총히 펜을덗이고 객(客)들은도라갓다.
이옥고 기억(記憶)들도 그일홈들을
마치 때와같이 총총히 빨아버릴게다.

나는 갑작이 신발을 찾어신고
도망할자세를 갓인다. 길이없다.
도라서 등불을 비틀어죽인다.
그는 비들기처럼 거짓말쟁이엿다.
황홀한불빛의 영화(榮華)의그늘에는
몸을 조려없애는 기름의 십자가(十字架)가있음을
등불도 비닭이도 말한일이없다.

나는 신자(信者)의 숭내를내서 무릅을 꿇어본다.
믿을수잇는 신(神)이나 모신것처럼.
다음에는 기(旗)빨처름 호화롭게 웃어버린다.
대체 이피곤(疲困)을 피할 하로밤 주막(酒幕)은
『아라비아』의 『아라스카』의 어느가시밭에도 없느냐?
연애(戀愛)와같이 싱겁게 나를 떠난희망(希望)은
지금 또 어대서 복수(復讐)를 준비하고있느냐?
나의머리에 별의꽃따발을 두엇다가
거두어간것은 누구의 변덕이냐?
밤이간뒤엔 새벽이온다는 우주(宇宙)의법칙(法則)은
누구의 실없은 작난이냐?
동방(東方)의전설(傳說)처름 믿을수없는
아마도 실패(失敗)한 실험(實驗)이냐?

너는 애급(埃及)에서 도라온『씨-자』냐?
너의주등아리는 진정독수리냐?
너는 날개도친 힌구름의종족(種族)이냐?
너는도야지처름 기름지냐?

너의숨소리는 바다와 같이 너그러우냐?
너는과연(果然) 천사(天使)의가족(家族)이냐?

귀먹은 어둠의 철문(鐵門) 저편에서
바람이 터덜터덜 웃나보다.
어느 헝크러진 수풀에서
부엉이가 목쉰소리로 껄껄웃나보다

내일(來日)이없는 『칼렌다』를 처다보는
너의눈동자는 어쩐지 별보다 이뿌지못하고나.
도시십구(十九)세기(世紀)처름 흥분(興奮)할수없는너.
어둠이 잠긴 지평선(地平線)너머는
다른한울이 보이지않는다.
음악(音樂)은 바다밑에 파묻긴 오래인 옛말처럼 춤추지않고
수풀속에서는 전설(傳說)이 도모지 슲으지않다.
『페이지』를 번지건만 너머ㅅ장에는 결론(結論)이없다.
모퉁이에 혼차남은 가로등(街路燈)은
마음은 슲어서 느껴서우나
부릅뜬 눈에 눈물이없다[36].

거츠른 발자취들이 구르고지나갈때에
담벼락에 달러붙는 나의숨소리는
생쥐보다도 커본일이없다.
강아지처럼 거리를 기웃거리다가도

36 원본에서는 이 행의 마지막 글자인 '다'자가 거꾸로 오식됨

강아지처럼 어더맞고 발길에채여 도라왓다.

나는참말이지 선량(善良)하려는악마(惡魔)다.
될수만잇스면 신(神)이고싶은 즘생이다.
그렇건만은 밤아, 너의썩은바줄은
웨이다지도 내몸에 깊이 친절(親切)하냐?

문허진 축대(築臺)의근방에서는
바다가 또 아름다운소리를 치나보다.

금음밤 물결의노래에 취할수잇는
『타골』의귀는 응당 소라처름 행복(幸福)스러울게다

어머니, 어머니의무덤에 『마이크』를 갖어갈가요?
사랑스러운해골(骸骨), 옛날의자장가를 기억해내서
병신된 나의귀에 불러주려우?

자장가도 불을줄모르는 바보인바다.

바다는 다만
어둠에 반란(叛亂)하는
영원(永遠)한 불평가(不平家)다.

바다는 작구만
힌 이빨로 밤을 깨문다.

쇠바퀴의노래

허나
이윽고
태풍(颱風)이 짓밟고간 깨여진 『메트로폴리스』에
어린태양(太陽)이 병아리처럼
홰를치며 잃어날게다.
하로밤 그꿈을 건너단이든
수없는 놀램과 소름을 떨어버리고
이슬에 젖은날개를 한울로펼게다.
탄탄한대로(大路)가 희망(希望)처럼
저머언 지평선(地平線)에 뻣이면
우리도 사륜마차(四輪馬車)에 내일(來日)을실고
유량한말밥굽소리를 울리면서
처음맞는 새길을 떠나갈게다.

밤인까닭에 더욱 마음달리는
저머언 태양(太陽)의고향(故鄕)

끝없는 들 언덕 위 에서
나는 『데모스테네스』보다도 더수다스러울게다
나는거기서 채찍을 꺾어버리고
망아지처럼 사랑하고 망아지처럼 뛰놀게다.
미움에 타는일이없을 나의눈동자는
진주(眞珠)보다도 더맑은샛별
나는 내속에 엎드린산양(山羊)을 몰아내고

여호와같이 깨끗하게
누의들과 친(親)할게다.

나의생활(生活)은 나의장미(薔薇).
어디서 시작한줄도
언제 끝날줄도 모르는나는
꺼질줄이없이 불타는태양(太陽).
대지(大地)의 뿌리에서 지열(地熱)을마시고
떨치고 이러날 나는불사조(不死鳥).

예지(叡智)의날개를 등에붙인 나의날음은
태양(太陽)처럼 우주(宇宙)를 덮을게다.
아름다운행동(行動)에서 빛처럼 스스로
피여나는 법칙(法則)에 인도(引導)되여
나의날음은 즐거운궤도(軌道)욶에
끝없이 달리는 쇠바퀴ㄹ게다.

벗 아-
태양(太陽)처럼 우리는 사나웁고
태양(太陽)처럼 제빛속에 그늘을 감추고
태양(太陽)처럼 슲음을 삼켜버리자.
태양(太陽)처럼 어둠을 살워버리자.

다음날
기상대(氣象臺)의 『마스트』엔
구름조각같은 흰기(旗)폭이휘날릴게다.

(폭풍경보(暴風警報) 해제(解除))
쾌청(快晴).
저기압(低氣壓)은 저 머언
『시베리아』의 근방에 사라젓고
태평양(太平洋)의 연안(沿岸)서도
고기압(高氣壓)은 흩어젓다.
흐림도 소낙비도
폭풍(暴風)도 장마도 지나갓고
내일(來日)도 모레도
날세는 좋을게다
(부(府)의게시판(揭示板))
시민(市民)은
우울과 질투와 분노와
끗없는 탄식과
원한의 장마에 곰팽이낀
추근한 우기(雨器)일랑벗어버리고
날개와같이 가벼운
태양(太陽)의옷을 갈아입어도 좋을게다.
(칠(七)·칠(七)·)

1936년 7월 8일 발행
저작 겸 발행인 : 김기림
인쇄 : 창문사(彰文社)

부록

한·중·일 삼국의 모더니즘 문학에 대한 개념적 비교 연구

1. 모더니즘의 개념과 수용자별 편차

소위 이식문학론의 극복을 위한 학계의 그간 노력과 성과에도 불구하고, 동아시아 지역의 근현대문학 논의에 있어 서구 문학의 수용과 그 영향력은 싫든 좋든 부인하기 어려운 것이 현실이다. 이러한 현상은 모더니즘 문학의 경우에도 매한가지여서, 당대 한국과 일본, 중국의 문인들은 서구 모더니즘에 대한 비상한 관심으로 새로운 문학 흐름의 자국 내 수용과 정착을 위해 노력하였다. 이 과정을 통해 이들 삼국의 문학이 보다 정련된 내적 발전의 계기를 마련할 수 있었고 그 결과 질적으로 한 단계 도약하게 된 것은 엄연한 사실이다.

어떤 문화적 파급이 다른 지역, 다른 문화 풍토 속에 확산될 경우 그에 따른 굴절과 변형은 크든 작든 불가피하다. 모더니즘 문학 수용의 경우에도 예외가 아니다. 본고장인 서구에서와는 다른 차별화된 국면들이 파생되는 것은 어찌 보면 당연한 결과일지 모른다. 심지어는 이들 삼국 각자의 사정과 필요에 의해 서구 모더니즘에서는 생각하기 어려운 일이 벌어진다거나 서구와는 무관한 신조어가 탄생하는 등의 창조적인 왜곡 현상들도 일부 발견된다.

어차피 모더니즘이 서구적인 연원을 지닌 것이라면, 최초의 발생지인 서구 모더니즘과의 비교 검토를 통해 수용의 구체적인 과정과 실태를 밝히려는 노력은 필수적이다. 그러나 그것 외에 이들 삼국에서 모더니즘이 각기 어떤 방식으로 굴절, 변형되고 왜곡되었는지를 따져보는 것도 그에 못지않게 중요한 일로 생각된다. 더하여, 이들 삼국 간의 상호 영향 관계 및 그에 따른 왜곡의 편차를 확인하고 정리하는 일도 마땅히 이루어져야 한다. 근래 들어 이 문제를 둘러싼 한국과 중국 사이, 한국과 일본 사이, 중국과 일본 사이의 영향 관계 및 그 편차를 다룬 논의들이 점차 늘어나고 있는 것은 그런 점에서 긍정적인 현상이다.

이 장은 필자가 한국 모더니즘 문학에 대해 공부하는 과정에서 부수적으로 접하게 된 정보들에 기초하여 한국과 중국에서, 그리고 한국과 일본에서 각기 모더니즘에 대한 이해의 차이가 어떤 방식으로 전개되었는지를 밝히고 비교해보려는 목적에서 작성된 것이다. 자료나 정보의 접근이 제한적이었던 만큼 몇몇 단편적인 사안에 대해서만 언급을 하였으며, 전면적인 논의에는 이르지 못한 한계가 있음을 미리 밝혀둔다.

2. 상징주의와 모더니즘의 관계: 한국과 중국의 비교

한국이나 일본의 현대문학 연구자들이 중국 현대문학사를 접할 때면 공통적으로 의아해하는 부분이 있다. 그것은 상징주의 문학 활동의 모더니즘 포함 여부를 둘러싼 양측 학자들 사이의 견해차가 상당하다는 점이다. 한국과 일본의 근현대문학사에 있어 상징주의란 어디까지나 모더니즘과는 별개의 사조다. 구체적으로 그것은 서구 모더니즘의 제 조류들이 본격적으로 밀려들기 이전의 단계에 속하는[1], 근대 초기 낭만주의나 자연주의, 사실주의 등의 사조들과 어깨를 나란히 하는 문학적 경향쯤으로 이해되고 있는 실정이다. 그러나 다수의 중국 연구자들, 특히 모더니즘 문학 연구자들은 중국 근현대문학사에 있어 서구 상징주의의 이입과 수용 과정을 모더니즘 초기 도입 단계에서의 중요한 한 흐름으로 받아들이는 경향이 있다.[2]

---

1 방대한 자료로 한국 근현대시의 흐름에 대한 통시적인 이해를 제공해주고 있는 김용직의 『한국근대시사』, 학연사, 1986와 『한국현대시사』, 한국문연, 1996에서도 상징주의는 모더니즘과 별개의 장에서 논의되고 있으며 시기적으로도 구분되는 문학 활동으로 서술되고 있는 형편이다.

2 아래 인용문들은 중국 회해공학대학 한국어과 엄홍화 교수의 조사에 힘입어 확보한 것이다. 이 자리를 빌려 필자의 연구에 결정적인 조력을 주신 엄 교수께 감사드린다.
이외에도 상징주의 사조의 모더니즘 포함 문제에 대한 중국측 견해를 알 수 있는 자료로는 譚楚良, 「西方現代主義思潮與中國現代派文學」, 『衡陽師專學報』, 1995, 제1기, 25쪽. / 趙小琪 · 龍泉明, 「接受與過濾 : 中國現代文學與西方現代主義」, 『社會科學戰線』, 2003, 제

이런 이들의 학문적 입장은 가령,

> 중국 모더니즘 시 경향은 상징파의 예술적 형식의 출현으로부터 시작되었다. 1918년 신시(新詩)의 탄생부터 1927년 다이왕수의 「雨巷」 발표 무렵까지 중국의 상징시파는 하나의 맹아를 보여주면서 성장 과정을 밟았다.
>
> 中国现代主义诗歌潮流，开始是以象征派的艺术形式出现的．从1918年新诗诞生，到1927年戴望舒的《雨巷》发表前后，中国的象征诗派，经过了一个有萌芽，产生到发展的过程.[3]

> 중국 모더니즘 문학의 기점도 상징주의 시이다. 1925년 프랑스 유학 중인 리진파(李金发)가 시집 『微雨』를 출판한 것이 중국 모더니즘시의 시작이라고 볼 수 있다.
>
> 中国现代主义文学的起点也是象征主义诗歌．一九二五年，留学法国的李金发出版了一部诗集《微雨》，成为中国新诗的现代主义的始作俑者.[4]

와 같은 예들에서 단적으로 확인된다. 그러나 전술한 바 있듯이 상징주의 문학, 특히 시를 둘러싼 이러한 이해는 한국이나 일본의 문학사 서술에서는 거의 찾아보기 어렵다.

그러면 이처럼 상징주의가 한편에서는 모더니즘과 별개의 것으로, 다른 한편에서는 모더니즘의 한 조류인 것처럼 받아들이는 데에는 어떤 관점의 차이가 내재해 있는 것일까? 상징주의와 모더니즘은 과연 한국이나 일본에서

5기, 110-115쪽. / 陳旭光, 「中西詩學從對立走向融合-論20世紀中國現代主義詩歌的"詩學革命"」, 『北京大學學報』 37권 201호, 2000, 제5기, 43쪽 등을 들 수 있다(이상 이경하, 「1920~30년대 한중 현대시의 '모더니즘' 수용 양상 비교」, 『중국어문학지』 제33집, 중국어문학회, 2012. 11., 206-211쪽 참조).

3 孙玉石, 『中国现代主义诗潮史论』, 北京大学出版社, 2005, 1쪽.

4 王建钊, 『二十世纪中国的现代主义诗歌』, 文化艺术出版社, 2006, 1-2쪽.

생각하는 것처럼 그렇게 동떨어진 개념인가? 만일 상징주의와 모더니즘이 일정 부분 상관관계를 지니고 있다고 한다면, 이 문제는 어떻게 풀어나가는 것이 바람직한가?

이러한 문제들에 본격적으로 다가서기에 앞서 먼저 고려되어야 할 사항은 모더니즘이라는 개념 자체가 지닌 의미론적인 모호성과 이로 인한 범주적 애매성이다. 문예상 모더니즘은 근대 이래 서구의 각 지역에서, 여러 상이한 형태로 전개되었던 문학적 제 조류들을 통칭하는 개념으로 그간 암묵적으로 통용되어왔다. 문제는 이러한 흐름들이 시공간적으로 광범위하게 펼쳐져 있고 그 성향 또한 다채로워서 이 모두를 망라하는 공통점을 추출하여 이를 개념적으로 조리 있게 정리해내기란 여간 까다롭지 않다는 데 있다.[5]

그런 어려움 때문에 일부에서는 그에 대한 대안으로 '원(Proto) 모더니즘', '구(Paleo) 모더니즘', '신(Neo) 모더니즘', '후기(Post)모더니즘' 따위의 세부 용어들을 설정하여 시기적으로 조금씩 변화된 개념들을 나열한다거나[6], 범위의 크고 작음에 따라 '광의의 모더니즘', '협의의 모더니즘' 등의 분류법을 동원함으로써[7] 상호 모순되고 충돌하는 제 조류들 간의 적절한 배분

---

5 물론 이러한 어려움에도 불구하고 몇몇 논자들은 그들 나름의 기준으로 모더니즘의 공통적인 특질들을 추출해내려 시도한 바 있다. 그러나 그런 시도에도 불구하고 그들이 내세우는 공통적인 특질들 역시 여전히 전체를 아우르며 포괄하기에는 미흡해 보이는 것이 사실이다.

6 M. Bradbury & J. McFarlane, "The Name and Nature of Modernism", *Modernism*, Penguin Books, 1976, 22쪽.
시기적으로 이들은 각기 1880~1910년(원 모더니즘), 1910~1960년(구 모더니즘), 1960년 이후(신 모더니즘, 또는 후기 모더니즘)에 대응되는 것으로 설명된다.
오세영, 「모더니즘, 아방가르드, 포스트모더니즘」, 『문학이란 무엇인가』, 서정시학, 2013, 42쪽.

7 이러한 견해들은 주로 수용자 측의 편의에 따른 것으로 서구 학계에서는 거의 통용되지 않는 구분법이다.
김윤식, 『한국 모더니즘 시론 비판』, 일지사, 1975, 240-245쪽.
문덕수, 『한국 모더니즘 시 연구』, 시문학사, 1981, 37-43쪽.
陳旭光, 『中西詩學的會通-20世紀中國現代主義詩學研究』, 北京大學出版社, 2002, 19쪽(이경하, 위의 글, 208쪽에서 재인용.).

및 질서화를 꾀함과 동시에 개념상의 혼란을 최소화해보려는 시도도 있긴 했다.[8] 물론 이러한 다각적인 시도가 기존의 모더니즘론이 미처 다 포괄하지 못하는 논의의 사각지대를 해소하는 데 상당한 도움을 준 점은 인정해줄 필요가 있다.[9]

그러나 뒤집어서 생각해볼 때 이러한 편법적인 시도들이 시사하는 바는 결국 모더니즘에 관한 한 어떤 개념적인 정의도 충분히 만족스럽지 못함을 반증하는 것에 지나지 않는다. 다시 말해서 모더니즘이라는 개념 자체가 지역에 따라, 심지어는 논자에 따라 각기 다르게 통용되어왔으며, 이에 따라 어떤 특정 유파의 모더니즘 편입 여부를 가늠하는 기준 역시 그때그때 달라지는 것은 피치 못할 현상이라고 할 것이다. 이렇게 볼 때 상징주의를 과연 모더니즘의 한 유파로 인정할 것인가 말 것인가 하는 것은 보는 관점에 따라 얼마든지 달라질 수 있는 문제이다.

그렇다면 상징주의와 모더니즘은 과연 어떤 관련이 있는 것일까? 기존의 편견을 잠시 접어두고 양자의 특성들을 하나씩 차분히 비교 분석해본다면 앞으로의 논의를 위한 약간의 힌트를 얻을 수 있을 것이다.

> 사실 이 두 사조나 전통은 그렇게 엄격하게 구분되지 않는다. 모더니즘은 상징주의의 기본 입장들을 상당 부분 받아들이고 있기 때문이다. 특히 모더니즘의 가장 핵심적인 특성 가운데 하나인 문학과 예술의 자기 목적성이나

---

8 또 다른 일부에서는 이질적인 특성들을 아예 대립적인 개념 쌍으로 묶어서 '온건한 모더니즘'과 '과격한 모더니즘'(J. Maritain), '고전주의적 모더니즘'과 '낭만주의적 모더니즘'(M. Bradbury & J. McFarlane), '전통적 모더니즘'과 '분열적 모더니즘'(F. Kermode), '차가운 모더니즘'과 '뜨거운 모더니즘'(C. Greenberg) 등으로 구분함으로써 모더니즘의 상대적인 양면성을 설명하는 한편, 총괄적인 규범 및 정의상의 어려움을 우회적으로 비껴가려한 시도가 있었던 것도 사실이다.
김욱동, 『모더니즘과 포스트모더니즘』, 현암사, 1992, 35-44쪽 참조.

9 이상의 논의를 위의 관점에 대입해 본다면 상징주의는 시기적으로 원 모더니즘에, 그리고 그 범위에 있어 광의의 모더니즘에 속하는 흐름으로 분류된다고 잠정적인 결론을 내릴 수 있을 것이다.

심미성은 다름 아닌 상징주의에서 영향을 받은바 매우 크다고 할 수 있다. 심미적 자율성에 대한 모더니즘의 강조는 두말할 필요도 없이 상징주의의 슬로건이나 다름없는 '예술을 위한 예술'에서 비롯된 것이다.[10]

이처럼 다른 각도에서 볼 때에 이들 양자는 차이점보다는 유사점이 훨씬 큰 것처럼 보이기도 한다. 위 인용문은 이러한 전후 사정을 충분히 고려할 필요가 있다는 점을 지적한다. 상징주의 자체를 모더니즘과 전적으로 동일시한다거나 모더니즘의 한 유파로 간주하는 것에 대해서는 다소 유보적이지만, 상징주의와 모더니즘이 상호 밀접한 관계에 있다는 것만큼은 틀림없는 사실로 인정하고 받아들여야 한다는 것이다. 물론 이는 문예 사조 상 상징주의가 당시 무시 못 할 세력을 떨쳤고, 이후의 서구 근현대 시단에 미친 영향력 또한 작지 않았다는 역사적 사실과도 연관이 된다.

문학사상 상징주의가 현대시 성립 과정에서 상당한 역할을 한 점에 대해서는 본 고장인 서구 학계에서도 대체로 인정하는 분위기이다.[11] 요컨대 당대 시단 내에서의 상징주의자들의 활동이 시에 대한 새로운 관점 내지 태도를 불러왔으며, 이러한 움직임이 모더니즘 발생 초기 단계에서 주요한 참조점으로 작용했다는 견해는 많은 학자들의 지지를 얻고 있다. 구체적으로 벤야민 W. Benjamin이나 버만 M. Berman, 런 E. Lunn과 같은 학자들이 공통적으로 강조하고 있는 것은 일군의 상징파 시인들의 활동이 근대 모더니즘 성립에 지대한 영향을 미쳤다는 점이다.[12] 실제로 많은 학자들이 상징주의 시인인 보

---

10 김욱동, 앞의 책, 36쪽.

11 마르셀 레몽 Marcel Raymond이 그의 『프랑스 현대시사』(1940, 원제 『보들레르에서 초현실주의까지』 *De Baudelaire au surréalisme*)에서 보들레르 이래의 상징주의로부터 현대시의 기원을 찾고자 한 것이 그 단적인 예로 생각될 수 있을 것이다. 마르셀 레몽, 『프랑스 현대시사』, 김화영 역, 문학과지성사, 1983.

12 발터 벤야민, 『보들레르의 작품에 나타난 제2 제정기의 파리 외』, 김영옥·황현산 역, 도서출판 길, 2010.

들레르[13]를 또한 모더니즘의 선구로 꼽는 데 주저하지 않는다. 이러한 사실과 더불어 상징주의 해체 과정에서 그 미학적 특성들 가운데 일부가 쉬르레알리슴이나 이미지즘 등 모더니즘 사조에 유입, 흡수되었다는 주장[14] 등에 대해서도 충분한 주의를 기울일 필요가 있다.

이렇게 본다면 상징주의를 모더니즘의 일부로 이해하고 있는 중국 학계의 관점이 일견 설득력을 얻고 있다고도 볼 수 있다. 일각에서는 이런 견해를 좇아 한국 모더니즘의 출발 역시 상징주의의 수용을 전후한 시기로 올려 잡아 보아야 한다는 주장을 펼치기도 한다.[15] 그러나 제반 사정들을 좀 더 면밀히 훑어볼 경우 이러한 결론에 쉽사리 도달해버리기에는 문제 자체가 그리 단순치 않다는 것을 알게 된다.

이 지점에서 그 본고장이라 할 수 있는 서구의 입장이 어떤지 궁금하지

마샬 버만, 「보들레르: 거리에서의 모더니즘」, 『현대성의 경험』, 윤호병 역, 현대미학사, 1994.
유진 런, 「비교 관점에서의 모더니즘」, 『마르크시즘과 모더니즘』, 김병익 역, 문학과지성사, 1986.

13 보들레르 Charles Pierre Baudelaire(1821~1867)와 그의 대표작인 『악의 꽃』 *Les Fleur du Mal* 초판본의 속표지(1857)

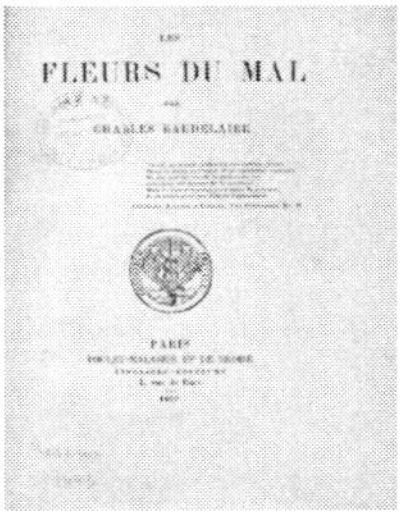

사진 좌 : https://www.britannica.com/biography/Charles-Baudelaire에서 재인용.
사진 우 : https://gallica.bnf.fr/ark:/12148/bpt6k1057740n.image에서 재인용.

14 김은전, 「상징주의 문학」, 『한국 상징주의 시 연구』, 한샘, 1991, 294쪽.

15 조달곤, 『한국 모더니즘 시학의 지형도』, 국학자료원, 2006, 22쪽.
엄홍화, 「한·중 모더니즘 시문학 발전 양상 비교 연구」, 『한중인문학연구』 45집, 한중인문학회, 2014. 12., 315쪽.

않을 수 없다. 지금까지의 서구 학계의 의견들을 종합해보면 문예 사조 상의 상징주의를 이미지즘이나 큐비즘, 쉬르레알리슴, 다다이즘 등과 같이 모더니즘의 한 유파로 간주할 수 있을 것인가라는 문제에 대해서는 부정적인 견해가 대부분이다.[16] 상징주의가 강조하는 만물 조응 *Correspondence* 사상이나 연금술적인 언어[17], 천상과 지상을 가르는 이중적인 세계 인식 등은 탈마법적이라기보다는 신비적이고 주술적인 요소가 강하여 현대시의 일반적인 특성들과 잘 부합되지 않는 것으로 이해된다. 뿐만 아니라 상징주의는 이러한 비의적인 성향으로 인해 철학적으로는 플라톤과 아리스토텔레스 이래의 이상주의(이데아주의)로, 사조적으로는 낭만주의의 후신인 후기 낭만주의로 곧잘 간주되곤 한다.[18] 문학사적으로 상징주의가 모더니즘과는 별개의, 모더니즘에 앞서 출현한 사조로 줄곧 거론되어온 것은 이 때문이다.

이런 이유들로 인해 상징주의를 모더니즘의 한 유파로 인정하는 중국 학계의 공식 입장은 보편적인 견해라고 보기 힘들다. 따라서 중국 이외의 지역 학자들에게 이러한 처리 방식은 '중국만의 독특한 모더니즘 관'[19]으로 그 의미가 축소되기도 한다. 그러나 이 같은 판단과 평가가 반드시 부정적인 관점

---

16 예외적으로 미국 문예론자들인 유진 런과 프레드릭 칼 Frederic R. Karl의 경우, 모더니즘에 대한 그의 저작에서 상징주의를 모더니즘(현대주의)의 한 유파로 분류하고 있기는 하다.
유진 런, 앞의 책, 55-61쪽.
卡尔, 『現代与現代主義』, 陈永国·傅景川 譯, 吉林教育出版社, 2004. (엄홍화, 「한·중 모더니즘 시문학 도입기 양상 비교연구」, 『어문연구』 82집, 한국어문연구학회, 2014. 12., 263쪽에서 재인용.)

17 랭보 A. Rimbaud의 경우가 대표적이다. 때문에 상징주의의 언어관은 불교적인 '불립문자'(不立文字)나 '교외별전'(教外別傳)의 원리에 곧잘 비유되기도 한다.
김기봉, 『프랑스 상징주의와 시인들』, 소나무, 1987, 40쪽.

18 김은전, 앞의 책, 293쪽.
이에 덧붙여서 상징주의를 낭만주의의 연장선에서 후기 낭만주의로 받아들이는 태도는 중국 문단에서 상징주의가 초기에 '신낭만주의'의 일종으로 이해되었던 사정(엄홍화, 위의 글, 267쪽.)과 맥이 닿아있는 것으로 볼 수 있다.

19 이경하, 앞의 글, 209쪽.

에서만 이해될 필요는 없다고 본다. 사실 모더니즘 자체가 원래부터 각 지역의 사정에 따라 제각기 다른 형태로 전개되었던 범세계적인 예술 운동이었다는 점[20]을 감안한다면, 상징주의의 포함 여부를 둘러싸고 지루한 논쟁을 벌이는 일은 큰 의미가 없는 것처럼 생각된다. 중국 모더니즘 문학의 개념과 범주가 본고장인 서구와 다르고 주변국인 한국이나 일본과도 일정 부분 다르다고 해서 그것이 잘못되었다고 봐야 할 하등의 이유는 없다. 오히려 그러한 특성은 중국 모더니즘 특유의 개별적인 색채를 보다 잘 드러내주는 현상으로 받아들일 필요가 있다.

이즈음에서 필자는 모더니즘의 기본 개념을 제대로 파악하기 위해서라도 그 핵심 요소인 모더니티의 개념, 그 가운데서도 특히 모더니즘 문학과 예술 운동의 기반이 되는 미적, 문화적 모더니티의 개념과 속성[21] 등에 대해 보다 철저하게 파고들 필요가 있다는 점을 거듭 강조하고자 한다. 이제까지 상징주의와 모더니즘의 관계를 둘러싸고 벌어진 논의에서 소홀히 다루어진 것이 바로 이 부분이 아닌가 한다. 다시 말해서 상징주의가 모더니즘과 어떤 관계인가를 따지는 것은 결국 상징주의에 있어 모더니티의 확보 문제를 어느 선까지 인정할 수 있는가를 살피는 것과 불가분의 관계를 유지한다고 하겠다.

이 경우 상징주의 시인으로 알려진 보들레르가 모더니즘 논의에서 자주 등장하게 된 배경에 대해서도 다시금 주목해볼 필요가 있다. 근본적으로 이는 그가 자신의 글쓰기 과정에서 모더니티의 문제에 유달리 민감한 태도를 취했기 때문이다.[22] 과연 근대 초기 중국의 상징주의 시인들은 이 문제에 대해 얼

---

20 김유중, 『한국 모더니즘 문학의 세계관과 역사의식』, 태학사, 1996, 14쪽.

21 모더니티를 서구 문명사의 한 단계에 속하는 모더니티의 개념(역사적 모더니티)과 사회경제적 변화의 산물로서의 모더니티(미적, 혹은 문화적 모더니티) 개념으로 구분하고, 이 둘의 특성들을 정리하기 위해서는 별도의 체계화 작업이 필요하다는 주장은 이미 많은 모더니즘 연구자들이 공유하고 있는 관점이다. 이들 양자는 각기 부르조아적인 태도(역사적 모더니티)와 반 부르조아적인 태도(미적, 문화적 모더니티)에 근거를 두고 있다는 점에서 상호 모순적인 관계에 놓여 있다.
마테이 칼리니스쿠, 『모더니티의 다섯 얼굴』, 이영욱외 역, 시각과언어, 1993, 53-58쪽.

마만큼 주체적이고 자각적인 태도를 보여주었던가? 중국의 상징주의는 부르조아적(역사적 모더니티)인가, 아니면 반 부르조아적(미적, 문화적 모더니티)인가? 그리고 그랬을 때 상징주의까지를 포함한 중국 근현대 모더니즘 문학은 개념적으로 어떻게 정의될 수 있는가? 중국 학계가 기존의 관습대로 자국 내 상징주의 시인들의 활동들을 모더니즘의 흐름 가운데 일부로 당연시하기 이전에, 이러한 문제들을 자체적으로 보다 철저하게 조사하고 검증할 필요가 있다는 것이 필자의 진단이다.

3. 주지주의와 모더니즘의 관계: 한국과 일본의 비교

주지주의란 원래 철학이나 신학 쪽에서 오래 전부터 통용되어오던 개념이다. 감정이나 의지, 심지어는 감각이나 직관보다도 사고의 중요성을 강조하는 경향[23]을 지시하기 위해 사용되던 용어로 알려져 있다. 그러나 이 용어가 문학예술 분야에 전용되면서 의미상으로 다소간의 변화가 불가피해진 측면이 있다. 그것은 문학이나 예술의 경우 지성만으로는 작품이 성립되지 않기 때문이다. 지적인 면에 중점을 둔다 하더라도 정서적인 측면에 대한 배려를 도외시할 수는 없는 노릇이다. 그러므로 엘리어트 T. S. Eliot가 '시란 사상을 장미향기처럼 직접 느끼게 하는 것'이라고 지적한 대목은 지성에 바탕을 둔 경우에도 정서나 감각이 복합적으로 작용할 수밖에 없는 문학예술 분야의 특수성을 적절하게 묘사한 예로 평가받고 있다.

이렇게 볼 때 문학예술에 있어서의 주지주의란 감정이나 정서를 결코 부정하는 것이 아니다. 그것은 도리어 인간 정신 활동의 중요 부분을 차지하는

---

22 이 점에 대해서는 위의 책, 59-71쪽의 「보들레르와 미적 모더니티의 역설들」 부분 참조.
23 김종길, 「시와 지성」, 『시에 대하여』, 민음사, 1986, 283쪽.

감정에 지성을 방법으로 하여 질서를 부여하고자 하는 일반적인 태도[24]를 의미한다. 특히 여기서 문제가 되는 단어는 '태도'다. 다시 말해서 주지주의라고 했을 때 중요한 것은 작품의 내용, 즉 작품이 표현하고 있는 세계가 지적이라기보다는 작가가 대상을 대하는 태도가 지적[25]이어야 한다는 것이다. 이렇듯 지적인 태도를 중시하기에 주지주의는 맹목적인 감상주의를 배격한다. 나아가 전체의 조화와 균형을 최고의 가치로 여기고, 지성은 여기에 도달하기 위한 유력한 수단으로 인식한다.

문예상의 주지주의는 문학사 서술에서 근대 초기, 몇몇 작가의 작품들에 나타난 문학적 특성을 설명하기 위해 사용된 바 있다. 구체적으로 마르셀 레몽 M. Raymond과 귀스타브 랑송 G. Lanson은 각기 그들의 문학사에서 폴 발레리 P. Valéry의 시를 언급하면서 '주지주의'라는 명칭을 부여함으로써 그의 시학적 특성을 정의하려한 점을 볼 수 있다.[26] 아놀드 하우저 A. Hauser 또한 그의 저작에서 오스카 와일드 O. Wilde와 조지 메리디쓰 G. Meredith, 헨리 제임스 H. James 등과 같은 19세기 영국 작가들의 작품에 나타난 창작 태도와 지성 옹호의 경향에 주목하여 이 용어를 사용한 전례가 있다.[27]

그런데 흥미로운 점은 1920~1930년대 한국이나 일본 문단의 경우 이 개념이 본고장인 서구에서와는 상이한 맥락에서 통용되고 있다는 사실이다. 당시 한, 일 양국의 문학계에서 주지주의라는 용어는 논자들에 따라 모더니즘의 또 다른 별칭, 또는 그것의 제 조류 가운데 유력한 하나의 흐름 정도로

---

24 斎藤勇外 編, 『研究社英米文学辞典』, 研究社出版, 1985, 636쪽.

25 김윤식, 「주지주의 문학론」, 『한국 근대문예비평사 연구』, 일지사, 1982, 234쪽.

26 마르셀 레몽, 앞의 책, 201쪽.
G. 랑송, 『불문학사』(하), 정기수 역, 을유문화사, 1993, 288쪽.

27 본문에는 '지성주의'라는 용어를 사용하고 있으나, 책 뒤편의 색인에서 '주지주의(지성주의)'를 병기함으로써 이들 용어가 같은 의미임을 분명히 하고 있다.
아놀드 하우저, 『문학과 예술의 사회사: 현대편』, 염무웅 역, 창작과비평사, 1974, 205-206쪽.

이해되었다. 이 같은 사실은 앞서 보듯 사실상 모더니즘과 주지주의를 별개의 개념처럼 생각해왔던 서구 문학계의 입장에서 볼 때 상당히 이례적인 현상으로 받아들일만하다.

그렇다면 과연 이 용어는 당시 한국이나 일본 문단에서 어떤 세부적인 함의를 지니고 있었던 것일까. 우선 한국의 경우부터 살펴보기로 하자. '주지' 혹은 '주지주의'라는 용어가 한국 문단 주변에서 최초로 사용된 것은 1922년 안서 김억에 의해서였다.[28] 그러나 이때까지만 해도 그것이 서구나 일본 모더니즘과 직접적으로 연결될 여지는 거의 없었던 것으로 판단된다. 모더니즘적인 관점에서 이해될만한 내용이 등장한 것은 그보다 훨씬 늦은 1931년 무렵의 일이다.[29] 이후 1933, 1934년 김기림과 백낙원, 최재서 등[30]에 의해 본격 조명되기 시작한 이 개념은 문학계에 널리 확산되어 모더니즘 문학을 다루는 경우 반드시 거론하지 않으면 안 될 핵심적인 용어로 인정받게 되었다.

그런데 여기서 짚고 넘어가야 할 것은 이 주지주의가 모더니즘과 어떤 관계에 놓이는지에 대해서는 의견들이 분분하다는 점이다. 주지주의를 모더

---

28 안서, 「근대문예」(8), 『개벽』 제21호, 개벽사, 1922. 3., 31-36쪽.
물론 그 이전에도 주지(主知), 혹은 주지(主智)라는 용어가 우리 주변에서 사용된 예는 찾아볼 수 있다. 근대에 들어 이 용어가 최초로 거론된 예는 아마도 묘향산인(妙香山人)이라는 필명으로 『개벽』 제5호(1920. 11.)에 발표된 「近代主義의 第一人 루소先生」이라는 글이 아닐까 한다. 이후로도 간간이 각종 지면에 주지주의, 혹은 주지적이라는 용어가 쓰이고 있는 것을 볼 수 있으나, 이러한 사례들은 주로 철학이나 심리학 분야의 논의에 해당되는 것으로 어디까지나 문학과는 무관하다는 점을 유념할 필요가 있다.

29 이하윤, 「새로운 『시와 시론』-『시의 연구』를 읽음」, ≪동아일보≫, 1931. 9. 14.
이 글을 통해 필자는 일본 유학 기간 중 그가 접했던 문예지 『시와 시론』과 그 후속격인 『시의 연구』에 수록된 논의들을 소개하면서 간략하게 주지적 시론에 대해 언급하고 있는 것을 볼 수 있다.

30 김기림, 「시작에 있어서 주지적 태도」, 『신동아』 제3권 4호, 동아일보사, 1933. 4.
백낙원, 「심리주의 문학과 주지주의 문학」(1)~(7), ≪매일신보≫, 1933. 10. 24.~10. 31.
최재서, 「현대 주지주의 문학이론」, ≪조선일보≫, 1934. 8. 7.~8. 12.
최재서, 「비평과 과학-현대 주지주의 문학이론의 건설 속편」, ≪조선일보≫, 1934. 8. 31.~9. 5.

니즘의 한 갈래로 이해하는 견해들이 있는가 하면, 일부에서는 모더니즘과는 별개의 유파로 보거나 아예 하나의 유파로 보기보다는 그 정신 지향이나 세계관만을 인정해야 한다는 의견들도 있는 형편이다.[31] 이처럼 한국 학계가 주지주의의 개념과 성격을 둘러싸고 혼란을 겪게 된 데에는 그 나름의 이유가 있다. 무엇보다도 본고장인 서구에서는 다른 의미로 통용되던 이 용어가 일본을 거쳐 굴절되어 들어오는 동안 당대 문단에서 단 한 번도 그 개념에 대해 제대로 된 진지한 이론적 검토를 받아본 역사가 없기 때문이다. 그리고 이를 후대의 문학 연구자들이 무비판적으로 답습하여 사용하는 과정에서 각자의 편의에 따라 적당히 자의적으로 끌어 쓴 혐의가 짙다. 1990년대 이후 뒤늦게 주지주의의 개념과 성격을 둘러싼 몇 차례의 원론적인 논의들이 있었음에도 불구하고[32] 아직 이 용어와 개념에 대한 정리 작업이 명쾌하게 이루어지지 않은 데에는 이와 같은 속사정이 있다.

그러나 이러한 개념상의 혼란에도 불구하고 한 가지 분명한 점은 일반적으로 그간 한국에서 주지주의는 영미 모더니즘과 상당한 친연성을 지니는 것으로 파악되어 왔다는 사실이다. 이는 앞서 당대 한국 문단에 주지주의 이론

---

31 주지주의를 둘러싼 이러한 제 견해들을 정리한 것으로는 오세영, 「한국 모더니즘 시의 전개와 그 특질」, 『20세기 한국시 연구』, 새문사, 1989, 124-126쪽. / 박현수, 「한국 모더니즘의 성격과 주지주의」, 『한국 모더니즘 시학』, 신구문화사, 2007, 10-16쪽 참조. 그러나 이들의 연구사 정리 역시 분류나 정리 방식이 제각각이고 내용에 있어서도 조금씩 엇갈리고 있어 인용 상 조심스러운 면이 있다.
한편 주지주의를 하나의 사조나 유파로 인정할 수 없다는 견해는 백운복, 「1930년대 한국 이미지즘과 주지적 문학론 연구」, 『인문과학논문집』 4호, 서원대, 1995, 83쪽. / 박현수, 앞의 책, 38쪽 참조. 이러한 주장은 주지주의의 상대 개념인 주정주의(主情主義)가 하나의 유파로 성립할 수 없듯이, 주지주의 역시 지적인 측면을 강조하는 하나의 예술적 경향 내지 태도일 뿐 유파 개념과는 무관한 것으로 보아야 한다는 주장을 담고 있다.

32 유태수, 「주지주의」, 『한국문학사조론』, 새문사, 1992.
박현수, 「1930년대 한국 모더니즘 문학연구 1 – 주지주의 개념을 중심으로」, 문학사와 비평연구회, 『한국 현대문학의 근대성 탐구』, 새미, 2000.
이윤섭, 「한국 주지주의와 영미 모더니즘」, 『동서비교문학저널』 17호, 한국동서비교문학학회, 2007.

또는 주지적 태도를 소개한 이들[33]이 대개가 영문학 전공자들이라는 점과 무관하지 않다. 다시 말해서 이들이 강조하는 시 창작과 비평에 있어서의 질서와 지성, 사고를 중시하는 경향은 영미 모더니즘에서 보듯, 상대적으로 온건하고 이지적인 고전주의적 정신에 맞닿아 있는 것으로 생각된다.[34] 그에 비해 유럽 대륙 쪽에서 발흥한 많은 모더니즘 사조들은 표면상 비이성적이고 무질서한 측면이 두드러진 것처럼 보인다. 이에 따라 후대 연구자들은 자연스럽게 이러한 상대적인 특성을 염두에 두고 영미 모더니즘 쪽에 논의의 초점을 맞추게 되었다. 그리하여 세부적으로 약간씩의 편차는 있으나 주지주의란 주로 영미 쪽 모더니즘의 흐름과 그 이념적 특성을 공유하는 개념인 양 받아들여 왔던 것이 사실이다.

그러면 한국 학계의 주지주의 개념에 대한 이와 같은 이해가 과연 당대 일본 문단의 경우에도 그대로 연장 적용될 수 있을까. 얼핏 느끼기에 이 개념 자체가 어차피 일본을 거쳐서 들어온 것인 만큼 양국의 사정이 별반 다를 것 같지 않다는 생각이 앞서기도 한다.[35] 그러나 실제로 일본의 경우를 조사해보면 그런 막연한 선입관을 무색케 하는 주요한 변별점이 발견된다.

당시 일본 문단에서 이 용어가 모더니즘과 관련된 의미로 널리 확산되게 된 데에는 문예지 『시와 시론』 詩と詩論[36]을 주재했던 하루야마 유끼오 春山

33 앞서 거론되었던 이하윤, 김기림, 백낙원, 최재서 등을 말한다.

34 대표적인 예가 앞서 한 차례 인용된 오세영의 경우일 것이다. 그는 한국과 일본 모더니즘에서의 주지주의란 결국 영미의 20세기 신고전주의 *Neo-Classicism*라고 단정적으로 기술한다.
오세영, 앞의 책, 126쪽.

35 서준섭의 경우 주지주의란 엘리어트와 리차즈 I. A. Richards, 리드 H. Read 등이 주축이 된 영국의 모더니즘을 수입하여 붙인 일본식 명칭이며, 이를 다시 김기림 등이 한국에 소개하면서 굳어진 것으로 설명하고 있다. 이때 김기림이 말한 모더니즘은 영국과 그 영향 아래 전개된 일본 주지주의에 해당되며, 대륙의 다다나 쉬르레알리슴과는 거리를 유지한 것이라고 정리한다.
서준섭, 『한국 모더니즘 문학 연구』, 일지사, 1988, 69-74쪽.

36 『시와 시론』(詩と詩論) 9호(1930. 9.)

行夫와 아베 도모지 阿部知二의 역할이 두드러져 보인다. 용어가 정착되기까지 이지(理知)주의냐, 주지(主知)주의냐를 놓고 내부적으로 다소간의 혼선이 있었던 모양이지만[37], 그런 용어 선택상의 문제는 사실 본질적인 것은 아니다. 이미 살폈듯이 독특한 방식으로 문학예술에 있어 질서와 지성, 사고의 중요성을 강조한다는 대원칙에 있어서는 피차 대동소이한 까닭이다.

눈여겨보아야 할 부분은 당대 일본 문단에서, 특히 주지주의의 온상이라 할 수 있는 『시와 시론』의 경우에 이 용어가 단순히 영미의 고전주의적 전통을 이어받은 모더니즘에만 국한되는 개념이 아니라는 점이다. 유럽 대륙에서 발생했던 흔히 아방가르드라고 일컬어지는 여러 모더니즘 사조들 역시 이 개념과 직, 간접적인 관계가 있으며[38], 그 가운데서도 특히 쉬르레알리슴과의 관계는 상당히 구체적이고 전면적이라는 느낌마저 갖게 한다.[39]

사진 : https://www.kosho.or.jp/products/detail.php?product_id=273780747에서 재인용.

37 이 점에 대한 좀 더 자세한 사정 설명은 박현수, 앞의 책, 18-19쪽 참조.

38 이 점에 대해서는 陳明台, 「『詩と詩論』の成立－昭和前衛詩運動の発端とその特質」, 『淡江日本論叢』 1期, 1991, 12頁 참조.

39 이러한 현상은 하루야마 유끼오가 잡지 편집의 전면에 등장하고 아베 도모지가 본격적으로 필진에 가세하기 시작한 5호(1929. 9.) 이후에 보다 노골화된다.
한편, 이런 이유로 해서 한국 학계 일부에서는 『시와 시론』이 애초부터 쉬르레알리슴(초현실주의)을 표방한 잡지였다는 주장이 제기된 바도 있다(김진희, 「김기림의 초현실주의론과 모더니즘 연구(1)」, 『한국문학연구』 52집, 동국대 한국문학연구소, 2016. 12., 36쪽). 그러나 실제 지면 구성을 보면 그런 주장은 조금 성급하다. 쉬르레알리슴을 비롯한 아방가르드 계열의 모더니즘 사조들을 다수 소개하고 있는 것은 사실이나 그에 못지않게 흄이나 엘리어트, 리드, 리차즈 등 영미권의 모더니즘 시인, 이론가들에 대한 인용과 관심 또한 적지 않았다. 아베 도모지 자신이 동경제대 영문과 출신으로 영문학을 기 그렇다면 형식상 반지성적이고 비이성적이라고 해야 할 쉬르레알리슴이 이처럼 버젓이 주지주의 문학론의 테두리에 속하게 된 배경에는 과연 어떤 이해관계가 작용한 것일까. 애초에 주지주의가 질서와 지성을 존중하는 태도로부터 출발하였다고 한다면 쉬르레알리슴에 대한 이러한 과도한 관심은 일견 모순되는 듯이 보이기도 한다.

그러나 당시 일본 논자들의 주장을 자세히 살펴보면 그 근거가 비교적 명확하게 포착된다. 쉬르레알리슴에서 다루고자 하는 세계는 인간 감정과 무의식, 잠재의식의 세계이다. 그런데 이 세계는 비록 표면적으로는 무질서해보일지 모르겠지만 이면에는 그 나름의 질서가 존재한다. 이 비밀스런 세계를 들추어내어 과학적으로 탐구하여 그것의 질서화를 시도한 것이 바로 프로이트의 정신 분석이며, 쉬르레알리슴은 그런 정신 분석과의 상호 교류를 통해 탄생한 사조라는 것이다. 이런 질서화, 이런 과학적 태도에 대한 관심은 바로 주지주의의 이론적 기반이다.[40] 말하자면 무질서의 질서화에 대한 의욕이 쉬르레알리슴을 낳았으며, 그런 관점에서 본다면 쉬르레알리슴에 대한 관심이야말로 고도의 지적 사고를 중시하는 주지주의의 이념과 통한다고 볼 수 있다.

요컨대 일본 문단에서 주지주의라는 용어는 쉬르레알리슴을 비롯, 유럽

반으로 공부하였으며 이에 따라 영미 모더니즘의 이해에도 적지 않은 관심을 보였다(이 점과 관련된 자세한 사항은 기시까와 히데미, 「〈주지주의 문학론〉과 〈주지적 문학론〉-비평가 최재서와 아베 토모지의 비교문학적 고찰」, 『국제어문』 27집, 국제어문학회, 2003 / 鏡味国彦, 「昭和初年代の阿部知二とイギリス主知主義文学について」, 『立正大学人文科学研究所年報』 18號, 立正大学人文科学研究所, 1981 참조). 차라리 일본에서 이 개념은 대륙의 아방가르드와 영미 모더니즘 문학의 특정 요소들을 선택적으로 취합하고 있다는 견해(박현수, 앞의 글, 38쪽.)가 좀 더 설득력을 얻고 있는 것처럼 보이는 점은 이 때문이다.

40 프로이트 식의 무의식에 대한 정신 분석이 과학주의를 표방함은 잘 알려진 사실이다. 이러한 사실과 관련하여, 쉬르레알리슴에 대한 『시와 시론』 동인들의 관심은 무의식 세계를 다룬 예술 작품, 현상들에 대한 과학적 탐구의 노력과 그 맥이 닿아있다.
이 점에 대한 보다 상세한 설명은 유재진, 「日本の〈モダニズム〉少考-芸術と科學の關連性」, 『일어일문학연구』 61권 2호, 한국일어일문학회, 2007. 5., 139-142쪽 참조.

의 아방가르드적인 사조들까지 포함하는 보다 광범위한 개념적 내포와 외연을 가지고 있다. 한 마디로 그것은 전대의 소박한 인상주의와 감상 비평에서 벗어나 근대 과학의 정신에 부합하는 시학다운 시학을 수립하고자 했던 당대 일본 문인들의 의욕과 열정이 담긴 전략적인 용어이자 개념이라고 하겠다.

여기서 한 가지 짚어보아야 할 사실은 오늘날 주지주의라는 용어가 일본 문학계에서는 거의 사용되지 않고 있다는 것이다. 문학용어사전 등 일부에서 간혹 보이기는 하나, 그것도 한국에서처럼 그리 비중 있게 다루어지는 것은 아니다. 이러한 사실은 이 용어가 한국 학계에서 생각한 것처럼 학술적인 성격의 유파나 사조 개념이 아니었을 수도 있다는 추측을 가능케 한다. 다시 말해서 주지주의라는 용어는 당대 일본 문단의 시인, 작가, 평론가들이 그들 나름의 필요에 의해 고안하여 사용했던 일종의 시의성 짙은 비평 용어가 아니었나 하는 의문을 갖게 만든다.[41]

한국에서 이 용어가 주로 영미 모더니즘적인 경향으로만 축소 이해되게 된 데에는 사실 김기림 이외에 비평가 최재서의 영향이 컸다. 영국의 모더니즘 문학자인 흄 T. E. Hulme의 세계관과 문학관을 소개한 그의 글들이 워낙 널리 알려지다 보니, 이후 주지주의란 으레 흄과 함께 시작하는 영미의 고전주의적 모더니즘의 흐름과 동일시하려는 경향이 굳어져버리게 되었다. 요컨대 주지주의 개념에 대한 한국 내 오해는 전적으로 『시와 시론』의 영향을 받은 한국 모더니즘 문학자들 가운데 유럽 아방가르드에 정통한, 유능한 불문학이나 독문학 전문가의 부재가 낳은 의도치 않은 결과였던 셈이다. 그러나 어쨌건 따지고 보면 그러한 혼선과 오해가 오늘날 주지주의의 개념적 이해 및 그것의 적용을 둘러싼 지극히 한국적인 현상(=편견)을 낳게 되었음도 엄연한 사실이다.

---

41 '신감각파'나 '신심리주의' 등이 비슷한 예일 것이다. 이들 용어는 당대 일본 시단이나 소설계의 새로운 문학적 경향을 지칭하기 위해 고안된 비평 용어일 뿐, 이미지즘이나 쉬르레알리슴과 같은 독립적인 사조나 유파 개념과는 거리가 멀다.

4. 동아시아 모더니즘의 본격적인 비교 연구를 위하여

모더니즘이란 어느 시대, 어느 지역에서건 항상 논란의 여지를 내포한 개념이다. 이러한 사실은 모더니즘이라는 용어 자체가 주변 환경이나 여건에 따라 달리 해석되어왔기 때문이다. 그런 만큼 서구의 영향을 받았다는 그 한 가지 이유만으로 우리가 서구 모더니즘의 개념을 일방적으로 추종해야 할 의무도, 그리하여 그 구체적인 발현 양상이 다르다고 해서 이를 단순히 미달의 형태로 규정해야 할 까닭도 없다. 서구 모더니즘의 기원으로서의 중요성은 물론 존중되어야 하나, 그것은 다만 우리의 모더니즘 문학을 더 잘 설명하고 이해하기 위한 참고 사항일 뿐이다. 무릇 모든 문화적 현상이 그렇듯이 모더니즘에 있어서도 각국이 처한 개별적이고 특수한 사정에 따라 조금씩의 변형과 왜곡은 불가피했다. 그러한 변형과 왜곡은 그것이 의도적이었건 비의도적이었건 간에 동아시아 각국 모더니즘의 형성과 전개에 기초적인 틀로 작용하였다. 다시 말해서 그것은 각국 모더니즘의 토대 형성에 기여하였고, 그러한 토대의 기반 위에 이들 각국의 모더니즘 문학 운동은 조금씩 다른 방식으로 전개되었던 것이다.

이즈음에서 필자는 동아시아 모더니즘이라는 독자적인 개념 틀 위에 한 · 중 · 일 삼국에서 전개된 모더니즘 문학 운동의 성격과 양상들을 체계화된 형태로 재정리해보려는 시도가 필요함을 주장한다. 이러한 시도는 지금까지 주로 서구적인 연원에만 기대어 해석되어왔던 이 지역 모더니즘에 대한 연구 시각을 수정하는 한편, 각국의 사정에 따라 달리 현상했던 모더니즘 운동의 구체적인 모습들을 적극적으로 발굴하여 정리해보려는 노력들이 필요하다는 생각에서 비롯된 것이다.

그리하여 최종적으로는 동아시아 지역 특유의 토착화된 모더니즘 개념으로의 재정립을 목표로 하고자 한다. 물론 그러기 위해서는 연구 진행 과정에서 이들 삼국 모더니즘 문학 연구자들 간의 상호 협력이 필수적이며, 연구 성과 또한 필히 공유되어야 할 것이다.

김기림 기념비 디자인의 철학*

김민수
(서울대학교 디자인학부 교수)

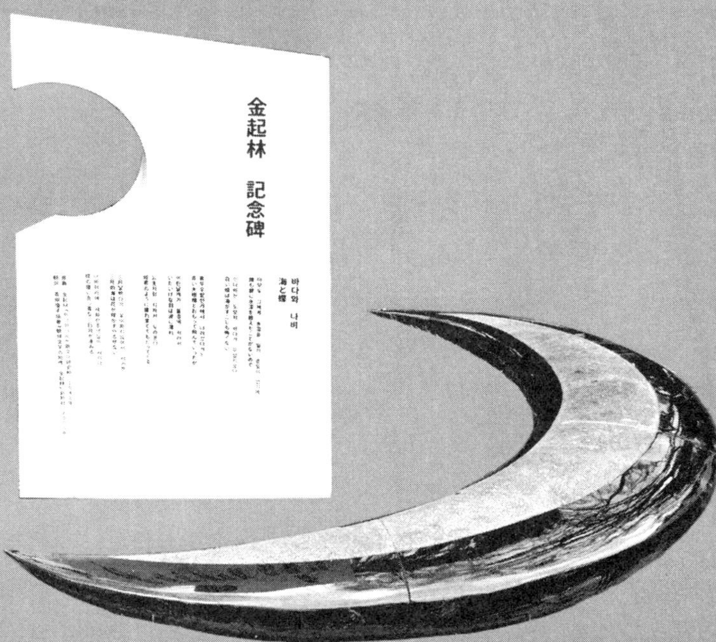

사진: 서울대 일본연구소 남기정 교수 제공

반갑습니다. 김민수입니다.

설명에 앞서 이번 기념비 건립은 한일 양국 많은 분들의 협력과 정성스런 마음이 담긴 결실이라는 점을 밝히고 싶습니다. 평소 저는 디자인이 마음을 담는 그릇이며, 물화(物化)된 마음을 세상에 전이시켜 사람들과 함께 공공의 선을 나누고 소통하는 일이라 여기고 있습니다.

기념비 디자인은 김기림 선생이 수학했던 도호쿠대학 교정에 그의 실존적 삶과 평화의 염원이 담긴 '영혼의 장소'를 조성하는데 목적이 있습니다. 저는 도호쿠대 유학 시절 품었던 김기림 선생의 마음을 담아 그의 '영혼이 깃든 장소'를 조성해야한다는 생각을 했습니다. 이를 위해 추진위원회와 수차례 논의 과정을 거쳐 그가 쓴 대표시 여러 편 중에서 「바다와 나비」를 선정했습니다. 「바다와 나비」는 선생이 센다이에서 공부를 마치고 떠나던 1939년에 쓴 시로 암울한 자신의 실존적 상황과 정세 속에서도 희망을 추구하는 의지가 잘 담겨져 있습니다.

시 속에 존재하는 디자인 유전자를 추출하기 위해 제가 해석한 김기림의 마음은 '시대극복의 염원'이며, 이를 표상하는 중요한 상징어가 바로 「바다와 나비」의 마지막 시행에 나오는 '초승달'이었습니다. 그는 말했습니다. "서글픈 나비 허리에 새파란 초승달이 시리다." 이 대목에는 초승달이 보다 크고 밝은 만월로 향해가는 의지로서 미래를 위해 시린 마음의 칼을 가는 나비, 곧 김기림 자신의 마음이 담겨있다고 봅니다. 이러한 분석을 통해 흑백의 석재로 두 가지 초승달이 상호작용하는 환경조형물을 디자인했습니다. 두 초승달의 상징성은 첫째 밤으로서 김기림을 둘러싼 어두운 실존적 삶이며, 둘째는 낮으로서 밝은 희망의 염원입니다.

---

* 2018년 11월 30일, 김기림이 유학하였던 일본 센다이 소재 동북대학 교정에 김기림 기념비가 세워졌다. 그를 기리는 한·일 양국의 학자와 지식인, 문인들의 정성과, 부지를 제공한 동북대학 측의 호의, 그리고 대한민국 외교부의 노력에 힘입어 성사된 일이다. 이 글은 제막식장에서, 기념비의 제작 디자인을 총괄 담당했던 서울대 미대 디자인학부 김민수 교수의 원작자 해설 강연 원고로, 김 교수님의 특별 허락을 얻어 본서에 전재한다.

저는 센다이의 역사가 1600년 다테 마사무네가 세키가하라 전투 후, 이와데야마에서 센다이로 성을 옮겨 도시와 영지를 조성한데서 출발했고, 그의 문장(紋章)이 바로 초승달이라는 사실을 알고 있었습니다. 1980년대 중반 미국 뉴욕에서 유학 시절에 우연히 NHK 채널에서 방영한 일본 사극 '마사무네' 드라마를 본 적이 있습니다. 그리고 30여년 후인 지난 9월말 센다이를 첫 방문했고, 시립박물관에서 근대의 여명기에 센다이번이 보신전쟁(戊辰戦争, ぼしんせんそう)에서 큰 희생을 치른 역사의 도시라는 사실을 알게 되었습니다. 따라서 커다란 검은 돌의 초승달 형태는 바로 이곳 센다이 땅에 새겨진 도시 역사를 뜻하며, 그 위에 잔다듬 기법으로 새긴 또 다른 초승달 이미지는 바로 김기림의 마음입니다. 우연인지 운명인지 식민지 조선인의 시린 마음과 센다이의 아픈 도시 역사가 초승달로 서로 만나 포개진 것입니다.

이런 땅의 역사에 기초해 저는 땅 위로 솟은 흰색의 담대한 대리석 기념비로 시대 극복의 염원을 담고자 했습니다. 일체의 부차적 장식 없이 석재 자체로 밝은 초승달을 형상화하기 위해 기념비 앞면과 뒷면 호의 지름을 달리 했습니다. 이로써 정면에서 보았을 때 기념비는 뒤로 갈수록 좁아지는 내경에 의해 자연스레 초승달 형상을 드러냅니다. 또한 기념비 상단의 경사진 지향점은 바로 왼편에 위치했던 옛 법문학부 발상지 터, 곧 선생이 실제로 영문학을 공부했던 건물터의 흔적과 맞추어져 바로 이곳에서 그가 담대하게 미래의 희망을 벼리던 장소임을 암시하게 했습니다.

기념비에 각인한 타이포그라피 디자인은 김기림이 그토록 갈구한 시대 극복의 염원을 담기 위해 폰트 저작권에서 해방된 노토산스(Notosans)체를 사용했습니다. 이는 역설적으로 식민지 조선의 모더니티를 독자적으로 발전시키길 갈망했던 선생의 문학정신을 반영하기 위함입니다. 또한 기념비 정면에 새긴 대표시 「바다와 나비」는 원본에 기초해 한국어와 일본어로 병기했습니다. 많은 고심 끝에 고안한 이 방법이 올해 '김대중-오부치 공동선언 20주년'의 해를 맞아 한일 양국 사이의 '평화의 마음'을 담아낼 수 있는 최적의 표기 방법이라고 생각했습니다. 요즘 한국 영화와 드라마, K-Pop을 좋아하는 일본인들은 각 시행을 대조해가며 한국어 공부가 가능할 것이고, 앞으로 '치유의 도시 센다이'에 조성된 코리아 둘레길과 이 김기림기념비를 보러온 한국 관광객들도 일본어를 배울 수 있을 것입니다. 이야말로 '사실에 입각해 해답을 구하는 태도', 즉 '실사구시'(實事求是)라고 할 수 있을 것입니다.

한일 과거사 난제의 근본적인 해결책은 왜곡된 정치적 수사가 아니라 실사구시의 정신에 있다고 봅니다. 양국의 불편한 관계는 아무도 부정할 수 없는 당사자들이 눈으로 보고 귀로 듣고 손으로 만져본 객관적인 사실과 정확한 판단에 기초해 해답을 얻고자 할 때만이 풀려질 수 있습니다. 바로 이 점이 김기림기념비 디자인에 담고자 한 기본 철학이자 바람입니다. 이제 이 기념비를 보면서 지면의 초승달 위에 앉아 기념비에 새겨진 「바다와 나비」를 찬찬히 음미하며 김기림 선생의 마음을 눈으로 보고 마음으로 어루만져보시길 기원합니다. 이로써 보신전쟁, 곧 메이지유신 150주년을 맞아 기념비에 새긴 김기림의 초승달이 센다이 도시 역사의 아픔을 치유하고, 지성의 전당인 도호쿠대와 함께 동북아의 어둠을 밝히는 새롭고 참된 평화의 횃불이 되길 간절히 기원합니다.

참고 자료

1. 기본 자료

김기림, 『기상도』, 자가본, 1936.

______, 『태양의 풍속』, 학예사, 1939.

______, 『문학개론』, 문우인서관, 1946.

______, 『바다와 나비』, 신문화연구소, 1946.

______, 『시론』, 백양당, 1947.

______, 『기상도』, 산호장, 1948.

______, 『바다와 육체』, 평범사, 1948.

______, 『새노래』, 아문각, 1948.

______, 『시의 이해』, 을유문화사, 1950.

______, 『기상도』, 기민사, 1987.

______, 『김기림 선집』, 깊은샘, 1988.

김세환 · 김학동 편, 『김기림 전집 · 1~6』, 심설당, 1988.

박태상 주해, 『원본 김기림 시 전집』, 깊은샘, 2014.

『개벽』, 『대조』, 『대한학회월보』, 『동광』, 『동아춘추』, 『문예월간』, 『문장』, 『문학』, 『문학수첩』, 『별건곤』, 『비판』, 『삼천리』, 『세대』, 『시와소설』, 『신계단』, 『신동아』, 『신문과방송』, 『신문예』, 『신문평론』, 『신인문학』, 『신인』, 『신천지』, 『월간중앙』, 『인문평론』, 『인민평론』, 『자유공론』, 『조선문학』, 『주간조선』, 『중앙』, 『현대문학』 등.

≪경향신문≫, ≪국제신문≫, ≪농민신문≫, ≪독립신보≫, ≪동대신문≫, ≪동아일보≫, ≪매일신보≫, ≪문화일보≫, ≪민주중보≫, ≪민중일보≫, ≪부산일보≫, ≪서울신문≫, ≪연합신문≫, ≪인천일보≫, ≪일간스포츠≫, ≪자유신문≫, ≪조선신문≫,

≪조선일보≫, ≪조선중앙일보≫, ≪주간서울≫, ≪중앙신문≫, ≪중앙일보≫, ≪한겨레신문≫, ≪한국일보≫, ≪한성일보≫ 등

2. 단행본

권보드래 · 천정환, 『1960년을 묻다』, 천년의상상, 2012.
권성욱, 『중일전쟁』, 미지북스, 2015.
권영민, 『한국 민족 문학론 연구』, 민음사, 1988.
______, 『분석과 해석』, 푸른사상, 2021.
김규동, 『나는 시인이다』, 바이북스, 2011.
김기봉, 『프랑스 상징주의와 시인들』, 소나무, 1987.
김남식, 『남로당 연구』, 돌베개, 1984.
김동석, 『예술과 생활』, 박문출판사, 1947.
김병익, 『한국문단사』, 일지사, 1980.
김상봉, 『서로 주체성의 이념』, 길, 2007.
김상환, 『예술가를 위한 형이상학』, 민음사, 1999.
김수용, 『괴테, 파우스트, 휴머니즘』, 책세상, 2004.
김예리, 『이미지의 정치학과 모더니즘-김기림의 예술론』, 소명출판, 2013.
김용직, 『한국근대시사』, 학연사, 1986.
______, 『해방기 한국 시문학사』, 민음사, 1989.
______, 『한국현대시사』, 한국문연, 1996.
김욱동, 『모더니즘과 포스트모더니즘』, 현암사, 1992.
김유중, 『김기림』, 문학세계사, 1996.
______, 『한국 모더니즘 문학의 세계관과 역사의식』, 태학사, 1996.
김윤식, 『한국 모더니즘 시론 비판』, 일지사, 1975.
______, 『한국 근대문학 양식론고』, 아세아문화사, 1980.
______, 『한국 근대문예비평사 연구』, 일지사, 1982.
______, 『한국 근대문학 사상사』, 한길사, 1984.
김윤정, 『김기림과 그의 세계』, 푸른사상, 2005.
김은전, 『한국 상징주의 시 연구』, 한샘, 1991.

김재용, 『협력과 저항』, 소명출판, 2004.
김종길, 『시에 대하여』, 민음사, 1986.
김주현 주해, 『정본 이상 문학 전집』(03 - 수필 기타), 소명출판, 2005.
김춘수, 『한국 현대시 형태론』, 해동문화사, 1958.
김학동, 『김기림 연구』, 새문사, 1988.
______, 『김기림 평전』, 새문사, 2001.
나민애, 『1930년대 '조선적 이미지즘'의 시대』, 푸른사상, 2016.
동대 70년사 간행위원회 편, 『동대 70년사(1906~1976)』, 동국대학교 출판부, 1976.
몽양전집발간위원회, 『몽양 여운형 전집』(1), 한울, 1991.
문덕수, 『한국 모더니즘 시 연구』, 시문학사, 1981.
문정진 외, 『중국 근대의 풍경』, 그린비, 2008.
문학사와비평연구회, 『한국 현대문학의 근대성 탐구』, 새미, 2000.
민전사무국, 『조선해방연보 1946년판』, 문우인서관, 1946.
민족정경문화연구소, 『친일파 군상』, 1948.
박 강, 『20세기 전반 동북아 한인과 아편』, 선인, 2008.
______, 『아편과 20세기 중국』, 선인, 2010.
박태균, 『우방과 제국, 한미관계의 두 신화 8. 15에서 5. 18까지』, 창비, 2006.
______, 『버치 문서와 해방 정국』, 역사비평사, 2021.
박현수, 『한국 모더니즘 시학』, 신구문화사, 2007.
배경한 편, 『20세기 초 상해인의 생활과 근대성』, 지식산업사, 2006.
백 철, 『문학 자서전』(후편), 박영사, 1976.
서문당편집실 편, 『다큐멘터리 중국현대사』(2), 서문당, 2014.
서울대학교 60년사 편찬위원회 편, 『서울대학교 60년사』, 서울대학교 출판부, 2006.
서울대학교 사범대학 50년사 편찬위원회 편, 『서울대학교 사범대학 50년사』, 서울대학교 사범대학, 1996.
서울대학교 사범대학 국어교육과 60년사 편찬위원회 편, 『서울대학교 사범대학 국어교육과 60년사』, 한국문화사, 2010.
서울대학교 인문대학 편, 『교수편람』, 2008.
서준섭, 『한국 모더니즘 문학 연구』, 일지사, 1988.
송 욱, 『시학평전』, 일조각, 1963.
송기한 · 김외곤 편, 『해방공간의 비평 문학』 (1)~(3), 태학사, 1991.

양주동 외, 『적화(赤禍) 삼삭(三朔) 구인(九人)집』, 국제보도연맹, 1951.
오세영, 『20세기 한국시 연구』, 새문사, 1989.
______, 『문학이란 무엇인가』, 서정시학, 2013.
유태수, 『한국문학사조론』, 새문사, 1992.
윤경남 역술, 『민영환과 윤치호, 러시아에 가다: 윤치호 일기 제4권 1896년』, 신앙과지성사, 2014.
윤여탁 편, 『한국 현대 시사 자료 집성 · 시집편』, 24권, 태학사, 1988.
이 활, 『정지용, 김기림의 세계』, 명문당, 1991.
이기봉, 『북의 문학과 예술인』, 사사연, 1986.
이미순, 『김기림의 시론과 수사학』, 푸른사상, 2007.
이병인, 『근대 상해의 민간단체와 국가』, 창비, 2006.
이영석 · 민유기 외, 『도시는 역사다』, 서해문집, 2011.
이유영 · 김학동 · 이재선, 『한독 문학 비교 연구 · I』, 삼영사, 1976.
이임자, 『베스트 셀러의 진실』, 경인문화사, 1998.
이진형, 『1930년대 후반 식민지 조선의 소설 이론』, 소명출판, 2013.
이철주, 『북의 예술인』, 계몽사, 1966.
임철규, 『왜 유토피아인가』, 민음사, 1995.
임홍배, 『괴테가 탐사한 근대』, 창비, 2014.
정병준, 『몽양 여운형 평전』, 한울, 1995.
정순진 편, 『김기림』, 새미, 1999.
정진석, 『돌아오지 못한 언론인들』, 대한언론인협회, 2003.
조 철, 『죽음의 세월 - 납북 인사들의 생활 실태』, 성봉각, 1963.
조달곤, 『한국 모더니즘 시학의 지형도』, 국학자료원, 2006.
조병옥, 『나의 회고록』, 선진, 2003.
조선일보사 사료연구실, 『조선일보 사람들 - 일제시대』, 랜덤하우스중앙, 2005.
조영복, 『문인 기자 김기림과 1930년대 '활자 - 도서관'의 꿈』, 살림, 2007.
조영암, 『북한일기』, 삼팔사, 1950.
최원식 · 백영서 편, 『동아시아인의 '동양' 인식』, 문학과지성사, 1997.
최재서, 『최재서평론집』, 청운출판사, 1960.
한국문인협회 편, 『문단 유사』, 월간문학 출판부, 2002.
______________, 『해방문학 20년』, 정음사, 1966.

한민성, 『추적 김기림－공산분자냐, 기회분자냐』, 갑자문화사, 1987.
허　규, 『요한 묵시록 바르게 읽기』, 성서와함께, 2019.
허우성, 『근대 일본의 두 얼굴: 니시다 철학』, 문학과지성사, 2000.

강상중, 『오리엔탈리즘을 넘어서』, 이경덕 · 임성모 역, 이산, 1997.
고모리 요이치, 『포스트 콜로니얼－식민지적 무의식과 식민주의적 의식』, 송태욱 역, 삼인, 2002.
괴테, 『파우스트－한 편의 비극』(1)~(2), 김수용 역, 책세상, 2006.
귀스타브 랑송, 『불문학사』(하), 정기수 역, 을유문화사, 1993.
나미키 요리히사 · 이노우에 히로마사, 『아편전쟁과 중화제국의 위기』, 김명수 역, 논형, 2017.
니콜라이 베르다예프, 『현대세계의 인간 운명』, 조호연 역, 지식을만드는지식, 2008.
데이비드 그레이버, 『관료제 유토피아』, 김영배 역, 메디치, 2015.
리디아 류, 『충돌하는 제국』, 차태근 역, 글항아리, 2016.
리어우판, 『상하이 모던』, 장돈천외 역, 고려대 출판부, 2007.
마르셀 레몽, 『프랑스 현대시사』, 김화영 역, 문학과지성사, 1983.
마샬 버만, 『현대성의 경험』, 윤호병 · 이만식 역, 현대미학사, 1994.
마테이 칼리니스쿠, 『모더니티의 다섯 얼굴』, 이영욱외 역, 시각과언어, 1993.
미즈노 나오키, 『창씨개명』, 정선태 역, 산처럼, 2008.
발터 벤야민, 『보들레르의 작품에 나타난 제2 제정기의 파리 외』, 김영옥 · 황현산 역, 도서출판 길, 2010.
베네딕트 앤더슨, 『상상의 공동체』, 윤형숙 역, 나남출판, 2002.
블라디미르 일리치 레닌, 『제국주의, 자본주의의 최고 단계』, 이정인 역, 아고라, 2017.
아놀드 하우저, 『문학과 예술의 사회사: 현대편』, 창작과비평사, 1974.
웬델 L. 우윌키, 『하나의 세계』, 옥명찬 역, 서울신문사 출판부, 1947.
유진 런, 『마르크시즘과 모더니즘』, 김병익 역, 문학과지성사, 1986.
이효덕, 『표상 공간의 근대』, 박성관 역, 소명출판, 2002.
임마누엘 칸트, 『칸트의 역사철학』, 이한구 편역, 서광사, 1992.
자넷 풀, 『미래가 사라져갈 때』, 김예림 · 최현희 역, 문학동네, 2021.
잭 스나이더, 『제국의 신화』, 함택영 · 박수헌 역, 서울프레스, 1996.

최재서, 『전환기의 조선 문학』, 노상래 역, 영남대 출판부, 2006.
프랭크 커모드, 『종말 의식과 인간적 시간』, 조초희 역, 문학과지성사, 1993.
한스 블루멘베르크, 『난파선과 구경꾼』, 조형준 역, 새물결, 2021.
히로마쓰 와타루, 『근대 초극론』, 김항 역, 민음사, 2003.
M. 호르크하이머 · T. W. 아도르노, 『계몽의 변증법』, 김유동외 역, 문예출판사, 1995.
M. Bradbury & J. McFarlane, *Modernism*, Penguin Books, 1976.
Paul French, *City of Devils – The two men who ruled the underground of old Shanghai*, Picador, 2018.
穆時英, 『公墓』, 現代書局, 1933.
孙玉石, 『中国现代主义诗潮史论』, 北京大学出版社, 2005.
施蟄存, 『梅雨之夕』, 新中國書局, 1933.
吳健熙 · 田一平 編, 『上海生活 : 1937~1941』, 上海社會科學院出版社, 2006.
王建钊, 『二十世纪中国的现代主义诗歌』, 文化艺术出版社, 2006.
斎藤勇外 編, 『研究社英米文学辞典』, 研究社出版, 1985.
青柳優子, 『朝鮮文学の知性 · 金起林』, 新幹社, 2009.
村松梢風, 『魔都』, 小西書店, 1924(ゆまに書房, 2002 復刻本).

3. 논문

고명섭, 「파우스트의 욕망, 파우스트의 비극」, 『인물과사상』 79호, 인물과사상사, 2004. 11., 205-219쪽.
고봉준, 「모더니즘의 초극과 동양 인식」, 『한국시학연구』 13호, 한국시학회, 2005. 8., 129-156쪽.
권명아, 「'대동아 공영'의 이념과 가족 국가주의」, 『동방학지』 124호, 연세대학교 국학연구원, 2004, 745-784쪽.
김기중, 「김기림의 장시 「기상도」에 나타난 현실 인식의 양상」, 『인문과학논총』 14권, 순천향대학교 인문학연구소, 2004, 5-19쪽.
김승욱, 「근대 상하이 도시 공간과 기억의 굴절」, 『중국근현대사연구』 41집, 중국근현대사학회, 2009. 3., 115-140쪽.

김시태, 「김기림의 시와 시론」, 『한국문학연구』 4호, 동국대 한국문학연구소, 1981. 103-115쪽.

김예림, 「1930년대 후반 몰락/재생의 서사와 미의식 연구」, 연세대대학원 박사논문, 2003.

김용직, 「1930년대 한국시의 스티븐 스펜더의 수용」, 『관악어문연구』 4호, 서울대 국어국문학과, 1979, 1-26쪽.

______, 「1930년대 김기림과 『황무지』－김기림의 비교문학적 접근」, 『한국현대문학연구』 1호, 한국현대문학회, 1991, 261-278쪽.

김윤경, 「김윤경 교수 일기」(21), 필사본(연세대박물관 소장), 1949. 1. 1.~6. 25.

김정배, 「루즈벨트 행정부의 원대한 구상」, 『역사와세계』 22호, 효원사학회, 1998, 731-746쪽.

김준환, 「영미 모더니즘 시와 한국 모더니즘 시 비교 연구－T. S. 엘리엇과 김기림」, 『비평과이론』 8권 1호, 한국비평이론학회, 2003, 127-187쪽.

______, 「스펜더가 김기림의 모더니즘에 끼친 영향 연구」, 『현대영미시연구』 12권 1호, 한국현대영미시학회, 2006, 75-104쪽.

______, 「김기림은 스티븐 스펜더의 시를 어떻게 읽었는가?」, 『비평과이론』 12권 1호, 한국비평이론학회, 2007, 81-127쪽.

______, 「김기림의 「황무지」와「비엔나」 읽기: 「기상도」의 풍자적 장치들」, 『T. S. 엘리엇연구』 18권 1호, 한국 T. S. 엘리엇학회, 2008, 31-71쪽.

김진희, 「김기림의 초현실주의론과 모더니즘 연구 (1)」, 『한국문학연구』 52집, 동국대 한국문학연구소, 2016. 12., 355-394쪽.

김한성, 「김기림 문학 연구－비교문학적 관점을 중심으로」, 서울대대학원 박사논문, 2014. 2.

______, 「『기상도』(1936)와 『황무지』(1922) 비교－쇠바퀴(Wheel)의 상호텍스트성을 중심으로」, 『한국현대문학연구』 38호, 한국현대문학회, 2012, 147-178쪽.

김희곤, 「19세기말~20세기 전반, 한국인의 눈으로 본 상해」, 『지방사와 지방문화』, 9권 1호, 역사문화학회, 2006. 5., 249-285쪽.

문혜원, 「김기림의 문학에 미친 스펜더의 영향」, 『비교문학』 18호, 한국비교문학회, 1993, 9-23쪽.

박상천, 「「기상도」 연구」, 『한국학논집』 6권, 한양대 한국학연구소, 1984, 237-259쪽.

박연희, 「해방기 '중간파' 문학의 이념과 표상」, 『상허학보』 26호, 상허학회, 2009, 307-345쪽.

박현경, 「『기상도』 다시 읽기-김기림의 시론과 T. S. 엘리엇 수용을 중심으로」, 『동서비교문학저널』 32호, 한국동서비교문학학회, 2015, 113-136쪽.

방민호, 「김기림 비평의 문명 비평론적 성격에 관한 고찰」, 『우리말글』 34호, 우리말글학회, 2005. 9., 325-351쪽.

백운복, 「1930년대 한국 이미지즘과 주지적 문학론 연구」, 『인문과학연구』 4호, 서원대, 1995, 59-84쪽.

서준섭, 「한국 현대 비평사에 있어서의 시 비평 이론의 체계화 작업의 한 양상」, 『비교문학』 5호, 한국비교문학회, 1980, 109-135쪽.

서중석, 「해방 정국의 중도파 정치 세력을 어떻게 볼 것인가」, 『한국민족운동사연구』 39호, 한국민족운동사학회, 2004, 5-33쪽.

손정수, 「일제 말기 역사 철학자들의 문학 비평 연구」, 서울대학교 석사학위논문, 1996.

신규환, 「근대 중국의 성병 기원 논쟁과 성병 통제: 20세기 전반 상해와 북경을 중심으로」, 『의사학』 16권 1호, 대한의사학회, 2007. 6., 1-19쪽.

신형기, 「해방 직후의 문학운동 연구」, 연세대대학원 박사논문, 1988.

심재중, 「아프리카와 흑인의 이미지: 18~19세기 프랑스를 중심으로」, 『불어문화권연구』 17호, 불어문화권연구소, 2007, 107-128쪽.

엄홍화, 「한·중 모더니즘 시문학 도입기 양상 비교 연구」, 『어문연구』 82집, 한국어문연구학회, 2014. 12., 259-276쪽.

______, 「한·중 모더니즘 시문학 발전 양상 비교 연구」, 『한중인문학연구』 45집, 한중인문학회, 2014. 12., 297-320쪽.

유병용·김인식·남광규, 「해방 전후 중간파 민족주의의 성격」, 『한국정치외교사논총』, 한국정치외교사학회, 2007, 5-40쪽.

이경하, 「1920~30년대 한중 현대시의 '모더니즘' 수용 양상 비교」, 『중국어문학지』 33집, 중국어문학회, 2012. 11., 194-248쪽.

이병인, 「'모던' 상해와 한국인이 본 상해의 '근대', 1920~1937」, 『중국사연구』 85집, 중국사학회, 2013. 8., 125-157쪽.

이봉범, 「단정 수립 후 전향의 문화사적 연구」, 『대동문화연구』 64집, 성대 대동문화연구소, 2008, 215-254쪽.

이완범, 「해방직후 남한 좌우합작 평가: 국제적 제약 요인과 관련하여, 1946~1947」, 『국제정치논총』 47호, 한국국제정치학회, 2007, 105-139쪽.

이윤섭, 「한국 주지주의와 영미 모더니즘」, 『동서비교문학저널』 17호, 한국동서비교문학학회, 2007, 315-344쪽.

이은실, 「T. S. 엘리엇의 『황무지』와 김기림의 『기상도』」, 『T. S. 엘리엇연구』 21권 1호, 한국 T. S. 엘리엇학회, 2011, 81-112쪽.

이정식, 「여운형의 이상과 선택－냉전의 희생양」, 몽양 여운형 선생 60주기 학술심포지움 발표문, 서울역사박물관, 2007, 1-20쪽.

이주천, 「1930년대 프랭클린 루즈벨트의 대소(對蘇)관」, 『미국사연구』 3호, 한국미국사학회, 1995, 65-99쪽.

이진형, 「일제 말기 '역사' 담론의 아포리아와 그 초극의 문제－임화와 김기림의 역사 이해를 중심으로」, 『한국근대문학연구』 29호, 한국근대문학회, 2014. 4., 161-197쪽.

이혜령, 「해방(기): 총 든 청년의 나날들」, 『상허학보』 27호, 상허학회, 2009, 9-50쪽.

장윤익, 「한국 주지시의 문명비평적 성격」, 『명지어문학』 9호, 명지대 국어국문학과, 1977, 87-108쪽.

정병준, 「해방 이후 여운형의 통일 · 독립 운동과 사상적 지향」, 『한국민족운동사연구』 39호, 한국민족운동사학회, 2004, 99-147쪽.

정진석, 「광복 직후 언론계를 장악한 좌파 신문과 좌익 기자들」(하), 『신문과방송』 473호, 한국언론진흥재단, 2010. 5., 98-105쪽.

______, 「해방기 문화 단체와 좌익 신문」, 『근대서지』 12호, 근대서지학회, 2015. 12., 164-171쪽.

조달곤, 「김기림 연구」, 동아대대학원 박사논문, 1991.

조연정, 「1930년대 문학에 나타난 '숭고'에 관한 연구－주체의 '윤리'를 중심으로」, 서울대대학원 박사논문, 2008.

조영복, 「김기림의 예언자적 인식과 침묵의 수사」, 『한국시학연구』 15호, 한국시학회, 2006. 4., 5-35쪽.

______, 「일제 말기와 해방공간, 6. 25 전후의 김기림」, 『어문연구』 35권 1호, 어문연구학회, 2007, 235-263쪽.

최낙민, 「'동양의 런던', 근대 해항도시 상해의 도시 이미지－공공 조계를 중심으로」, 『동북아문화연구』 38호, 동북아시아문화학회, 2014. 3., 297-317쪽.
홍성식, 「한국 모더니즘 시의 스티븐 스펜더 수용」, 『동서비교문학저널』 13호, 한국동서비교문학학회, 2005, 265-287쪽.
홍지석, 「해방기 중간파 예술인들의 세계관」, 『한민족문화연구』 46집, 한민족문화학회, 2014, 397-429쪽.
황의서, 「해방 후 좌우 합작의 실패 원인 분석」, 『대한정치학보』 17집 1호, 대한정치학회, 2009, 325-341쪽.
황주영, 「근대적 발명품으로서의 도시 공원」, 서울대대학원 박사논문, 2014.
기시까와 히데미, 「<주지주의 문학론>과 <주지적 문학론>－비평가 최재서와 아베 토모지의 비교문학적 고찰」, 『국제어문』 27집, 국제어문학회, 2003, 203-226쪽.

유재진, 「日本の<モダニズム>少考ー芸術と科學の關連性」, 『일어일문학연구』 61권 2호, 한국일어일문학회, 2007. 5., 127-144쪽.
陳明台, 「『詩と詩論』の成立ー昭和前衛詩運動の発端とその特質」, 『淡江日本論叢』 1期, 1991. 12., 200-213쪽.
鏡味国彦, 「昭和初年代の阿部知二とイギリス主知主義文学について」, 『立正大学人文科学研究所年報』 18號, 立正大学人文科学研究所, 1981, 17-25쪽.

4. 특수 자료

『문학예술』, 『문화전선』, 『조선문학』 등.
박종식, 『문학과 현대성』, 문학예술종합출판사, 2001.

5. 인터넷 자료

동국대 국어국문문예창작학부 인터넷 홈페이지.
하바드대학교 소장 ≪로동신문≫ 인터넷 자료.
http://blog.ohmynews.com/kimsamwoong/category/25052

http://book.sina.com.cn/nzt/his/yandudelishi/61.shtml
http://encykorea.aks.ac.kr/Contents/Item/E0006298#
http://encykorea.aks.ac.kr/Contents/Item/E0057618#
http://study.zum.com/book/12725
http://www.emuseum.go.kr/detail?relicId=PS0100300500100456400000
http://www.sohu.com/a/196195579_488983
http://www.yidianzixun.com/article/0J7Xq10t
https://blog.daum.net/blueletter01/7638004
https://blog.daum.net/pzkpfw3485/2248422
https://blog.naver.com/bookhunt/110143468413
https://blog.naver.com/bookhunt/110146982238
https://blog.naver.com/hbjjeon/221332058275
https://blog.naver.com/jessica5678/222183484282
https://commons.wikimedia.org/wiki/File:Bundesarchiv_Bild_183-1985-0723-500,_Alfred_Rosenberg_headcrop.jpg
https://commons.wikimedia.org/wiki/File:Faust,_Titelblatt_der_Erstausgabe.jpg
https://de.wikipedia.org/wiki/Erich_Ludendorff
https://en.wikipedia.org/wiki/Gardner_Cowles_Jr.
https://en.wikipedia.org/wiki/Imperialism,_the_Highest_Stage_of_Capitalism
https://en.wikipedia.org/wiki/Ramsay_MacDonald
https://en.wikipedia.org/wiki/Vladimir_Lenin
https://en.wikipedia.org/wiki/Wang_Jingwei_regime
https://en.wikipedia.org/wiki/Wendell_Willkie
https://fr.wikipedia.org/wiki/Jean-Baptiste_Colbert
https://gallica.bnf.fr/ark:/12148/bpt6k1057740n.image
https://gl.wikipedia.org/wiki/Code_Noir
https://ja.wikipedia.org/wiki/西田幾多郎
https://m.blog.naver.com/PostView.naver?isHttpsRedirect=true&blogId=gos_travel&logNo=50168317360
https://n.news.naver.com/mnews/article/032/0002861330
https://no.wikipedia.org/wiki/Wang_Jingweis_regjering

https://www.allposters.com/-sp/Faust-Meeting-Marguerite-from-Goethe-s-Faust-after-1828-Posters_i6238633_.htm

https://www.britannica.com/biography/Charles-Baudelaire

https://www.catawiki.com/en/l/6600766-propaganda-alfred-rosenberg-der-mythus-des-20-jahrhunderts-1933

https://www.chinatimes.com/newspapers/20190712000822-260115?chdtv

https://www.cmoa.jp/title/1101136182/

https://www.gentlemansgazette.com/safari-hat-primer/

https://www.goodreads.com/book/show/7714148-one-world

https://www.kosho.or.jp/products/detail.php?product_id=273780747

https://www.kyeonggi.com/article/201904251058268

https://www.sutori.com/en/item/mussolini-invades-ethiopia-1935-benito-mussolini-the-fascist-leader-of

https://www.villagehatshop.com/product/pith-helmets/451139-6034/british-pith-helmet.html

수록 논문 원본 출전 서지 사항

「기상도」의 주제와 '태풍'의 의미, 『한국시학연구』 52호, 한국시학회, 2017. 11.

「기상도」와 「파우스트」, 『한국시학연구』 68호, 한국시학회, 2021. 11.

「기상도」에 나타난 제국주의 비판과 근대문명의 말기적 혼란상, 『한중인문학연구』 69집, 한중인문학회, 2020. 12.

김기림 문학에 나타난 묵시록적 상상력의 사상적 기원과 배경, 『관악어문연구』 46집, 2021. 12.

김기림의 역사관, 문학관과 일본 근대 사상의 관련성, 『한국현대문학연구』 26집, 한국현대문학회, 2008. 12.

해방기 김기림의 문학 활동과 이념 노선, 『한국현대문학연구』 48집, 한국현대문학회, 2016. 4. (원제: 해방기 김기림의 문학 활동과 이념 노선에 대한 일 고찰)

해방기 김기림의 공동체의식과 신질서 수립을 위한 구상의 의의 및 한계, 『한중인문학연구』 52집, 한중인문학회, 2016. 9.

김기림의 말기 행적에 관한 조사 및 정리, 『한중인문학연구』 73집, 한중인문학회, 2021. 12. (원제: 김기림의 말기 행적에 관한 조사 정리 보고서)

「기상도」의 판본 비교와 정본 확정을 위한 시론, 『한국시학연구』 70호, 한국시학회, 2022. 5. (원제 : 김기림 장시 「기상도」의 판본 비교 연구)

한 · 중 · 일 삼국의 모더니즘 문학에 대한 개념적 비교 연구, 『한중인문학연구』 56집, 한중인문학회, 2017. 9.

저자 소개

김유중(金裕中)

1965년 3월 서울에서 태어났다. 서울대학교 사범대학 국어교육과에서 학부를 마치고, 이후 같은 학교 국어국문학과 대학원에 진학하여 현대문학 석사, 박사 학위를 받았다. 군 복무 중이던 1991년, 『현대문학』지의 신인 평론 추천으로 등단하였다. 석사 졸업 후 잠깐 서울 청량고등학교에서 국어과 교사로 근무한 적이 있으며, 육군사관학교와 건양대학교, 한국항공대학교를 거쳐 모교인 서울대학교 국어국문학과 교수로 재직 중이다. 이와 함께 현재 한중인문학회 회장으로 활동하고 있다.

모더니즘 문학에 대한 연구를 하는 동안 양식이나 기법 위주의 논의만으로는 한계가 있음을 깨닫고, 올바른 이해를 위해서는 그것의 세계관이나 역사의식 등에 대한 깊이 있는 인식이 필수적이라고 판단하였다. 그런 시각에서 학위 과정 이수 때부터 한국 모더니즘 문학의 독자성과 지역적 특수성을 해명하기 위해서는 당대의 한국적 현실과 작가의 내면의식 형성 과정, 그리고 그것과 연관된 텍스트 이면의 배경 지식과 사상들에 대한 추적과 연구가 뒷받침되어야 한다고 생각하고, 이런 부분들과 연관된 세부적인 논의들을 진행해왔다. 한편, 최근 십 수 년간은 주로 김기림과 김춘수의 문학 세계에 나타난 의식과 사상 등에 대한 연구에 집중하였다.

저서로는 『한국 모더니즘 문학의 세계관과 역사의식』(태학사, 1996), 『김기림』(문학세계사, 1996), 『김광균』(건국대출판부, 2000), 『한국 모더니즘 문학과 그 주변』(푸른사상, 2006), 『김수영과 하이데거』(민음사, 2007) 등이 있으며, 편저서로 『이범선 작품집』(지만지, 2010), 『김광균 시선』(지만지, 2012), 『김기림 시선』(지만지, 2012), 『김기림 평론 선집』(지만지, 2015) 『정태용 평론 선집』(지만지, 2015) 『정비석 수필 선집』(지만지, 2017) 등과 더불어 경북대 김주현 교수와 공동 편집한 『그리운 그 이름, 이상』(지식산업사, 2004)이 있다.

김기림 연구

근대를 어떻게 넘어설 것인가?

초판 1쇄 인쇄 2022년 9월 13일
초판 1쇄 발행 2022년 9월 20일

지은이 김유중
펴낸이 박성복
펴낸곳 도서출판 월인
주소 01047 서울특별시 강북구 노해로25길 61
등록 1998년 5월 4일 제6-0364호
전화 (02) 912-5000
팩스 (02) 900-5036
홈페이지 www.worin.net
전자우편 worinnet@hanmail.net

ISBN 978-89-8477-715-6 93810

값은 뒤표지에 있습니다.